대중견성론 ①

초기불교 개척사

대중견성의 변경을 열어가는 붓다의 초기 민중들

DOPIANSA 到彼岸社

금하총서

초기불교 개척사

대중견성의 변경을 열어가는 붓다와 초기 민중들

지은이 · 無圓 김재영
펴낸이 · 김인현
펴낸곳 · 드서출판 도피안사

2001년 9월 15일 1판 1쇄 발행
2011년 3월 25일 1판 3쇄 발행

등록 · 2000년 8월 19일(제19-52호)
주소 · 경기도 안성시 죽산면 용설리 1178-1
전화 · 031-676-8700

영업사무스
전화 · 02-419-8704
팩스 · 02-336-8701
Homepage · www.dopiansa.com
E-mail · dopiansa@hanmail.net

© 2001, 김재영

ISBN 978-89-951656-4-2 03220

眞理生命은 깨달음(自覺覺他)에 의해서만 그 모습(覺行圓滿)이 드러나므로
도서출판 도피안사는 '독서는 깨달음을 얻는 또 하나의 길' 이라는 믿음으로 책을 펴냅니다.

반드시 이 땅에 다시 태어나서
반야바라밀결사 구국구세운동을 펼칠 것을 서원하신
金河堂 光德 大禪師의 환생 후신전에
삼가 이 책을 바칩니다.

재가법사 쿠주따라 여인과 500 궁녀 견성 순교사건

성중(聖衆) 쿠주다라와 500 궁녀들이 외도의 음해 불길 속에서 불사(不死)를 실현하고 있다. (Dhp-com 2.1)

그림 · 이규경

붓다 · 예수 · 간디의 동행

붓다가 가고, 예수가 가고, 간디가 가고, 수많은 대중들이 가고—
그들은 인류견성 · 비폭력 · 평화의 빛을 찾아가고 있다.
(사진, 인도 델리 간디박물관 소장)

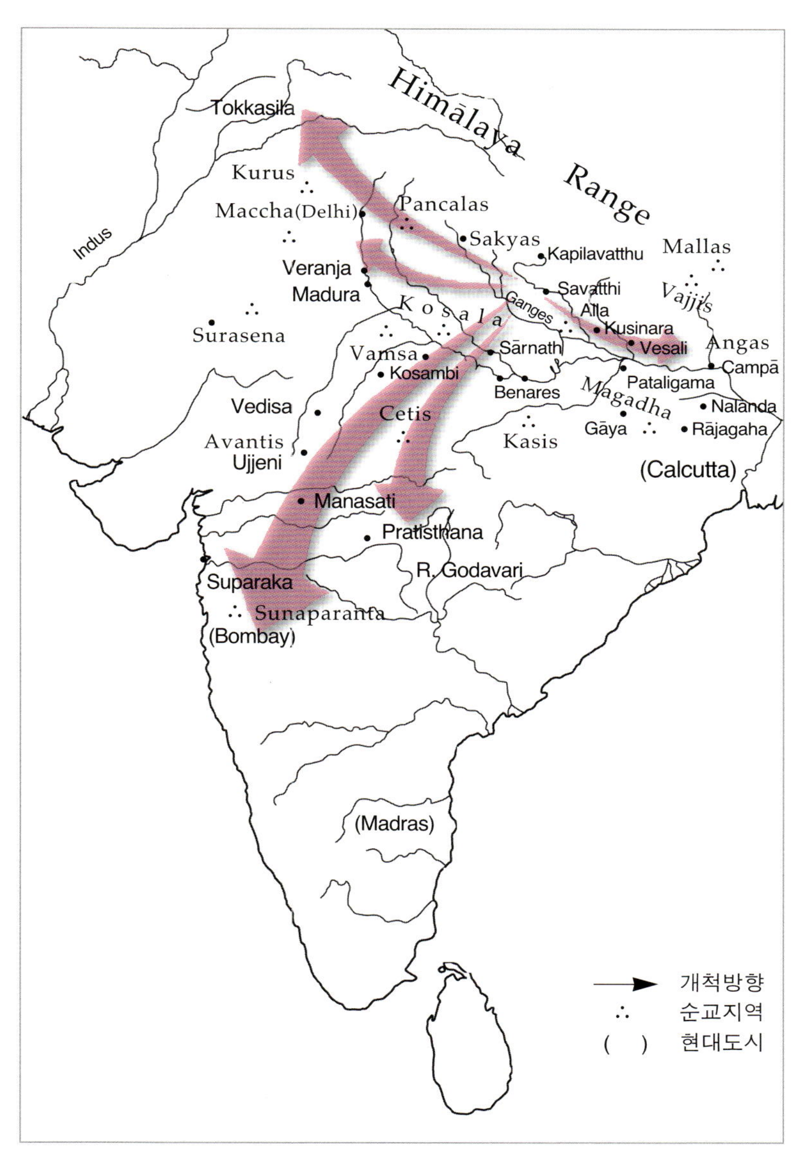

<cit. H.W. Schumann, Ibid, p. 5>

[지도 4] 붓다당시의 북인도 개척도

일러두기

1 인명·지명·술어 등의 원어는 Pāli어를 기본으로 하고, 부수적으로
 Sanskrit·영어·한자 등을 병기하였다. 다만 관용화된 몇몇 경우에는
 Sanskrit를 그대로 썼다.(예 : 붓다 입멸지 Kusinagara, P. kusinārā)

2 Pāli어의 한글 표기는 대개 전재성 역주의 『쌍윷따 니까야』(한국빠알리
 성전협회, 1999, p.552)에 의거하였다. 다만 일반적으로 관용화된 단어
 표기는 그대로 이어 받았다.(예 : Sākyamuni-석가모니, Kapila-가빌라,
 Kuśinagara-구시나가라, Bhikkhu-비구 등)

ka—까	kha—카	ga—가	gha—가	ca—짜	cha—차
ja—자	jha—자	ta—따	tha—타	da—다	dha—다
pa—빠	pha—파	ba—바	bha—바	sa—싸	ha—하
va—바,와	ra—라	la—르라	na—나	na—냐	

모음의 장·단 발음은 거의 표기하지 않았다.

3 붓다 연기(佛陀年紀, Buddha Era)는 남방 불교국가들의 오랜 싱할리
 (Singhalese) 전승에 근거하여 합의한 A.D. 1956년—불탄 2,500년설을
 채택하였다.(붓다탄생 연도 : 기원전 624년, 불멸연도 : 기원전 544년)

초기불교 개척사

종이거울 자주보기 - 유리거울은 내 몸을 비춰주고

종이거울은 내 마음을 비춰준다

도서출판 도피안사 '독서는 깨달음' 운동본부

머리말 | 만인견성의 고도(古道)를 좇아서

(1) 이 책 '대중견성론(大衆見性論)'은 1984년 이래 18년 간의 불교대학 강의를 바탕으로 새롭게 전개한 연구서이다. 붓다의 삶과 깨달음의 원형을 공부하려는 수행자·학도·시민들에게 탐구적 교재가 될 수 있을 것이다.

(2) 그들의 가슴속에
지금 여기서 깨달음을 실현하려는 치열한 구도정신이 없다면,
또 실현할 수 있다는 신념이 박동하지 않는다면
그들이 과연 살아 있는 불자일까? 수행자일까?

(3) 초기불전 빠알리 장경(Pāli-Nikāya)의 *Dhammapada*(『法句經』)에는 '재가법사 쿠주따라(Khujjuttarā) 여인과 500 궁녀들의 견성-순교사건'이 기록되어 있다.(p.4 주제화 참조) 꼬삼비(Kosambi) 사마와티(Samavatti) 왕비의 몸종 쿠주따라는 붓다의 담마를 듣고 즉시에 견성, 성자(聖者, Ariya)가 되었다. 그리고 쿠주따라의 설법을 들은 왕비와 500 궁녀들도 즉시 견성, 성중(聖衆)이 되었다. 그들은 외도들의 음해로 불길 속에 타면서도 의연히 불사(不死)를 실증하고 있다. 이것은 얼마나 놀라운 일인가? 그러나 더욱 놀라운 것은, Pāli-Nikāya 속에 이러한 대중견성-순교사건들이 수없이 목격되

고 있다는 사실이다.

(4) '대중견성론(大衆見性論)'은, Pāli-Nikāya를 기본 텍스트로 삼아서, 붓다와 사부대중의 주역들이 전개한 대중견성-만인견성의 원리와 삶의 원형(原形)을 발굴·복원하려는 연속적인 연구작업이다. 언제 느닷없이 들이닥칠지 모르는 집단광기(集團狂氣)로부터 인류를 구하는 길은 한 사람 한 사람이 붓다가 선행한 인류견성의 길을 '단순하게, 겸허하게' 다시 걷는 길밖에 달리 희망이 없다는 믿음으로부터 이 연구작업은 출발하고 있다.(p.6 주제화 참조)

(5) 『초기불교 개척사』는 이 연구작업의 첫번째 결실이다. 여기서, 그들은 대중견성-만인견성의 도도한 물결을 목격하고, 피땀 흘리며 'Buddhist India'를 열어가는 초기 개척자들을 만나게 될 것이다.

차례

제1편 초기 불교운동의 역사적 상황

제2편 초기 불교운동의 이념과 전개

경전 약호표

- AN : Aṅguttara-Nikāya, ed. E. M. Hare, *The Book of the Gradual Sayings* (P.T.S.)
- Cv : Cullavagga(Vinaya), ed. I. Horner. M. A., *The Book of the Discipline 5* (P.T.S.)
- Dhp : Dhammapada, ed. E. W. Burlingame, *Buddhist legends*
- Dhp-Com : *Dhammapada-Commentry*, ed. E. W. Burlingame, Ibid
- DN : Dīgha-Nikāya, ed. Maurice Walshe, *The Long Discourses of the Buddha*
- Jāt : Jātaka
- MN : Majjhima-Nikāya, ed. I. B. Horner, *The Collection of the Middle Length Sayings* (P.T.S.)
- Mv : Mahāvagga(Vinaya), ed. I. B. Horner, *The Book of the Discipline 4* (P.T.S.)
- SN : Sangyutta-Nikāya, ed. F. L. Woodward, *The Book of the Kindred Sayings* (P.T.S.)
- Sn : Sutta-nipāta, ed. Bhikkhu Thanissaro, Microsoft Word 6
- Thag : Thera-gāthā, ed. Bhikkhu Thanissaro, Microsoft Word 6
- Thīg : Therī-gāthā, ed Bhikkhu Thanissaro, Microsoft Word 6
- Ud : Udāna, ed Bhikkhu Thanissaro, M－W6.

대중견성-인류견성의 원형을 찾아서

1. 〔문제의식〕: 몇 가지 질문

1) 불교 속에 깨달음은 남아 있는가?

'붓다는 각자(覺者)이다.

불교도는 깨달음을 추구한다. 견성 성불을 추구한다.

불교는 깨달음의 길이다. 깨달음의 종교이다.'

흔히 이렇게 규정하고 있다.

과연 그러한가? 오늘날에도 이 규정은 유효한가?

이 땅의 불교도들은 깨달음을 추구하고 있는가? 2,600년 전 붓다같이, 자리를 박차고 일어서서 깨달음을 추구하고 있는가? 인도·스리랑카·태국·미얀마·티베트·중국·한국·일본·영국·프랑스·미국 등 어느 나라의 불교도들이 2,600년 전 시하(Siha) 여인같이,[1] 목숨걸고 치열하게 깨달음을 추구하고 있는가?

---

[1] 시하 장군의 여동생 시하 비구니는 7년 동안이나 깨달음을 찾아 헤매다가, 뜻을 이루지 못하자 절망하여 새끼줄로 목을 메는 순간 견성, 아라한이 되었다. ; Thig 5.3(vers. 77-81) ; 『비구의 고백 비구니의 고백』(민족사, 1991), pp.241~242)

불교도들에게 깨달음의 열정이 상실되었다면, 그들은 누구일까? 오로지 현세의 이익을 빌고 생천(生天)하기를 축원하면서, "다음 생에는 성불하여지이다." 이렇게 앵무새처럼 빈말을 외우고 있는 것이라면, 그들은 과연 붓다의 후예들일까? 그때 인도 대륙에서 만인을 깨달음으로 이끌어냈던 것같이, 캄캄한 우리 시대의 새벽을 밝힐 세상의 눈[世間眼]이 될 수 있을 것인가?

2) 불교도 속에 붓다는 살아 있는가?

'불교는 붓다-담마(Buddha-Dhamma)이다.[2]

붓다 석가모니의 가르침이다.

붓다에 귀의하고 담마에 귀의하는 것이 불교의 근본이다.

붓다 석가모니의 삶과 죽음이야말로 대열반 그 자체이며 모든 인류의 삶의 등불이다.'

흔히 이렇게 인정되어 왔다.

과연 그러한가? 오늘날에도 이 인정은 유효한가?

오늘의 불교도 속에 붓다는 살아 있는가? 그들은 붓다 석가모니를 알고 있는가? 그들은 붓다-담마를 열심히 듣고 읽고 배워서, 그들 삶의 등불로 삼고 있는가? 2,600년 전 로히니(Rohini) 강변의 백성들같이, 왕들·장군들·관리들·농민들·노동자들·시민들같이─.[3]

---

2) 불교를 영어식으로 'Buddhism'으로 호칭하는 것은, 불교를 하나의 유한한 'ism(主義)'으로 보는 것이기 때문에 옳은 표현이 되지 못하는 것으로 생각된다. 불교 고유의 전통대로, 'Buddha-Dhamma', 또는 'Dhamma'라고 일컫는 것이 좋을 것으로 생각된다.

3) Dhp-Com. 15.1(text. N. iii. 254-257. vers. 197-199) ; E. W. Burlingame,

스승의 발아래 머리를 대고 경배 올리며 담마를 경청하고 있는가?
낡은 수레같이 무너져내리면서도 이 세상의 짐을 지고 비틀거리며 나
아가는 노(老)붓다의 길을 그들은 좇아가고 있는가?

불교도로서 붓다 석가모니를 잘 모른다면, 그들은 누구일까? 붓다
석가모니의 고심 참담한 삶과 절절한 담마를 잘 모르면서, 법신을 논
하고 미타를 염한다면 그것이 과연 불교일까? 빠알리-니까야를 모르
고 아함(阿含)을 배우지 아니하면서 화엄(華嚴)을 강하고 선(禪)을
논한다면, 그것이 과연 불교인가? 붓다의 삶을 모범으로 삼지 아니하
고, 붓다같이 살기를 추구하지 아니하면서 '수행'을 논하고 '보살행'을
말한다면, 그들이 과연 불자들일까? 진정 수행자들일까?

3) 불교 대중 속에 순교적 개척정신은 약동하고 있는가?
'불교는 전도(傳道)의 종교(Religion of Mission)이다.
불교는 역사를 비추고 세상을 바꾸는 치열한 사회변혁의 길이다.
불교 대중들은 다함없는 연민과 헌신으로 인간 존엄의 정법세계를
열어가는 최후의 고행자들이다.'

흔히 이렇게 평가되어 왔다.
과연 그러한가? 오늘날에도 이 평가는 유효한가?
오늘의 대중들은 무소의 뿔처럼 전도 전법의 길로 가고 있는가? 세
상 사람들을 외자식처럼 생각하며, 그들은 몸바쳐 연민과 헌신의 삶을

Buddhist Legends 3 (Munshiram Manoharlal Pub. Pvt. ltd., 1999), pp.119~
121.

살고 있는가? 2,600년 전 인도의 상인들같이, 수레와 배를 몰고 거친 들판과 강하(江河)를 달리며, 변방으로 변방으로 붓다-루트(Buddha-Route)를 개척해 가고 있는가? 나디까인(Nādikāns)·까시인(Kāsīs)·꼬살라인(Kosalans)같이,[4] 그들은 인간 존엄의 역사를 위하여 순교적 헌신의 삶을 살고 있는가? 오늘의 세계 불교도 속에 진정 '역사와 인류'는 절실한 화두로 추구되고 있는가?

세계 불교도로서 치열한 역사의식과 민중의식이 없다면 그들은 과연 살아 있다 할 수 있을까? 불교 대중으로서 전도 전법을 위하여 헌신하지 않는다면, 그들은 누구일까? 입으로 '마음, 마음'만 찾고 교리 해설에 탐닉하면서, 피땀 흘리며 사회변혁·인류변혁을 위하여 수고하지 않는다면, 그들이 과연 불교 대중들일까? 한 소식 한 다음에 중생제도 하겠다며 언제까지나 좌선하고 앉아 있다면, 그들이 과연 수행자일까? 그때 인도 대륙에서 'Buddhist India'를 개척했던 것같이, 급속히 황폐해 가는 우리 시대의 지구대륙에서 'Buddhist World'를 개척하고 인류견성을 위하여 고행하지 않는다면, 불교-불교도는 무엇으로서 존재할 것인가? 불교가 아니면, 불교도가 아니면, 누가 있어 '신념'·'신앙'이란 이름으로 끊임없이 반복되는 집단광기(集團狂氣)로부터 이 시대의 인류를 구제할 것인가?

깨달음을 잃어버린 불교도들,

---

4) DN 18.1-4(text. ii. 200f, Janavasabha-Sutta) ; tr. Maurice Walshe, *The Long Discourses of the Buddha* (Wisdom Pub. Somerville, Massachusetts, 1995), p.291.

붓다를 상실해 버린 불자들,

'역사와 인류'의 화두를 놓아 버린 불교 대중들,

모든 생명에 대한 다함없는 연민과 헌신, 순교적 전도·개척정신과 고행의 삶을 잃어버린 불교 대중들−.

이것은 실로 위기상황임이 분명하다.

깨달음의 위기, 세계불교의 위기, 인류평화의 위기상황임이 분명해 보인다. 그리고 이 위기상황은 반드시 극복되지 않으면 안 될 것이다. 우리 시대 인류견성운동으로서 근원적으로 극복되지 않으면 안 될 것으로 생각된다.

왜?

무엇 때문일까?

깨달음이 인류의 희망이기 때문이다.

인류견성이야말로 어느 때 느닷없이 몰아닥칠지 모를 집단광기의 공포로부터 우리 시대의 인류사를 구출할 거의 유일한 희망으로 보이기 때문이다.

2. 〔연구목적〕: 초기불교 견성운동의 원형을 찾아서
　　−우리 시대 인류견성운동의 패러다임을 모색하며

1) 대중견성·민중견성의 도도한 물결

성도 직후, 붓다는 바라나시 사슴동산으로 찾아가 다섯 수행자들에게 최초로 담마를 설하였다. 그때, 꼰단나(Koṇḍañña)는 즉시 견성하였고, 네 수행자들도 차례로 견성, 아라한이 되었다. 곧 이어 야사(Yasa)와 그의 친구 54명이 한번 담마를 듣고 즉시에 견성하였다. 이렇게 해서, 이 세상에 붓다를 비롯하여 '61명의 아라한이 있었다'.5)

붓다가 우루벨라로 가는 도중 30명의 청년들이 담마를 듣고 즉시 견성하였다.6) 우루벨라에서 까샤빠(Kassapa)의 3형제와 그의 무리들 1,000명이 붓다-담마를 듣고 견성, 아라한이 되었다.7) 붓다가 1,000명의 성중을 이끌고 마가다(Magadha)의 라자가하로 행진해 갔을 때, 빔비사라(Seniya Bimbisāra) 왕과 12만 명의 마가다 백성들이 붓다를 영접하였다. 그들은 담마를 들어 즉시 법안(dhamma-vision, 法眼)을 얻고 번뇌를 여의어 깨달음의 길로 들어섰다. 그들은 이렇게 발로하였다.

> "집(集)의 법이 곧 멸(滅)의 법이로구나."
> (Whatever is of the nature to uprise,
> all that is of the nature to stop.)8)

쿠주따라(Khujjutarā)는 꼬삼비(Cosambi) 국의 왕비 사마와띠(Sāmāvatī)의 하녀인데, 붓다로보터 담마를 듣고 즉시 소따빳띠-팔라(sotapātti-phala, 須陀洹), 곧 예류과(豫流果)에 들어 성중(聖衆)이 되었다. 사마와띠 왕비와 500명의 궁녀들도 쿠주따라로부터 담마

---

5) Mv 1.6.10-10.4 ; tr. I. B. Horner, M. A, *The Book of the Disciple* (P.T.S, Oxford, 2000), pp.13~28.
6) Mv 1.14.1-5 ; Ibid, pp.31~32.
7) Mv 1.15.1-20.24 ; Ibid, pp.33~45.
8) Mv 1.22.1-8 ; Ibid, pp.46~49.

를 전하여 듣고, 즉시 같은 경지로 나아갔다. 이들은 뒷날 음모에 휘말려 방화(放火)의 불길 속에 휩싸였으나, 모두 마음집중 하여 불사(不死)를 보였다.9)

라자가하의 미천한 나병환자 수빠붓다(Suppabuddha)는 벨루바나(Veluvana) 동산의 수행원으로 밥을 얻으러 갔다가 붓다의 담마를 듣고, 즉시 앉은 자리에서 견성하였고,10) '로히니(Rohini) 강변 사건' 때, 가빌라(Kapila)와 꼴리(Koli)의 백성들, 왕들 · 장군들 · 관리들 · 농민들 · 노동자들 · 시민들이 모두 견성의 길로 들어섰고……. 11)

이렇게 붓다-담마를 듣고 깨닫는 이가 열, 백, 천이 아니다. 빠알리-니까야는 이러한 대중들 · 민중들의 견성사건에 관한 정보로 가득 차 있다고 해도 지나침이 없을 정도이다. 초전법륜 이래 초기불교의 역사는 실로 도도한 대중견성 · 만인견성의 과정으로 규정되어 좋을 것이다.

이것은 불교가 그 출발점에서부터 본질적으로 대중견성운동 · 민중견성운동을 추구하고 있다는 사실을 의미한다. 그리고 이러한 대중견성 · 민중견성운동이 붓다와 4부대중의 주역들에 의하여 헌신적으로, 역동적으로 추구되었다는 사실을 의미한다. 더욱이 궁극적으로, '만인은 이미 깨달아 있다'는 붓다-담마의 정요(精要)가 구체적으로 실현

---

9) Dhp-Com. 2.1(text. N ⅰ. 161-231. vers. 21-23) ; E. W. Burlingame, Ibid 1, pp.247~274.
10) Udāna ⅴ.3(Kutthi-Sutta, Leper) ; tr. from Pāli-Text by Thanissaro Bhikkhu. Microsoft Word 6(Macintosh/Windows) format. cf.『기쁨의 언어 진리의 언어』(민족사), pp.91~94.
11) Dhp-Com. 15.1(text. N.ⅲ. 254-257. vers. 197-199).

되었다는 역사적 사실을 의미하는 것으로 생각된다. 그런 까닭에 붓다
는 끊임없이 이렇게 설하고 있다.

"와서 보아라.
눈 있는 자는 누구든지 볼 수 있을 것이다."12)

초기불교가 치열한 경쟁상황에서 비교 우위(比較優位)를 확보하고
단기간에 인도 대륙을 정신적으로 평정할 수(spiritual conquest of
India)13) 있었던 것은 이러한 대중견성운동의 성공이라는 역사적 사
실에 의하여 가능했다. 붓다-담마가 '만인의 평화와 행복의 길'로서 인
류 역사를 근원적으로 전환시키고 보편적 구원의 빛으로서 찬연할 수
있었던 것도 바로 이러한 민중견성운동의 도도한 성공이라는 역사적
사실에 의하여 가능했던 것으로 판단된다.
대중견성·민중견성운동은 실로 불교운동의 생명인 동시에 인류
평화운동의 불멸의 희망으로서 추구되어 온 것이다.

2) 첩첩한 허위의식의 정글

① 민중들과 지식층의 허위의식
대중견성·민중견성·만인견성,
수행자들·청년들·외도들·시민들·노비들·궁녀들·나병환자들

---

12) Mv 1.7.10 ; *The Book of the Disciple* (P.T.S, tr. I. B. Horner, M. A.),
   p.24.
13) Etienne Lamotte, *History of Indian Buddhism* (Universite Catholique De
   Louvain Institut Orientaliste, Louvain-La-neuve), p.78.

・왕들・왕비들・장군들・관리들・농부들・노동자들,

즉시에 담마를 깨닫고 성중(聖衆)으로 나아가는 수많은 4부대중들,

낡은 사회의 구체제를 변혁하고 붓다-담마를 전파하기 위하여, '전쟁터의 코끼리같이 사방에서 날아오는 화살에 맞서며',14) 변방으로 변방으로 붓다-루트를 개척해 가는 사람들,

모든 생명들에 대한 다함없는 연민과 헌신으로 신명을 버리는 사람들, 그러면서도 '순교(殉敎)한다'는 생각마저 놓아 버린 사람, 사람들-.

그러나 오늘의 불교도들은 이 찬연한 대중견성의 길을 잃어버리고 만 것같이 보인다. 깨달음의 길을 잃었을 뿐만 아니라, 무성한 허위의식(虛僞意識)의 정글 속에 갇혀 어지러이 방황하고 있는 것같이 보인다. 방향을 상실하고 기력을 잃고 좌절하여 자포자기하고-.

무엇보다 심각하게 느껴지는 것은, 오늘날 불교도의 거의 대부분이 치열한 구도의식을 상실한 것이다. 그들은 만인견성의 열정과 희망을 이미 포기한 것으로 보인다. 동남 아시아나 티베트의 불교도들은 내생에 좋은 곳에 태어나기를 오로지 염원하는 것으로 조사되고 있다. 한국・중국・일본 등 북방 대승권의 불교도들은 거의 현세 이익에 집착해 있는 것으로 드러나고 있다.

이것은 얼마나 허황한 허위의식인가? 깨달음을 전제하지 아니한 환생이 토속적 애니미즘과 다를 것이 무엇일까? 직지견성을 잃어버린 현세구복이 샤머니즘이나 유일신 신앙과 다를 것이 무엇일까? 이들이

---

14) Dhp-Com. 2.1(text. N. i. 160-231. vers.21-23) ; E. W. Burlingame, Ibid 1, p.283.

생천(生天)을 갈망하던 2,600년 전 인도 대륙의 민중들과 다를 것이 무엇일까?

일부 지식층 불교도의 경우도 그 허위위식의 측면에서는 일반 대중들과 다를 바가 없는 것으로 보인다. 그들의 관심은 주로 담마에 대한 지적 탐구와 분석, 그리고 교리적 체계화에 있는 것으로 생각된다. 소위 아비다르마화(abhidharma化)의 경향이다. 최근 불교에 관심을 보이고 있는 서구 지식인들의 경우도 이 아비다르마화의 범주에서 크게 벗어나지 못하는 것으로 생각된다. 그들은 비교언어학과 문헌학 등 선진적 방법론을 동원하여 초기경전의 분석·해석에 열중하고 있다.

이것은 얼마나 메마른 허위의식인가? 심신의 호흡이 약동하는 즉신견성(卽身見性)의 삶으로 접목되지 아니하는 지적 흥미나 체계화·아비다르마화는 도리어 '치명적인 약점'으로[15] 작용하는 것이 아닐까? 객관적이고 투명한 서구 학자들의 연구가 실로는 '그 투명한 창문에 자신들의 (식민지 연구의) 일그러진 모습을 드리운 것에 지나지 않는 것'이[16] 아닐까?

② 전문 수행자들의 허위의식

깨달음을 추구하는 극히 소수의 귀중한 수행자들에게 있어 이 허위의식은 보다 심각하고 본질적인 문제로 제기되고 있다. 그들 수행자들은 깨달음을 개인적이며 신비적인 사건으로 인식하고 있는 것으로 보인다. 깨달음은 실현하기 극히 어려운 것이고, 오랜 수행을 통하여 획

---

15) E. 콘즈·안성두 외, 『佛教思想史』(민족사, 1999), p.173.
16) 심재관, 『탈식민시대 우리의 불교학』(책세상, 2001), p.63.

득되는 것이고, 금욕적인 출가 수행을 거쳐서 도달되는 것이고, 전문적인 명상이나 참선을 통해서 한 소식하는 것이고…….

견성하면 3명6통(三明六通)의 초월적 능력을 갖추고, 생사에 자재하고, 천공(天供)을 받고, 미래를 예시하고, 번뇌 오류가 영영 끊어지고, 할 일을 이미 다해 마치고…….

그들은 깨달음을 이렇게 개인적이고 신비한 사건으로, 그것도 매우 특별한 사건으로 인식하고 있는 것으로 보인다.

이 특별한 깨달음을 얻기 위하여, 남방의 수행승들은 위빠사나(Vipassana)와 같은 매우 전문화된 수행법·명상법을 발전시켜 왔다. 4선(四禪)·9선(九禪)을 설정하고, 단계마다 독특한 정신적 심리적 체험 현상들을 열거하며 거기에 탐닉하고 있다. 티베트의 경우도 유사한 것으로 보인다.

한 소식하기 위하여 북방, 특히 한국의 수행자들은 참선에 몰두하고 있다. 그들은 참선만이 유일한 견성로(見性路)라고 주장하고 있다. 또 대부분의 수행자들은 간화선(看話禪)은 최상승의 길이며, 상근기(上根機)만이 직지견성할 수 있다고 굳게 믿고 있다. 이것을 위하여 그들은 용맹정진하고 있다. 세상을 등지고, 깨달음을 이뤄 중생 제도할 날을 기약하며 몇 년, 몇십 년 장좌불와(長坐不臥)하고 있다. 그러면서 그들은 수행하여 깨닫기를 기다리고 있는 것이다.

전문적 수행자들의 이러한 접근방식은 참으로 많은 문제를 야기시키고 있는 것으로 생각된다. 그들이 깨달음의 등불을 전승하는 귀중한 수행자로서 공경·공양되어야 할 것은 의문의 여지없이 명백하다. 그럼에도 불구하고, 중첩된 허위의식이라는 입장에서 그들 수행자들 또한 자유로울 수 없는 것으로 보인다. 깨달음을 전단(專斷)하고 있다는 의미에서 그들의 허위의식은 더욱 신랄하게 비판되어야 할 것으로 생각된다.

깨달음은 과연 특수한 개인적 사건인가? 소수의 수행자만이 도달할 수 있는 특별한 경지인가? 출가 수행자만이 실현할 수 있는 출세간적 상황인가? 한 소식하면 모든 문제는 해결되는 것인가? 견성 해탈하면, 할 일을 다해 마치는 것인가? 생사해탈이 수행의 목적인가? 위빠사나·참선만이 유일한 길인가? 간화선이 최상승의 길인가?

이런 관념들은 실로 비(非)담마적인 허위의식으로 생각된다. 이러한 판단은 역사적 현실에 의하여 엄중히 입증되고 있다. 가장 불교적이고 위빠사나의 본고장으로 인정되는 미얀마가 오늘날 세계의 최빈국(最貧國)이며 가장 후진적 형태의 군사 독재국이라는 사실은 어떻게 이해해야 할 것인가? 그 땅의 아라한들은 다 어디로 간 것일까?

간화선을 금과옥조로 신봉하고 있는 한국 불교도 가운데 정각자(正覺者)들은 과연 얼마나 되는가? 얼마나 많은 수행자들이 견성하고 있는가? 또 견성각자(見性覺者)들이 그동안 이 사회를 위하여 한 일이 무엇인가? 한국불교의 참담한 붕락(崩落) 현상은 어떻게 설명되어야 할 것인가? 이 땅의 눈푸른 납자들은 다 어디로 간 것일까? 그들이 궐기할 날은 과연 언제일까?

이들 중첩된 허위의식들이 만들어낸 가장 심각한 문제는 이들이 대중견성·민중견성이라는 불교 정요의 등불을 정글의 어둠 속에 매몰시켰다는 사실이다. 붓다—담마를 경청하고 진지하게 헌신하면, 누구든지, 즉시에, 즉신으로 견성 열반을 실현할 수 있다는 담마의 등불(法燈)을 차단시켰다는 사실일 것이다. 그들은 갖가지 번쇄한 이론과 방법들을 고안하여, 천연으로 빛나는 대중견성 · 민중견성의 고귀한 등불을 감춰 버리고 만 것이다. 그래놓고 이제 그들 자신마저 정글 속에서 방향을 잃고 어지러이 방황하고 있는 것이 아닌가?

이것은 실로 크나큰 손실이다. 만인의 희망을 박탈하려는 본질적인 손실이며 치명적인 위기상황인 것이다.

3) 대중견성 · 만인견성운동의 원형을 찾아서

깨달음을 이미 포기해 버린 대중들,

지적 흥미와 아비다르마화에 열중하는 지식인들,

식민지 연구의 우월의식을 청산하지 못한 서구 연구가들,

초월적 신비주의에 탐닉하는 전문 수행자들,

언제까지나 앉아 한 소식하기만을 기다리는 관념주의자들―.

무엇 때문일까?

현대의 세계불교를 정글의 어둠 속으로 몰아넣고 있는 이 허위의식과 혼란의 원인은 무엇일까?

가장 긴급하게 지적되어야 할 것은 그들이 붓다를 잘 모른다는 사실일 것이다. 그들이 붓다 석가모니의 절절한 삶의 궤적과 붓다와 초기 대중들이 피땀 흘리며 열어간 순교적인 개척사(開拓史)를 잘 모르는 것이 이러한 위기상황의 근본 원인으로 판단된다.

불교도들, 특히 한국 · 중국 등 이른바 대승권(大乘圈)의 불교도들이 붓다 석가모니를 잘 알지 못하는 정도는 상상 이상으로 심각한 수준으로 감지된다. 한국의 경우, 강원이나 승가대학의 이수 과목에서 초기경전, 빠알리-니까야나 『아함경(阿含經)』이 탈락되어 있다는 사

실에 의해서, 그들의 붓다 무지는 가장 상징적으로 입증되고 있다고 할 것이다.

이것은 참으로 충격적인 사건으로 들린다. 치명적인 오류이며 병(病)으로 보인다. 붓다를 모르면서 붓다-담마를 논한다는 것이 얼마나 큰 모순일까? 스승을 알지도 못하면서 스승을 뛰어넘겠다는 살불살조(殺佛殺祖)의 발상이라면, 이것은 차라리 장한 용기라고 평가되어야 할 것인가?

초기불전을 공부하지 않는다는 것은 붓다의 삶과 붓다의 대중견성운동에 관한 정보를 차단하는 것이다. 초기 대중들의 피땀어린 개척사에 관한 정보 획득을 원천적으로 봉쇄하는 것이 된다. 그 결과, 그들은 대중견성·만인견성의 찬란한 세계를 알지 못한 채, 신비한 초월적 깨달음의 환상에 집착하고 있다. 헌신 개척의 열정을 상실한 채, '대승(大乘)'이라는 화려한 관념의 늪으로 침잠하고, '선(禪)'이라는 맹목적 우월의식에 안주하고 있는 것이다. 푸른 혈맥(血脈)이 두근거리는 역사적 체험과 일상적 삶의 고뇌가 결여된 화려한 관념의 대승과 선이 얼마나 무의미한 것인가 하는 것은 오늘 한국불교의 행태가 웅변적으로 과시하고 있는 것으로 생각된다.

이 연구는 초기불전을 통하여 붓다의 삶과 초기 대중들의 개척과정을 고찰함으로써 대중견성운동의 실상과 견성원리를 규명해내는 데 목적을 두고 있다. 방법론적으로는 초기 개척사와 견성사상의 조명과 원형복원(原形復原)에 주력하고 있다. 그러나 관심의 초점은 분명히 지금, 여기서 눈에 보이는 우리들 자신의 삶과 우리 시대의 인류견성운동에 집중하고 있다. 대중견성운동은 끊임없는 현재 진행의 과정이며, 깨달음만이 인류의 미래를 집단광기로부터 구원할 수 있는 유일한 출구가 될 것이라는 희망 때문이다.

궁극적으로, 이 연구는 초기 견성운동의 원형 발굴을 통하여 깨달음을 만인에게 돌려주려고 하는 현대의 만인견성운동을 지향하고 있다. 따라서 이 연구는 우리 시대 인류견성운동을 위한 이념과 방법론의 패러다임을 모색하는 데 그 목적을 두고 있다. 이것은 깨달음은 본질적으로 시공을 초월하여 만인에게 평등하게 열려 있고, 견성 열반은 눈 있는 자는 누구든지 실현할 수 있는 보통 사람들의 일상적 삶이라는 붓다-담마의 오랜 전통에 기초하고 있다. 그리고 깨달음만이 인류를 집단광기(集團狂氣)의 공포로부터 구출해내는 유일한 출구며 희망이라는 역사적 체험에 기초하고 있는 것이다.

3. 〔연구범위, 자료 및 연구방법〕
Pāli-Nikāya의 사건 분석을 중심으로

1) 연구범위와 붓다 연기(年紀)의 문제

이 저술의 연구범위는 일차적으로 초기불교에 집중되어 있다. 그리고 점차적으로 부파-대승으로 확대되고, 가능하면 현대, 현재까지로 확장시켜 갈 생각이다. 그런 의미에서 '대중견성론(大衆見性論)'은 끊임없는 현재 진행의 작업과정이라고 할 것이다.

초기불교는 이미 잘 알려진 바와 같이, 대개 붓다 생존시와 불멸(佛滅) 후 백년경까지로 확정하고 있다.17) '원시불교(原始佛教)'·'근본불교(根本佛教)'라는 용어도 쓰이고 있지만, 본론은 '초기불교(初期佛

敎, Early Buddhism)'라는 용어를 채택하고 있다. '원시(原始, primi-tive)' 속에는 '미개(未開)'·'고통(苦痛)'이라는 자전적(字典的) 의미가 포함되어 있고, '근본(根本)'은 시대와 부파를 뛰어넘는 '근원적 기본성(基本性)'이라는 보편적 개념으로 이해되기 때문이다.

'초기불교'는 불교 탄생과 형성의 초창기라는 시간적 의미와 더불어 모든 불교사상과 교단 행태의 소박하고 순수한 원형(原形)이며 근원(根源)이라는 이념적 지향성을 동시에 포괄하는 복합적인 개념으로 이해된다. 따라서 본론에서 '초기불교'는 '최초의 근원적이며 실제적인 순수원형으로서의 불교'로서 규정되고 있다.

초기불교라고 했지만 본론에서는 실제로 붓다 생존시대에, 특히 성도 이후 죽음까지 붓다의 전법륜 과정에 집중되고 있다. 이것은 45년간에 걸친 이 시기에, 붓다와 초기 대중들의 치열한 삶을 통하여, 대중견성·만인견성운동의 원형이 창출되고 있다는 경전사적 사실에 근거하고 있는 것이다. 1집『초기불교 개척사』에서는 대중견성·만인견성운동의 역사적 상황을 규명하기 위하여, 개벽기로부터 기원전 7~5세기경까지의 인도사의 전반적 발전과정을 점검하고 있다.

붓다 연기(佛陀年紀, 佛紀, Buddha-Era)의 문제는 각종의 이설(異說)들이 복잡하게 착종하고 있다.[18] 어떤 주장도 단정적인 정당성을 확보할 수 없는 상황이다. 이런 와중에, 1956년 남방 불교도들이 주축이 된 세계불교도협의회에서 1956년을 불멸(佛滅) 2,500주년으로 정

---

17) 平川 彰·이호근,『印度佛敎의 歷史』(민족사, 1989), p.21.
18) Edward J. Thomas, *The Life of Buddha* (Motilal Banarsidass Ltd., Delhi, 1997), p.28, note-1) ; Hajime Nakamura, *Indian Buddhism*(Motilal Banarsidass Ltd., Delhi, 1987), pp.13~15.

하는 데 합의하였다. 이것이 현재 불교도들이 쓰고 있는 불기(佛紀)이다. 이 불기는 기원전 544년을 붓다의 입멸 연대로 인정하고 있는 싱할리의 전승(Singhalese tradition)에 근거하고 있다.[19)

본론은 '1956년의 불기(佛紀) 합의'를 인정하고 받아들인다. 따라서 붓다 연기는 기원전 624년 탄생~기원전 544년 입멸이 된다. 인도·스리랑카·미얀마·타이 등 남방 불교국가들의 오랜 전승은 존중되어야 하고, 1956년의 합의는 합의 그 자체로서 중요한 의미가 있다고 판단하기 때문이다. 그러나 이것이 붓다 연기 문제에 대한 학자들의 다양한 학문적 작업을 소홀히 여기는 것을 의미하는 것은 아니다. 그러한 논의는 왕성할수록 좋은 것이라고 생각한다.

2) 자료

이 연구는 영역본(英譯本) Pāli-Nikāya와 *Dhammapada-Commentry*를 기본자료로 삼고, 한글 초기경전을 보충적인 자료로 활용하고 있다. 영역본 빠알리-니까야는 P.T.S.본을 중심으로 하고, 기타 영역본을 참고하였다. 쿠타카-니까야(Khudakka-Nikāya)의 몇몇 경전 등 자료의 일부는 인터넷을 통하여 획득하기도 하였다.

주요 자료의 목록은 다음과 같다.

▪ Pāli-Nikāya(英譯本)

① Dīgha-Nikāya

　· *The Long Discourses of the Buddha* (tr. Maurice Walshe)

---

19) Hajime Nakamura, Ibid, p.13 ; 中村 元·김지견, 『佛陀의 世界』(김영사, 1984), pp.181~182.

② Majjhima-Nikāya

  · *Middle Length Sayings* (P.T.S.)

  · *The Middle Length Discourses of the Buddha* (tr. Bhikkhu Nanamoli and Bhikkhu Bodhi)

③ Sangyutta-Nikāya : *Kindred Sayings* (P.T.S.)

④ Aṅguttara-Nikāya : *Gradual Sayings* (P.T.S.)

⑤ Khudakka-Nikāya

  · *Dhammapada* (tr. Thanissaro Bhikku, Microsoft Word 6)

  · *Udāna* (〃)

  · *Suttanipāta* (〃)

  · *Theragātā* (〃)

  · *Therīgāthā* (〃)

⑥ Mahāvagga : *The Book of the Discipline IV*(P.T.S.)

⑦ Cullavagga : *The Book of the Discipline V* (P.T.S.)

  · Pāli-Aṭṭhakathā(英譯本)

  · Dhammapada-Aṭṭhakathā : *Dhammapada-Commentry*(Buddhist Legends)(tr. Eugene Watson Burlingame)

3) 방법론에 있어서 유의점

① 기본자료를 전적으로 영역본 빠알리-니까야에 의거하였다.

앞에서 제시한 바와 같이 이 연구의 기본자료, text들은 영역본 빠알리-니까야와 주석서가 주종을 이루고 있다. 한글본은 보충자료로 활용하였고, 한역본(漢譯本)은 거의 배제하였다. 이것은 의도적인 작업의 결과이다.

대승불교를 포함한 담마 연구가 초기불전, 빠알리-니까야나 한역(漢譯) 『아함경(阿含經)』 등의 자료를 기점(基點)으로 출발되어야 한다는 것은 이제 논의의 여지없이 당연한 일로 인식되고 있다. 그리고 가능한 한 빠알리-니까야의 자료에 입각해야 된다는 것 또한 타당한 방향으로 생각된다. 이것은 한역장경(漢譯藏經)의 자료적 가치에 대한 과소평가를 의미하는 것은 결코 아니다. 빠알리-니까야가 붓다의 원음(原音)에 보다 근접해 있으며, 한국의 경우, 과도한 한역(漢譯) 편중의 연구경향이 점검되고, 이 시점에서 보다 다양화되고 국제적인 교류의 출구를 모색해야 된다는 소박한 발상에서 연유하는 것이다.

아함경전 인용의 경우에도 일본의 『대정신수대장경(大正新修大藏經)』에 의존하던 학계의 오랜 관행을 따르지 않고, 오히려 『한글대장경』(동국역경원 간)을 비롯한 우리말 번역본을 채택하였다. 『한글대장경』의 완간이 이루어진 2001년이 불교연구 한글화의 원년(元年)이 되어야 하고, 이러한 변화가 빠를수록 불교연구의 대중화·불교의 대중화도 앞당겨질 것이라는 희망 때문이다. 그동안 부분적으로 우리말 역경사업에 종사해온 여러 선구자들, 만해(萬海)·용성(龍城)·운허(耘虛) 스님들을 위시하여, 근년의 김달진 옹(법구경)·김동화 박사(신편불교성전)·소천(韶天) 스님(금강경)·광덕(光德) 스님(금강경·보현행원품)·법정 스님(숫타니파타)·거해 스님(법구경)·전재성(쌍윳따니까야)·한갑진(아함경전)·도서출판 민족사(마음으로 읽는 불전, 불교경전) 등 그리고 동국역경원 여러분들의 헌신적 작업은 높이 평가되고 기억되어야 할 것이다.

빠알리-니까야의 원전을 천착하지 않고 영역본을 동원하는 것은 연구자의 현실적 한계 때문이다. 원전 해독이 보다 바람직한 것은 자명한 사실이다. 그럼에도 불구하고, 이것이 연구의 본질적 문제, 또는 한계로 인정되는 데에는 동의할 생각이 없다. 모든 연구자들이 문헌학 중심의 1차적 연구로부터 출발해야 한다는 논리에는 승복할 수 없기 때문이다. 심재관 교수는 이렇게 논하고 있다.

만일 이 학문의 특수성을 고려해, 종교적인 열망에 의해 불교연구를 시작한 사람이 있다 해도, 그 사람이 자신의 일생을 고문헌의 색인과 사전작업, 또는 비판교정본의 제작에 바칠 것이라고 생각할 수 있을까? 이미 연구된 외국의 자료에 의지하는 것이 단순히 그들의 학문에 종속하는 것을 뜻하는 것일까?[20]

② 경전 연구는 부처님의 말씀들을 그 속에, 또는 그 배경에 내포하고 있는 붓다와 초기 대중들의 행위와 삶과 사건들을 중심으로 '역동적인 삶의 현장'으로 드러내는 데 주력하였다.

기존의 불교연구가 척박한 한국적 풍토 속에서 불교 그 자체를 보전하고 전파하려는 고행의 길을 걸어왔다는 사실은 인정되고 높이 평가돼야 할 것으로 생각된다. 그럼에도 불구하고 경전 해석이 다분히 몰(沒)현장·탈(脫)역사적이고 교리적 체계화나 어휘적 분석에 과도하게 집착했던 경향은 인정되고 또한 점검되어야 할 문제점으로 생각된다.

이것은 우리 불교연구가 서구의 근대 불교학에서 추구하고 있는 것

---

20) 심재관, 앞의 책, p.128.

과 같은 객관적 학문화의 욕구 때문이 아니라, 삶의 문제에 대한 해결의 지혜, 곧 수행의 욕구로서 관철되고 있다는 입장을 전제로 하는 것이다. 심재관 교수는 이렇게 논하고 있다.

그동안 주변의 선후배들을 보면서 우리 모두가 두 가지 사실 때문에 매우 괴로워하고 있다는 것을 알게 되었다. 그것은 식민상황에서 벌어지는 두 가지 심리적 갈등으로, 첫째는 우리가 실질적인 학문활동에서 제1세계의 지식체계에 종속되고 있다는 사실 때문이다. 그리고 두 번째는 학문과 실존이 점점 괴리되어 자신이 연구하는 학문이 자신에게 삶을 설명할 주체적인 언어를 제공하지 않는 데 있다.[21]

이 연구는 우리들의 삶을, 지금 여기서 보이는 우리 모두의 현실적인 삶을 주체적으로 이해하고 해결하려는 치열한 문제의식으로 일관하고 있다. 붓다-담마를 하나의 초역사적인 진리로서보다는, 고통스런 삶의 지혜로서, 삶 그 자체로서 이해하고 해석하려고 주력하고 있다. 따라서 교리적인 해석이나 체계화는 의도적으로 회피되고 최소화되었다. 도리어 체계를 부수는 데 보다 큰 관심을 기울였다고 할 것이다. 중첩된 교리체계가 여지없이 부서질 때, 붓다-담마는 우리 모두의 삶으로 환원될 것이란 기대 때문이다.

③ 이 연구는 빠알리-니까야와 주석서를 직접 천착하여 견해를 세우고 있다.

연구목적에서 이미 밝힌 바와 같이, 이 연구는 방대한 작업분량에도

---

21) 앞의 책, p.126.

불구하고, 학문적 체계화가 목적이 아니다. 붓다와 4부대중들의 초기 불교운동으로부터 만인견성의 지혜와 깨달음의 삶의 원형을 이끌어내는 데 그 의도가 있는 것이다. 이것은 붓다와의 직접적인 대화로 가능한 작업이라고 생각된다. '대중견성' '민중견성' '만인견성' 등의 기본주제가 선행연구에서는 거의 발견하기 어려운 상황에서, 이러한 방법적 선택은 불가피한 것이라고 할 것이다.

전문가들의 연구성과는 보충적으로 활용하였다. 연구성과의 활용에서는 한국·동남아시아·인도·서구 등 여러 지역의 다양한 입장들을 받아들이려고 노력하였다. 특히 *Maha Bodhi Journal*(1892~1992)을 통하여 다르마-팔라(Anagarika Dharmapala) 비구와 암베드카(Babasaheb Ambedkar) 박사 등, 현대 인도불교 중흥의 사상가들을 발견하게 된 것은 우리 시대 인류견성운동의 전개라는 차원에서 매우 유익한 수확으로 생각된다.

3. 연구의 한계

① 대중견성 사건의 경전 분석이 매우 제한적으로 진행되었다.

이 연구의 대중견성 사건 분석은 *Dhammapada*에 집중되어 있다. 구체적으로는 *Dhammapada-Commentry*에 기록되어 있는 299개의 사건을 대상으로 하고 있다. 빠알리-니까야의 다른 경전들은 극히 단편적으로 관찰되고 있을 뿐이다. 이것은 초기불교의 대중견성운동을 입론함에 있어서 상당한 약점으로 지적되어야 할 것이다. 빠알리-니까야 전체에 대한 보다 포괄적인 분석작업이 장래의 과제로 부과되고 있다고 할 것이다.

다만 *Dhammapada-Commentry*의 대중견성 사건들이 *Sangyutta-Nikāya · Aṅguttara-Nikāya · Udāna · Jātaka · Theragātā · Therīgāthā · Mahāvagga-Vinaya* 등의 경전 사건들과 광범위하게 연계되어 있는 것이[22] 그 한계를 상당 부분 해소시켜 주는 것으로 보인다.

② 초기 불교운동의 전개를 논구함에 있어 그 방법론에 관한 고찰이 결여되어 있다.

붓다와 초기 대중들의 전법 견성운동이 경이적인 성공을 거둘 수 있었던 것은 흔히 대기설법(對機說法)으로 요약되는 방법론의 탁월성이 가장 큰 요인으로 평가된다. 최초의 입안 단계에서 이 부분에 관한 고찰이 예정되어 있었으나, 작업량의 팽창으로 인하여 후일로 이월된 것이 큰 아쉬움이자 한계의 하나로 남는다.

③ 선행연구의 수용에 있어서 과도하게 소수 연구가들에게 의존하고, 다양한 논문에 대한 정보가 부족하다.

실제로는 바로 이 부분이 가장 큰 한계점으로 생각된다. 이것은 연구자가 다양하고 광범한 정보 획득의 체널을 확보하지 못한 데서 연유한 것으로 스스로 부족함을 통감하고 있다. 다만 후일을 기약할 뿐이다.

---

22) E. W. Burlingame, Ibid 1, pp.45~58.

초기불교 개척사 서언(緖言)

1. 연구의 방향 : '역사의 현장'으로서의 불교

붓다–담마(Buddha-Dhamma)는 세간 초월적 명상의 산물이 아닌 것으로 생각한다. 담마는 역사적 산물이며, 담마 속에는 수많은 세간 민중들의 삶의 고뇌가 응결되어 있는 것으로 보인다. 엄밀하게 말하면, 붓다–담마는 그 자체가 '역사의 현장(歷史現場)'이라고 할 것이다. 초기불교에 있어서 이러한 현장성은 더욱 투철한 것이다.

이것은 불교가 붓다를 절대적 존재로 숭배하는 붓다의 독창(獨創)이 아니라 붓다와 민중들이 역사의 현장에서 함께 개척해 간 삶의 고뇌며 지혜라는 사실을 의미하는 것이다. 따라서 붓다–담마, 곧 불교의 역사적 의미에 대한 고찰은 당위이며 필연적 과정이라고 해도 크게 어긋남이 없을 것이다. 그런 의미에서 '초기의 불교가 엄격한 의미에서 통상적으로 인식되고 있는(교조의 계시에 의거하는, 저자 註) 종교의 범주에 들지 않는다는 점에 전적으로 동의할 것'이다.1) T. 링(Trevor Ling) 교수는 *The Buddha*에서 이렇게 논하고 있다.

---

1) 피야세나 딧사나야케 · 정승석, 『불교의 정치철학』(대원정사, 1988), p.5.

우리가 붓다를 종교의 창시자로 생각한다면, 이것은 그의 역사적 의미를 편파적으로 이해한 것일 뿐이다.[2]

'대중견성론' 1집 ―『초기불교 개척사』는 붓다―담마 형성의 시대적 배경과 상황의 변화를 관찰하고, 초기 불교운동의 이념적 지향과 개척 과정을 추적함으로써 그 역사적 실체와 의미를 규명하는 데 일차적 목적을 두고 있다. 이 과정에서 붓다와 4부대중의 전법사들·민중들, 곧 초기 불교운동 주역들의 상호관계와 연대성이 '역사와 삶'이라는 공통의 현장에서 어떻게 연기되고 있는가에 관심의 초점이 모아질 것이다. 초기 불교운동을 과거사의 매몰에서 발굴하여 우리 시대의 '역사의 현장'으로서 일으켜 세우려는 이러한 노력은 우리 시대 인류 견성운동의 패러다임을 확립하는 과정에서 선행되어야 할 필수적인 작업으로 판단된다.

2. 연구과제

주요 연구과제를 제시하면 다음과 같다.

1편

① 고대 인도에서의 불교운동의 성격은 무엇인가?

힌두 학자들이 꾸준히 주장해 온 것과 같이, 힌두교의 한 변혁, 또는 변형인가? 아니면 독자성을 담지하는 변혁적 사상운동인가? 불교에

---

2) Trevor Ling, *The Buddha* (Temple Smith, London, 1973), p.64. cit. 앞의 책, p.5.

36

대한 힌두교의 관용은 과연 역사적 사실과 일치하는가?

② 초기 불교운동을 가능하게 하는 역사적 배경은 무엇인가?

불교 형성기인 기원전 7~5세기의 역사적 상황, 정치·경제·사회·종교사상적 상황의 변화는 어떻게 진행되고 있는가? 그리고 그 위기의 실상은 무엇인가?

③ 초기 불교운동이 '재가운동'으로서 규정되는 것은 무엇 때문인가? 불교운동과 samana 운동과는 어떤 상관성을 지니는 것인가? 그 공통성과 차이성은 무엇인가? '육사외도(六師外道)'의 사상사적 특성은 무엇인가?

[2편]

④ 초기 불교운동의 이념적 지향은 무엇인가?

그리고 그것이 '대중견성·만인견성운동'으로 규정되는 실제적 근거는 무엇인가?

⑤ 초기 불교운동 주역들의 사회적 실체는 무엇인가? 그리고 그 물적(物的) 기초는 무엇인가?

'재가법사들'의 역사적 실체는 무엇인가? 4부대중과 시민들-민중들은 이 과정에서 어떤 형태로 연대하고 있는가? 이 연대과정에서 상가라마(Sangharama, 伽藍)와 탁발(托鉢), 공양(供養)은 어떤 사회적 기능을 수행하고 있는가?

⑥ 초기 불교운동은 어떤 과정으로 전개되고 있는가?

초기 불교운동의 전 인도적 확산의 기폭제는 무엇인가? 그리고 'Buddhist India'를 가능하게 하는 심리적 동기와 운동 에너지의 실체는 무엇인가?

⑦ 'Buddhist India'의 지리적 영역은 어디까지인가?

갠지스 강 중류 일대로 규정되어 온 종래의 학설은 타당한가? 데칸 남로의 고다바리 강(Godhavari 江) 문제는 어떻게 검토되어야 하는가? 이 끝없는 변방 개척의 과정에서, 상인들을 비롯한 민중 전법사들은 어떤 역할을 담당하고 있는가?

⑧ 얼마나 많은 대중들이 이 개척과정에서 순교적 헌신을 바치고 있는가?

초기 불교운동의 장애세력들의 실체는 무엇인가? 장애세력들에 대한 붓다의 친화적 태도는 과연 역사적 사실과 일치하는가? 빠알리-니까야에 초기 순교대중들의 실상은 어떻게 기록되어 있는가?

⑨ 붓다의 대열반-Mahāparinibbāna는 대중견성·만인견성운동사에서 어떤 의미를 지니는 것인가?

노(老)붓다가 붉은 피를 쏟으며 구시나가라의 작고 궁핍한 마을로 올라가는 것은 무엇 때문인가? 열반의 진정한 실체는 무엇인가? 붓다 입멸 이후, 대중견성·만인견성운동은 어떻게 되는가?

⑩ 지금 여기서, 대열반을 실현할 수 있는 보통 사람들의 삶은 어떤 것인가?

제1편

초기 불교운동의 역사적 상황

-불교의 근원과 정체성을 찾아서-

제1장 불교, 힌두(Hindu)의 토양을 뚫고

1. '힌두의 한 가지〔分枝〕'

1) '힌두의 한 분파', '혹은 이단'

인도의 석학 S. 라다크리쉬난(S. Radhakrishnan) 박사는 *2500 Years of Buddhism*의 서문에서 이렇게 기술하고 있다.

불교는 새롭고 독자적인 한 종교로서 출발한 것이 아니다. 불교는 그보다 오래된 힌두신앙의 한 가지〔分枝〕였다. 아마 (힌두신앙)의 한 분파, 또는 이단이라고 해야 할 것이다.[1] 붓다는 형이상학과 윤리의 기초들에 관해서는 그가 계승한 힌두신앙과 일치하는 한편, 그 당시 유행하고 있던 어떤 의식들에 대해서는 반대하였다. 붓다는 베다식 의식주의(儀式主義, ceremonialism)를 묵인하기를 거부하였다. 언젠가 이런 몇

---

1) 'It(Buddhism) was an offshoot of the more ancient faith of Hindus, perhaps a schism or a heresy.' ; *2500 Years of Buddhism* (general editor, Prof. P. V. Bapat, The Director Publication Division, Ministry of Information and Broadcasying, Government of India Patila House, New-Delhi, 1987), 'foreword', p. xii.

몇 의식의 실천을 요구받았을 때, 붓다는 말하였다.

"담마를 위하여 힌두 집안에서 관습이 되어 있고 소원하는 결실을 가져다 준다는 그런 희생의식을 내가 실행해야 한다는 당신들의 주장에 관해서, 나는 그러한 희생들에 동의할 수 없소. 다른 생명의 고통의 대가로 찾아야 하는 그런 행복이라면, 나는 관심이 없기 때문이오."[2]

세계의 다른 나라들이 불교를 그들의 전통과 조화된 하나의 독특한 종교형태로 수용하고 있음에 대하여, 인도에서는 오랜 기간에 걸쳐 불교를 힌두교·힌두적 종교문화의 한 분파, 한 부분으로 인식하려는 경향이 강하게 지속되어 왔다.[3] 불교를 '보다 오래된 힌두신앙의 한 가지'로 규정하고 있는 라다크리쉬난 박사의 견해도 이러한 경향을 대변하고 있는 것으로 보인다. 현대 인도의 학자들은 대개 붓다가
힌두의 오랜 사상적인 전통을 계승하거나 재해석하면서도 카스트(cast.e)나 동물희생과 같은 현실적인 문제들에 대하여 반대하고 개혁을 주장한 것으로 인식하고 있다. 인도의 전통문화원 원장 샤스트리(K. A. N. Sastri) 박사는 이렇게 논하고 있다.

붓다와 동시대의 브라민(brahmin, 婆羅門-바라문)[4]과의 관계가 매

---

2) Buddhaghosa, *Buddhacarita XI*, 64. cit. ibid, 'foreword', p. xii.
3) Ibid, p.14.
4) brahmin(복수-brahmins) : 브라만-힌두교의 사제를 가리키는 용어로서 Pāli어와 Sanscrit로는 brāhmaṇa(s)로 기록되어 있다. Brāhmaṇa(s)는 힌두교의 종교적 문서 가운데 하나로 범서(梵書)로 번역된다. 힌두교의 사제는 때로 Brahmān으로 표기되기도 하지만, Brahman은 본래 힌두교의 기도·주문 또는 힌두교의 최고신, 궁극적 실재의 의미로 쓰였다. 본론은 이들 용어들을 편의상

우 돈독한 것이었다는 사실은 Mrs. 리스 데이비스(Mrs. Rhys Davids)에 의하여 잘 알려지고 있다. 그가 올바르게 지적하고 있는 바와 같이, 붓다는 각 개인 속에 내재(內在)되어 있는 브라마(Brahmā, 우주적 생명, 저자 註)라는 우파니샤드의 교의(敎義)를 결코 부정하지 않았다. 그러나 붓다가 부정한 것은 우파니샤드의 몇몇 문장 속에서는 그 존재를 시사하고 있는 듯한 물질적 영혼의 존재였다. 따라서 붓다가 설법한 것은 그 당시 브라만교의 중심적인 종교적 교의, 곧 내재성의 원리와 일치하는 것이라는 리스 데이비스의 주장은 결코 과장된 것이 아니다.

브라민들은 브라마에 관한 지식을 열렬히 수호되어야 할 비밀로, 그리고 사종성(四種姓)의 위 세 종성인 아리아인들의 배타적인 권리로서 보전하였다. 붓다는 브라민들의 이러한 태도에 대하여 공개적으로 반대하는 목소리를 드높였다. 붓다는 진실하고 궁극적인 지식의 영역에

다음과 같이 구분해서 규정하려고 한다.
· Brahman(또는 Brahmā) : 힌두교의 최고신[梵天],
· brahman : 힌두교의 기도 · 주문.
· brahmin(s) : 힌두교의 사제(카스트의 4계급 중 하나), 사제 계급 가문의 출신이지만 사실상 상업 · 농업 등 일반 직업에 종사하는 세속인들.
· Brāhmaṇa : 힌두교의 종교적 문서(梵書).
· brāhmaṇa : 가장 훌륭한 수행자들에 대한 존칭.[예 samaṇas-brāhmaṇas(사문 · 바라문)]
cf. 'This word(brahmin), always pronounced, and till lately always spelt, in England, with an i, is spelt in both Sanskrit and Pāli, brāhmaṇa. It seems to me a pity to attempt to introduce a spelling, brāhmam, which is neither English nor Indian.' ; T. W. Rhys Davids, *Buddhist India* (Motilal Banarsidas, Delhi, 1981), p.2, 54. cf. E. Lamotte, *History of Idian Buddhism* (translated from French by Sara Webb-Boin, Universite Catholque De Louvan, 1988), p.5. *The Long Discourses of the Buddha* (A Translation of the Dīgha-Nikāya by Maurice Walshe, Wisdom Pub. Somerville Massachusetts, 1995), p.21.

있어서는 계급·종족이나 사회적 조건에 따라 어떤 차별도 없으며, 그 진실은 모든 사람들에게 열려 있는 것이라고 선언하였다. 그런 까닭에, 막스 뮐러(Max Müller) 교수가 주장하는 바와 같이, 불교는 브라민 생애 네 기간 중 진정한 브라만주의라 할 수 있는 제4기〔林住期〕의 개혁(改革, reformation), 또는 대중화(大衆化, populariization)와 주로 관련된다는 주장은 거의 진실에 가까운 것이다.5)

2) 종교적 관용의 전통

불교를 브라만교의 개혁, 대중화로 규정하려는 힌두인들의 이러한 인식경향은 '진실은 하나이나 현자들은 이를 여러 가지로 부른다.'라고 생각하는 힌두인들의 독특한 사유방식과 관련되고 있다. 이 말은 기원전 12세기경의 『리그 베다』(Rg-Veda)에 기록되어 있는데, 여기에서 연유하는 힌두인들의 종교적 다양성과 포용성은 현대에 이르러서도 계승되고 있다. 붓다는 힌두인들에 의하여 비쉬누(Visnu)의 아홉번째 화신(化身, avatara)으로 숭앙받고 있으며6), 지금도 힌두교 사원에서 붓다의 상(象)을 봉안하고 있기도 하다. 20세기의 위대한 스승 마하트마 간디(Mahama Gandhi)도 대보리회(Mahā-Bodhi Society)7)의 종교의식에 출석하여, "나의 친구들은 내가 부처님의 가르침을 나의 생

---

5) K. A. N. Sastri, 'Later Modification of Buddhism', *2500 Years of Buddhism*, p.297.
6) Ibid, p. xⅲ.
7) 1891년 Anagarika Dhammapala 비구의 주도에 의하여 창설된 세계적인 불교도 단체. 보드가야의 대보리사 중건 유지, 저널 *Maha-Bodhi* 창간 등으로 인도 불교 부흥의 중심체가 되어 왔다.

활 속에서 표현하고 있다고 합니다. 나도 이러한 말을 받아들입니다. 그리고 부처님의 가르침을 따르고자 온 힘을 기울이고 있음을 고백합니다."8) 이렇게 연설하고 있다. 따라서 간디는 제2의 붓다로 인정되기도 한다. Mrs. 커신즈(Cousins)와 앤드류(C. E. Andrews)는 이렇게 기술하고 있다.

간디는 서구 문명을 지지하는 원칙들이 붕괴되고 있는 세계의 가장 어둔 시기에 나타났다. 무너지고 있는 유럽 세계는 자기 자신을 가장 야만적이고 원시적인 폭력 본능으로 내맡겨서 고도로 세련된 과학이 제공할 수 있는 온갖 종류의 파괴를 자행하고 있다. 4년 간에 걸친 공포의 전쟁 다음 날, 단 하나의 나라도 안전한 중립국으로 남겨두지 않을, 하나가 아니라 열 개의 전쟁 전야에 쇠약한 인도의 성자—제2의 붓다(the second Buddha)가 앉아 있다. 그는 고독하고 고요하며, 죽음에 대하여 확고하다. 그는 그 자신의 불복종의 힘으로 야만의 세력들을 궁지로 몰아넣고 있다. 이 노인의 죽음을 각오한 단식이라는 단순한 위협이 가장 교만한 제국들의 힘을 굴복시키고 있고, 오랜 전쟁으로서도 가져올 수 없는 승리를 이끌어내고 있는 것이다. 왜냐하면, 군사적 승리는 그 과거에 있어 죽음을 남겼고 보상할 수 없는 원한의 씨앗을 뿌리기 때문이다.9)

힌두의 성자 간디 옹(翁)을 '제2의 붓다'로 규정하고 있는 이런 평

---

8) cit. 나라 야스아키 · 정호영, 『인도불교』(민족사, 1992), pp.17~18.
9) 1922년 제네바에서 조직된 'International Indian Day'를 위하여 작성된 Mrs. Cousins와 C. E. Andrews의 기고문. *Roman Rolland And Gandhi Correspondence*(Publications Division, Ministry Of Information And Broadcasting, Government Of India, 1990), p.587.

가는 종교적 일치감과 포용성이라는 인도적 사유의 한 전통을 보여
주는 점에서뿐만 아니라 붓다의 현대적 존재 의의를 상기시키는 분석
으로서도 주목되는 것으로 생각된다.

이와 같은 종교적 일치감과 포용성은 초기불전 속에서도 이미 흔히
발견되고 있다. 힌두교의 브라민들에 대한 붓다의 관심은 특히 각별한
것이어서, *Dhammapada*(『法句經』)에서는 'brāhmaṇas'이라는 하나
의 독립된 장10)으로 채택되어 설하고 있고, *Sutta-nipāta*에서는 붓다
가 그를 방문한 일단의 꼬살라국 출신 브라민들에게 브라민의 오랜
전통에 관해서 일깨우고 있다.11) 수행의 법도를 존중하는 한, 사마나
(samaṇas, 沙門)나 브라흐마나(brāhmaṇas, 婆羅門)나 다 같은 수행
자로 존중하는 것이 초기불교의 기본적 태도로 보인다. M. 월쉬
(Maurice Walshe)는 *Dīgha-Nikāya*의 영역본 서문에서 이렇게 논하
고 있다.

불전들 속에서 'samaṇa-brāhmaṇa'(사문-바라문)라는 합성어를 자
주 만난다. 우리는 이것을 'ascetics and Brahmins(수행자와 성직자)'
로 번역한다. P.T.S.(*Pāli Text Society*) 사전에서는 이 합성어가 아주
일반적으로 '종교적 삶의 지도자(leaders in religious life)'를 뜻하는
것으로 정확하게 설명하고 있다. 이 두 그룹이 통상적으로 경쟁자였던
것도 또한 사실이다.12)

---

10) Dhp ⅩⅩⅥ, brāhmaṇa-vagga
11) SN 2, Kula-vagga 7, 284-315.
12) *The Long Discourses of the Buddha*(tr. Maurice Walshe), 'Introduction',
    p.21.

이러한 경향은 초기경전에서도 확인되고 있다. 『잡아함경(雜阿含經)』의 한 경에서는 이렇게 설하고 있다.

만일 사문이나 바라문으로서 모든 느낌에 대하여 참다이 알지 못하고, 느낌의 모임·느낌의 멸함·느낌의 모이는 길·느낌의 멸하는 길·느낌의 맛·느낌의 근심·느낌의 떠남을 참다이 알지 못하면 사문이 아니요 바라문이 아니며, 사문답지 못하고 바라문답지 못하며, 사문의 도리가 아니고 바라문의 도리가 아니다.—만일 사문이나 바라문으로서 모든 느낌에 대하여 참다이 알고—느낌의 떠남을 참다이 알면, 그는 곧 사문의 사문이요 바라문의 바라문이며, 사문답고 바라문다우며, 사문의 도리요 바라문의 도리이니라.[13]

2. 불교, 혁명적 탄생

1) 불교에 대한 힌두의 적대행위

힌두의 종교적 관용성과 붓다에 대한 힌두의 친화적 태도에 근거하여, 또는 브라민들에 대한 붓다의 호의에 근거하여, 불교를 힌두교의 '한 가지(an offshoot, 分枝)'로 보거나 힌두적 전통의 한 개혁형태로 규정하려는 인도적 경향은 문제가 있으며, 또 역사적 사실과도 부합하지 않는 것으로 보인다.

불교에 대한 힌두측의 친화적·수용적 태도라는 종래의 관념부터 재

---

13) 『雜阿含經』 28, 「사문바라문경」 ; 『한글대장경 雜阿含經』 1. pp.504~505.

검토되어야 할 것으로 생각된다. 이 문제와 관련하여 러시아의 종교학
자 토카레프(Sergei Tokarev)는 『세계의 종교(*History of Religion*)』에
서 이렇게 논하고 있다.

　브라민들은 필사적으로 이 새로운 불교에 저항했다. 그러나 그들의
대중에 대한 영향력은 매우 약했으므로, 그들은 이 종교에 대해서 매우
무력했다. 이미 앞에서 말한 바와 같이, 브라만교는 단지 점차적으로만
스스로를 재정비하여_불교에 대한 공세를 가할 수 있었다. 그러나 불교
는 역시 브라만교에 대한 투쟁의 과정 속에서 변화를 겪었다.14)

불교와 힌두교-브라만교 사이의 갈등과 반목은 붓다 당시에 이미
치열하고도 빈번하게 전개되었다는 것이 초기불전 도처에서 발견되고
있다. *Sangyutta-Nikāya*(相應部)의 brāhmaṇa-Sangyutta의 한 경인
'Dhanañjāni brahminee'는 이렇게 주석되고 있다.

　우리들의 주석서에 의하면, 다난자니 브라민들은 브라마〔梵天〕의 입
으로부터 솟아난 것이 아니라 머리를 가르고 나왔다고 주장하는 가장
귀족적인 가문의 하나이다. 그들 가운데 하나는 라자가하의 농부(지주)
로서 사리뿟타와 *Dhanañjāni-sutta*로 이름 붙여진 대화를 나누기도 하
였다.〔M. ii, 184f〕 이 경의 여(女)주인공 다난자니는 *Apadana*15)에서
그의 친구인 케마와 수메다와 더불어 구나함 붓다(Koṇāganamāna-
Buddha) 당시 독실한 시주였던 것으로 추정되고 있다.
　이 여인은 (수시로 붓다의 게송을 외치므로) 그의 남편은 귀를 막아

---

14) 세르게이 토카레프·한국종교학회 역, 『세계의 종교』(사상사, 1991), p.322.
15) Thīg. Comy, 130, 273 ; *Pss. of the Sisters*, p.177.

야 했다. (남편인 브라민은 브라만교의 성직자로서 때때로 가난한 브라민들에게 공양을 올렸는데) 동료 브라민들에게 큰 잔치를 베푸는 전날 저녁에, 그는 부인에게 불교의 게송을 노래함으로써 손님들을 방해하지 않도록 요구하였다. 여인은 그렇게 할 수 없었다. 그러자 남편은 칼로 파초를 자르듯 부인을 협박하였다. 여인은 고통받을 준비가 되어 있노라고 선언함으로써 말할 자유를 확보하고 500수의 게송을 퍼붓듯 노래하였다. 그 결과 남편은 조건없이 굴복하였다.

손님들(브라민들)을 접대하고 있는 동안, 다난자니에게 뛰어난 충동이 일어났다. 주발과 숟가락을 내려놓고, 그 와중에 다난자니는 죽림정사를 향하여 예배하고 게송을 노래하였다. 한 이교도(다난자니)의 출현으로 분개한 손님들(브라민들)은 음식에 침을 뱉으며 서둘러 떠나고, 남편은 엉망이 된 잔칫상 가운데서 부인에게 욕설을 퍼부었다.16)

*Sangyutta-Nikāya*의 '다난자니(Dhanañjāni) 사건'은 초전 당시 불교와 힌두-브라만교 사이의 관계를 고찰하는 데 유익한 많은 정보를 시사하고 있다. 여기서 힌두교의 종교적 관용성 같은 것은 전혀 발견되지 않고 있다. 불교도에 대한 가혹한 협박과 살해의 위협, 브라민들의 집단적인 분개와 배척이 극명하게 드러나고 있다. 불교는 목숨을 건 용기와 열정에 의하여 험로를 개척해 가고 있는 것으로 드러나고 있다.

불교에 대한 브라만교 측의 반발과 위협은 시간이 경과하면서 더욱 대규모로 조직화되고 공공연한 공세와 적대행위로 드러난 것이 역사

---

16) SN 7.1.1(text i. 160, The Dhanañjāni brahmines) ; *The Book of the Kindred Sayings 1*(P.T.S, tr. Mrs. Rhys Davids, M. A.), p.199, note.1-2.

적으로 규명되고 있다. 기원전 2세기, 브라민 출신의 푸샤미트라
(Puṣyamitra, B.C. 187~151)가 숭가(Śuṅgas) 왕조를 건립하면서 이
러한 공세는 가혹한 불교 말살정책으로 나타났다. 푸샤미트라 왕은 불
교로 인하여 침체된 고대 베다의식, 동물희생 의식을 부활시키는 한
편, 불교 박해를 공공연히 자행하였다. 불교도들의 공통된 전승(傳承)
에 의하면, 푸샤미트라 왕은 가장 잔인한 살육자로 기록되어 있다. 2
세기 카쉬미르의 한 아라한이 저술한 *Vibhasa*에는 이렇게 기록되어
있다.

어느 때, 한 브라민의 왕 푸샤미트라가 붓다의 법을 증오하였다. 그는
경전(sutras)을 불사르고, 탑(stupas)을 파괴하였으며, 사찰(sanghamas)
을 무너트리고, 승려들(bhiksus)을 학살하였다. 변경국가인 챠세미로
(Chiashemilo, Kasmira) 왕국에서, 그는 5백 개의 사찰을 파괴하였고,
또 다른 국가에서는 더 많은 사찰을 파괴하였다. 사악한 악마(māra)가
교활하게 그의 힘을 지원하기 위하여 쿰반다(kumbhandas)와 야차
(yaksas)와 아수라(asuras)들을 그에게 파견하였기 때문에, 어디에서도
그를 대적할 수 없었다. 그는 점차로 붓다의 담마를 파괴하면서 보리수
(Bodhi-tree)에 이르렀다. 티유(Tiyu)라고 불리는 보리수의 수호신이
생각하였다.

'갠지스 강의 모래알같이 한량없는 세존 붓다께서 사악한 악마를 항
복받고 큰 깨달음을 성취한 이곳을 저 어리석고 잔인한 왕이 파괴하고
있다.'

곧 이 신은 변신하여 아주 아름다운 몸매를 지닌 여인의 몸이 되어
왕 앞에 엎드렸다. 이것을 보는 순간, 왕은 욕망에 사로잡혔다. 그러나
왕의 호의를 차지하자마자 이 불법 수호의 신은 그를 죽이고, 그의 군

대와 아수라 등의 군대를 비틀어 버렸다. 그 신의 주먹으로부터 달아난 자는 아무도 없었다.17)

이 *Vibhasa*의 기록, '푸샤미트라 왕의 파불(破佛) 사건'은 불교-힌두교 관계에 대한 기왕의 안이한 인식에 하나의 큰 충격을 던지는 것으로 보인다. 일반적으로 인정되어 온 힌두교의 종교적 관용성이라는 관념이 역사적 사실과는 다르게 미화되어 있다는 상황이 먼저 각성되어야 할 것이고, 붓다와 간디에 의하여 표명되는 것과 같은 고매한 수용과 존중의 정신 이면에는 파괴와 살육이라는 야만적 적대행위가 자행되어 왔다는 역사의 이중성이 또한 규명되어야 할 것이다. 동시에 이러한 뿌리깊은 구체제의 장벽을 뚫고, 격렬한 경쟁과 투쟁의 과정을 통하여, 불교가 일어서고 전파되어 갔다는 초기 포교운동사의 성격이 새롭게 조명되지 않으면 안 될 것으로 생각된다.

2) 힌두적 토양을 뚫고 솟아올라

불교가 힌두적 토양 속에 성장하였고, 붓다가 우파니샤드를 비롯한 선행 지성사(知性史)의 성과들을 수용하였다는 것은 의문의 여지가 없어 보인다. 이와 관련하여, 미국 코넬 대학 버트(E. A. Burt) 교수는 이렇게 논하고 있다.

붓다는 본질적으로 해탈·윤회·업이라는 개념에서 표현된 이념들

---

17) cit. Ecienne Lamotte, Ibid, p.387.

을 받아들였고, 그것들을 재해석하여 그의 가르침을 보완하였다. 그는 모든 실제의 초월적 근원인 브라만의 개념을 형이상학적이라는 이유로 거부하였고, 모든 인간의 진정한 복지에 자비로운 관심을 표명하였다. 그러나 종교적인 추구에 목표를 둘 때, 브라만의 개념은 거부되었다기보다는 변형되었다고 보아야 할 것이다. 그 목표란 브라만과의 결합이 아니라 열반의 성취이다. 붓다 당시 종교가들에 의해서 불변하는 본질인 자아(自我)라는 의미로 해석된 아트만(ātman)도 인간성의 좀더 역동적인 개념을 위해서 붓다는 거절하였다. 그의 사상 가운데에서 기본적인 것은, 생물을 포함한 모든 현상적인 존재는 끊임없이 변하여 결국 죽어간다는 것이다. 붓다는 우파니샤드에서 발전한 종교적 · 철학적 · 심리적인 사상체계를 적지 않게 받아들였다. 그런 사실은 그의 사상이 인도의 유산을 물려받았고, 그 유산을 비판하여 근본적으로 새로운 영역을 개척하였다는 것을 말한다.18)

'유산의 상속과 비판, 새로운 영역 개척.'

불교가 힌두적 토양으로부터 많은 것을 섭취하고 계승하면서도 버트 교수가 적절히 지적하고 있는 바와 같이, '근본적으로 새로운 영역을 개척하였다.'는 것은 힌두의 두 가지 기본 개념, 브라만(Brahman)과 아트만(Ātman)이 불교 속에서 본질적으로 혁파됐다는 사실에 주로 근거를 두고 있다. 불교가 힌두적 한 분파로 결코 규정될 수 없는 이유가 여기에서 발견된다고 할 것이다. *The Maha-Bodhi Journal*의 창간자인 A. 담마팔라 비구(Ven. Anagarika Dharmaoala)는 'The Essentials of Buddhism'에서 이렇게 논하고 있다.

---

18) E. A. Bart, *The Teaching of the Compassionate Buddha*(Mentor, 1961). cit. 『現代社會와 佛教』(한길사, 1983), p.109.

붓다가 베다와 범신론적 우파니샤드, 가빌라경(Kapila Sutras)들로부터 그의 종교〔불교〕를 차용했다고 주장하는 것은 다윈(Darwin)이 기독교의 바이블과 아리스토텔레스의 윤리서로부터 그의 철학〔진화론〕을 차용하고, 또 허버트 스펜스(Herbert Spencer)가 중세 신학자들의 논문들로부터 그의 철학을 차용했다고 주장하는 것과 같은 일이다. 만약 붓다가 선언한 것이 단지 브라만교적인 교리의 개작(改作)에 불과한 것이라면, 불교는 왕성한 아쇼카 왕의 종교가 되지 못했을 것이다. 불교는 역동적이고 동시에 순수하다. 그와 같이, 연약한 사람들은 불교를 유지할 수 없다. 그리고 관능에 탐닉하는 사람들은 강건하고 정화력이 강한 불교의 윤리에 충실할 수 없을 것이다.

붓다에 의하여 선언된 무아(無我, anātman)의 교리는 심령주의자와 범신론자들, 일신론자들에게는 무서운 것이 되어왔다. 나는 존재하는가? 나는 존재하였는가? 나는 존재할 것인가? 자아는 육신과 다른 것인가? 아니면, 그 둘은 동일한 것인가? 그 둘은 영원한 형태로 존재하는가? 아니면, 그것들은 소멸되는 것인가? 붓다는 그러한 류의 사변적 문제들을 망각지대로 추방하였다. 그는 그러한 모든 문제들을 장(場) 밖의 것으로 치부하였다.

불교 속에 불가지론(不可知論) 같은 것은 없다. 붓다가 주장한 것은 절대적 진리이다. 그리고 열반의 행복과 평화 속에서 완성되는 절대적인 지혜는 이 생애 중에, 완전한 의식상태에서 "나는 어디로부터 오고, 어디로 가고, 나는 무엇인가?" 등과 같은 어리석은 사변에 의지하지 않고 실현될 수 있다. 창조주에 대한 믿음도, 운명적 결정론의 수용도, 미래의 삶에 대한 거부도 완전한 상태의 실현을 위한 불가결의 요소로 고려되지 않는다. 종교에 대한 형이상학은 불필요한 첨가물이다. 그러한 형이상학들은 구속으로 인식된다. 그리고 애니미즘적 신앙의 요소들은

철저히 버려져야 한다.19)

힌두의 근본적 사유의 전통, 자아(自我, ātman)와 창조신(創造神, Brahman)의 믿음에 대한 불교의 거부와 자기 주장은 확고하고 명확한 것으로 보인다. 따라서 불교가 힌두의 대륙, 힌두적 토양 속에서 탄생했다고 해서 힌두의 한 범주로 동일시하려는 견해는, 진화론이 기독교적 유럽의 토양 속에서 형성되었다고 해서 기독교의 한 범주로 보려는 것과 같이, 논리적 정당성을 인정받을 수 없는 것으로 생각된다.

붓다는 사상적으로 인간과 세계에 대한 새로운 정의를 통하여 힌두적 관념체계의 정통성을 거부하였을 뿐만 아니라, 실천의 장에 있어서도 기성의 구체제에 정면으로 도전하여 전면적 변혁을 추구하는 등 사회 전반에서 충격과 문제를 야기하였기 때문에, 붓다와 경쟁관계에 있던 니간타 나따뿟타(Nigaṇṭha-Nātaputta, 자이나교의 창시자)는 붓다의 주장을 '독소적 견해'라고 비난했을 정도였다.20)

종교문화사적 맥락에서 관찰할 때, '불교가 브라만교로부터 솟아올랐다.'21)는 라모떼 교수의 주장은 매우 적절한 표현으로 생각된다. 뚫고 솟아올라 넘어서서 마침내 새로운 거목이 된 것이다.

---

19) A. Dharmapala, 'The Essentials of Buddhism', *A Panorama of Indian Buddhism* (Edited by D. C. Ahir, Selections from the Maha bodhi Journal 1892~1992, SrinSatguru Publications, Delhi, India, 1995), pp.1~2.
20) 피야세나 딧사나야케 · 정승석, 『불교의 정치철학』(대원정사, 1988), p.71.
21) 'Brahmanism from which Buddhism sprang' ; E. Lamotte, Ibid, p.7.

3) 인류 최초의 종교혁명

'힌두적 토양을 뚫고 솟아올라.'

불교는 이렇게 힌두적 문화의 대지와 토양을 뚫고 솟아오른 것이다. 오랜 힌두적 토양 속에 깊이 뿌리를 내리고, 전통의 자양분을 혹은 섭취하고 혹은 거부하면서, 기존의 나무들과는 종(種)을 크게 달리하는 새로운 묘목으로 대지를 뚫고 올라와 거센 풍우를 헤치며 우람한 거목으로 홀로서기를 추구하였고, 마침내 거대한 새 숲으로서의 정체성을 확보하는데 성공한 것으로 보인다. 힌두적 토양을 섭취하면서, 힌두적 토양을 뚫고 올라와, 힌두적 가치의 본질, 범아일여(梵我一如)의 세계를 부정하고 혁파하면서, 불교는 만인의 평등하고 보편적인 견성열반을 추구하는 하나의 혁신적 사상, 종교로 탄생하고 성장해 간 것이다. 이것은 인류가 경험한 최초의 거대한 종교혁명·사상혁명이 진행되었다는 사실을 의미하는 것이다. A. 다르마팔라 비구는 이렇게 서술하고 있다.

> 2천 5백년 전 고대 인도에는 세계가 지금까지 보아온 가장 거대한 종교혁명의 광경이 벌어지고 있었다.[22]

불교 탄생의 혁명성은 사상적·종교적 관점에서 다양하게 논의되어 왔지만, 현대 인도 건국의 아버지 가운데 한 분으로 추앙되는 암베드카 박사(Dr. B. R. Ambedkar)는 4대 종교 창시자의 본질적 차이에

---

22) A. Dharmapala, Ibid, p.24.

서 그 혁명성의 원초적 단서를 구하고 있다. 그는 이렇게 논하고 있다.

많은 종교의 창시자들 가운데, 과거에 세계를 움직였을 뿐만 아니라 지금까지 수많은 대중들을 뒤흔들고 있는 네 명이 있다. 붓다(Buddha)·예수(Jesus)·모하메드(Mohammed)와 크리쉬나(Krishna, 힌두교의 성자)가 곧 그들이다. 이들 네 분의 개성과 그들의 종교를 전파하는 데 보여준 그들의 자세들을 비교해 보면, 붓다와 나머지 세 분과의 사이에는 중요하지 않다고 할 수 없는 어떤 차이점이 드러난다.

붓다를 다른 세 분으로부터 드러나게 하는 첫번째 점은 붓다의 자기포기라는 것이다. 바이블 전체를 통하여, 예수는 자신이 신(神)의 아들(The Son of God)이며 신의 왕국에 들어가기를 원하는 자들로서 자신을 신의 아들로서 인정하지 않는다면 실패할 것이라고 주장하고 있다. 모하메드는 한 발 더 나아갔다. 그는 자신이 이 지상에서 신의 메신저(The Messanger of God)이며 더욱이 마지막 메신저라고 주장하였다. 그런 입장에서, 그는 구원을 원하는 자들은 자신을 신의 메신저로서 받아들여야 할 뿐만 아니라 그가 신의 마지막 메신저라는 것을 받아들이지 않으면 안 된다고 주장하였다. 크리쉬나는 예수나 모하메드를 넘어 한 발 더 나아갔다. 그는 그가 단순히 신의 아들이거나, 신의 메신저, 심지어 신의 마지막 메신저라는 것으로도 만족하지 못하였다. 그는 자기 자신을 신(A God)으로 부르는 것조차 만족하지 못하였다. 그는 자신이 'Paramaeschwar', 그의 추종자들이 묘사하는 바로는 그를 'Devadhideva', 곧 신 가운데 신(God of Gods)이라고 주장하였다.

붓다는 자신을 결코 그러한 이름으로 사칭하지 않았다. 그는 사람의 아들(A Son of Man)로 태어났고, 보통 사람(A Common Man)으로 남아 있기를 만족하였으며, 보통 사람으로서 그의 복음을 전파하였다.

그는 어떤 초자연적인 기원이나 초자연적인 능력도 결코 주장하지 않았고, 그의 초자연적인 힘을 증명하기 위하여 어떤 기적도 행하지 않았다.23)

불교의 독자성과 혁명성은 철학적 영역에서 더욱 뚜렷하게 드러나고 있는 것으로 보인다. 붓다는 힌두교의 철학적 기반인 전변설(轉變說)을 배척하는 동시에 samaṇa들의 혁신적 이론인 집적설(集積說) 또한 부정하면서 새로운 중도적 철학체계인 연기설(緣起說)을 확립하고 전파하였다. 이것은 붓다가 Hindu 사상과 samaṇa 사상을 극복하고 혁신적인 제3의 철학적 조류를 개척하는데 성공하였다는 사실을 의미하는 것으로 해석된다. 김동화 박사는 이렇게 논하고 있다.

그 당시 유포되던 이 2대사상(轉變說과 積聚說)을 석가가 능히 버렸다는 것은 이에 대립할 수 있는 독특한 자기의 사상이 있었음을 논증하는 것이다. 그렇지 않고서야 어찌 석가가 일차 출세한 후 무릇 1천 3백여 년 간 재래의 모든 사상의 대세를 누르고 욱일승천(旭日昇天)의 기세로 그 교단이 발전 유지될 수 있었으랴. 종래의 2대사조에 대립된 석가의 독특한 사상은 이하 본론에서 밝히기로 하고, 이상 소론에만 의해 보아도, 인도의 고대사상은 불교사상을 일계(一系)로 하여 모두 3대조류(三大潮流)가 있다는 것을 알 수 있을 것이다.24)

신의 길에서 인간의 길로,

---

23) Dr. B. R. Ambedkar, 'Buddha and the Future of His Religion', *The Panorama of Idian Buddhism*, pp.30~31.
24) 김동화, 『原始佛教思想』(보련각, 1973), p.42.

신 가운데 신으로부터 보통 인간으로,

창조신(Brahman)과 자아(Attā, Skt. Ātman)에 대한 전면적인 부정, 공공연 도전,

정통의 전변설과 반(反)정통의 집적설을 극복한 제3의 철학적 체계의 구축.

이것은 단순한 개혁이나 발전적인 재해석의 문제가 아니다. 본질적인 정체성의 변혁의 문제로서 제기된다. 힌두적 정통에 대한 불교의 혁명성은 바로 이 명료한 차이와 도전으로부터 파생되어 무한히 확대되고 심화되는 것이다. 이것은 힌두적 관용성의 한계를 훨씬 넘어서는 것으로, '다난자니 사건'과 '푸샤미트라 왕의 파불사건' 등으로 표출되는 적대행위는 이 인내할 수 없는 이단적 혁명성에 대한 힌두의 반발로서, 이러한 행위 자체가 곧 불교의 혁명적 탄생에 대한 역사적 반증으로 이해될 수 있을 것이다. 불교 탄생을 '인류 최초의 종교혁명'으로 규정하는 것도 바로 이러한 역사적 상황에 입각하고 있는 것이다.

제2장 힌두세계의 전개와 종교문화적 토양

1. Hindu 세계의 전개와 종교문화의 토양

1) 거대한 대륙 인도, 그 환경적 조건

울창한 숲과 변화무쌍한 기후

인도문화에 끼친 자연환경적 조건의 거대한 영향력은 '인도(印度, India)'라는 명칭을 통해서도 잘 드러나고 있다. 이 명칭은 본래 '큰 물', '큰 바다', '큰 강' 또는 'Indus 강'을 뜻하는 산스크리트 'Sindhu'에서 기원한 것으로, Sindhu가 페르시아어의 영향으로 'Hindhu'로 변하고, 다시 그리스어의 영향으로 'Indus'로 되고, 영어의 'India'가 된 것이다.[1] 인도인 자신들은 그들의 나라를 'India'라 부르지 않고, '브하라타 바르샤(Bharata-varsha)', '브하라타 칸다(Bharata-khanda)'라고 일컫는다.[2]

---

1) 원의범, 『印度哲學史』(집문당, 1990), p.361.
2) 앞의 책, p.11.

인도는 장엄한 히말라야(Himalaya) 산맥의 앞쪽에 역삼각형의 형태로 펼쳐진 유라시아 대륙의 큰 반도로서, 면적 약 450만㎢에 이르는 거대한 대륙이다. 인도는 그 지리적 특징에 따라, 히말라야 지역·힌두스탄(Hindustan) 대평원·인도 반도의 세 지역으로 구분된다.3)

인도의 자연환경에서 특히 주목되는 것이 삼림과 기후이다. 인도의 강들은 평원을 지나 동서의 대양으로 흘러들어가면서 그 유역에 거대한 정글의 성장을 촉진시켰다. 그 삼림군은 매우 풍성하여 수종(樹種)만 2,500여 종에 이르는데, 백단향·티크·사라나무·삼목 등이 군데군데 울창한 숲을 형성하고 있다.

이 무성한 숲과 나무는 유행하는 수행자들에게는 좋은 금욕적 고행·명상·요가의 터를 제공하고, 민중들에게는 다양한 정령(精靈)숭배·애니미즘(Animism)의 토양을 제공하였다. 또 이 울창한 숲속에는 호랑이·푸마·코끼리·들소·무소(코뿔소)·사슴·새 등이 서식하고, 다양한 뱀들과 맹독성의 코브라들이 우글거렸다. 초기불전에 이들 동물들이 빈번히 출몰하는 것도 이 때문일 것이다.

인도의 기후는 대륙의 구조만큼이나 복잡하며 유동적이다. 북위 8°~37° 사이에 위치하고 있는 인도의 기후 특징은 대부분이 아열대성이고, 특히 계절풍 몬순(monsoon)의 영향을 받아서 우기(雨期)와 건기(乾期)가 뚜렷하고, 강하의 수량도 크게 변화하여 대홍수와 가

---

3) A. F. Rudolf Hoemle and Hurbert A. Stark, *A History of India* (Sri Satuguru Pub., Delhi, 1986), pp.3~4 ; 정병조, 『인도사』(대한교과서, 1992), pp.1~13.

뭄·혹서(酷暑)가 교차하고 있다. 여행과 생산활동은 주고 건기에 이루어지고, 우기에는 수행자들의 유행도 곤란해져 우안거(雨安居, vassa)의 풍속이 자연스럽게 생겨났다. 인도의 계절은 대체로 다음과 같이 구분된다.4)

· 4월~6월 : 혹서의 계절
· 6월~9월 : 계절풍이 불고 강수량이 많으며 기온이 높은 우기(雨期)
· 10월~2월 : 건조하고 따뜻하며 때로는 한랭(寒冷)한 건기(乾期)

자연, 영감의 원천이며 고통의 원인

이러한 격심하고 변화무쌍한 자연적 조건들이 인도 민중과 역사에 끼친 영향은 거의 절대적이라고 해도 지나침이 없을 것이다. 가장 먼저 지적되어야 할 것은 이러한 자연조건들이 인도문화와 사회형태를 무한히 복잡하고 다양한 다원적 복합구조로 형성시키는 데 결정적 요인의 하나로 작용했다는 사실일 것이다.

인도의 경우, 종족·민족·언어·종교·풍속 등 국가 동일체나 단일문화의 형성을 담보해 내는 기저적 요소들 가운데 어느 하나도 단일하거나 통일된 것이 없다. 1901년 영국인 레이줄리가 낸 국세조사에 의하면, 현재 인도의 인종은 드라비다형(型)·문골형·인도-아리아형·터어키-이란형·몽골-드라비다형·아리아-드라비다형 등 7종으로 크게 나뉘어지고, 그 하나하나는 다시 수십 종으로 세분화되고 있다.5)

---

4) 정병조, 앞의 책, p.16.
5) 양병우 외, 『비주얼 大世界의 歷史』 3(삼성출판사, 1986), p.220.

　언어 분포도 복잡하여 인도 대륙이 수십 개의 언어 단위국으로 분할되고 있으며, 현재 통용되고 있는 주요 언어만도 70~97종이 된다. 이런 혼란 속에서 전통의 힌두스탄어와 식민지 언어인 영어가 공용어로 쓰이고 있다.6)

　종교적 복합성은 상상을 초월할 정도로 극히 착종(錯綜)되어 있다. 전통적으로 종족과 계층, 지역과 직업에 따라 종교가 다르고, 동일 종교라 하더라도 신앙의 대상, 신(神)들과 의식내용이 극도로 분화·토착되어 있다.7)

　자연조건들은 이러한 문화적·사회적 복합성과 다양성을 양성시키는 요인으로 작용했을 뿐만 아니라, 이러한 인도문화의 전통적 특성을 유지·보전시키는 기능도 함께 수행해 온 것으로 분석되고 있다. 역사학자 도드웰(H. H. Dodwel)이 적절히 지적하고 있는 것과 같이, 이슬람을 비롯한 수많은 호전적 종족들이 북부 인도로부터 침략하여 전제왕조를 건설하고 인도인들을 지배하였으나, 그들은 거대한 인도의 자연조건들과 문화적 복합성을 극복할 수 없었고, 결과적으로 인도는 그들의 문화적 전통과 정통성을 유지할 수 있었다. 침략자들의 외래문화는 토착문화의 대양(大洋) 속에서 동화되고 만 것이다.8) 영국 지배의 경우도 동일한 사례라고 할 것이다.

　인도의 자연조건들이 초래한 또 하나의 중요한 영향은 빈번한 대규

---

6) 앞의 책, pp.119~220.
7) 앞의 책, p.220.
8) 정병조, 앞의 책, p.17.

모의 자연재난으로 인한 민중들의 수난과 빈궁의 토착화현상이라고
할 것이다. 매년 반복되는 대홍수와 가뭄으로 인하여 도시와 마을들은
파괴되고 수많은 사람들이 떼죽음을 당하였다. 기후 등 환경조건의 격
심한 편차는 카스트(caste) 등 사회적 조건들과 결합되어 빈부의 지
역적 · 계층적 구조화를 고착시키면서, 다수 민중들을 빈궁과 전염병,
죽음의 고통으로 몰아넣고 있었다. 초기불교가 생로병사(生老病死)의
고통(苦痛, dukkha)을 빈번히 논의하고 있는 것도 이러한 자연적 ·
민중적 상황과 깊이 관련되어 있는 것으로 보인다.

인도인들에게, 거대하고 변화무쌍한 자연은 무한한 종교적 영감의
원천인 동시에 재난과 고통의 원인이 되기도 했던 것이다.

2) 드라비다인, 인더스 문명

인더스 문명의 개척자들

인도 역사의 전개에서 가장 중요한 역할을 수행한 주역은 드라비다
인(Dravdians)과 아리안(Aryans)들이다. 시간적으로는 신진 아리안
들이 선주민 드라비다인들을 정복 동화시키면서 인도 고대문화를 전
개해 간 것으로 서술하고 있다. 그러나 실제에 있어서 이 양자는 인도
문화 형성의 두 주체적 원형질로서 역사적으로 끊임없이 상호 교섭하
면서 현대에 이르기까지 독특한 인도문화를 직조해 왔다.

인도 동북부 각 지역의 고고학적 발굴에 의하여, 드라비다인 이전의
구석기시대 사람들의 문화가 존재했던 사실이 확인되고 있다. 또 신석

기시대 사람들의 유적은 인도 거의 전역에서 발굴되고 있다. 이들 신석기시대 사람들의 후손들이 현재 히말라야·반이야·초타낙푸르·가츠 등지에서 살고 있는데, 초타낙푸르에 거주하는 3백만의 꼬르족(Kol族)들이 대표적이다. 이들이 사용하는 문다어(Munda語)는 오늘날 미얀마와 태국의 몬족(Mon族), 캄보디아의 크메르족(Khmer族), 히말라야와 인도네시아 토착민들과 밀접하게 관련된 것으로 연구되고 있다.9)

인도 고고학국장 죤 마샬(John Marshal)에 의하여, 1922년경 하랍파(Harappa)와 1925년경 모헨조 다로(Mohenjo Daro)의 유적이 발굴되면서 이 두 지역이 동일한 문화의 중심지로 확인되었고, 이 문화가 드라비다인들에 의하여 개발된 세계 최고(最古)의 문화 가운데 하나인 '인더스 문명'으로 규정되었다.10)

드라비다인의 정체에 관해서는, 언어학적 분석에 의하여 오늘날의 타밀(Tamil)과의 관련성이 제기되는 가운데, 그들이 비(非)인도-아리안계(Non-Indo Aryans)인 것은 확실한 것으로 밝혀지고 있다.11) 상형문자가 조각된 인장들이 발견되는 것으로 보아 문자를 사용한 것으로 추정되지만, 아직 해독하지 못하고 있다.12) 드라비다인의 문화는 지금까지 102개소의 유적이 발굴되고 있는 광범한 문화권으로서, 이후 인도문화의 전개에서 중요한 요소로 작용하고 있다.13)

---

9) 양병우 외, 『비주얼 大世界의 歷史』 3(삼성출판사, 1986), pp.225~226.
10) 앞의 책, pp.226~227 ; 정병조, 앞의 책, pp.18~22.
11) John R. Marr, 'The Early Dravidians', *A Cultural History of India* (Oxford University Press, Delhi, 1971), p.30s.
12) Ibid. p.11.

드라비다인들의 종교적 자취

이들 유적지에서 목격되는 가장 인상적인 광경은 놀랄 만큼 잘 짜여진 도시계획이다. 견고한 성벽, 포장된 도로와 그 양쪽에 벽돌로 지은 가옥, 배수시설이 잘된 공중목욕탕, 곡물창고, 집회소 등이 발굴되었다. 모헨조 다로에서 발굴된 83×24m의 한 건물은 '고위직 승려'의 주거지나 '승려대학' 자리로 추정되고 있다.14)

승려의 존재와 관련해서는, 클로버 무늬 장식이 선명한 가사(袈裟, kassaya)를 걸친 한 특별한 신상(神像)이 주목되고 있다. 이 신상은 생식력을 촉발시키는 제의(祭儀)와 관련되는 것으로 추정된다. 많은 학자들은 이 신상을 쉬바신의 원형으로 인정하고, 또 제정일치시대의 사제로 추정하기도 한다.15) 인더스 문명의 종교문화와 관련하여, B. 랄(B. B. Ral) 박사는 이렇게 논하고 있다.

인더스의 주민들, 특히 도시의 주민들은 국제적이었다. 그 속에는 지중해인·원시 오스트랄로인·알핀인, 그리고 몽골인이 포함되어 있다. 그러한 혼합적인 주민들과 교섭하면서, 광범하고 다양한 종교적 의식이 실천되었다. 한 개의 뿔과 세 개의 얼굴을 가지고 야생과 가축의 여러 동물들로 둘러싸여 있는 몇몇 인장 위의 그림은 파수파티(Pasupati), 곧 동물의 왕의 형상을 하고 있는 쉬바신을 연상시킨다. 후기 쉬바 의식(儀式)의 원시적 형태가 이미 존재했다는 것은 링가(lingas,남성 성기)와 요니(yoni, 여성 성기)의 출현에 의해서도 시사

---

13) 양병우, 앞의 책, pp.226~233 ; 정병조, 앞의 책, pp.18~25.
14) John R. Marr, Ibid. pp.11~12.
15) J. B. 노스, 『世界宗敎文化史』(하)(현암사, 1988), pp.583~584 ; 정병조, 앞의 책, p.20.

되고 있다. 불구덩이와 관련되는 어떤 종류의 의식에 관해서는 이미 언급하였다. 또 모신(母神, The Mother Goddess) 숭배도 있었다. 나무와 하천, 그리고 그 속에 살고 있는 것으로 생각되는 정령들에 대한 예배도 관련 자료들에 의하여 또한 시사되고 있다. 거울들·앤티모니 막대기들·진주조개의 집, 그리고 생존시 먹고 마실 때 사용된 것으로 보이는 많은 항아리 등 물건들과 함께 시신을 묻는 매장의식으로 보아 사후세계에 대한 신앙이 있었던 것은 확실하다.16)

기원전 1800~1500년경 인더스 문명은 소멸되었다. 모헨조 다로와 하랍파에서 발굴된 남녀 시신들에 외상의 흔적이 있는 것에 근거하여, Aryan들에 의한 집단 살육이 드라비다인들의 소멸의 원인으로 인정되어 왔다.17)

그러나 최근 이런 종래의 학설을 부정하는 새로운 주장들이 제기되어 논쟁이 계속되고 있다. 대홍수·기후 변화로 인한 강들의 고갈 등이 그러한 것이지만, 부분적인 타당성을 인정받는 정도일 뿐, 논쟁은 계속되고 있다.18)

한 가지 분명한 것은, 인더스 문명의 소멸이 서서히, 점진적으로 진행되었다는 사실이다. 로탈(Lothal)과 랑푸르(Rangpur) 지방의 도자기 유적들에 대한 고고학적 발굴과 비교 분석을 통하여, 이 지역의 문명적 교체가 매우 완만하게 일어나고 있었다는 것이 입증되고 있다. 이렇게 '인더스 문명은 의심의 여지없이 붕괴되었다. 그러나 그것은 대륙의 후기문화에 지울 수 없는 족적을 남긴 것이다.19)

---

16) B. B. Ral, Ibid. pp.17~18.
17) 양병우, 앞의 책, pp.233~235.
18) B. B. Ral, Ibid. p.19.

3) Aryan들의 진입과 베다문화의 정착

Aryan들의 정체

'인도의 고전문화는 초기 베다문화로부터 발전되었고, 베다문화는 Aryan들의 창작이다.'[20]

Aryan의 기원에 관해서는 잡다한 이설(異說)이 제기되고 있으나, 언어학적으로는 선사시대 중앙아시아 · 남러시아 · 투르케스탄 등지에 분포해 있던 유목민족의 복합적인 인종으로 추정되고 있다. Aryan들은 큰 키와 흰 피부에 코는 곧게 뻗었으며, 균형 잡힌 몸매를 하고 있다. 언어학적으로는 인도-유럽어계(Indo-European)에 속한다. 막스 뮐러가 산스크리트(Sanskrit語)가 영어의 어원임을 규명함으로써, Aryan들의 언어가 그리스어 · 라틴어 등 유럽어 형성에 밀접하게 관련되어 있음이 밝혀졌다.[21]

기원전 2000년경, Aryan들은 그들의 본거지인 중앙아시아에서 대이동을 시작하였다. 이 종족의 일부는 유럽으로 진출하여 그리스족 · 라틴족 · 켈트족 · 게르만족 · 슬라브족 등 유럽의 주요 민족으로 분화되어 갔고, 다른 일부는 오리엔트를 거쳐 인도-이란인(Indo- Iranians)을 형성하여 동진하다가 다시 갈라져 한 갈래는 페르시아로 들어가 지금의 이란족으로 정착하고, 다른 한 갈래는 기원전 1700년 경 아프가니스탄 지역을 거쳐 서북 인도의 펀잡 지방으로 진입해 왔다.

---

19) Ibid. p.19.
20) T. Burrow, 'The Early Aryans', *A Cultural History of India*, p.20.
21) 양병우, 앞의 책, p.233.

‘Aryans’이란 명칭은, 흔히 잘못 쓰이고 있는 것같이 인도-유럽인에 대한 총칭이 아니라, 인도-이란인(Indo-Iranians)에만 해당되는 것이다. ‘arya’는 ‘고귀한(noble)’, ‘명예로운(honorable)’이란 뜻이다. ‘팔정도(八正道, ayiyan atthangikam maggam)’의 경우와 같이, 불교에서도 이 ‘arya’ · ‘ariya’는 자주 쓰이고 있지만, 이때는 단순히 종교적 성스러움을 나타낼 뿐, 종족적 의미는 전혀 없는 것이다.[22]

베다문화의 개척

Aryan들은 우수한 무기와 기마술로 선주민 드라비다인들을 제압하는 데 성공하였으나, 선주민들은 이 침략자들에게 쉽게 굴복하지 않고 Aryan의 신(神)도 거부하였다. 그래서 정복자 Aryan들은 검은 피부에 넓적코를 가진 이들 드라비다인들을 ‘다시우(dasyu)’, ‘다아사(dasa)’라고 부르며 증오하였다. ‘dasa’는 ‘원수’, ‘Aryan의 적’, 이런 뜻이다.[23]

Aryan들과 선주민 다아사는 외견상 피부 색깔부터 달랐다. Aryan들은 고귀한 인종임을 나타내는 백색인데 대하여 다아사는 흑색이었다. Aryan들은 피부 색깔로 이들 선주민들을 차별하고 경멸함으로써 정복자로서의 우월성을 과시하였는데, 이 피부 색깔 바루나(varna)가 점차 사회적 차별제도인 카스트로 정착되어 갔다.[24]

Aryan들은 먼저 인더스 강의 여러 지류를 따라 정착하면서 그들의

---

22) T. Burrow, Ibid. p.20.
23) Ibid. p.20.
24) Ibid, p.20 ; 양병우, 앞의 책, pp.233~240 ; J. B. 노스, 앞의 책, pp.584~785.

공통된 문화와 언어, 종교를 발전시켜 갔다. 그들은 본래 유목민이었으나, 점차 농경과 목축을 함께 하면서, 여러 신들에게 찬송을 바치며 풍성한 수확을 기원하였다. 이 시기의 사회상을 배경으로 창출된 찬가(讚歌)가 『리그-베다(Rgveda, Rig-veda)』로서, 기원전 1000년 이전에 형성된 것으로 보인다. *Rig-veda*에서는 이렇게 노래하고 있다.

> 소에 쟁기를 매고 성애를 잡아 밭 갈며
> 대지 품에 씨앗을 심는다.
> 우리들의 오곡이 우리들의 찬가로 알이 차면
> 이윽고 낫이 밭의 곡식을 거둬들인다.
> 대지를 갈아 일굴 쟁기가 말에 매이고
> 멍에를 진 짐승들에게 재목이 실리면
> 이윽고 현인(賢人)이 무성하게 자라게 해 주십사고
> 하늘에 계신 신에게 기원을 드린다.[25]

Aryan들은 가족들을 거느리고 부족 전체가 마치 거대한 파도가 물결쳐 오듯 오랜 시간을 두고 몇 차례에 걸쳐서 이동해 왔다. 전선에서는 다아사와의 전투가 계속되었고, Aryan들 사이에서도 선행부족과 후진부족 사이에 치열한 쟁탈전이 전개되었다. 이 과정의 사건들이 후일 『라마야나(Rāmāyana)』·『마하바라타(Mahābhārata)』와 같은 대서사시로 전해지고 있다.

이런 과정을 거치면서, Aryan들은 인더스 강 상류의 5대강을 점거하고, 점차 동진하여 기원전 10~9세기경에는 강가(Ganga, Gangis)

---

25) cit. 양병우, 앞의 책, pp.243~244.

강 유역에 이르러 도시국가들을 건설하는 한편, 베다문화를 정착시키기에 이르렀다. 그 중에는 세습적인 군주(raja)가 통치하는 왕국들도 있고, 귀족적 의회중심의 공화국들도 있었다.26)

4) 카스트 체제의 형성

사회적 변화에 대한 대응

이러한 진출 과정에서, Aryan들은 안팎으로 새로운 사회적 변화와 직면하게 되었다. Aryan들 내부에 지배·종속관계가 형성되고, Aryan들과 비(非)Aryan들 사이에 사회적 차별제도가 체계화되어 간 것이 그러한 경우이다.

부족의 지족(支族)들이 한 마을에 모여 살면서 조상신에 대한 제례의식을 함께 하고, 제례의식이 전문화되면서 사제(司祭)들인 브라민(brahmin)들이 점차 우월한 지위를 확보하게 되었다. 이들 brahmin들이 일반인들을 'adeva', 곧 '신 없는 자'로 비난함으로써 사회 내부에 계층분화가 촉진되고 있었다.

한편으로 정복전쟁이 계속되면서, 호전적인 전사(戰士) 그룹이 왕을 중심으로 권력을 강화시켜 갔다. 이 과정에서 백색(白色) Aryan들이 사제와 전사 등의 지배계급을 독점하고, 검은 피부의 다아사 원주민들은 노예 등 천민으로 전락되어 갔다. 이것은 피부 색깔, 곧 varṇa(Skt. varuna, colours)가 정(淨)·부정(不淨) 관념과 결부되어 계층분화의 기본 요인으로 작용했다는 사실을 의미하는 것이다.27)

---

26) J. B. 노스, 앞의 책, p.585·602.

기원전 800~550년, 이 기간에 Aryan들은 베다적 전통과는 구분되는 새롭고 광범위한 정치·사회·문화적 변화를 경험하고 있었다. 정복지역의 확대와 더불어 비(非)Aryan계의 많은 종족들과 접촉하게 되고, 그들의 영향을 흡수하게 되면서 사회구조는 보다 복잡하게 분화되어 갔다. 카스트는 이 새로운 사회적 변화에 대한 하나의 대응으로 도입된 것이라 할 수 있다. 부로우(T. Burrow) 박사는 이렇게 논하고 있다.

전(前) Aryan들의 Aryan 문화에 대한 영향은 아마 이 기간(기원전 800~550년)에 효과를 나타내기 시작했을 것이다. 그리고 그것은 베다문화에서 힌두문화로의 전이(轉移)와 관련된다. 후일 *Mahābhārata*와 *Rāmāyana*에서 절정에 이르는 서사시적 전통이 형성되는 것도 아마 이 시기일 것이다. 후일 궁극적으로 힌두교로 진화되는 베다적 종교와는 대조적인 새로운 종교적 발전도 또한 이 시기에 시작되었다.

새로 정복된 많은 지역에서 인구의 다수를 형성하였음이 분명한 그 이전 독립적이었던 큰 규모의 다양한 종족들(드라비다인 등 선주민, 저자 註)을 Aryan 사회의 구조 속으로 어떻게든 적응시켜야 하는 필요성 때문에, 후일 힌두문화를 특징짓는 카스트 제도가 크게 복잡한 변화를 자극받게 된 것도 이 시기이다. 베다문화에 기초한 aryan 문화가 중심 요소로 보전되지만, 그러나 이때부터 그것은 비(非)아리안적 영향에 지배당하게 된다.28)

---

27) 앞의 책, p.602 ; 양병우, 앞의 책, pp.244~257 ; 中村 元·김지견, 『佛陀의 세계』(김영사, 1984), pp.95~99 ; John M. Koller, *The Indian Way* (Macmillan Pub. Co, 1976), pp.69~73.
28) T. Burrow, Ibid, pp.28~29.

brahmin 중심의 지배체제 구축

'caste'는 혈통의 순결을 뜻하는 라틴어 'castus'에 어원을 둔 포르투 갈어 'casta'에서 온 용어인데, 인도에서는 혈통을 가리키는 말로 'jati' 가 전통적으로 통용되어 왔다. 4종성은 이미 관찰한 바와 같이, 피부 색깔 vanna에 일차적 근거를 두고 있는 것이기 때문에, 'caste'란 용어 를 받아들이더라도, vanna와 jati의 복합개념으로 이해되어야 할 것이 다.

인도 국민들은 네 개의 신분계급, 곧 브라민(brahmin, Skt. brahmana) · 캇티야(khattiyas, ksatriya) · 베사(vessas, vaisya) 및 숫다(suddas, sudra)로 구분되는 카스트라는 하나의 이론적 범주에 속하는 것으로 규 정된다. 그러나 brahmin을 제외하고는 세 개의 신분이 어떤 사회적 동 질성을 갖는 실체로서 존재하는 것은 아니다.

그들의 사회적 신분을 결정짓는 실질적 요소는 jati이다. 따라서 caste라는 이론적 체계가 jati를 통하여 실제적 신분으로 구체화되는 것으로 볼 수 있다. jati는 인도사회를 구성하는 사회적 기본단위로서, 인도인들은 jati의 테두리 안에서 사람들과 더불어 결혼하고 식사와 잠자리 등 일상생활을 함께 하며, 직업을 세습한다.[29]

현재 인도에는 2천여 개의 jati, 곧 일반적으로 caste로 일컬어지는 사회적 기본단위가 있는데, 근본적으로 이 caste는 정(淨) · 부정(不 淨)의 종교적 관념에 의거하고 있다.

---

29) 中村 元 · 김지견, 앞의 책, p.99.

이 caste에 속하는 사람들은 'caste-hindu'라고 하여 사회적 자격이 인정되는 데 대하여, 여기에 속하지 못하는 사람들은 'out-caste'로서, 이들은 대개 부정한 일에 종사하는 불가촉천민(不可觸賤民)들이다. 그들은 사실상 caste-hindu가 사용하는 우물이나 목욕탕을 사용할 수 없으며, 힌두교도일지라도 힌두사원에 들어갈 수 없다. 그들은 대개 농경에 종사하면서 주로 시체 처리·분뇨 수거 등을 담당하고 마을 밖에서 거주한다. 전통적으로 이들 천민 숫다들은 종교적 입문식(入門式, upanayana)을 통한 제2의 탄생이 불가능하기 때문에 '일생족(一生族, ekajati)'으로 규정되고, 『마누법전(Manu Smrti)』 등에 의하여 가혹하게 처단되었다. '만약 숫다가 Aryan 여인과 성적 접촉을 갖게 되면 그의 성기는 절단되어야 하고, 그의 모든 재산은 몰수되어야 한다.'[30] '만약 그가 베다의 독송을 도청하면, 그의 귀는 불에 녹인 쇳물이나 나무진으로 채워져야 한다.'[31]

Aryan들이 강가 강 방향으로 진출해 가면서 정립시켜 간 힌두세계의 중심적 질서는 카스트이고, 이 카스트는 힌두교의 사제 brahmin들에 의하여 구축되고 확립된 것이다. 기원전 7세기경만 하더라도 brahmin들의 지위는 확고하지 못하였고 카스트 또한 유동적이었다. 그러나 전쟁과 정복이 확대되고 군주의 통치권에 대한 국민적 동의의 필요성이 더욱 요청되면서, 군주들은 사제들의 종교의식에 더욱더 의존하지 않을 수 없게 되었다. brahmin들은 이러한 상황을 이용하여 종교의식을 점차 전문화시키면서 자신들의 사제적 권위를 드높이며,

---

30) *Manu-Smrti XII*, 2.
31) Ibid, XII, 4.

사제를 정점으로 하는 신분체제를 강력히 추구해 간 것이다.[32]

베다 시대가 지나고 브라흐마나 시대가 되면서, 그들의 권위는 신(神)을 능가하기에 이르렀다. 카스트 체제는 인도의 보편적 법률서이자 종교서인 『마누법전』에 의하여 공고히 지탱되었다. 법전에서는 이렇게 규정하고 있다.

왕으로 하여금 아침에 일어난 후에 brahmin들을 예배하게 하고, 그의 충고를 따르도록 하라. 베다를 알고 있고 순수하고 나이 든 brahmin들을 매일 경배하게 하라. 전투에서 후퇴하지 않는 것, 백성들을 지키는 것, brahmin을 존경하는 것이야말로 왕이 행복을 받는 가장 좋은 방법이다.[33]

brahmin 중심의 카스트는 또 베다에 의하여 종교적 권위를 부여받게 되었다. *Rgveda*에는 최초의 인간인 뿌루샤(Purusha)가 신들을 통하여 자신을 해체하여 신의 제물로 바치고 있는데, 여기에서 처음으로 4종성의 명칭이 언급되고, 그 주종적 관계가 선언되고 있다. *Rgveda*에서는 이렇게 노래하고 있다.

그들이 뿌루샤를 해체하였을 때 몇 조각을 냈던가?
그의 입은 브라민(brahmin)이 되었고
두 팔은 라자니아(rajanya, khattiya, Skt. ksatriya)가 되었다.
허벅지는 베사(vessa, vaisya)로

---

32) J. B. 노스, 앞의 책, pp.603~604.
33) 'The Laws of Manu' in *The Sacred Books of the East* Vol. 25, pp.221~230.

발은 숫다(sudda, sudra)가 되었다.

그의 마음으로부터 달이 생겼고

눈으로부터 태양이 생겼다.

배꼽에서는 중간 대지가

또 그의 머리로부터는 하늘이 생겼다.

땅은 그 발로부터 생겼다.[34]

2. 베다 시대의 종교문화

1) 고대 베다의 문헌적 자료들

고대 Hindu 세계의 전개와 종교문화를 파악할 수 있는 가장 중요한 문헌적 자료는 *Veda*이다. *Veda*는 Aryan의 언어로 표현된 최고(最古)의 문서로, 대개 기원전 15세기경부터 기원전 6세기경에 걸쳐 구성된 것으로 분석되고 있다. *Veda*의 주요내용은 신(神)들, 지상·천상, 그리고 가까운 대기 속의 신들에게 바치는 찬가(讚歌)들인데, 오랜 기간 구전되어온 것이다.

후대의 문헌들이 성자(聖者)들의 '기억에 의한 것', 곧 '스므르티(smrti, tradition)', 즉 '전승(傳承)'인데 대하여, *Veda*는 신들의 말을 '귀로 들은 것'으로 이루어진 '쉬르티(sruti, revelation)', 곧 '계시(啓示)'로서 신봉되고 있다.[35] 따라서 '*Veda*는 인간 작가에 의하여 만들

---

34) *Rgveda* x, 90.
35) E. Lamotte, Ibid, p.1 ; J. B. 노스, 앞의 책, p.587.

어진 것이 아니라, 보여진 것이고 들려진 것이다. 그것은 정신적 발견이지 창작이 결코 아니다.'[36]

이 문헌은 흔히 *Veda*로 통칭되고 있지만, 실제로는 다음 네 종류의 문헌으로 구성된 일종의 복합 문집이다.[37]

(1) 『상히따(Samhita, Collection)』4 Veda

'본집(本輯)'이라고 번역되는데, Veda의 본문에 해당된다. 여기에는 찬가(讚歌)·제사(祭詞)·주사(呪辭) 등이 실려 있는데, 일반적으로 'Veda'라고 할 때, 이것은 다음 네 편의 『상히타』를 의미한다.

① 『리그-베다(*Rgveda, Rig-veda*)』: 가장 초기의 것으로, '찬송 절구(讚頌絶句)의 베다'라는 뜻이다. 10권, 1,028수의 송가를 담고 있다. 베다 시대 이전부터 행해지던 종교행위를 반영하고 있다.

② 『사마-베다(*Sama-veda*)』: 운율(韻律)이 있는 영창(詠唱)들을 모은 것으로, 이것은 주로 소마 공희(soma 供犧)에서 가창(歌唱) 사제가 사용하는 것이다. 내용은 주로 *Rgveda*에서 따온 것이다.

③ 『아타르바-베다(*Atharva-veda*)』: 독자적인 성격이 보다 강한 것으로, 오랫동안 정통으로 인정되지 못하다가 후대에 편입된 것이다. 공포·근심·분노·증오·육체의 고통, 또 그것을 치유하려는 인간의 노력 등, *Rgveda*에서는 대체로 소홀히 취급된 체험들을 매우 오래된 주문에 담고 있다. *Rgveda*의 제의는 비용이 많이 들어 주로 부유

---

36) S. Radhakrishnan, Hinduism, *A Cultural History of India*, p.64.
37) J. B. 노스, 앞의 책, pp.587~602 ; E, Lamotte, Ibid, pp.1~2 ; 양병우, 앞의 책, pp.259~260.

층에서 사용한 것인데 대하여, *Atharva-veda*는 빈민 등 서민층에서 많이 이용되었다.

④ 『야주르-베다*(Yajur-veda)*』: 거의 산문으로 되어 있고, 주로 찬양과 봉헌의 수단으로 사용하는 것으로, *Rgveda*를 보충하는 탄원 · 기원 · 간구 등이다.

*Rgveda*는 Aryan들이 인더스 강 유역으로 진입해 온 시기에 이미 그 원형이 이루어지고 있으며, Aryan들이 강가 강 방면으로 동진하는 과정에서 점차 더욱 첨가되고 확대되어 갔다. 따라서 *Rgveda* · *Ajur-veda*는 역사적 자료로서도 높은 가치를 부여받고 있다.

*Rg · Sama · Yajur*의 3*Veda*는 원시 Aryan 시대의 신앙을 그 구성요소로 삼고 있기 때문에 종성제도를 존중하는 브라만주의의 정통성을 강조하고 있다. 이에 대하여, *Atharva-veda*는 이들 베다보다 동진한 지방을 무대로 삼고 있으며, 내용에 있어서도 세 베다가 아그니(Agni, 불의 신)와 소마(Soma, 술의 신)의 세계를 중심으로 한 신들의 공덕을 찬양하는 것과는 달리, 대부분 인간적인 주문이며 주술들이다. 이 때문에 비(非)정통으로 멸시되어 왔으나, 장차 이 주술적 요소가 brahmin에 의하여 채택되어, Hindu적 종교의 중요한 요소로서 발전되어 간다.[38]

(2) 『브라흐마나(Brāhmaṇa)』-범서(梵書)

*Veda*의 본문인 *Samhita*를 해설하는 부수적 문헌으로는 『브라흐마나

---

[38] 양병우, 앞의 책, p.259.

(Brāhmaṇas, 梵書)』・『아란야까*(Āraṇyaka)*』・『우파니샤드*(Upaniṣad)*』
의 셋이 있다.

　*Brāhmaṇa*는 '브라만의 해석'이란 뜻으로, 송가와 기도의 사용법을
해설한 책이다. 4베다에는 각기 한 개 이상의 해설서인 *Brāhmaṇa*가
부속되어 있다. *Brāhmaṇa*는 원래 사제학교의 지망생들이 암기해야
하는 구술 지침으로서, 찬가・제사의 의미・목적을 해설하고, 제사의
기원・비의(秘義) 등을 밝혔으며, 점차 많은 우주적인 신화와 전설들
이 삽입되어 갔다. 대개 산문으로 기록되어 있다.

　*Brāhmaṇa*의 성립 시기는 기원전 800~500년경으로 추정된다. 이
기간에 Aryan들이 강가 강-갠지스 강 유역으로 진출하면서 광범위한
영토를 확보하고, 대개 지금의 우타 브라데샤(Uttar Pradesh) 주에
해당되는 꾸루(Kurus)와 빤찰라(Pāncālas) 지방이 아리안 문화의 중
심이 되었다.[39] 또 이 시기에 베다 의식의 복잡한 체계가 대개 정비되
었다. 그래서 인더스 강 유역 시대를 '베다 시대'로 일컫는데 대하여,
이 강가 강 유역 시대를 '브라흐마나 시대'라고 해서 구분하고 있다.
이 시기의 종교를 '브라만교'라고 부르는 것도 이 책에서 연유하는 것
이다. 불교와 자이나교 등이 출현하는 것도 바로 이 시기에 해당된
다.[40]

---

39) T. Burrow, Ibid, p.27.
40) E. Lamotte, Ibid, p.2 ; J. B. 노스, 앞의 책, pp.604~605 ; 양병우, 앞의 책,
　　p.260.

(3)『아란야까(Āranyaka)』-숲속의 책

*Brāhmaṇa*의 부속서로는『아란야까』와『우파니샤드』가 있다.

‘*Āranyaka*’는 ‘숲속의 책(forest book)’을 의미하는데, 이것은 이러한 가르침들이 브라만 학교에만 한정되지 않고, 오랫동안 기록되지 않은 채 브라만 학교의 당사자들에 의하여 숲속에서 은밀히 전승되어 왔기 때문이다.

그 일부는 제식(祭式)에 관한 것이지만, 많은 부분들이 전적으로 철학적인 사변의 자취를 담고 있다. *Āranyaka*는 *Brāhmaṇa*의 연장이며 *Upaniṣad*의 서장으로서, 공희제의(供犧祭儀)를 하나의 가치 있는 종교행위 내지 삶의 이상으로 보기를 거부하고 나선 것은 아니지만, 제의를 대신할 새로운 방안들을 모색함으로써 실제적으로는 제식주의에 반발하고 있다는 점에서 그 발전적 의의가 평가되고 있다.41)

(4)『우파니샤드(Upaniṣad)』-오의서(奧義書)

‘upa-ni-sad’란 본래 ‘어떤 사람의 옆에 앉는다〔sad=to sit, ni=down, upa=near(some one)〕’는 뜻으로, 제자가 스승의 옆에 앉아서 전수 받는 은밀한 교의, 또는 궁극적인 지혜에 관한 토론을 의미한다. ‘오의서(奧義書)’라고 번역되는 것도 이런 의미이다.

*Upaniṣad*는 *Veda*와 *Brāhmaṇa*의 교의를 이어받았지만, *Upaniṣad*의 성자들은 베다 시대의 의식주의(儀式主義)를 떠나서 자아(自我)와 실재(實在)의 본질에 관한 급진적인 사고에 열중함으로써 정통파로부터 반대에 부딪칠 것이 예상되었기 때문에, 스승들은 그것을 비밀로

---

41) E. J. Thomas, *The History of Buddhist Thought* (kegan Paul, 1933), p.83 ; J. B. 노스, 앞의 책, pp.608~609.

하고 제자들에게 은밀히 전수하게 된 것이다. 그러나 머지않아 brah-min들이 그것을 알고, *Upanisad*의 교의를 과감히 채용하여 그들 공희의식의 철학을 재구성하였기 때문에, 이『오의서』는 *Veda*의 마지막 부분을 형성하게 되었다. *Upanisad*를 '베단타(Vedanta, end of the Vedas)'라고 부르는 것도 이 때문이다.[42]

Upanisad는 한 저자에 의하여 기록된 것이 아니고, '귀로 들은' 계시문서, 곧 쉬루티(sruti)로서, 오랜 세월에 걸쳐 편집되고 증보된 것이다. 이 가운데 가장 오래된 고(古)우파니샤드들은 기원전 800~500년경에 형성된 것으로 분석되고 있다. 콜러 박사는 이렇게 논하고 있다.

> 이들 숲속 교의들의 가장 오래된 편집들, Brhadaranyaka · Chān-dogya · Aitareya · Taittirya · Kena · Katha · Kausitaki · Prasna · M undaka · Man-dukya · Svetasvatara, 그리고 Isa Upanisad들은 아마 기원전 800~500년경에 구성되었을 것이다. 그리고 그 이후 가장 중요한 인도 사상가들에 의하여 주석되어 오고 있다. 실제로 보다 많은 *Upanisad*들이 있다. 인도의 전통에서는 도합 108종을 헤아리고 있고, 현대 학자들은 200종 이상을 공개하고 있다.
>
> 그러나, 초기 *Upanisad*들이 가장 큰 영향을 끼쳐왔기 때문에, 우리들은 이들 초기 것들만 연구할 것이다. 대부분의 *Upanisad*들은 Āranya-kas의 부분들이고, 그리고 Veda에 부속된 Brāhmaṇas에 속한다. 그렇게 해서 베다 전통의 텍스트적 연속성을 드러내고 있는 것이다.[43]

---

42) John M. Koller, Ibid. p.82 ; H. W. Schuman, Ibid. p.35 ; E. J. Thomas, Ibid, p.83, note-1.
43) John M. Koller, Ibid, p.82.

Upanisad는 인도인들의 종교, 철학과 삶의 방식에 심대한 영향을 끼쳐왔다. Upanisad는 금욕주의(禁慾主義, asceticism)의 경향이 강하고, 제식주의(祭式主義, ritualism)로부터 벗어나려는 강력한 의도가 내재되어 있다. 결과적으로 Upanisad는 Veda의 교의를 훨씬 넘어서는 세계의 궁극적 실재와 영혼의 이론을 발전시켜 왔고, 그것이 도달한 최고의 경지는 범아일여(梵我一如)의 세계이다.44)

한편 Upanisad는 캇티야(끄샤뜨리아), 전사계급과 관련된 것으로 분석되고 있다. 토마스 교수는, "끄샤뜨리아 카스트가 우파니샤드의 대화 속에서 크게 두드러져서, 우파니샤드의 독특한 교의가 이 계층에서 기원하는 것으로 인식될 정도이다."라고 논하고 있다.45)

2) Veda 시대의 종교문화

Veda의 신관(神觀)과 주신(主神)들

인도의 종교문화와 관련되는 최초의 고고학적 자료들이 모헨조 다로·하랍파 등 선주민의 유적에서 출토되고 있다는 것은 이미 관찰한 바 있다. 그러나 인도의 종교 발전에 관한 보다 풍부한 정보는 Aryan의 유적과 Veda 문헌을 통하여 획득될 수 있다.

불교 탄생 이전의 인도 종교를 발전사적으로 정리하면, Veda 시대·Brāhmaṇa 시대의 두 시기로 구분할 수 있을 것이다. 그러나 이러한 구분은 역사적 기준이기보다는 철학적 접근에 의한 것이기 때문에 명확한 시대구분은 별 의미가 없는 것이고, 또 기본적으로 Veda

---

44) E. J. Thomas, Ibid. p.83 ; 양병우, 앞의 책, p.260.
45) E. J. Thomas, Ibid. p.83.

시대, Veda 문화로 총괄되는 것이다.46)

Veda 시대는 대개 기원전 2000년경, Aryan들의 진입기로부터 동부 인도로의 이동이 본격화되는 기원전 800년경까지의 기간을 범주로 잡을 수 있을 것이다. Aryan들은 인더스 강 유역에서 선주민 다아사들(Dasas)과 싸우면서 새로운 영토를 개척하는 한편, 그들이 전승해 온 종교적 전통을 바탕으로 선주민들의 문화적 영향을 흡수하면서, 보다 풍부하고 열전에 찬 종교문화를 전개시켜 갔다. 이 과정에서 형성된 것이 Veda 문헌들이다.

Veda 시대의 가장 현저한 종교적 특성은 자연현상과 관련되는 수많은 의인화된 신들의 등장과, 신들과 인간들의 공존이다. 인도의 고대문화는 '신화적 상상력의 시대'라 불러도 좋을 만큼 무수한 신들이 등장하고, 장엄하고 정열적인 신들의 얘기가 베다 도처에 넘쳐 흐르고 있다. 어떤 대목에서는 3,399명의 신들이 등장하기도 한다. 그러면서 항상 새로운 주신(主神)이 출현하고 있다. 이것은 그들이 어떤 신에게도 만족하지 못하고 끊임없이 새로운 신의 탐구를 계속하고 있었다는 사실을 의미한다.47) 『리그-베다』에서는 이렇게 찬송하고 있다.

> 사람들은 그것을 인드라·미트라·바루나·아그니라 부른다.
> 훌륭한 날개를 가진 천상의 가우트만이라고도 부른다.
> '유일자'에 대해 현인들은 여러 가지 명칭을 붙였다.
> 아그니·야마·마타리쉬반…….'48)

---

46) S. 토카레프, 앞의 책, p.30 ; 정병조, 앞의 책, p.30.
47) S. 토카레프, 앞의 책, p.170 ; J. B. 노스, 앞의 책, p.601.
48) *Rgveda* I, 164, 46.

'유일자'를 찾는다고 해서 Veda 신앙을 '일신교(一神敎)'로 인식하는 것은 옳은 이해가 못된다. 그들의 신관(神觀)은 일종의 교체신관(交替神觀, henotheism)에 속한다. "그 순간에는 그 하나가 다른 모든 신들을 흡수하는 존재가 되어 그 밖의 신들은 모두 그의 다른 모습일 뿐이라고 이야기되거나, 아니면 유일신이나 가질 수 있을 온갖 속성을 한 몸에 부여받게 된다. 그리하여 Veda의 여러 신(神)들은 우주를 창조하고 유지하며 운영하는 존재, 모든 생물의 유일한 지배자 등의 지위를 각자가 서로 번갈아가며 차지하는 것이다."[49] Veda의 주신들 가운데 특히 주목되는 신들은 다음과 같다.

• 인드라(Indra) : 천둥과 번개의 신. 특히 몬순의 신으로 때로는 위대한 천신(天神), 전사(戰士)・전쟁의 신. 불전에서는 제석천(帝釋天)으로 등장한다. 소마주(soma酒)를 마시며, 벼락불 바즈라(bajra)를 거머쥐고 싸움터에 나가 적을 무찌른다. 인드라는 Aryan들이 선주민을 정복해 가는 시대상황을 반영한 가장 아시아적인 신으로서, Veda에 가장 자주 등장하고, 250개의 찬가가 봉헌되고 있다.[50]

• 루드라(Rudra) : 산신(山神). 그는 대단히 무서운 존재로서, 히말라야의 눈으로부터 무서운 폭풍을 몰고 오는 파괴・공포의 신이고, 통제할 수 없는 천둥과 폭풍의 신이다. 루드라는 위대한 쉬바신의 초기 형태로서, 역사적으로 중요한 위치에 있다. 그는 때로는 병을 치료해 주는 친절한 신으로 약초를 관리하는데, 이것은 후일 쉬바신의 속성인 재생의 능력과 연결된다.[51]

---

49) J. B. 노스, 앞의 책, p.592 註8)
50) 앞의 책, pp.591~592 ; S. 토카레프, 앞의 책, p.170.

• 바루나(Varuna) : 다른 신들과 비교할 수 없을 정도로 고귀한 자리를 차지하고 자연과 도덕의 질서를 주관한다. 인간으로 하여금 도덕 규범에 복종하도록 하고, 죄악을 심판하며, 참과 거짓을 드러낸다.52)

• 아그니(Agni) : 제의(祭儀)와 직접 관련되는 신의 하나로서, 그는 천상의 것이든 지상의 것이든 불(火)이라면 다 관리하지만, 특히 제의의 불을 주관한다. 아그니가 참석하지 않은 어떤 공희도 유효할 수 없다. 그가 와서 제의의 불이나 집안 화로의 불에 자리잡는 것은 언제나 새로운 탄생을 의미하는 것이므로, 아그니는 극진한 존경과 기원의 대상이 되었다. 그는 죄를 정화하고 악마를 몰아내며 불가사의를 해결해 준다.53)

야쥐나(Yajna), 공희(供犧)의 제의

Veda 신앙에서 가장 중요한 의미를 부여받는 것은 제의(祭儀)-제사의식, 곧 야쥐나(yajna)이다. 야쥐나는 신과 인간을 서로 소통시키며 공존해 가게 하는 거의 유일한 통로라고 할 것이다. 보다 깊이 철학적으로는, 인간이 우주적 실재와 합치하며 생존 에너지를 부여받는 성스러운 행위이다. 베다는 이 제의에서 바쳐지는 신들을 위한 찬가인 것이다. 콜러 박사는 이렇게 논하고 있다.

인간 존재들이 자기 존재를 유지하고 재생하기 위하여, 어떻게 이 성스러운 실재의 힘에 자신들을 적용시킬 수 있는가?

그 대답은, 한마디로 야쥐나, 곧 제의(祭儀)이다.

---

51) J. B. 노스, 앞의 책, p.593.
52) 앞의 책, p.595.
53) 앞의 책, pp.595~596.

제의는 신비한 힘의 축제인 동시에 존재[인간]의 기쁨이며, 재생을 위하여 존재가 그 존재의 근원에 대하여 가득히 희생을 바치는 것이다. 존재의 기본적인 과정들을 관찰하면서, 참관자들은 이들 과정 속에 참가함으로써 존재의 창조와 활력화의 패턴을 깨달았다. 이 전 우주는, 근원적 인격체[神]가 그의 존재를 축하하고 재생을 위하여 자기 자신에게 바치는 것과 같은 근원적 존재의 제의의 결과물로 보인다.54)

신들에게 희생(犧牲)을 공여(供與)하는 제의 — 공희제의(供犧祭儀), 곧 yajna는 생명을 유지하고 재생을 기약하기 위한 인도 인민들의 필수적인 담마(dhamma, dharma), 생활의 법도로 정착되었다. 초기의 공희는 소박하고 단순하였다. 사원이나 고정된 제장(祭場)이 없이 야외의 초원을 이용하여 서(西, garhapatya, 지구의 표상)·동(東, ahavaniya, 천상의 표상)·남(南, dakshina, 대기의 표상)의 세 방위에 불을 지피고, 사제는 그 옆에 공물을 진설하였다. 초기에는 살생한 것을 공물로 바치지는 않았고, 신성한 음료인 소마주(soma酒)·암소의 우유·버터·꿀·빵·곡물 등이 헌납되었다.55)

초기에는 직업적인 사제도 등장하지 않았으나, 공희가 점차 복잡해지면서 그 절차도 점차 정교하게 발전하게 되고 전문 기능을 수행하는 사제도 등장하게 되었다. 시간이 경과하면서 brahmin들이 점차 제의의 주제자로 지위를 확보해 갔다. 'brahmin'이란 제의에서 가장 중요한 브라만(brahman)을 읊는 사제라는 뜻인데, 'brahman'은 '성스러

---

54) John M. koller, Ibid, p.53.
55) J. B. 노스, 앞의 책, p.588 ; S. 토카레프, 앞의 책, pp.172~173.

운 말씀'·'성스러운 지식'·'기도'·'주문' 등을 뜻한다. 주문(呪文)이
란 의미에서 '만뜨라(mantra)'라고 불리고, 또 다른 말로 '박(vac)'라
고도 하는데, vac는 '성스러운 말씀〔聖語〕'의 의미이다.56)

brahmin들이 브라만, 즉 주문을 외우는 사제로서 제의의 주재자(主
宰者)로 나섰다는 것은 Veda의 종교의식 속에서 주술의 힘이 점차 강
화되고 있었다는 당시의 종교적 상황을 반영하는 것으로 보인다.
*Atharva-veda*에서는 주문이 중심을 이루며 주력(呪力)이 우주의 근
원적인 에너지로까지 모색되었다는 기왕의 관찰이 이러한 상황을 입
증하고 있다.

이 기도-주문, 곧 braman이 신격화되어 기도-주문의 신(神) 브라
마나스파티(Brahmanaspati)가 등장하고, 마침내 이 신이 최고의 주
재신 Brahman으로 발전하게 되었다. Brahman은 때로는 'Neuter(네
우테르)'·'Brahmā(브라흐마)'라고도 불린다.57) Brahman(Brahmā,
梵天)은 초기불전 속에서도 자주 등장하며 붓다와 일정한 관계를 유
지하고 있다.58)

희생제의가 발전하면서, 동물을 산 채로 바치는 동물희생-동물공희
(動物供犧)가 행해지기 시작하였다. 이것은 Veda 시대의 신화적인
종교의식이 점차 보다 강도 높은 현세 구복적 신앙으로 전환되어 가

---

56) J. B. 노스, 앞의 책, p.588 註5).
57) S. 토카레프, 앞의 책, p.173 ; J. B. 노스, 앞의 책, p.611 註16).
58) '불교에는 하나의 Brahmā, 또는 위대한 Brahmā가 아니라 다수의 Brahmā가
　　등장하며, 그리고 그들은 불사(不死)의 존재들이 아니다. 세계의 창조주로서
　　의 Brahmā에 대한 신앙은 Sutta 1, 2.2f에 기술되어 있고, 뽐내기 좋아하는
　　(붓다의 진정한 신봉자가 결코 아닌) 위대한 Brahmā에 대한 풍자적인 묘사
　　는 Sutta 11에 기술되어 있다.' ; Maurice Walshe, *The Long Discourses of
　　the Buddha*, Ibid. p.43.

는 과정과 관련되는 것으로 보인다. 또 거기에는 어떤 신상(神像)도 존재하지 않았음이 분명하다. 제의를 주관하는 사제들이 등장하지만, 아직 세습적인 사회계층을 형성하지는 못하였다. 비교적 단순했던 이 Veda 시대의 종교의식은 Aryan들의 가부장적 부족사회의 규범과 도덕관념, 끊임없는 정복전쟁의 전의(戰意)와 불안, 그리고 거대한 자연적 환경에 대한 공포 등을 반영한 복합적 산물로 판단된다.[59]

3) Brāhmaṇa 시대의 종교문화

유일 주재자 Brahman의 출현

기원전 10~9세기경을 전후하여 인도사회에서는 보다 급격한 사회·문화적 변화가 진행되고 있었다. Aryan들이 강가 강 방면으로 진출하여 선주민들을 제압하며 많은 국가들을 건립하였다. 이 과정에서 사회적 분화가 촉진되면서 카스트 체제가 정착되는 한편, 문화적으로는 선주민 문다족·드라비다족과의 갈등과 동화현상이 광범하게 전개되는 가운데, 보다 새로운 종교문화가 확장되고 있었다.

역사적으로 이 시대를 'Brāhmaṇa 시대' 또는 '브라만교 시대'라고 일컫기도 하는데, 이 시대의 상황이 *Brāhmaṇas*(梵書)에 기록되어 있고, 이 시대의 종교를 '브라만교(Brahman敎, Brahmanism)'라고 부르는 데서 연유한다.

그러나 브라만교를 베다교의 단순한 연속이거나 'Aryan들의 종교'로서 규정하는 것은 적절치 못한 것으로 생각된다. 이 시기에 Aryan

---

59) S. 토카레프, 앞의 책, p.174.

들과 선주민들 사이의 인종적 혼혈과 문화적 혼합이 다양하게 전개되고 광범위한 종교적 변용이 진행되면서, 문다·드라비다인들의 토속문화가 이 새로운 종교 속으로 대량 유입되기 때문이다.[60]

이 시대의 가장 두드러진 종교적 변화는 brahmin이라는 전문적 사제들이 엄격하고도 정교한 제의의식을 앞세워 인도사회의 종교 일반을 철저하게 장악해 가고 있었다는 사실에서 발견할 수 있을 것이다. brahmin들이 암송하는 주문·기도는 점차 신비하고 신성한 주술적 권능을 지닌 것으로 인식되었다. 희생제의와 관련된 기도는 강제적인 힘을 가져서, 기도가 적절한 찬양과 함께 제공되고 적합한 공물이 헌납된다면, 신들도 사람들이 기원하는 바를 허용해야 하는 것으로 규정되었다.

이것은 궁극적으로 brahmin의 권능이 신을 능가하며, 신과 세계가 brahmin의 주술적인 기도 앞에 종속된다는 사실을 의미하는 것이다. 토카레프는 이렇게 논하고 있다.

이 시기의 세계는 신들에게 종속되고, 신들은 찬양에 종속되고, 그리고 찬양은 brahmin에게 종속되므로, brahmin은 백성들의 신이라는 말이 생겨났다.[61]

이 과정에서 공희와 관련된 주문·기도·brahman은 그 자체가 신격화되어 기도를 성취시키는 '기도의 신'·'기도의 주(主)'인 '브라마나스빠띠(brahmanaspati)'가 되고, 이 신은 마침내 우주만물을 주관

---

60) S. 토카레프, 앞의 책, p.174·180 ; 中村 元·김지견, 앞의 책, pp.86~87.
61) S. 토카레프, 앞의 책, p.177.

하는 궁극적인 실재 브라만(Brahman)으로 승화되기에 이르렀던 것
은 이미 관찰한 바와 같다.

　Brahman은 인격적인 신으로서의 '그이'와 비인격적인 궁극의 실재
로서의 '그것'의 두 가지 의미가 혼합되어 있다.[62] *Upaniṣad*에서는 이
렇게 서술하고 있다.

　　불멸하시고, 주재자로서 존재하시며,
　　지혜롭고 변재(遍在)하시나니
　　이 세상의 수호자이시다.
　　항상 이 세상을 통치하시나니……[63]

　*Rgveda*의 끝부분에 나타나기 시작하는 우주만물의 창조관(創造
觀)이 여기에 이르러, '브라마 스바얌부(Brahmā Svayambhu)', 곧
'자존(自存)하는 브라마'로 규정되면서 다분히 일신론적(一神論的)
성향을 띠게 되었다. *Upaniṣad*에서는 이렇게 기술하고 있다.

　　불 속에 있는 이
　　여기 심장 속에 있는 이
　　또 저기 태양 속에 있는 이—
　　그는 유일자이시다.[64]

---

62) 앞의 책, p.177 ; J. B. 노스, p.611 註16).
63) *The Thirteen Principal Upanishads* (translated by R. E. Hume, Oxford
　　University Press, London, 1934) Svet 6. 17, p.410.
64) Ibid. Mat, 6, 7, p.435.

brahmin의 초월적 권능과 동물공희

여기에서 시사하고 있는 바와 같이, 최고신 Brahman의 우월성은 공희제의의 불을 통하여 현현(顯現)하는 것이고, 이것은 곧 사제 brahmin을 통하여 구현된다는 것을 의미한다. 강력한 사제 brahmin과 초월 보편적인 Brahman의 탄생이야말로 인도 사상사의 일대 변화이며 Brāhmaṇa 시대의 가장 현저한 특성이라고 할 수 있을 것이다.

brahmin을 정점으로 하는 4종성의 형성도 이 유일자 Brahman의 초월성에 의하여 그 신성성(神聖性)을 확보하는 것이다. 초기불전 *Majjhima-Nikāya*의 'Madhura-Sutta'에서, 마두라의 국왕 아반띠뿟타(Avantiputta)는 깟차나(Kaccana) 장로에게 이렇게 말하고 있다.

"깟차나 장로여, 브라민들은 이렇게 말합니다.
'브라민들은 최상의 카스트이다. 다른 어떤 카스트들도 열등하다. 브라민들은 가장 흰 카스트이다. 다른 카스트들은 검다. 브라민들만이 정화되어 있다. 다른 어떤 카스트도 정화되어 있지 못하다.
브라민들만이 브라마의 아들이다. 브라마의 자식이다. 그의 입에서 태어났다. 브라마에게서 나왔다. 브라마에 의하여 창조되었다.' "65)

브라마의 아들,
브라마의 자식 —.
(The Sons of Brahmā,
The offspring of Brahmā)

---

65) MN 84.4(text. ii. 84) ; *The Book of the Middle Length Sayings 2* (P.T.S.), p.273.

이렇게 brahmin들은 최고신 브라마에 의하여 그 절대적 우월성을 확보하고, '캇티야 · 베사 · 숫다들은 brahmin의 부속물(attendants on the brahmins)에 불과한 것'으로 규정되었다.'[66]

사제 brahmin들은 강가 강 유역에서 Aryan들의 정치 · 사회적 진출이 확대되는 전환기적 상황을 이용하여, 카스트 속에서 자신들의 특권적 지위를 확고히 구축하였다. 그들은 신들에 대한 공희제의를 고도로 전문화 · 주술화함으로써 자신들의 현세적 이익을 추구하였다. 많은 *Brāhmaṇa*들이 제작되어 공희제의의 의식과 그 의미에 대한 우주발생론적 이론화가 진행되면서, 공희는 우주 전체를 본래의 궤도에 따라 운행하게 하며 또 우주대사를 바꾸게도 할 수 있는 주술적 의식으로 인식되었다.[67]

이렇게 해서 brahmin들은 권력의 중심에 서게 되고, 광대한 우주 전체의 축(軸)이 되며, 그들의 기도 · 성어(聖語)는 인간뿐만 아니라 신도 복종시키는 위력을 발휘하게 되었다.[68]

brahmin들이 주관하는 공희제의는 점차 복잡 거대화하여 어떤 것은 몇 주 · 몇 달씩 걸리고, 동물희생이 더욱 성행하여 609마리의 동물을 희생으로 바치기도 하였다. 그 중 말[馬]의 공희인 아스바메다(asvameda, 馬祀祭)가 특히 중시되어, 어떤 경우에는 1년 넘게 의례

---

66) E. J. Thomas, Ibid. p.84.
67) Ibid, pp.82~83.
68) '그들은 제의가 강제력뿐 아니라 심지어는 창조의 힘까지 갖는다고 생각했다는 인상이다. 그들은 기도문을 음송하며 제의를 행하는 것만으로도 마음먹은 일을 일으킬 수 있다고 믿었기 때문이다.' ; J. B. 노스, 앞의 책, p.605.

가 진행되기도 하였다. 초기에는 비록 죽이지는 않았더라도 600마리
의 동물을 모아 제물로 바치는 일까지 벌어졌다.[69] 아스바메다는 당
시의 정치적 상황과도 관련 깊은 것으로 분석된다. 딧사나야케 박사는
이렇게 논하고 있다.

　이 의식에서는 말을 화장(化粧)시켜 1년 동안 마음대로 돌아다니도
록 내보낸다. 전사들은 무장을 하고 그 말이 가는 곳마다 뒤쫓으며 보
호하였다. 말이 돌아오면 그 말을 목욕시켜 수백 마리의 다른 동물들과
함께 제단으로 끌고 갔다. 그리고는 그 모두를 죽여서 그들의 내장을
왕이 냄새 맡았다. 그 순간부터 왕의 통치권은 제물이 된 말이 돌아다
녔던 모든 영토에 미친다고 생각하였다. 이 의식에 참여하고 있는 동
안, 수백 명의 사제(brahmin)들이 신의 권능을 왕에게 전달하고 있는
것이라고 말했다. 이와 같이 왕과 사제들은 제휴하고 있었다.[70]

이것은 공희가 잔인한 살육을 수반하며, 사제(브라민)-브라만교의
승려들이 초기의 수행자적 본분을 상실하고 왕권과 타협하여 세속적
으로 타락해 가는 시대적 상황을 반영하고 있는 것이다. 렐리(S. Leli
교수는 이렇게 지적하고 있다.

　브라민의 신관(神觀)보다 더 야만적이고 물질적인 것을 상상하기란
어려운 일이다. 갈수록 점차 세련되고 도덕으로 치장하지만, 그러한 관습
을 생각하면, 그들의 잔인한 현실주의 때문에 등을 돌리게 될 것이다.
　이 체제 속에서는 도덕이 머무를 자리를 발견할 수 없다. 신들에 대

---

69) 앞의 책, p.605.
70) P. 딧사나야케 · 정승석, 앞의 책, p.174.

한 인간의 관계를 규정짓는 공희는 그 자신이 자생적인 에너지에 의하여 작동하는 하나의 기계적 행위이다. 그리고 자연의 가슴속에 숨겨져 있는 그러한 에너지는 사제의 주술적 기능에 의하여 드러날 뿐이다.[71]

Hindu의 주신(主神)들

이 시기에 이르러 신들의 판도에도 큰 변화가 일어났다. Veda 시대에는 거의 무시되었던 여성(女性)의 신들이 중요한 역할을 맡고 나섰다. 이 신들은 대부분 Aryan들이 오기 전 숭배되었던 토속의 신들로서, 자신들의 지역이 Aryan들에 의하여 정복당하자 브라만교의 만신전(萬神殿)으로 흡수된 고대 공동체의 수호신들이다.

특히 중요한 역할을 담당한 것이 쉬바와 비쉬누이다. 이 두 신은 현대에도 힌두교의 주신으로 보편화되어 있는데, 브라만이 우주 배후에서 모습을 숨기고 있는 철학적이며 원리적인 신인데 대하여, 이 두 신은 인간 속에서, 인간의 모습으로 애환을 함께 나누는 인간적인 신들이다.

• 쉬바(Siva) : 쉬바의 원형은 Aryan들 속에 있었으나, 유사한 토착부족의 신들과 합체되면서 그 기능이 확대되고 보편적으로 수용되었다. 쉬바는 모든 대립되는 이원적 개념들을 통합시키고 조화시키는 기능을 담당하고 있다. 콜러 박사는 이렇게 논하고 있다.

그 속에서는 죽음과 삶, 고행자적 은둔과 정열적인 몰입, 창조와 파

---

71) Sylvain Leli, *Doctrine du Sacrifice Chez les Brahman* (Paris, 1898), p.9 ; cit. T. W. Rhys Davids, Ibid. p.241.

괴, 사랑과 분노가 구체화되고 있다. 그는 위대한 고행자로서 검은 동물가죽의 드레스를 입고, 이 세상에 대하여 그의 죽음을 표명하는 재〔灰〕를 칠하고 있다. 그러나 그는 아름다운 춤의 신으로서 모든 존재의 창조적 리듬을 춤추고 있다.

쉬바 속에서는 이러한 이중성들이 서로를 부정하지 않고 상호 보완적이다. 그것들은 존재에 첨가된 그 무엇이 아니라, 그것들이 바로 존재인 것이다. 쉬바 속에서, 반은 남성이고 반은 여성인 그 자신의 인격 속에서, 그리고 영원한 여성인 샥티(Shakti, 性力)에 대한 그의 결혼 속에서, 남성과 여성조차도 하나로 통합되고 있다.72)

콜러 박사가 지적하고 있는 것과 같이, 그는 춤의 신으로서 술에 취해서, 창조·유지·파괴·현혹·해방의 다섯 가지 활동을 하나로 묶어 놓은 '우주의 춤(cosmic dance)'을 추는 것이다. 그는 또 생산·생식의 신으로서 요니(yoni, 여자의 생식기)와 합체된 링가(linga, 남성의 생식기)로 조형화되기에 이르렀다. 이것은 곧 생식행위의 직접적인 표현이지만, 여기서 음란 등의 인상은 느낄 수 없고, 생명의 풍요로움이 밝고 대범하게 표상되고 있는 것이다.73)

• 비쉬누(Visnu) : 비쉬누 또한 Aryan들의 신관(神觀)과 선주민의 토착신앙이 연결된 것이다. 비쉬누는 쉬바와는 달리, 화신(化身, avatara) 사상에 의하여 갖가지 토착관념들을 흡수하면서 전 인도적 신으로 확산되어 갔다.

비쉬누는 세상에 악(惡)이 등장할 때 정의를 회복하기 위하여 화신

---

72) John M. Koller, Ibid, pp.242~243.
73) J. B. 노스, 앞의 책, p.806 ; 中村 元·김지견, 앞의 책, p.63.

으로 출현한다고 인식되어 있다. 사람들은 전설이나 실재한 영웅, 위인을 비쉬누의 화신으로 확인함으로써 그 보편성을 호소해 갔다. 멧돼지도 그 중의 하나이다. 옛날 '하라나크사(황금의 눈)'라고 불리는 악마의 왕이 대지를 원시의 바다로 끌어넣어 바야흐로 모든 신들이 파멸의 위기에 직면했을 때, 비쉬누가 멧돼지의 모습으로 나타나 천년동안 마왕과 싸워 마침내 승리를 거두고 대지를 그의 송곳니에 걸어서 되돌려 놓았다고 한다.[74]

• 크리쉬나(Krisna) : 비쉬누의 화신으로 가장 유명한 것이 크리쉬나(Krsina)이다. 크리쉬나는 기원전 7세기경에 출현한 비(非)Aryan계 부족의 정치·종교의 지도자로 추정된다. 그는 죽은 뒤 곧 그가 숭배했던 성인(聖人) 바가바드(Bhagavad)에 견주어져서 신격화되고, 이윽고 비쉬누의 화신으로 받들어져서 일약 힌두교의 주신(主神, Devadhideva, God of Gods) 자리에 오르게 되었다.

'인도의 성경'으로 불리는 『바가바드기타(*Bhagavad-gita*)』는 바로 이 부파의 성전으로서, 현재에 이르기까지 오랜 세월 인도인들의 종교적·철학적 사유와 윤리에 큰 영향을 끼쳐왔을 뿐만 아니라, 대승불교의 전개에도 작용하고 있다.[75]

---

74) J. B. 노스, 앞의 책, p.811.
75) '*Gita*는 초기에 중국과 일본에 영향력을 확대시켰고, 후기에는 서구의 국가들에도 영향을 끼쳐왔다. Mahayana-Buddhism의 두 가지 주요 저술, *Maha-yanasraddhotpatti* (The Awakening of Faith in the Mahayana : 대승에 대한 믿음의 자각)와 *Saddharmapundarika* (The Lotus of the True Law : 진리의 연꽃 묘법연화경)도 *Gita*의 가르침에 깊은 영향을 받고 있다.' ; tr. S. Radhakrishnan, *The Bhagavadgita* (Harper Colins Publisher India Pvt Ltd, Nem Delhi, 1999), p.11.

지금도 힌두교의 가정에서는 갖가지 모양으로 묘사된 크리쉬나의 그림이 반드시 한두 장쯤 걸려 있다. 어느 것이나 청색 또는 흑청색의 몸을 가지고 있는데, 이는 '크리쉬나(검다는 뜻)'라는 이름에서 연유한 것이다.[76] 크리쉬나는 두렵고 초월적인 신들과 민중들을 연결시켜 주는 아름답고 사랑스런 존재로, 성스러운 아이의 모습으로 인도인들 사이에 널리 환영되고 있다.[77] 콜러 박사는 이렇게 논하고 있다.

힌두교의 호감 가는 신이 된 크리쉬나가 훨씬 더 친근하기 쉬우며 일상적인 존재인 것은 놀라운 일이 아니다. 크리쉬나의 전기(傳記)의 용어들 속에서 힌두의 상상에 가장 어필하는 것은 어른 신(adult God) · 정복적인 영웅(conquering hero) · 현명한 카운셀러(wise counsel) 또는 거룩한 주(主, Divine Lord)로서의 크리쉬나가 아니라, 귀여운 어린 아이(adorabie little child) · 놀기 좋아하는 어린 소년(playful young boy)으로서의 크리쉬나인 것이다.

더 나아가, 크리쉬나가 한 소박한 목동으로서 궁극적 실재의 신성한 미(美)와 즐거움, 그리고 사상을 드러내는 것은 비륀다바나(Vrnda-vana, 목장)의 단순한 목가적인 장면 구성을 통해서이다. 바로 이 어린 아이다움과 젊음이 신성(神性)을 낙천적이고 역동적이며 놀기 좋아하고 최상의 아름다움으로 나타내고 있는 것이다.[78]

---

76) 中村 元 · 김지견, 앞의 책, p.82.
77) J. M. Koller, Ibid. pp.216~231.
78) Ibid, p.216.

제3장 역사적 상황의 변화 (1)
―정치 · 경제 · 사회적 상황―

1. 정치적 상황의 변화

1) 군주국과 공화국의 병존

기원전 10~9세기경을 전후하여 갠지스 강 유역으로 진출한 아리안
들은 활발한 국가활동을 전개하여 도처에 크고 작은 많은 나라들을
건립하였다. 기원전 7~6세기경 붓다 출현 당시, 인도의 정치적 상황
은 이들 국가들과 밀접히 관련되어 있는데, 불교문헌 등[1]에는 이 시
기에 '16대국(十六大國, sodaśa mahājanapada)'이 할거하고 있었다
는 사실이 기록되어 있다. 라모뜨 교수는 이렇게 기술하고 있다.

기원전 6세기 인도에서의 아리안계 영역은 편잡으로부터 벵갈까지
확대되었고, 데칸의 일부 지역까지 흘러들어갔다. 불교 · 자이나교 · 서

---

1) 불교문헌 : DN Ⅱ. p.200. AN Ⅰ. p.213, Ⅳ. p.252 · p.256 · p.260. *Mahāvastu,*
   Ⅰ. p.34 ; 자이나 문헌 : W. Kiren, *Die Kosmographie der Inder* (Bonn,
   1920), pp.225~226 ; 서사시 : *Mahābhārata* Ⅷ. 40.29 ; 45. 14. 16 ; 28. 34. 40.

사시 등의 자료들은 그 당시 16대국의 존재를 기록하고 있는데, 이들 나라들은 아리안의 요소에 속하지만, 특히 동부지방에는 선주민 종족들이 거주하면서 아직까지 완전히 브라만화되지 않고 있었다.2)

16대국은 [표 1]과 같다. 초기불교 문헌에 의하면, 기원전 6세기경 갠지스 강 유역의 정치적 상황은 네 개의 군주국과 많은 과두정치적 공화국, 그리고 한 그룹의 부족들에 의하여 결정된 것으로 보인다. 4 군주국은 갠지스 강 북쪽의 강대국 꼬살라(Kosala), 갠지스 강과 야무나 강 사이의 작은 왕국 밤싸(vaṃsā), 갠지스 강 남쪽의 아반띠(Avanti), 그리고 갠지스 강 남쪽의 부강국 마가다(Magadha)이다.3)

[표 1]에서 보는 바와 같이, 이들 강대 군주국 사이에 몇몇 공화국들이 있었는데, 모두 꼬살라(Kosala)국의 동쪽과 마가다(Magadha)국의 북쪽, 갠지스 강 중부지방에 위치해 있었다. '가나(Gana)'라고 불리기도 했던 이들 공화국에는, 밧지(Vrji, Vajjiki) 연합을 이루고 있는 릿차비(Licchavī)와 비데하(Videhas), 석가족(Śākyas, Sakka, 釋迦族)의 가빌라밧투(Kapilavatthu),4) 말라족(Mallas)의 구시나가라(Kuśinagara)와 빠바(Pāvā), 라마그라마(Ramag-rama)의 끄라우디아족(kraudyas), 마춘트 숨수마라(Mount Sumsumāra)의 바르가족(Bhargas), 뻬팔라바나(Pipphalavana)의 마우리아족(Mauryas) 등이다.5)

---

2) E. Lamotte, Ibid, p.7.
3) H. W. Schuman, Ibid, pp.2~3.
4) 가빌라밧투의 정치형태에 관해서는 여러 이설이 있으나, 불교문헌 속의 여러 자료에 의하면, 공화제의 도시국가가 거의 확실하다. ; Ibid, p.4 ; 박경준, 『原始 佛敎의 社會·經濟思想 硏究』(동국대 1992년 박사학위논문), p.20~22.

〔표 1〕 기원전 6세기경의 인도 16대국[6]

국가(종족명칭)	현재지명	주 요 도 시	체제
① 앙가(Aṅga)	벵갈	깜빠, 밧디야, 아사푸라	
② 마가다(Magadha)	남 비하르	라자가하, 파탈리푸타	군주국
③ 까시(Kāsī)	바라나시	바라나시	
④ 꼬살라(Kosala)	오우드	사밧티, 사께따	군주국
⑤ 밧지(Vṛji, Vajji)	북 비하르	베살리(릿차비) 미틸리(비데하)	공화국
⑥ 말라(Malla)	고라크푸르	구시나가라, 파파	공화국
⑦ 케디(Cedi)	분델칸드	수키마티, 사하자티	
⑧ 밤싸(Vatsa,vaṃsā)	알라바드	꼬삼비	군주국
⑨ 꾸루(Kuru)	델리, 미루트	인드라프라스타(델리)	
⑩ 빤찰라(Pañcāla)	로히칸드	아히차트라, 캄필리아	
⑪ 마뜨샤(Matsya)	자이푸르	비라타	
⑫ 수라세나(Śūrasena)	마두라	마두라	
⑬ 아삼까(Aśamka)	니잠	포타나	
⑭ 아반띠(Avanti)	마르와,니말	웃제이니	군주국
⑮ 간다라(Gandhāra)	페사와르	탁카실라	
⑯ 깜보자(Kamboja)	남서카시밀		

 공화국들은 *Ṛgveda*의 최초의 찬가가 낭송되던 시기로부터 시작하여 점진적으로 발전해 온 결과로서, 단일부족으로 구성되거나, 둘 또는 셋 이상의 부족들의 연합형태를 유지하였다. 따라서 공화국들의 정치형태는 기본적으로 캇티아(전사)를 중심으로 한 과두적 부족연합

---

5) Ibid, p.10.

6) cf. E. Lamotte, Ibid, p.8.

체제였다. 딧사나야케는 이렇게 논하고 있다.

    보통 하나의 공화국은 좁은 지역을 차지하고 있었으며, 각 공화국은 대표자들의 집회에 의해 주도되는 대중 정부를 갖고, 자기 부족의 관습과 방식을 따랐다. 광장에 모여 관심사를 논하고 국가정책을 결정하였던 인민의 대표자들은 대개 끄샤뜨리아 출신이었다. 그러나 다른 출신의 사람들을 배척하지는 않았다. 집회를 주재하는 사람을 '라자(raja, 왕)'라고 불렀다. 라자는 상속되지 않았고, 이 지위를 차지하는 사람은 대중적인 지도자였다. 공적인 관심사는 그 집회에서 매우 자유롭게 토론되었고, 결정은 보통 합의에 의해 내려졌다. 만약 만장일치에 도달하지 않을 때, 그 문제는 투표에 붙였다. 집회에서 결정한 것은 기능이 분명히 정해진 관리조직체에 의해 집행되었다. 총세입·군대·재판관은 그들 사이에서 가장 중요한 문제였을 것이다.7)

    이러한 공화정치는 군주국에서 점차 강화하고 있던 브라만적 규제를 거부하며 그들의 오랜 부족적 전통을 보전하려는 자립심이 강한 아리안들에 의하여 추구되었다. 따라서 공화국들의 이러한 자유로운 풍토는 반(反)브라만적인 다양한 사상운동의 길을 터는 데 크게 작용한 것으로 판단된다. 붓다가 공화정의 전통에 깊이 관련되었던 사실은 그가 *Mahāparinibbāna-Sutta*(『大般涅槃經』)에서 밧지족의 '칠불쇠법(七不衰法)'을 강조하면서 상가에 대해서도 이것을 가르치고 있으며,8) 공화국(sangha, gana)을 교단조직 상가(Sangha)의 모델로 채

---

7) P. 딧사나야케·정승석, 앞의 책, pp.167~168.
8) DN 16, 1.1-16 ; *The Long Discourses of the Buddha*, pp.231~234.

택하고 있다는 것을 통해서도 잘 드러나고 있다.9) 타파르(Romula Thapar) 교수는 이렇게 논하고 있다.

공화국들은 개인적이며 독자적인 의견에 대해 군주국들보다 덜 억압적이었으며, 비정통적인 견해를 더 쉽게 묵인하였다. 이단적인 종파를 이끌게 된 두 사람의 중요한 지도자를 낳았던 것도 공화국이었다. 붓다는 석가족에 속하였으며, 자이나교의 창시자인 마하비라(Mahāvīra)는 잔트리가족 출신이었다.10)

그러나 이들 공화국들은 자체 내의 취약성과 점차 강력해지고 있던 군주국들의 팽창정책에 의하여 기원전 4세기경까지는 소멸되고 말았다. 링(Trever ling) 교수가 지적하고 있는 바와 같이, 공화국들의 몰락은 공화국 내부의 불화와 분열, 도덕적 나태, 규율과 정의의 결여, 개인주의적 문란 등 그들 내재적 요인들이 더 크게 작용한 것이다.11)

2) 정복전쟁과 폭압의 정치철학

군주국들의 팽창정책은 '아스바메다(Asvameda)', 곧 '말의 공희〔馬

---

9) '우리가 고대인들이 최초로 생각한 정치체제의 독특한 유형에 관한 문제, 즉 정치적 의미에서의 귀족적인 공화정치(共和政治, sangha, gana)에 관한 문제를 논의하는 것은 규율에 정통한 초기의 불교인의 생각에 기인한 것이다.' ; U. N. Ghoshal, *A Histoty of Indian Political Idea* (Oxford University Press, London, 1959), p.76 ; cit. 앞의 책, p.73.
10) Romula Thapar, *A History of India(1)*, 'Pelican Original', p.50 · 53 ; cit. 앞의 책, p.169.
11) Trever ling, *The Buddha* (Temple Smith, London, 1973), pp.172~173.

祀祭]'에 의하여 첨예하게 드러나고 있다. 이미 관찰한 바와 같이, 공물로 헌납될 말이 마음대로 돌아다니면, 무장한 왕의 전사들이 그 말을 뒤쫓으며 말의 자유로운 진로를 방해하는 자는 누구를 막론하고 전투에 돌입하였다. 이것은 종교적 제의가 약소국들에 대한 강대국의 침략전쟁을 정당화시켜 주는 수단으로 악용되었다는 사실을 의미하는 것이다. '강자(強者)의 원리'가 왕국들 사이에 실제로 적용되고 있었던 것이다. 그 결과 나약한 왕국들과 공화국들이 끊임없이 강대국들의 정복 위협 앞에 노출되어 있었고, 하나 둘 병탄되고 있었다.12)

강대국들의 정복과 패권투쟁은 반복적으로 확대되고 있었다. 기원전 7세기 이전에는 까시(Kāsī) 왕국이 주도권을 장악했으나 꼬살라(Kosala)에 의하여 병합되었고, 꼬살라·마가다·비데하의 3국 체제가 상당 기간 계속되었다. 이 약육강식의 쟁투는 기원전 4세기경까지 지속되었고, 그 과정에서 가빌라밧투를 비롯한 많은 공화국들이 희생되었다. 그 결과 마가다가 일단의 승리를 거두고 패권을 확보할 수 있었다. 그렇게 해서 마가다의 군주를 '라자아노', 곧 '왕'이라 부르게 되고 왕위 계승의 세습적 왕조체제가 확립되었다.13)

기원전 5세기경에 성립된 *Mahābhārata*와 *Rāmāyana*는 이 시대의 전쟁상황을 담은 생생한 전쟁 서사시로서, 군주국들의 전쟁전략과 통치철학을 이해하는 데 중요한 사료로서 평가되고 있다. 기원전 5~4세기를 '베다의 시대', '브라흐마나의 시대'에 이은 '서사시의 시대'로 규정하는 분석가들의 견해도 이러한 평가에 근거하고 있는 것이다.14)

---

12) P. 딧사나야케·정승석, 앞의 책, pp.174~175.
13) E. Lamotte, Ibid, p.88 ; 정병조, 앞의 책, p.35 ; 양병우, 앞의 책, p.27.
14) 양병우, 앞의 책, pp.290~294.

공화국들의 자유로운 분위기는 점차 사라지고, 신성(神聖)에 의탁한 군주들의 권력이 강화되면서 백성들의 정치적 지위는 박탈되었다. 그들은 군주의 가혹한 징세에 시달리고 또 끝없는 정복전쟁에 동원되었다. *Mahābhārata*를 비롯한 문헌에서는 군주의 절대적 통치권을 정당화하는 약육강식의 정치철학이 전개되고 있다. 고샬은 이렇게 논하고 있다.

초기의 스므르티(Smrti, 후대의 저작 문헌)에서는 왕의 명령이라는 법에 따라 전쟁터에서 적군의 살해를 정당화하고 있지만, 여기에서 더 나아가 *Mahābhārata*의 비쉬마(Bhishma)는 그의 윤리성이 확실히 의심스러운 치국책(治國策)의 한 단계에 편의주의의 기준을 적용하고 있으며, 이것을 세 가지의 주장으로 정당화하고 있다. 이 세 주장은, 끄샤뜨리아의 독특한 의무와, 재난에 처했을 때 각 계급의 의무에 대한 스므르티의 두 가지 원칙, 개인과 사회의 이익을 위해 국가가 가장 중요하다는 '아르타샤사트라(Arthasastra, 實利論)'의 원칙으로 이루어져 있다.

비슈마가 강조한 원칙은, 왕의 의무가 인습적인 도덕기준과는 무관하다는 것이 골자이며, 둘째는 폭력이 생활의 법이라는 위험한 주장으로 연결된다. 셋째는 세입(稅入)과 군대라는 두 기둥으로 상징되는 국가가 법 또는 정의(Dharma, Dhamma)의 원천인 동시에 국민의 최소한의 생존을 보장한다는 것을 뜻하기에 이른다. 속세의 통치자는 그의 행동기본이 잔학과 변절이며, 그의 정부의 원칙과 정책은 자기강화의 폭력을 바탕으로 하여 세워진다는 생각과 아울러, 그가 갖고 있는 독특한 취향과 성격에 대한 이상과 같은 개념이 *Mahābhārata*의 교훈에서는 매우 강조하여 표현되고 있음을 흔히 발견할 수 있다.15)

기원전 7~5세기경, 붓다 출현 당시의 북동 인도는 부족연합적 공화제의 전통이 상존하는 속에 강대 군주국들의 정복전쟁이 반복되고 있었다. 마가다와 꼬살라가 대결하는 과정에서 많은 공화국들이, 가빌라밧투의 사례에서 보는 바와 같이, 잔인하게 파괴되고 약탈되었다. 내부적으로는 왕을 정점으로 하는 캇티야(전사) 계층이 새로운 사회 지배세력으로서 헤게모니를 장악해 가고, 절대적 군주권을 정당화하는 폭력적 통치철학이 정립되는 속에서, 인민들은 가혹한 징세와 전쟁의 수단으로 동원되고 폭정과 살육의 공포에 방치되고 있었다.

초기 율장(律藏)인 *Vinaya-Piṭaka*에는 이러한 민중의 고통과 이로 인한 군주와 교단, Sangha와의 갈등이 생생히 기록되어 있다. 국경에서 탈출한 군인들의 출가를 둘러싼 *Mahāvagga*의 기술 등이 그러한 사례의 하나가 될 것이다.16)

붓다의 출현과 초기 불교운동의 전개는 이러한 정치적 상황과 밀접히 관련되는 것으로 보인다. 붓다는 캇티야 출신으로 공화국에서 성장하였으며, 불교의 포교운동은 군주국들을 중심으로 전개되었다. 평화와 인민의 공화제적 자유의 보전, 정법(正法, Dhamma)에 의한 통일국가의 실현 등이 붓다의 전법포교운동에서 기대되고 있던 시대적 요구라고 하는 사실이 초기불전들을 통하여 광범하게 확인되고 있다. 불교가 '도덕적인 우주적 통치자(Universal Moral Ruler)'의 개념을 계승하여 '전륜성왕(轉輪聖王)'의 이념으로 구현해 가는 것도 이러한 시대적 요구와 관련되는 것으로 분석되고 있다. 빤드(G. C. Pande) 박사는 *Studies in the Origins of Buddhism*에서 이렇게 논하고 있다.

---

15) N. Goshal, Ibid, p.534 ; cit. 앞의 책, pp.177~178.
16) Mv 1.40.1-4 ; *The Book of the Discipline 4*(P.T.S.), pp.91~92.

Brāhmaṇas(梵書)에서 'Universal Ruler'의 이상을 주장하였고, 몇몇 희생의식 속에 반영되기도 하였다. 자이나 교도들도 정치적 폭력에 저항하였고, 한편 불교도들은 'Universal Moral Ruler'의 이념을 정형화하였는데, 이 이념은 고대 인도에서 그 실현을 추구했던 가장 유명한 군주이다.17)

2. 경제적 상황의 변화

1) 수공업과 교역의 발달

광범한 경제적 변화의 시대

리스 데이비스(Rhys Davids)는 *Buddhist India*에서 이렇게 기술하고 있다.

인도 초기 역사의 어떤 시기에 대한 경제적 조건의 그림을 재현해 보려는 시도는 아직 없었다. 짐메르(Zimmer) 교수, 피크(Fick) 박사와 호프킨스(Hopkins) 교수 등이 베다·자타카·서사시 등의 개별적인 기초에 입각하여 어떤 견해들을 부수적으로 취급해 온 바가 있다. 그러나 일반적으로 말하면, 인도의 문헌들은 종교와 철학의 문제, 문학과 언어의 문제들과 지나칠 정도로 관련되어 있기 때문에, 다른 곳에서와 마찬가지로, 여기 인도에서도 바로 생존의 필수품들을 얻기 위하여 민

---

17) G. C. Pande, *Studies in the Origins of Buddhism* (Motilal Banarsidas, Delhi, 1995), p.312.

중들이 그들의 시간을 아주 많이,ㅡ대부분이라고 말할 수는 없을지라도ㅡ그런 종교의 문제들보다는 다른 문제들, 곧 매일 끼니를 버는 일이라든가, 재산의 축적과 분배 등의 문제와 관련하여 할애하지 않을 수 없다는 사실을 우리들이 망각하기 쉬운 것 같이 보인다.18)

데이비스 교수가 적절히 지적하고 있는 것과 같이, 종교·철학의 문제에 지나치게 집착하여 불교를 본다면, 그 불교를 신봉하고 있는 민중들의 생존의 실체를 외면한 채 교리사상의 분석에만 집착하는 공허한 관념론에 매달리는 결과를 초래하게 될 것이다. 문화는 그 시대 민중들의 현실적인 삶의 총화라는 사실을 부정할 수 없는 것이라면, 어떤 종교·사상·철학일지라도 이들 민중들의 구체적인 삶의 문제와 고통을 일정 부분 반영하고 있으며, 이러한 시대적 문제들에 대한 해결의 추구가 그 사상들을 매캐한 문헌에서 끄집어내어 살아 움직이게 하는 원동력이 된다는 사실 또한 부정할 수 없을 것이다.19)

따라서 불교 탄생과 초기 불교운동 당시의 인도사회의 경제·사회적 상황들을 파악하는 것은 불교교리의 철학적 이해 못지 않게 중요한 것으로, 불교 탄생의 유인적(誘因的) 계기를 분석하고 불교교리의 생생한 실천적 이해를 규명하기 위하여 매우 긴요한 학문적 과제로서 제기되는 것이다. 빤드는 이렇게 논하고 있다.

역사에 대한 물질적 해석은 인간 정신에서의 이러한 변화를 사회적 상황의 변화에서 기인하는 것으로 보게 될 것이다. 다른 한편, 이상주

---

18) Rhys Davids, Ibid, p.87.
19) 송영배, 『중국사회사상사』(한길사, 1988), p.5.

의적 역사학에서는 역사의 자생적 변증법을 통하여 인간 정신의 발현, 또는 사상의 진보를 보게 될 것이다. 기원전 6~5세기의 중국과 인도, 그리고 지중해 세계에서 지적(知的)이며 정신적인 진보와 병행하여, 중요한 경제적·정치적 변화가 일어나고 있었던 것은 부정할 수 없다. 이러한 변화는 사회적 갈등을 조성하고 비판정신을 각성시켰음이 분명하다. 사회적인 변화와 고통의 체험은 종교와 철학에서의 새로운 길의 탐구로 연결되는 것은 의문의 여지가 없다.[20]

Sāmaññaphala-Sutta 속의 여러 전문 직종들

기원전 7~5세기경의 북동 인도사회에서는 경제적으로 광범한 변화가 진행되고 있었다는 사실이 실제적 연구결과 밝혀지고 있다. 먼저, 전통적인 농업과 목축 부분에서 큰 진보가 있었다. 보습은 그 모양이 더욱 커지고 무거워졌으며, 쟁기 하나를 24마리의 소가 끄는 기록도 있다. '야바'라고 불리는 보리와 밀·귀리·콩·깨 등이 재배되었고, 쌀은 재배한 것과 야생으로 된 것이 모두 다량으로 생산되었다. 토지는 오랜 부족제의 전통에 따라 마을 공동으로 소유하거나 부족장들이 노동자들을 고용하여 경작하였는데, 군주국가가 발전하면서 왕이나 귀족들이 토지 소유권을 행사하는 것이 점차 하나의 특권으로 인정되고 있었다.

하층의 농민들은 토지에 긴박되어 갖가지 악조건과 싸우면서 농경에 매달리지 않을 수 없었다. 두더지는 씨앗을 파먹고, 새와 야수는 곡식의 속눈을 자르며, 가뭄과 호우는 농사를 망치는 장본으로 두려움의 대상이 되었다.[21] 어린 왕자 싯다타(Gotama Siddhattha, Skt. Siddharta)가

---

20) G. C. Pande, Ibid, pp.310~311.

농경제(農耕祭)에 참석하였다가 농민들의 참상을 목격하고 염부수(閻浮樹) 아래서 깊은 명상에 잠겼던 사건은 이 당시 농민들의 이러한 실상과 관련 깊은 것으로 보인다.[22]

이 시기에 더욱 큰 발전을 보인 것은 수공업 분야이다. 수요가 증대되면 기술이 전문화되고 세습화되면서 많은 전문 업종이 생겨났다. 이와 관련하여 *Samaññaphla-Sutta*(『沙門果經』)에는 매우 유익한 정보가 기록되어 있다. 붓다를 방문한 아자따삿투(Ajātasattu) 왕이 24개의 직종을 예시하면서 이들과 비교하여 출가 사마나의 과보에 관하여 질문하고 있다. 왕이 예시한 24개의 직종은 다음과 같다.

① 코끼리 조련사	② 말 조련사
③ 전사(戰士)	④ 궁수(弓手)
⑤ 기수	⑥ 부관(副官)
⑦ 요리병	⑧ 투사
⑨ 선임장교	⑩ 측후병
⑪ 용사	⑫ 전투병
⑬ 기병	⑭ 노예의 아이들
⑮ 조리사	⑯ 이발사
⑰ 목욕업자	⑱ 화환 제조업자
⑲ 천 표백업자	⑳ 직조공
㉑ 광주리 제조공	㉒ 도공
㉓ 회계사	㉔ 계산원　※ ⑤~⑬은 군인들의 직종임

---

21) 양병우, 앞의 책, pp.267~268.
22) MN i.246 ; Nidana-katha 2 ; E. J. Thomas, *The Life of Buddha*(Motilal Banarsidas, 1997), pp.44~45.

이어서 왕은 붓다에게 이렇게 질문하고 있다.

"이 밖에도 많은 기술자들이 있어서, 그들은 그들의 기술이 무엇이든 지금 여기서 그들의 기술이 가져다주는 눈에 보이는 결실을 누리고 있습니다. 그들 스스로 그들의 부모·자녀들·동료·친구들과 같이 즐기고 있습니다. 그들은 수행자들(samaṇas-brahmins)을 유지하고 지지하며, 그 결과 그들의 자력으로 천상에 태어나는 행복하고 기쁨에 넘치는 과보를 확인 받고 있습니다.
세존이시여, 당신께서는 출가생활에서도 그와 같이 지금 여기서 눈에 보이는 과보를 지적해 줄 수 있겠습니까?"23)

R. 데이비스는 당시의 문헌을 통하여 18종의 노동자들 조합(seniya, puga)을 발견하였다. 그 목록은 다음과 같다.24)

① 목공(木工)　　　　　② 금속공(金屬工)
③ 석공(石工)　　　　　④ 직조공(織造工)
⑤ 피혁공(皮革工)　　　⑥ 도공(陶工)
⑦ 상아공(象牙工)　　　⑧ 염색공(染色工)
⑨ 보석공(寶石工)　　　⑩ 어부(漁夫)
⑪ 도살업자(屠殺業者)　⑫ 사냥꾼
⑬ 화공(畵工)　　　　　⑭ 이발사(理髮師)
⑮ 화훼업자(花卉業者)　⑯ 광주리 제조공
⑰ 선원(船員)

---

23) DN 2.14(i.52, *Sāmaññaphla-Sutta*) ; *The Long Discoursea of the Buddha*, p.93.
24) Rhys Davids, Ibid, pp.90~96.

⑱ 요리사(料理師) 및 제과공(製菓工)

이중에서 상아공·직조공·금속공·도공 등은 일반적으로 대우받는 직종이고, 도살업자·어부·사냥꾼 등은 사회적으로 경멸 당하는 직종이었다. 이 직종의 대부분이—2, 3개는 분명하지 않다.—유럽의 길드(guild)와 같은 조합을 결성한 것은 명백한 사실이다. 그러한 조합의 장로와 수장(首長, jetthaka, pamukha)들은 때때로 매우 중요한 인물로서 왕실과도 밀접한 관련을 맺고 있었다.25)

대지와 강을 달리는 대상(隊商)들

수공업의 발전과 더불어 특히 주목되는 분야가 역내 상업과 무역의 활성화라고 할 수 있다. R. 데이비스 교수는 이렇게 논하고 있다.

농민과 수공업자 이외에 상인들도 있었다. 그들은 큰 강물을 오르내리거나 배를 타고 해안을 따라서, 또는 대상(隊商)의 수레로 곧장 육지를 가로질러서 그들의 상품을 운반하였다. 각각 두 마리 황소가 끄는 작은 두 바퀴 수레들이 긴 행렬을 이루며 이동하는 이들 대상은 그 당시의 한 특징적인 모습이었다. 만들어진 도로도 없었고 가설된 교량들도 없었다. 마차들은 숲들을 가로질러서, 농부들에 의하여 개방되어 촌락과 촌락을 지나며 바퀴 자국을 따라 천천히 삐거덕거리며 나아갔다. 속도는 한 시간에 2마일을 넘지 못하였다. 작은 내〔川〕들은 여울로 건너고, 큰 내들은 수레를 나룻배에 실어서 건넜다. 다른 나라로 들어갈 때마다 세금과 시장세가 있었고, 고가의 귀중품들을 운반하는 데는

---

25) Ibid, pp.96~97.

청원경찰을 고용하였는데, 그들은 도중에 도적들로부터 대상을 보호하기 위하여 큰 집단을 만들었다. 그러한 수송의 비용은 비싼 것이기 때문에, 보다 고가의 생품들 수송에만 이용되었다.[26]

이러한 원거리 교역의 성행은 육로와 해상의 교통로가 개설되어 있었다는 것을 전제로 하는 것이다. 갠지스 강을 중심으로 북에서 남서쪽으로, 북에서 남동쪽으로 배를 이용하여 동에서 서쪽으로 연결되는 세 개의 큰 도로가 열려 있었고, 그 밖에도 많은 교역로가 기록되어 있다.[27] 이 교역로는 초기 전법포교운동의 전개과정과 깊이 관련되어 있는데, 뒤에 다시 한번 검토될 것이다.

상인들은 이 교역로를 따라 오가며 수많은 상품을 교역하였다. R. 데이비스는 이렇게 논하고 있다.

많은 승객들과 식료품, 연료를 실은 화차 등 오늘날과 같은 거대한 교통량은 존재하지 않았다. 비단·포플린·고급의 의류·칼·갑주·자수품·융단·향료·약품·상아·상아제품·보석·금(은은 드물었다) 등 이것들이 상인들이 거래한 주된 물품이었다.

물물교환에 의존하는 보다 오래된 교통은 완전히 사라져 다시 나타나지 않았다. 정부의 권위에 의하여 보증되는 표준 화폐나 동전을 사용하는 보다 후기의 제도는 아직 나타나지 않았다. 거래는 까빠나(Kahapana)라는 화폐의 조건으로 매매가가 평가되고 계약이 체결되는 방식으로 이루어졌다. 이 까빠나는 무게 약 146그레인(grains)의 사각형 구리 동전으로, 개인들이 만든 구멍 마크에 의하여 무게와 선명도

---

26) Ibid, pp.98～101.
27) Ibid, pp.103～104 ; E. Lamotte, Ibid, pp.9～10.

가 보증되었다. 이 구멍 마크들이 상인들, 또는 길드의 화폐인지 단순히 금 취급자들의 화폐인지는 분명하지 않다.[28]

까빠나는 후기에 가서는 국가의 관할로 넘어갔다. 원형의 금화·은화도 사용되었다. 화폐 이외에 신용장 제도가 상당히 발전하고 있었다. 큰 도시의 거상(巨商)들은 서로 신용장을 주고받았다. 이자율은 분명하지 않지만, 이자(利子) 제도는 분명히 존재했다.[29]

이러한 상업과 교역로의 발달은 해외무역으로 자연스럽게 확장되어 갔다. 『자타카(*Jātaka*)』에는 출발 항구는 언급하지 않았지만, 바빌론(Babylon, Baveru)과의 교역이 해상 항로를 통하여 이루어졌다는 사실이 기록되어 있다.[30] 이 시기를 전후하여 웃제니(Ujjeni)에서 서해안으로 이어지는 해안 지역에 수빠라까(Suparaka)와 같은 항구가 발전하고 있었다. 이 지역들은 불교의 전파과정에서도 중요한 역할을 담당하게 된다.

2) 도시의 발달과 자산가들의 등장

거사·장자 그룹의 형성

농업과 목축 분야에서의 생산력의 증대, 수공업 기술의 발달과 전문화, 상인과 대상들에 의한 활발한 상품거래와 교통로의 확장에 따른 원거리 교역의 활성화, 해외무역의 발달, 화폐와 금융제도의 진전 등,

---

28) Rhys Davids, Ibid, p.98.
29) Ibid, pp.98~101 ; 박경준, 앞의 책, p.36.
30) Jāt. 3. 26.

기원전 7~5세기경 북동 인도사회의 전반적인 경제 발전은 이 시대의 인도사회가 이미 농업중심의 부족사회를 벗어나 상공업 중심의 도시사회로 전환하고 있었다는 사실을 입증하는 것이다. 增谷文雄 교수는 이렇게 논하고 있다.

필자는 붓다 당시의 인도사회를 연구하면서 새로운 사실을 많이 발견하였다. 그 중 획기적인 일은 경제사정에 관한 자료들을 조사하다가 발견했던 사실인데, 그 당시의 인도사회가 고대도시의 형태로 존재하고 있었다는 사실이다.[31]

리스 데이비스의 연구에 의하면, 기원전 7세기경 인도에는 14개의 대도시(nagara)가 번창하고 있었는데, 그 목록은 다음과 같다.[32]

① 아요자(Ayojjhā) : 꼬살라의 주요 도시. 서사시 *Rāmāyana*의 수도.
② 바라나시(Baranasi) : 현재 베나레스(Benares). 까시의 수도. 붓다의 초전 법륜지.
③ 참빠(Champa) : 현재 바갈뿌르(Bhagalpur). 아느가의 수도.
④ 깜삘라(Kampilla) : 북 빤찰라의 수도.
⑤ 꼬삼비(Kosambi) : 현재 꼬삼(Kosam). 바트사의 수도. 남서인도에서 불교 중심국으로 들어가는 관문. 붓다 당시 4개소의 불교시설이 있었다.   바다리까(Badarika) · 꾹꾸따(Kukkuta) · 고시따(Ghosita)의 승원, 빠라리야(Pararya)의 망고동산 등.

---

31) 增谷文雄, 『불타시대와 현대』 ; 여익구 편, 『불교의 사회사상』(민족사, 1987), p.198.
32) Rhys Davids, Ibid, pp.34~41.

⑥ 마두라(Madurā) : 현재 무트라(Muttra). 수라세나스의 수도. 붓다 방문지. 십대제자 마하까차나(Mahā-Kaccana)의 고향.

⑦ 미틸라(Mithila) : 현재 자나뿌르(Janapur). 비데하의 수도.

⑧ 라자가하(Rājagaha) : 현재 라지기르(Rajigir). 마가다의 수도. 기리바자(Giribbaja)라는 구도시가 있었고, 빔비사라 왕이 건조한 신시 가지가 있다. 정치의 중심지. 초기 포교운동의 중심지. 최초의 절 벨루바나(Veluvana) 승원이 있고, 교외에 붓다가 가장 빈번히 방문한 기자꾸따(Gijjhakūta, 영축산, 독수리봉)가 있다.

⑨ 로루까(Roruka) : 현재 수라트(Surat). 소비라의 수도. 서해안의 중심지. 솔로몬(Solomon)의 무역선이 와서 교역한 것으로 추정.

⑩ 사갈라(Sagala) : 마다스의 수도. 알렉산드의 침입에 강하게 저항한 곳.

⑪ 사께따(Sāketa) : 현재 아요디아(Ayodhya). 꼬살라의 주요 도시. 불경이 설해진 안자나(Anjana) 숲이 있다.

⑫ 사밧티(Sāvatthi) : 현재 쉬라바스띠(Śāavasti). 꼬살라의 수도. 붓다의 포교 중심지. 제따바나(Jetavana) 승원(기원정사)이 있다.

⑬ 웃제니(Ujjeni) : 현재 웃자인(Ujjain). 아반띠의 수도. 서남 인도 포교운동의 거점 도시.

⑭ 베살리(Vesālī) : 현재 베사르(Bsarh). 릿차비의 수도. 밧지족 연맹의 중심지. 근교 마하바나(Mahāvana) 승원에서 붓다가 설법하다. 붓다가 '자등명 법등명'을 설하고 입멸을 예고한 곳. 자이나교의 교주 마하비라(Mahāvīra)의 출생지.

이들 도시에는 큰 시장이 형성되고 교역이 성행하였으며, 대상인들·대상(隊商)의 주인들·수공업과 상업의 조합장들 등 막대한 부

(富)를 축적하는 자산가(資産家, gahapati)들이 다수 출현하였다. 이들 자산가들의 경제력이 보다 강력하고 확고한 왕권을 추구하는 군주국가들의 물적 토대가 되었고, 다른 한편으로는 불교, 자이나교 등 신흥 종교운동의 확산을 가능하게 하는 지지기반이 되었다. 권력가들과 자산의 중심인 이들 도시들이 불교를 비롯한 새로운 종교운동의 중심지가 된다는 것은 특히 주목되는 사실이다. 하지메(Hajime Nakamura) 박사는 그의 *Idian Buddhism* 서두에서 이렇게 논하고 있다.

불교와 자이나교가 발생할 때, 도시들(nagara)이 건설되고 정치적 권력이 이들 도시를 중심으로 집중되고 있던 바로 그 시기였다는 것은 이미 알려진 사실이다. 불교·자이나교를 비롯하여 브라만교의 입장에서는 이단인 다른 여러 사상들이 일어난 시기는 베다에서는 언급도 되지 않는 도시들(nagara)이 일어난 시기이다. 철제 용구의 사용이 일반 민중들 사이에 일반화되었다. 도시에서는 부호들이 늘어났다. 사람들이 풍요한 삶을 즐겼다. 불교가 출현할 당시에 화장법들이 개발되었다. 도시에서는 부자들이 강력해지고 영향력을 행사하면서, 카스트 제도는 약화되고 있었다. 공화국 정부들이 형성되었다고 할지라도 다른 지역은 군주국들이었고, 공화국들이 군주국들에 의하여 제압되었다.[33)]

도시 상공업의 발달로 인한 부유한 자산가들의 등장은 불교의 탄생 및 전파와 관련하여 특히 주목되는 현상으로 보인다. 초기 불교운동의 주역의 하나인 거사(居士, gahapati)·장자(長者, setthi)들이 바로

---

33) Hajime Nakamura, *Idian Buddhism* (Molital Banarsidass, Delhi, 1987), p.11.

이들 그룹과 깊이 연계되어 있기 때문이다. 빤드는 이렇게 논하고 있다.

> 도시와 상업의 성장과 교역과 수공업의 길드적 조직화는 이 시대의 사회적 풍경을 전 시대의 그것과 크게 다르게 만들고 있다. 화폐의 출현은 주목할 만하고, 그것은 결과적으로 사회적 생활에서 심각한 변화를 초래하였음이 틀림없다. 우리는 앙가(Aṅga)의 멘다까(Mendaka) · 꼬살라(Kosala)의 아나타삔디까(Anāthapiṇḍika) · 꼬삼비(Kausambi)의 고시따(Ghosita)와 같은 전설적인 자산가들이 있었고, 이들이 새로운 종교 운동을 후원하고 있었다는 것을 듣고 있다.[34]

도시 빈민의 문제

이러한 경제적 조건의 변화는 심각한 사회분화, 사회분열을 야기시키는 요인으로 작용하였다. 도시의 발달과 자산가 세력의 등장으로 인하여 농업중심의 전통적 부족사회는 급속히 해체되어 가고, 몰락한 농민들은 도시로 유입되어 도시의 하층민들과 더불어 빈민층을 형성하였다. 부유한 도시 시민들이 풍요한 삶을 즐기는 한편, 다수의 도시 빈민들은 부정(不淨)한 직업에 종사하면서 누추한 진흙집 속에 살고 있었다. 이들은 카스트 체제 밖으로 방치되면서 사회로부터 격리되고 점차 불가촉천민(不可觸賤民)으로 전락해 갔다. 슈만은 빈부 극단의 도시상황을 이렇게 묘사하고 있다.

> 왕궁 맞은편에는 실제로 기둥에 의하여 지탱되는 단 하나의 지붕으

---

34) G. C. Pande, Ibid, p.314.

로 된 회의장이 모든 면이 개방된 채 있었고, 시장의 집이 있었다. 그 다음에 귀족 등 관리들의 집들이 있고, 근교에는 노동자들과 노비들이 진흙집과 기둥 위에 세운 대나무집에서 살고 있었다. 그들 또한 그들 직업에 따라 모여 살고 있었다. 목수들·가구공들·마차 제조공들·나무조각가들·가구공들·금속공들·석수들·방직공들·염색공들·재봉공들·도공들·피혁공들·페인트공들·화훼업자들·화환제작공들·동물 취급자들·푸줏간들·어부들·요리사들·이발사들·목욕탕 업자들·세탁꾼들·마을 하인들의 거리들이 있었다.

이들 직업 각각이 사종성, 카스트(caste, vaṇṇa) 속의 작은 카스트 (sub-caste, jati)를 형성하였다. 카스트 체제 밖에는 카스트 속의 사람들과는 사회적 접촉이 없는 아웃 카스트(out-caste)들이 있었다. 그러나 그러한 사람들에 대한 '불가촉천민(Untouchability)'의 개념은 아직 일어나지 않았다. 이 개념은 오로지 (몇 세기 뒤)『자타카(*Jātaka*)』, 예컨대 Jāt 377에서 언급되고 있다.[35]

상공업과 도시의 발달, 강력한 자산가 그룹의 등장 등은 초기 불교운동을 전개하는 데 있어서 중요한 자산으로 작용하였다. 이것은 불교의 사회적 특성과 초기 전법포교운동의 방향을 가름하는 데 매우 의미 있는 요소의 하나로 평가될 것이다. 동시에 도시의 빈부 양극화 현상, 도시 빈민들을 비롯한 다수 민중들의 경제적 궁핍과 사회적 차별 상황은 붓다와 포교운동의 주역들에게 부과된 하나의 사회적 책무로서, 이 또한 불교의 사회적 성격과 불교운동의 방향 설정에서 중요한 요소의 하나로 심각하게 고려될 것이다.

---

35) H. W. Schumann, Ibid, pp.25~26.

기원전 7~5세기, 도시경제의 발달을 중심으로 하는 인도사회의 경제적 상황의 변화는 초기불교의 주역들에게 자산과 채무를 동시에 제공하는 이중적 요인으로서 불교운동의 전 과정을 기저적으로 규정하게 될 것으로 생각된다. 초기불전에서 보시(布施, dana)를 제1의 실천윤리로 강조하고, 부(富)의 축적을 장려하는 것과 더불어 부의 편중과 독점을 비판하는 목소리가 자주 들리는 것도 이러한 요인들과 관련 깊은 것으로 생각된다.[36] 붓다는 이렇게 설하고 있다.

> "재물이 엄청나게 많은 사람이
> 자기 자신의 부귀영화만을 누리기 위하여
> 그것들을 사용한다면
> 이것은 분명 파멸의 문이다."[37]

3. 사회적 상황의 변화

1) 북동 인도의 사회계층의 변화

캇티야 중심의 사회적 변동 현상

강대한 군주국가들의 출현과 상공업의 발전, 도시의 발달과 자산가 그룹의 형성 등 기원전 7~5세기의 급격한 정치·경제적 변화는 북동 인도의 사회체제를 구조적으로 변동시키는 중요한 요인으로 작용하였

---

36) 이재창, '불교의 社會經濟觀', 『現代社會와 佛教』(한길사, 1983), pp.146~188.
37) Sn 102 ; Sutta-nipāta(tr. Bhikkhu Thanissaro, Microsoft Word 6).

다. 여기서 한 가지 지적되어야 할 것은, 고대 인도의 카스트 체제가 주민 일반을 통합시키는 사회적 규정력을 지속적으로 발휘하고 있었음에도 불구하고, 카스트 체제 그 자체는 시대적 상황에 따라 끊임없이 변화되어 가는 유동적 사회현상이었다는 사실이다.[38]

브라민이나 캇티야(전사)는 지배계층으로서 특권을 향유하는 세력으로 규정되어 있으나, 실제에 있어서는 이들의 사회적 지위는 결혼이나 직업적 요인 등에 의하여 상상되는 것보다 훨씬 자유롭게 이동되고 있었다. R. 데이비스 교수는 *Jātaka* 등의 문헌에 근거하여, 이들의 신분 이동사례를 다음과 같이 예시하고 있다.[39]

① 왕의 아들인 한 캇티야는, 사랑을 찾아서, 그의 행동이 알려져 카스트를 상실하게 되었을 때, 한 마디 말도 없이 도공·바스켓 제조공·꽃장수·요리사의 견습직을 성공적으로 수행하였다.〔Jat. 11.5.290〕

② 또 다른 왕자는 그의 누이를 좋아하여, 왕국에서의 자신의 몫을 사양하고 상인이 되었다.〔Jāt. 4.84〕

③ 세 번째 왕자는 한 상인과 살기 위하여 집을 나가서 '제 손으로' 생계를 마련하였다.〔Jat. 4.169〕

④ 한 귀족은 봉급을 받기 위하여 한 궁수(弓手)로서 봉사하였다.〔Jāt. 2.87〕

⑤ 한 브라민은 갚아야 할 돈을 마련하기 위하여 장사를 하였다.〔Jāt. 4.15〕

⑥ 두 사람의 브라민은 어떤 역할 없이 장사로 생활하였다.〔Jat. 22.471〕

---

38) Rhys Davids, Ibid, p.56.
39) Ibid, pp.56~57.

⑦ 한 브라민은 궁수 보조수가 되었는데, 그 자신은 그 전에 직조공이었다.〔Jāt. 5.127〕

⑧～⑨ 브라민들은 사냥꾼과 덫 사냥꾼으로 생활하였다.〔Jāt. 2.200, 6.179〕

⑩ 한 브라민은 바퀴 제조공이었다.〔Jāt. 4.207〕

제1종성인 브라민들이 상인·궁수·사냥꾼 등의 하천시되었던 직업에 종사한 것은 매우 주목되는 일이다. 그러나 이것은 불전에 나타나는 예외적인 사례가 아니라, 당시 북동 인도지역에서 광범하게 진행되고 있었던 보편적 계층 변동현상의 한 단면으로서 분석되고 있는 것이다. 佐佐木教悟 교수 등은 이렇게 논하고 있다.

화폐유통과 함께 경제적 관념이 생겨나게 되고, 왕족(rajas)과 자산가(gahapati)들의 대두로 말미암아 종래의 계급제도에 변동이 생기게 되었다. 당시의 계급, 또는 신분에 관하여 불교 초기경전에서는 왕족·브라민·서민·노예·도살자(candala)·오물 청소인(pukkusa) 등 여섯 가지를 들고 있다. 또 이를테면, 노예 출신이라도 재보(財寶)·곡식·금은이 풍부한 자산가는 왕족과 브라민과 서민들의 존경을 받았다고 하며, 이와는 반대로 브라민 중에서도 의사·심부름꾼·안마사·나무꾼·상인·소몰이꾼·도살자·사냥꾼·대상·안내인 등 잡역에 종사하는 자도 있어서, 당시 브라민 계급의 붕괴의 일면을 볼 수 있다.[40]

브라민들은 더 이상 베다를 연구하고 제의를 집전하는 자부심 강한

---

40) 佐佐木教悟 외·권오민, 『印度佛教史』(경서원, 1992), pp.32～33.

사제와 스승의 카스트가 아니었다. 실제로 그들은 행정에 종사하거나 지주가 되었고 더 많은 브라민들은 보잘것없는 경작자나 하층의 농노가 되었다. 브라민은 이제 속인(俗人)과 다름없는 존재가 되었다.[41]

브라민의 붕괴, 더욱 정확하게 브라민 우위의 카스트 체제 붕괴현상은 화폐 사용을 중심으로 하는 도시의 경제적 조건이 농촌 중심의 브라민의 경제적 기반을 크게 약화시킨 것이 중요한 원인으로 분석되고 있지만,[42] 동시에 당시 북동사회에서 진행되고 있던 정치적 세력의 변화와도 깊이 관련된 것으로 지적되고 있다. 기원전 8세기경 브라만 중국(中國, 中心國)인 빠우라바 제국(Paurava 帝國)이 급속히 쇠퇴하면서, 그 영향하에 있던 여러 종족들의 독립투쟁이 전개되고, 그 결과 이른바 '16대국'이 형성되기에 이른다. 이를 계기로 정치권의 중심은 동부의 신흥국가들로 이동하게 되고, 특히 갠지스 강 중류지역의 국가들, 꼬살라·마가다·밧지·밤싸 등이 정치문화의 주도권을 장악하게 되었다.

이들 국가에서는 전쟁과정에서 큰 역할을 담당했던 전사(戰士)들, 곧 캇티야들이 지배계층으로서의 헤게모니를 장악하고, 브라민들은 몰락하거나 캇티야들의 권력에 기생하는 제2의 신분층으로 전락해 갔다. 캇티야를 정점으로 하는 새로운 카스트가 형성되고 있었고, 우월권을 둘러싼 양자간의 투쟁이 지속되었지만, 브라민들도 이러한 새로운 체제를 인정할 수밖에 없었다.[43] *Dīgha-Nikāya*의 한 sutta에서,

---

41) G. C. Pande, Ibid, pp.115~116.

42) Bandyopadhyaya, N. C., *Economic Life and Progress in Ancient India* (Calcuta, 1945), p.288. Ibid, p.305.

43) A. K. Warder, *Idian Buddhism* (Motilali, Delhi, 1980), p.28 ; H. W. Schumann, Ibid, p.192.

브라민 암바타(Ambaṭṭha)가 붓다와 대화하는 과정에서 카스트의 위
계를 캇티야를 중심으로 거론한 것으로 기록되어 있는 것도 이러한
사회적 변동현상에 대한 브라민들의 우려와 불만을 반영한 것으로 보
인다.44)

서사시 *Mahābhārata*에는 브라민이 사회의 가장 높은 자리에 앉기
위해서는 인간으로서의 그의 행위가 완전무결해야 하며, 그렇지 못한
경우에는 숫다(천민)와 다를 것이 없다고 기술하고 있다. 반대로, 행
위가 올바르면 숫다일지라도 브라민으로 인정받을 수 있다고 규정하
고 있다. 이것은 혈통(jati)의 순결을 제일의(第一義)로 보는 전통적
인 종성(vaṇṇa, varuna) 관념이 이미 당시의 복잡한 도시적 사회구조
속에서는 더 이상 확고히 기능할 수 없다는 사실을 반영하는 것으로
분석된다.

기원전 7~5세기의 인도 북동사회에서는 실제로 이러한 혈통의 순
수성을 변질시키는 여러 현상이 드러나고 있었다. 아리안들과 선주민
사이의 혼혈 및 동일 카스트 사이의 순생(順生, anuloma)·역생(逆
生, pratiloma)의 혼인관계 등으로 인하여,45) 종성(vaṇṇa)의 분열현
상이 심각하게 전개되고 있었다.46)

---

44) "고따마시여, 4종성이 있습니다. 캇티야·브라민·상인들(베사, 저자 註)과 기
   능공들(숫다)입니다. 이들 가운데서 캇티야·상인들·기능공들은 브라민들에
   게 전적으로 부속되어 있습니다. 이점과 관련하여, 그들이 브라민들에게 경배하
   지 않는 것은 적절하지 못합니다." ; DN 3.1.14(i.93 Ambaṭṭha-Sutta) ; *The
   Long Discoursea of the Buddha*, p.114.

45) 순생은 상위 vaṇṇa의 남성과 하위 vaṇṇa 여성간의 결혼이고, 역생은 하위
   vaṇṇa의 남성과 상위 vaṇṇa의 여성과의 결혼으로, 이 역생은 금기되었다. 최
   악의 역생관계는, sudda의 남성과 brahmin 여성과의 혼인으로서, 그 사이의
   자식은 'candala'로서 가장 천시되었다. ; 中村 元·김지견, 앞의 책, p.98.

46) 양병우, 앞의 책, p.295.

북동 인도의 사회적 특성

이러한 과정에서 새롭게 발생한 개념으로 '바히야(bāhiya)'와 '브라티야(vrātya)'가 있다. '바히야'는 'vaṇṇa(카스트) 밖의 존재'란 뜻으로, 여기에는 전통적인 자티(jati, 혈통중심의 사회적 계층단위)와는 다르게 직업·부족·변경지역의 명칭을 딴 자티들이 많이 등장하고 있다. 이러한 바히야의 하나로 인정되는 것이 브라티야이다. '브라티야'는 '다비자(davija, 再生族)'들이다. 다비자는 곧 브라민·캇티야·베사 출신이면서도 '브라타(vrata)', 곧 베다에 규정된 계율, 서계(誓戒, vrata)를 지키지 않음으로써 하층의 신분으로 전락된 집단의 사람들이다.47) 여기서 주목되는 것이 법전에 기록되어 있는 브라티야 그룹의 사회적 실체이다. 中村 元 박사는 이렇게 논하고 있다.

그런데 흥미 있는 것은, 『마누법전』에서 '브라티야'라고 지칭하고 있는 사람들 가운데에 말라족이나 릿차비족 등 동인도에서 불교와 자이나교를 비롯한 신흥교단의 기반을 이룬 부족들의 이름이 있고, 또 초다(남인도의 초다족)·드라비다·야바나(북서 인도 및 아프가니스탄의 그리스인들)·샤카족·지나(차이나) 등의 이름도 들어 있다는 것이다. 결국, 힌두문화권의 확대에 따라 그 주변에 거주하면서 완전히 힌두화되지 않은 부족이나 이민족들을 브라티야로서 반나(종성, 카스트) 제도의 한쪽 끝에 위치시켜 포섭해 나간 것으로 볼 수 있는 것이다. 이와 함께 소종족이나 직업집단, 즉 실질적인 카스트 집단은 잡종(雜種)의 자티로서 4성제도 안에 끼어들게 된 것이다.48)

---

47) 中村 元·김지견, 앞의 책, p.98.
48) 앞의 책, p.98.

학자들의 분석에 의하면, 마가다·까시·꼬살라 등 캇티야들에 의하여 지배되던 갠지스 강 중류의 유력 국가들도 이 브라티야의 범주에 속하는데, 이것은 북동 인도사회의 신흥 아리안들이나 비(非)아리안계의 종족들이 힌두-카스트의 큰 질서, 종교적·사회적 틀 속으로 편성되어 가면서도 기존의 브라민 우월권을 무시하고, 그들 스스로 '캇티야'로 자임하면서 캇티야 중심의 새로운 사회체제를 구축해 가고 있었다는 역사적 사실을 입증하는 것으로 판단된다.

캇티야들의 이러한 현실적 지배권과 이것을 인정하고 기생할 수밖에 없는 브라민들의 상대적 열세 속에서, 사제들의 전통적 우월성을 요구하는 브라민들의 주장은 주민들에 의하여 아직 받아들여지지 않고 있었다. '브라민들에게 이상적인 지역은 꾸루(Kuru)나 빤찰라(Pāncāla)이지 까시(Kāsī)나 꼬살라는 아니었다.'[49] 이것은 브라민 중심의 카스트 체제가 북동 인도사회에서는 아직 정착되지 못하고 있었다는 사실을 의미하는 것이다.

브라민 체제에 대한 부정적 경향은 마가다 지방에서 특히 강한 양상을 띠고 있었다. *Atharva-veda*에서는 마가다가 벽원지(僻遠地)로, 곧 변방(邊方)의 상징으로 서술되어 있고, *Yajur-veda*에서는 인간을 제물로 바치는 기사와 관련하여 '시끄러운 곳'으로 쓰고 있다. 이것은 이 지방이 브라만 문화에 아직 덜 동화되고 있으며 토착민의 문화적 전통이 여전히 우세하였음을 의미하는 것으로 보인다. 그들은 터어번을 두르고 특수한 의복을 입었으며, 프라크리트(Prakrit語, 俗語)를 쓰고 있었다.[50]

---

49) Rhys Davids, Ibid, p.61.
50) 양병우, 앞의 책, p.262.

비정통적, 체제 부정적이며 자유분방한 캇티야 중심의 북동 인도사회가 불교 탄생과 전파의 중심무대가 되었다는 것은 초기 불교운동의 성격을 규정짓는 또 하나의 기저적 요인으로 주목되어야 할 것으로 보인다. 이것은 진취적인 신사고(新思考)의 캇티야들이 지식 계층인 브라민들과 경쟁적으로 초기 불교운동의 중심세력으로서, 경제적 후원자로서뿐만 아니라 사상적인 선구자로서 크게 기여하고 있다는 사실을 의미하는 것이다. 빤드는 이렇게 논하고 있다.

참으로, 양자 사이의 갈등에 관한 추론이 때때로 전제되고, 브라흐마들(브라민)의 종교적·사회적인 우월권에 대한 저항에서 끄샤뜨리아들의 리더십이 인정되어 왔다. 그러나 그러한 갈등에서 어떤 실제적인 계급적 기반을 발견하기는 곤란하다. 그러한 가정에 대한 분명한 증거가 있는 것이 아니다. 위에서 언급한 철학적이며 문화적인 입장의 갈등으로부터 파생되는 새로운 종교운동에서 끄샤뜨리아들이 중요한 역할을 담당하는 것은 의문의 여지가 없는 것이다.[51]

2) 민중층의 분화와 사회적 갈등

계층분화와 하층민의 성장

일반 민중사회에서도 상당한 변화가 진행되고 있었다. 베사, 곧 평민층은 전통적인 농업에서 점차 벗어나 상업과 고리대금업자로 바뀌어 갔다. 상공업이 발전하면서 농사는 천한 일로 인식되고, 상업이 사

---

51) G. C. Pande, Ibid, p.313. note-25.

회적으로 우위를 차지하게 되었다. 시대가 지나면서 베사 세력은 위축되고 숫다와 비슷한 신분으로 변질되어 갔다.

천민인 숫다와 최하층의 민중 사이에서도 계층분화가 일어나고 있었다. 전통적으로 부정(不淨)한 신분으로 천대받았던 숫다들은 이제 촌락 수공업자·직조공·재단사·도공·행상인·주류 판매인·제유공·농업 노동자·소농민 등으로 다양하게 분화되어 갔다. 이들과는 별도로 어느 정도 대우받는 샤트(淨) 숫다가 형성되었는데, 그 태반을 차지하고 있는 것이 자영농민들이고, 그 밖에 도시수공업자·상인·향수와 주류 판매인·제과공·정원사·도공 등이 여기에 속하였다.

이들과 대등하거나 한 단계 상위의 그룹으로서는 금은 세공업자(대장장이)·칠기 제조공·미장이·목수·비잔 직조공 등의 도시 수공업자들, 서비스업에 종사하는 몸종·이발사·가정의 노비 등이 있었다. 몸종·노비 등이 상위의 천민으로 분류된다는 것이 이상하게 들릴지 모르지만, 이들의 사회적 지위가 서양사회의 노예제와는 크게 달랐다는 점이 이해되어야 할 것이다. R. 데이비스 교수는 이렇게 논하고 있다.

위에 언급한 자유민들 이외에 또 노비가 있었는데, 그들은 약탈적인 공격에서 포획되어 노비로 전락되었거나, 형벌을 받고 그들의 자유를 박탈당했거나, 혹은 그들 자신의 희망에 따라 노비로 강등된 사람들이다. 어린이들이 노비로 태어나면 또한 노비가 되었다. 그리고 노비들의 방면이 언급되고 있다. 그러나 그리스의 광산이나 로마의 라티푼디움(latifundium, 지주 소유의 대농장), 노예 소유주인 기독교도들의 농장에서 나타나는 것과 같은 그런 비참과 압제의 장면을 제공하는 그런 노

비제도의 발달에 관해서 우리는 들은 바가 없다.[52]

도시경제가 활발히 발전하면서 신분체제에 있어서 전통적인 혈통주의는 점차 퇴색되고, 이 절(節)의 서두에 예시한 바와 같이, 직업이나 재산이 사회적 지위를 결정하는 새로운 기준으로 중시되었다. 캇티야 출신의 왕자들이 돈을 벌기 위하여 바스켓 제조공이나 상인이 되고, 브라민들이 직조공이 되거나 사냥꾼으로 나서는 것이 '변명할' 필요조차 없는 자연스런 일이 되었다.[53] 빠알리-니까야에는, 돈 많은 숫다가 가난한 브라민이나 캇티야를 하인으로 부리는 전도된 사회상이 기술되고 있을 정도이다.[54]

이렇게 경제적·사회적으로 성장한 많은 하층민들이, 캇티야들·브라민들·베사들과 더불어 초기 불교운동의 중요한 그룹의 하나로서 참가하고 있는 것은 매우 주목되는 현상으로 보인다. 따라서 지적 수준의 결핍과 강제노역·채무 때문에 숫다 하층민들이 상가에 거의 참가하지 못하였다는 기왕의 일부 분석은[55] 재검토의 여지가 있는 것으로 생각된다.

사회적 갈등과 초기 불교운동

기원전 7~5세기경, 북동 인도의 여러 신흥국가들을 중심으로 강력한 캇티야 계층이 지배권을 확보하면서, 브라민 중심의 사회체제는 심

---

52) Rhys Davids, Ibid, p.55.
53) Ibid, pp.56~57.
54) MN 2.86(84. Madhura-Sutta) ; *The Collection of the Middle Length Sayings 2*(P.T.S, tr. I. B. Horner, M.A.), p.274.
55) H. W. Schumann, Ibid, pp.188~189.

각하게 동요되었다. 화폐경제를 중심으로 한 상업도시의 발달로 인하여 자산가 그룹이 유력한 사회세력으로 등장하는 한편, 빈부간의 격차가 심화되면서 계층분화 현상은 더욱 촉진되었다. 4종성 반나(vaṇṇa)의 신성성은 약화되고, 부(富)와 직업이 계층구조의 새로운 기준으로 작용하였다. 캇티야와 자산가들이 사회의 지배세력을 형성하면서 보다 진취적이고 자유로운 분위기가 사람들의 마음속에 보다 개방적인 사회의식을 고양시키고 반(反)브라민적 상황을 확산시켜 갔다.

신분의 분화와 계층간의 이동현상이 빈번해지면서, 다양한 계층간의 신분적 갈등이 증폭되고, 부의 편중과 하층민의 몰락으로 인하여 민중의 불만과 변화에 대한 욕구가 강화되고 있었다. 이러한 사회적 상황의 급변 속에서, 이 새로운 시대적 변화를 수용하고 선도해 갈 수 있는 보다 진취적이고 합리적인 사상적·정신적 운동에 대한 사회적 욕구가 고조되고 있었다. 토카레프는 이렇게 논하고 있다.

불교는 북인도 공국(公國)들−예를 들어 기원전 6세기와 5세기경의 마가다 왕국−의 치열한 계급투쟁의 상황 속에서 발전하였다. 거기에서 계급투쟁은 극에 달했다. 부유한 노예 소유주들은 브라민·끄샤뜨리아, 그리고 왕족들의 호화롭고도 안일한 생활은 노예·농노, 그리고 낮은 카스트의 가난과 대비되었다. 상층 카스트인 브라민과 끄샤뜨리아 사이에는 또한 권력을 향한 경쟁과 투쟁이 존재했다. 군사왕조가 끄샤뜨리아 층으로부터 나와서 브라민 귀족계급의 권력을 밀어냈다.

이 모든 것이 전통적인 세계관의 위기를 조성하였다. 사람들은 이제 위대한 브라마(Brahmā) 자신에 의해 성립되었다고 여겨지는 카스트 제도에 대한 의문을 제기하기 시작하였다. 금욕주의와 유랑하는 수도 생활이 광범위하게 확산되었고, 이것은 상류 카스트에 속하는 많은 사람들조차도 기존의 제도에 대한 불만족이 있었음을 반영하는 것이었다. 이러한 상황은 이단적 교리, 분파, 그리고 순세파(順世派, Charavaka)와 같은 무신론적 철학체계까지 발흥시키게 되었다. 이러한 일반적인 불만족·불성실성, 그리고 절망감을 반영한 새로운 믿음 중의 하나가 바로 불교였다.56)

토카레프가 계급투쟁의 양상을 실제 이상으로 과장하고 있는 부분은 비판되어야 하지만,57) 또 불교 탄생과 확산을 자본주의와 시민계급의 산물로 규정하려는 과도한 의도도 경계되어야 하지만,58) 사회구조의 급속한 변동과 불확실성, 그리고 계층간의 갈등과 민중의 불만족이 불교 탄생의 시대적 요인으로 작용하고 있다는 그의 분석은 경청할 만한 것으로 생각된다.

이것은 초기 불교운동이 시대적 상황의 변화와 민중의 고통을 심각하게 고민하면서 새로운 출구를 타개하려고 끊임없이 시도하고 있다는 사실에 유의한다는 것을 의미하는 것이다. 이러한 고민과 시도는 초기불전 도처에서 발견되고 있다. *Mahāvagga*에서는 한 빚진 사람의 출가를 둘러싼 갈등에 관하여 이렇게 기록하고 있다.

---

56) S. 토카레프, 앞의 책, p.316.
57) '원시불교는 어떠한 Ideologie(觀念的 전제, 허위의식)도 인정하지 않는 근본적으로 반(反)이데올로기적 성향의 종교임을 논증한다.' ; 박경준, 앞의 책, p.196.
58) '비록 이 시기에 많은 부유한 상인들이 자이나교와 불교의 후원자가 된 것은 의심의 여지가 없다 할지라도, 여기서 어떤 특별한 계급의 형성을 발견할 수는 없다.' ; G. C. Pande, Ibid, pp.314~315.

　어느 때, 한 빚진 사람이 도망하여 출가하였다. 채무자들이 비구들 사이에 있는 그를 발견하고 이렇게 말하였다.

　"이 자는 바로 우리들의 빚진 자가 아닌가? 가서 저 자를 데리고 가자."

　몇 사람이 이렇게 말했다.

　"여러분들, 그렇게 말하지 마세요. 마가다의 쎄니아 빔비사라 왕이 이렇게 명을 내렸소.

　'석가족의 자녀들, 수행자들 사이에 출가한 사람들에 거역하는 어떤 일을 해서는 안 된다. 담마는 잘 설해졌다. 그들로 하여금 고통의 완전한 종식을 위하여 청정한 수행을 하도록 하라.'"

　사람들은 이 일을 퍼뜨리며 이렇게 말하였다.

　"이들 출가자들, 석가족의 자녀들은 무사하고 두려워할 것이 없구나. 그들에게 거슬릴 것이 아무것이 없으니……. 그러나 어떻게 빚진 자들의 출가를 허용할 수 있단 말인가?"59)

---

59) Mv 1.46.1 ; *The Book of the Discipline 4* (P.T.S.), p.95.

제4장 역사적 상황의 변화 (2)

− 종교사상적 상황−

1. 우파니샤드의 사상적 성과

1) 제식(祭式)에서 명상의 세계로

급진적이고 심오한 신사고(新思考)의 물결

브라만은 모든 것이로다. 브라만으로부터 형태며, 감정이며, 욕망이며, 행위가 비롯되나니……. 그러나 이런 모든 것은 단순한 이름이며 모습일 따름이니라. 브라만을 알리기 위하여, 사람은 자신과 신(神), 즉 마음의 연꽃 안에 살고 있는 브라만과의 사이에 하나됨을 경험하지 않으면 아니 된다. 이렇게 함으로써 사람은 슬픔과 죽음으로부터 벗어나게 되며, 모든 지식을 초월한 그 미묘한 본질과 하나가 된다.[1]

이것은 대표적인 우파니샤드의 하나로 평가되는 *Chāndogya-Upanishad* 의 한 구절이다. 여기에서 브라만(Brahman, 梵)은 단순한 신화적 존재

---

1) Swani Prabhavananta 외 · 박석일, 『우파니샤드』(정음사, 1980), p.101. Chān-
   dogya 중에서.

거나 신격(神格)을 넘어서 거대한 우주적 전일자(全一者)로서의 모습을 드러내고 있으며, 시공을 초월한 실재(實在, Reality)로서 규정되고 있다. 이것은 우파니샤드 시대에 이르러, 제식(祭式), 곧 의식(儀式)과 신화 중심의 전통적인 베다사상이 우주의 궁극적 실재를 추구하며 보다 내면적인 해탈을 모색하는 형이상학적인 명상(冥想)으로 크게 전환되고 있음을 강력히 시사하는 것이다.

이미 관찰한 바와 같이, 베다 시대에 이은 브라흐마나 시대의 종교적 관념은 공희 중심의 제식주의로 전개되었다. 신들에 대한 공희가 강조되고 이 제식을 주관하는 브라민들의 주술적 권능이 신성시되어 갔다. 그러나 기원전 7~5세기에 걸쳐 북동 인도 전역에서 전개된 급속한.정치·경제·사회적 변화는 브라민의 사회적 지위를 약화시키는 한편, 이러한 전통적 공희의식에 대한 광범한 논쟁과 회의를 야기시키게 되었다. 바이디야(P. L. Vaidya) 박사는 이렇게 논술하고 있다.

그 문제들은 세계, 또는 우주의 기원과 그 구성요소들에 대하여 주로 관심이 많은 초기 명상가들에 의하여 논의되었다. 인생은 짧다. 그리고 공희의식은 다만 일시적 행복을 가져올 뿐이라는 점에 대하여 그들은 공감하였다. 그것은 영원한 기쁨을 의미하지 못한다. 도리어 그것은 때때로 더 큰 불행의 원인이 될 수도 있다. 만일 그러하다면, 영원한 평화의 근원을 발견하는 것이 필요하였다. 그러나 공희의식 등이 이끄는 그런 삶을 통하여 실현될 수 있겠는가? 만일 그럴 수 없는 것이라면, 다른 대안을 찾아야 하지 않겠는가?2)

---

2) P. L. Vaidya, 'Origin of Buddhism', *2500 Years of Buddhism*, p.9.

공회 제식을 넘어서 영원한 평화를 구하는 새로운 대안은 숲속의 스승들, 명상가들에 의하여 추구되고, 스승 가까이(upa=near)에 앉아 있는(sad=sit, ni=down) 제자들에게 은밀히 전수되었다. 그러나 우파니샤드는 곧 브라민들에게 알려지고, 그들은 보다 진보된 우파니샤드의 사상들을 그들의 베다적 제식에 도입함으로써, 우파니샤드 또한 베다사상의 한 부분을 형성하기에 이른다. 슈만은 이렇게 논하고 있다.

> 그러나 (우파니샤드의) 저술들은 오랫동안 비밀로 남아 있지 못하였다. 그 저술들의 주된 메시지들은 브라민 의식주의자의 귀에 들렸고, 그들은 매우 노련한 전략을 채택하였는데, 이미 유포되기 시작한 사상을 더 이상 억압할 수 없다는 것을 인식하고, 우파니샤드를 과감하게 채택하여 공회에 관한 그들 자신의 철학의 상부구조로 삼은 것이다. 그렇게 해서 베다 경전에 '비밀스런' 책들(우파니샤드)을 (베다의) 부속서(vedanta, 'end of the Vedas')로 증보한 것이다. 이렇게 해서 모든 단위의 우파니샤드 이론은 브라민 전통의 한 부분이 된 것이다.[3]

우파니샤드가 베다와 브라흐마나, 아란야까를 잇는 '베다사상의 종장(終章)'이고 베다의 한 부분이라고 규정될지라도, 실제로 우파니샤드는 매우 독자적인 저술들이고 베다 영역을 넘어서는 혁신적인 것으로 평가되고 있다.[4] 콜러는 이렇게 논하고 있다.

> 우파니샤드의 성자들은, 인도는 물론 인도를 넘어서, 종교와 철학의

---

3) H. W. Schumann, p.35.
4) '그러나 우파니샤드들은 세계와 영혼의 이론들을 베다의 가르침을 훨씬 넘어 발전시켰다.' ; Edward J. Thomas, Ibid, p.83.

과정과 삶에 깊은 영향을 끼치도록 예정되어 있는 자아와 실재에 관한 급진적인 신사고(新思考)에 몰두하였다. 급진적이고 심오한 그들의 발견들(우파니샤드의 사상들)은 우수한 학자들에 의해서만 공유되고, 그것에 의하여 비밀스런 앎(secret knowledge)의 한 형태가 새롭게 만들어졌다.[5]

명상을 통하여 앎(knowledge)으로

전통적 베다로부터 급진적인 우파니샤드로의 이행에서 나타나는 가장 큰 방법론적 특성은 그것이 제식을 초월하는 명상을 통하여 추구되고 있다는 사실이다. 콜러 박사는 이렇게 논하고 있다.

우파니샤드를 그 이전의 저술(베다, 브라흐마나 등)로부터 떼어놓는 것은 그것들이 해탈의 수단으로서 앎(이해, knowledge)을 강조하고 있다는 것이다. 야쥐나의 공희 제식은 단지 사람을 옛날 조상들의 영역으로 돌려놓는 것으로 인식되기에 이르렀다. 그러한 차원을 뛰어 넘어서, 완전한 실현과 불사(不死)를 성취하기 위해서는, 명상적인 앎이 필수적이다. 그러나 구원의 길이 제식으로부터 앎으로 이행하는 것은, 내면화의 과정을 통하여 야쥐나로부터 명상적 앎으로 옮겨가는 점진적 이행의 과정을 통해서 이루어졌다.[6]

『우파나샤드』는 그 찬술의 시기가 몇 세기에 걸쳐 있고 수많은 익명의 성자(聖者, 仙人, Rsi)들에 의하여 각기 잡다한 형식으로 서술되고 있기 때문에 이것을 체계화하는 것은 매우 어려운 작업이다. 이 가

---

5) John M. Koller, Ibid, p.82.
6) Ibid, p.84.

운데서 기원전 800~500년경에 이루어진 고(古)『우파니샤드』10권이
불교사상과 관련해서 주목되고 있다.7) 이 성전들이 문자로 기록된 시
기도 분명치 않으나, 현재 108부의 『우파니샤드』가 보전되고 있다. 기
원전 7세기의 위대한 주석가 상까라(Shankara)가 상고(上古)의 10부
를 포함하여 16부의 『우파니샤드』에 관한 정성어린 주석을 남기고 있
다.8)

  '우파니샤드의 사상은 절대로 체계화된 것이 아니다.'9) 『우파니샤
드』는 성자와 예언자들의 작품이기 때문에 거기에는 논리적인 체계와
귀결이 없다. 그들은 체계를 배우는 사람들이 아니고 체험을 기록하는
사람들이다. 그런 까닭에 모든 교의를 용이하게 의도적으로 명료한 공
식으로 정리한다는 것은 그 어디서도 기대할 수 없다. 그것들은 앎으
로써 체득될 수 있도록, 깨달을 수 있도록 제시되어 있을 뿐이다. 그것
들이 가지고 있는 모습들은 그대로 두어야 한다는 것이 우파니샤드다
운 특징으로 인식되고 있다. 다스 굽타(S. N. Das Gupta) 교수는 이
렇게 논하고 있다.

  우파니샤드는 그러한 주장의 몇몇 근거를 제공하기 위하여 그것들의
내적 사색에 의하여 내몰렸다. 그러나 논리적 사변이나 설명적인 합리
화는 없다. 직관력에 의한 확인이 그 스스로 느끼고 있는 체험을 묘사
하는 것에 대한 살아 있는 믿음의 실재를 물결치게 하고 있다. 우파니
샤드는 그 궁극적 실재는 학습이나 합리적 설명에 의하여 파악될 수 없
다는 것을 주장하고 있다. 실재는 숭고한 정화, 절대적인 자기 통제, 자

---

7) Ibid, p.83 ; Swani Prabhavananda 외·박석일, 앞의 책, p.8.
8) Swani Prabhavananda 외·박석일, 앞의 책, pp.6~8.
9) 앞의 책, p.9.

기 포기, 그리고 세속적인 욕망의 소멸에 의해서만 우리 마음속에 그 자체를 드러낸다. 사람은 이웃의 관계 속에서 도덕적이 될 뿐만 아니라, 말하자면 자신의 낮은 수준의 본능이나 욕망을 쉽게 조절함에 의하여, 우월한 인격의 탁월성에 의하여, 또한 초(超)도덕적이 될 수 있다. 사람은 그가 직접적으로 자기 자신의 정체를 확인할 수 있는 초월적인 정신적 정수(精髓, essence)와의 접촉 가운데 자기 자신을 드러내는 것이 가능하다.

우파니샤드는 이러한 정신적 정수가 어떤 신체적 기관—눈이나 접촉에 의해서—에 의하여 인식될 수 없다는 사실을 거듭거듭 되풀이하고 있다.10)

여기서, 명상에 의한 앎을 통하여 초월적 실재를 체험하는 것이 우파니샤드의 중심적 이념이라는 점이 점차 분명해지는 것으로 보인다. 명상적인 앎을 통하여 궁극적 해결을 추구하는 경향은 불교사상과도 접목되는 부분으로서 주목된다고 할 것이다. 이러한 명상과 사색의 전통은 오랜 인도적 사유의 한 흐름이지만, 불교 탄생을 전후한 시기에 이러한 경향이 강조된 데에는 당시 성행하던 사마나(samaṇas, skt. sramanas 沙門)의 물결과도 관련 깊은 것으로 분석되고 있다. 빤드는 이렇게 논하고 있다.

영혼을 해방시킬 수 있는 유일한 길은 실재에 대한 분명한 앎(이해) 뿐이다. 물론 분명한 앎은 주로 지적(知的) 특성에 관한 반복적인 사색, 또는 명상을 요구한다. 그러나 최고선(最高善)에 이르는 방법으로

---

10) S. N. Das Gupta, 'Philosophy', *A Cultural History of India*, p.112.

서 강조되고 있는 것은 앎(이해)이지 행위가 아니다. 이것은 초기 자이나교의 입장과는 비교되는 것이다. 그때까지 우파니샤드의 교의들은 그 중요한 부분에 있어서는 중기 베다적 사상의 연속이며 발전이었다. 그러나 우파니샤드 속에서 갑자기 윤회에 대한 믿음과 기본적 가치들에 있어서 고행적인 전환의 모습을 만나게 될 때, 그것은 사마나의 영향과 관련 있는 것이 분명하다.[11]

2) 범아일여(梵我一如)를 향하여

Ātman, 우주적 자아가 된 Brahman

우주와 인간의 궁극적 실재(實在)를 추구하는 이 시기의 명상적 앎이 도달한 최고의 경지가 곧 범아일여(梵我一如) 사상이다. 이것은 베단타사상의 핵심을 이루고 있는 개념으로서, 자아와 우주적 자아의 완전한 일치를 지향하는 것이다. 월쉬(M. Walshe)는 이렇게 논하고 있다.

이들(六師學派, 저자 註) 이외에 우파니샤드 속에 혼입된 본질적으로 심오한 가르침의 주창자들이 있었는데, 이 가르침은 정통 브라만교에 접목하게 되었고, 그들의 교의는 후일 베단타 체계의 핵심을 형성하게 되었다. 그들에게는 비인격적인 브라만이 최고의 실재이다. 그리고 그 가르침의 목표는 인간의 개체적 영혼, 또는 자아(ātman, self)가 우주적 자아(Ātman, Self) ─ 또 다른 이름으로는 브라만인 ─ 와 궁극적인 일치를 실현하는 것이다.[12]

---

11) G. C. Pande, Ibid, p.286.

범아일여(梵我一如),

개인적 자아(self, ātman, 我)와 우주적 자아(Self, Ātman, 梵)와의 궁극적인 일치의 실현—.

'범(梵)'은 곧 'Brahman(Brahmā)'이고 '아(我)'는 'Attā(Skt. Ātman)'이다. brahman은 본래 베다의 공희에서 진실(rta, satya)을 함축한 기도의 언어(sacrificial word)를 가리키는 용어였지만, 이후 창조신을 부르는 Brahman으로 승화되고, 우파니샤드에 이르러서는 진리 그 자체, 진리의 완전한 구현으로서 'Brahman의 본질은 진리이다.'(Ch U 8. 3, 4), 'Brahman은 진리이다.'(BAU 5.5)라고 선언하고 있다.13) 이것은 Brahmin이 이미 '제일원리(第一原理)'로, '창조의 원리'로 확립되고,14) Brahman이 '궁극적 실재(Ultimate Reality)'로, 곧 우주만유(宇宙萬有) 그 자체로 전환되었다는 것을 의미하는 것이다. *Chāndogya-Upanishad*에서는 이렇게 찬탄하고 있다.

분명히 이 세상 전체가 Brahman이구나. 누구나 차분히 '그것'을 예배하라. 누구나 '그것'으로부터 탄생하였고, '그것'으로 돌아가며, '그것'을 호흡하도다.15)

궁극의 실재인 Brahman은 모든 객체, 우리 외부의 모든 것, 감각에 의하여 우리에게 인식되는 모든 자연계의 구성요소가 되며, 그 모든

---

12) Maurice Walshe, *The Long Discourses of the Buddha*, p.23.
13) H. W. Schumann, Ibid, p.36.
14) *Satapatha-brāhmaṇa*, XII. 6.28; XI. 2.31-36. *Brhadaranyaka*, 1.4.8.
15) *Chāndogya-Upanishad* 3.14.1 ; *The Thirteen Principal Upanishads*, translated by R, E. Hume(Oxford University Press, London, 1934) p.209.

것 속에 두루해 있다. *Brhadaranyaka*에 의하면, Brahman은 태양·달·번개·공간·바람·불·물·개울·진동하는 소리·여러 층의 천상·그림자·육체 등에 내재하면서 동시에 그것들을 초월하는 것으로 규정되어 있다.[16] 더 나아가 Brahman은 모든 주관적인 것, 이성(理性)·감정·의지·자의식 등 자아의 가장 깊은 정체(正體)가 되고, 내면세계 전체를 의미한다. 인간의 영혼 자체, 또한 영혼의 활동도 모두 이 Brahman이 자기 자신을 드러내는 여러 가지 모습 중의 하나이다. 이 내면의 자아가 곧 'Attā', 'Ātman'이다. 'Ātman'이란 본래 '호흡'의 뜻이었으나, 생명 활동의 근본이 되는 힘, 곧 영(靈)을 나타내게 되고, 한편으로는 자아(自我, Self)를 뜻하게 되었다. 또 만물에 내재하는 영묘(靈妙)한 힘, 그 전체를 의미하게 된 것이다.[17]

이 Ātman은 육신의 감각기관을 통하여 인식하는 경험적 자아(jiva)가 아니라, 육신과는 전혀 관계없이 홀로 존재하는 궁극적인 자아, 초월적인 자아이다. 그래서 편의상 대문자 'Ātman'으로 표기하는 것이다. 여기서 가장 주목되는 것은 인간의 영혼 하나하나가 별개의 개체라는 전래의 민간신앙과는 달리, 우파니샤드에서는 저 Brahman과 이 Ātman이 사실상 하나라고 주장하고 있는 것이다. 인간뿐만 아니라, 야수·곤충·꽃·물고기 등 어떤 생물이든 그 Ātman과 Brahman은 일치하며 하나이다.[18]

'모든 사물의 영혼인 브라만에 대해서 설명해 주시오.'라는 한 구도자의 설문에 대하여 야즈냐발캬는 이렇게 대답하고 있다.

---

16) Ibid 2. 1. Ibid, pp.92~93.
17) 정태혁, 『印度宗敎哲學史』(김영사, 1986), p.44.
18) J. B.노스, 앞의 책, p.614.

땅에서 · 물에서 · 불에서 · 대기에서 · 바람에서 · 하늘에서 · 태양에서 · 여러 천상에서 · 달과 별에서 · 우주에서 · 어둠에서 · 빛에서 사는 이, 모든 것들에 깃들어 있지만 그 어느 것과도 똑같지 않은 이, 모든 것이 그의 몸이고 모든 것을 그 내부로부터 관망하고 있는 이, 그는 당신의 영혼, '내면의 통제자', '불멸자'이다.

숨(호흡)에 · 말(언어) · 눈 · 귀 · 마음 · 피부 · 이해(理解)에 깃들어 있는 이, 그러나 결코 이해될 수 없는 이, 그는 우리가 볼 수 없는 '보는 이'이며, 우리가 들을 수 없는 '듣는 이'이며, 우리가 생각할 수 없는 '생각하는 이'이며, 또한 우리가 이해할 수 없는 '이해하는 이'이다. 그 이외에는 보는 이가 아무도 없다. 그 이외에는 듣는 이도 생각하는 이도 이해하는 이도 없다. 그는 당신의 영혼, '내면의 통제자', '불멸자'이다.[19]

Ātman과의 일치가 최고선(最高善)

인간의 진정한 내면적 자아인 Ātman은 전 우주의 궁극적 실재며 전인적 영혼인 Brahman과 일치한다. 이 둘은 곧 하나이다. 둘이 아니다. *Chāndogya*에서는 이러한 원리를 'Tat tvam aci'라고 표현하고 있다. '너가 바로 그것이다.'라는 의미이다.[20] 또 '이 아트만은 곧 브라만이다(Avan Ātama Brahmā),' '나는 브라만이다(Aham Brahmasmi)'라고 선언하기도 한다.[21]

Brahman은 모든 존재(存在, 有, sat)이고 의식(意識, cit)이며, 또

---

19) *Brhadaranyaka* 3. 7. 1-23 ; *The Thirteen Principal Upanishds*, pp.115~117.
20) *Chāndogya*, 6.8.6. Ibid, p.246.
21) 정태혁, 앞의 책, p.45 ; 김동화, 『原始佛教思想』(보련각, 1973), p.29.

행복의 원천(ananda)이다. 개체에서 일어나는 모든 일은 근본자(根本者)인 Brahman에 근거한다. 따라서 이 범아일여(梵我一如)의 원리를 깨닫고 그 경지를 체험하는 것이 수행의 궁극적 목표인 해탈(解脫, moksa)이며, 이것이 최고의 행복으로 규정된다. 이 해탈의 실현을 통하여 나(自我, ātman)는 협소한 작은 개체로부터 벗어나 무한의 대생명(Ātman)으로 확산되고 비상하게 된다. *Chāndogya*에서는 이렇게 기술하고 있다.

심장 속에 있는 나의 이 영혼은 쌀·보리쌀·겨자·기장 한 톨보다도 더 작다. (그러나 또한) 심장 속에 있는 나의 이 영혼은 대지보다, 하늘보다, 아니 이 세상 전체보다 더 크다.…… 심장 속에 있는 나의 이 영혼, 이것이 바로 브라만이다.[22]

이것은 한 개인의 자아 ātman이 우주적 자아 Ātman과 일치할 때, 곧 Brahman과 합치할 때 위없는 행복, 최고선(最高善, summum bonum)에 도달할 수 있다는 것을 의미한다.[23] 그리고 이것은 앎에 의하여, Ātman을 잘 앎(이해, knowledge)에 의하여 궁극적인 구원을

---

22) *Chāndogya*, 3. 14. 3. Ibid, p.210.
23) Ātman과 Brahman, 그리고 우파니샤드의 또 하나의 주요 개념인 Purusa의 관계에 대해서 이렇게 설명하고 있다. 'Brahman은 특히 종교적인 무한성, 또는 포괄성을 가지고 있는 개념이다. 이에 반하여 Purusa는 주체성을 나타내는 원리로서 초월성과 능동성을 지닌 개념이며, Ātman은 양자와는 달리 내재적이요 주관성을 가지고 있다. 이 세 개념은 유일하고 최고의 실존에 대한 명칭으로 사용되고 있고, 혹은 유일자의 세 위상으로서 세계를 초월하는 면, 세계에 내재하는 면, 세계의 기초가 되는 면 등을 나타낸다.' ; 정태혁, 앞의 책, p.43.

실현할 수 있다는 것을 의미하는 것이다. 따라서 Ātman에 대한 앎 (The Knowledge of Ātman)이 우파니샤드 사상가들의 연구 주제로서 제기된 것이다. 빤드는 이렇게 논하고 있다.

두 가지 집중적인 원인에 의하여 Ātman에 대한 앎이 우파니샤드 사상가들 사이에서 탐구의 최고 주제가 되었다.〔Ch. up. 8.7.1〕한편으로는 앎·위없는 행복과 힘은 우주적 자아(Self) 속에서 정점(頂点)에 도달해야 한다고 느껴졌다. Ātman이 모든 것이기 때문에, Ātman에 대한 앎이 모든 것에 대한 앎이 되지 않으면 안 되는 것이다. 그밖에 우주적 자아(Self)의 본질이 바로 앎에 의하여 실현되는 것이다. 더욱이 모든 욕구의 궁극적 목표는 우주적 자아(Self)라고 인식되었다.〔SB. Ⅱ. 1452 ; 1498.9〕모든 기쁨은 우주적 자아, Ātman의 행복의 대양 (the ocean of Atmanic bliss)으로부터 나오는 단순한 파랑(波浪)이다.〔SB. Ⅱ. 1436〕Ātman이 사랑 받는 유일한 것이기 때문에, 그것과의 공유가 최고의 기쁨이었다.〔Br. Up. 4.4.12 ; Kath. Up. 2.20 ; Tait. Up. 3.10.5.6 ; Ch. Up. 7.25.2 ; Br. 2.1.19〕Ātman의 행복을 얻기 위하여 사람들은 모든 욕망, 모든 공포들을〔Tait. Up. 2.9. cf. Mund. 2.2.7〕버려야 한다. 마지막으로, 우주적 자아(Self)에 접근하는 것은 모든 힘의 유일한 원천에 접근하는 것이다.〔Kena. Up. 1.1-2 ; Kena. Up. 3-4 ; SB. Ⅱ. 1468ff〕

다른 한편으로, (이미 언급된 바와 같이) 종말론적 시각에 큰 변화가 일어났다. 세계에 대한 불만이 증폭되었다. 삶은 이 지상에서나 천상에서나, 죽음의 흔들림과 업의 구속에 긴박되어 있다. 그런 까닭에 영생과 해방이 열렬히 추구되었고, 오로지 Ātman 속에서만 영생과 해방이 획득될 수 있는 것으로 느껴졌다.24) 사람들은 Ātman이 모든 슬픔을 넘어선 것인 줄 알았고〔Ch. Up. 7.1.3-'Tarati Sokamatmavit' ; Svet. 2.14 ; Mund. 3.2.9〕, Ātman은 참으로 선(善)과 악(惡)을 넘어서 고양되었다.〔Tait. Up. 2.9 ; Br. Up. 4.4.22 ; Ch. Up. 4.14.5 ; Mund. 3.1.3〕 업(業, Action)이 그를 손댈 수 없다.〔Isa. Up. 2-'na karma lipyate nare.' ; Br. 4.4.23〕 이렇게 해서 '자아해탈(Jivamukti)'의 이상이 정형화되었다.[25]

3) 업(業) – 윤회사상

우파니샤드 속의 선악응보(善惡應報) 교의

사후의 세계와 윤회에 대한 믿음은 인더스 문명의 하랍파에서 발굴된 매장방식을 통하여 이미 맹아적으로 나타나고 있다.[26] 최후의, 또는 궁극의 실체에 대한 탐구는 *Rg-veda*의 『나사디야-숙타(*Nasadiya-Sukta*)』로까지 소급된다. 보다 높고 보다 행복한 세계에 대한 이상(理想)은 『비쉬누-숙타(*Visnu-Sukta*)』에서 발견되고 있으며, 영혼의 윤회라는 개념, 사후 영혼이 이 세상으로 돌아온다는 개념은 『야마-숙타(*Yama-Sukta*)』나 『어버이들에 대한 찬송(*The Hymn to the Fathers*)』만큼이나 오래되었다.[27]

그러나 업(業, kamma, Skt. karma) – 윤회(輪廻, saṃsāra)사상이

---

24) The eternity and freedom of the Ātman constitute a cardinal principle in the Upanisads. Br. 4.4.20, 22 ; Kath. 2.18, 5.1 ; Swet. 2.15 ; Mund. 2.1.2 ; Br. 4.5.13.
25) G. C. Pande, Ibid, pp.298~299.
26) B. B. Ral, 'The Indus Civilization', *A Cultural History of India*, p.18.
27) P. L. Vaidya, 'Origin of Buddhism', *2500 Years of Idian Buddhism*, p.10.

보다 명료한 모습으로 드러나는 것은 우파니샤드에 이르러서부터 다.28) 라다크리슈난은 이렇게 논하고 있다.

　　명확한 윤회의 교리는 *Brhadaranyaka-Upanishad*(Vol. VI. 2)에서 처음 나타나고 있다.(다소 부연된 교리가 *Chāndogya*, V. 3-10에서 반복되고 있다.) 여기서의 가르침은 발전된 윤회(輪廻, saṃsāra)의 교리 속에서는 발견되지 않는 그런 원초적인 것으로서, 빤찰라(Pañcālas) 종족의 왕인 끄샤뜨리아 자이발리 쁘라바하나(Jaivali Pravāhana)에게서 비롯되고 있는데, 그는 이 가르침을 그 시기(아마 기원전 7세기경)의 가장 열성적인 사색가의 하나임이 분명한 웃달라카(Uddalaca)로 알려진 브라민 아루니 가우따마(Āruni Gautama)에게 가르쳤다. *Brhadaranyaka*의 한 문장[iii, 2]은 위대한 성자 야즈나발캬(Yaznavalkya)가 한 질문자에게 선인(善人)과 악인(惡人)의 선(善)과 악(惡)이 다음 생의 그의 상태에 자동적으로 영향을 끼친다는 새롭고 비밀스러운 업(業, kamma, karma)의 교리를 어떻게 은밀히 가르치고 있는가를 설명하고 있다.29)

　라다크리슈난이 논하고 있는 바와 같이, 『우파니샤드』에는 선인선과(善因善果) 악인악과(惡因惡果)를 내용으로 하는 선악응보(善惡應報)의 업 - 윤회사상이 분명하게 나타나고 있다. 우파니샤드 사상의 최고 학자인 성자 야즈나발캬는 자나카의 질문에 대하여 이렇게 대답하고 있다.

---

28) '신비한 일원론이 우파니샤드 사상가들의 하나의 큰 발견이라면, 윤회의 교의는 또 다른 하나의 크나큰 발견이다.' ; H. W. Schumann, Ibid, p.37.
29) S. Radhakrishnan, 'Hinduism', *A Cultural History of india*, p.78.

한 사람이 행동할 때, 그도 그렇게 대답합니다. 선행(善行)을 한 사람은 선하게 되며, 악행(惡行)을 한 사람은 악하게 됩니다. 한 사람이 순결한 행위를 통하여 순수하게 되며, 불결한 행위를 통하여 불순하게 됩니다.…… 사람은 그가 집착하여 바라는 바에 따라서 움직입니다. 죽은 뒤에 그는 그가 행했던 바들의 미묘한 인상을 마음에 지니고서 내세로 갑니다. 거기서 그가 행했던 바의 수확을 거두어들인 뒤에, 그는 다시 행위의 세계로 돌아옵니다. 그러므로 욕망하는 그는 거듭하며 다시 태어나는 굴레에 얽매이게 됩니다.30)

이러한 선악응보(善惡應報)의 업─윤회사상은 많은 『우파니샤드』 속에서도 명료하게 드러나고 있다.

사람이 행위하고 행동하는 바에 따라서 (다시) 태어나게 될 것이다. 선을 행하면 선인(善人)으로 태어나게 되고, 악을 행하면 악한 존재로 태어나게 될 것이다.…… 그런 까닭에 이렇게 설해진다. 인간은 온통 욕망(kama, desire)으로 구성되어 있다. 인간은 자신의 업(욕망)대로 이해한다. 이해한 대로 행위한다. 그리고 행위한 대로 된다.31)

『우파니샤드』 속에 전개된 업─윤회사상의 가장 대표적인 교의는 '오화이도(五火二道)의 설'이다. 이 설은 *Brhadaranyaka*에서 빤찰라의 왕 캇티야 자발리 프라바하나가 당대의 대사상가 브라민 아루니-가우따마에게 답한 것으로, 캇티야(전사)의 왕이 브라민에게 설교한다는 이 사실 자체가 인도사상계의 새로운 변화의 물결을 시사하는

---

30) *Brhadaranyaka*, iii.2 ; Swani Prathavananda, Ibid, pp.176~167.
31) Ba. Up, 4. 4. 5.

것으로, 우파니샤드와 캇티야 계층과의 밀접성을 새삼 일깨워주는 것
으로 생각된다.

오화이도의 오화(五火)는 사람이 사후에 다시 태어나는 과정을 제
화(祭火)에 의탁해서 상징적으로 서술한 것이다.[32] 이것은 윤회설이
확립되기 직전의 사고방식을 반영한 것으로, 아직 윤회의 주체나 선악
응보(善惡應報)의 업(業) 관념은 불확실하다.

그러나 이도설(二道說)에 이르러서는 업보(業報) 관념이 보다 분
명히 드러나고 있다. 이도(二道)란 조도(祖道, pitryana, 조상의 세계)
와 신도(神道, devayana, 神·브라만의 세계)의 두 세계를 일컫는다.
이도설에 의하면, 살아서 제의(祭儀)와 보시로 선행을 쌓은 사람은 사
후 그 영혼이 화장의 연기와 함께 천계(天界)로 가며, 조령계(祖靈界,
조상의 영혼계)를 포함한 여러 세계를 지나 달에 이르고, 선행의 힘이
다하면 비가 되어 지상으로 내려와 쌀·밀 등의 곡물에 섭취되었다가,
남자가 이것을 먹으면 정자가 되어 모태로 들어가 재생(再生)한다.
또 숲속에서 금욕 고행하는 수행자들은 사후 화장의 불꽃을 타고 천
계로 올라간 다음 다시 신계(神界)를 포함한 여러 세계로 돌아다니다
가, 마침내 브라만의 세계로 들어가 다시 돌아오지 않는다.[33]

*Chāndogya*에서는 이러한 윤회의 법칙이 현실세계와 관련하여 보
다 엄격하게 서술되고 있다.

현세에서 좋은 행위를 하는 사람은 내생에서 좋은 모태, 곧 브라민이

---

32) 1단계 : 달로 들어갔다가, 2단계 : 비가 되어, 3단계 : 땅속으로 들어가 식물
  (食物)이 되고, 4단계 : 정자(精子)가 되고, 5단계 : 모태(母胎)로 들어가서
  태어난다. ; 정태혁, 앞의 책, p.48.
33) 앞의 책, p.48 ; 中村 元·김지견, 앞의 책, p.111.

나 캇티야, 혹은 베사의 모태로 들어갈 것을 기대하게 될 것이다. 그러
나 현세에서 악취가 나는 행위를 한 사람은 악취가 나는 모태, 곧 암
캐·암퇘지, 또는 카스트에도 못 드는 천민의 모태로 들어가게 될 것이
다.34)

조용한 혁명의 물결로

여기에서 드러나는 바와 같이, 브라민들은 그들 중심의 4종성 제도
를 확립하는 과정에서 이 업-윤회의 관념을 그 철학적·도덕적 명분
으로 교묘히 이용하고 있었던 것이다. 다시 말하면, 순수한 사색의 결
과로 생겨난 업-윤회의 법칙이 4종성이라는 사회적 차별제도에 일종
의 도덕적 정당성을 부여하는 논리로 전용되고 있는 것이다. 이 문제
와 관련하여 노스 박사는 이렇게 논하고 있다.

카스트 제도가 도덕적인 가치관을 바탕으로 해서 정당화됨으로써 사
회적으로 야기된 결과가 또 한 가지 있다. 사회의 불평등을 고르게 하
려는 시도나 좀더 폭넓은 사회정의와 보상의 이념을 마련하려는 시도
는 이제 불경스러운 것, 또는 부도덕한 것으로 여겨지게 되었던 것이
다. 전생에서 저지른 행위에 대하여 이승에서 공정한 대가를 치른다고
하는 '업(業)의 법칙'을 의심하는 것은 이단 가운데서도 가장 못된 이
단으로 간주되었다.35)

그러나 시간이 경과하고, 업-윤회사상이 보다 광범하게 전파되면

---

34) *The Thirteen Principal Upanishads*, p.233.
35) J. B. 노스, 앞의 책, pp.620~621.

서, 전통적인 브라민들의 세계관과 제의(祭儀)에 대한 심각한 의문과 회의가 제기되었다.

    만일 행위의 도덕적 질(質)이 단독으로, 그리고 돌이킬 수 없이 인간의 미래를 결정한다면, 인간이 자신의 운명의 주인이 되는 것이다. 그렇게 되면 브라민들과 공희는 더 이상 필수불가결이 될 수 없는 것이다. 더욱 심각한 것은, 지금까지 사람들은 공희를 통하여 신의 호의를 얻기를 염원하였는데, 만일 인간의 '행위〔業〕'가 전능한 것이라면, 참으로 신의 호의라는 것이 있는 것인가? 그리고 만일 신들이 독자적인 은총의 힘을 소유하지 못한다면, 공희와 기도는 무용지물이 되는 것이 아닌가? 더욱이 신들의 탄생이 얘기되는데, 그렇다면 신들의 전생은 무엇인가? 그리고 만일 신성(神聖)의 지위라는 것이 행위의 결과라면, 어떻게 그것이 영원한 것이 될 수 있는가? 만일 천상에 머무는 것 또한 한계가 있는 지속이라면, 불사(不死, Amrtatva)의 탐구에 대한 해답을 찾기 위하여, 사람들은 다른 곳에 눈길을 돌릴 수밖에 없지 않은가?36)

이러한 생각들은 전통적 브라민들의 권위를 흔들어 놓고, 결과적으로 Brahman-Ātman 중심의 세계관과 도덕관에 혁명적 변화를 야기시키는 강력한 정신적 요인의 하나로 작용하게 된 것이다. 빤드는 이렇게 논하고 있다.

    새로운 업(kamma, karma)의 교의가 보다 사려 깊은 브라민들의 마

---

36) Mund. 1.2.12 ; ch. 8.1.6 ; Kath. Up. 4.2 ; Br. Up. 1.4.15. cf. SB.1.189 Ib. Ⅱ. 1089 ; G. C. Pande, Ibid, p.287.

음속에 불러일으켰음이 틀림없는 것이 바로 저러한 불안한 생각들일 것이다. 새로운 교의의 함의(含意)를 완전히 실현한다는 것은 오랜 베다적 종말론을 완전히 수정하는 것과 같은 일이라는 것은 분명하다. 시간이 흐르면서, 업의 교의를 받아들이는 것은 운명적으로 조용한 혁명을 이끄는 것이 되었다.37)

2. 새로운 수행법들의 발전

1) 해탈을 찾아서

우파니샤드적인 업－윤회사상이 일반적으로 수용되면서 주민들 사이에는 염세주의가 퍼져 나갔다. 이런 고통스런 세상 안에서 끊임없이 재생(再生)해야 된다는 윤회의 교리에서 심각한 공포와 좌절을 느꼈기 때문이다. 이러한 좌절의식은 또 전진이 끝나서 더 이상 개척할 변경을 기대할 수 없었던 아리안들의 역사적 상황과도 관련되고 있다.38) 그들은 이 '쳇바퀴'로부터 벗어날 길을 갈망하고 있었다. 『마이뜨리－우파니샤드(*Maitri-Upanishad*)』에서는 이렇게 기술하고 있다.

이런 윤회의 사슬 속에 갇혀서는 아무리 욕망을 충족시키더라도 다

---

37) G. C. Pande, Ibid, p.287 ; 우파니샤드의 종말론, 죽음과 사후의 문제에 대한 문헌 자료－Kath. I.5-6. Br. 4.3.37-38, $. 1-2, 3-5, 9.7. Isa. 3.9f. Kath. 3.7.4.10, 5.6, 7, 6.16. Prasna 1.9f.3.7.10. Mund. 1.2, 9-12. Tait. 3.5. Ajt. 2.4. Br. 5.10.1.6.2. Ch. 4.15. 5-8, 5.10.1-8.6-9. Kaus. 1.2,4. cf. TA I. 35-36.
38) J. B. 노스, 앞의 책, pp.622~623.

시 세상으로 되돌아오곤 할 테니, 열정을 충족시키는 즐거움도 아무 소용없지 않은가? 제발 나를 구해 주오. 이 윤회의 사슬에 묶인 나는 물 없는 우물 속의 개구리 같은 신세로다.39)

우파니샤드 시대의 많은 사상가들은 윤회의 현실에 만족하지 않고, 윤회의 동력(動力)인 업(業)을 소멸함으로써 해탈 열반을 획득하려는 수행에 몰두하였다. 김동화 박사는 이렇게 논하고 있다.

> 오의서(奧義書)에 의하면, 윤회의 동인(動因)이 업이요, 업의 원동력은 무명(無明, avidyā)이라 본다. 즉 무명으로부터 업력(業力)이 일어나고, 업력에 의하여 윤회하게 된다는 것이니, 윤회란 요컨대 정통학파의 현상철학이라 할 수 있다. 이와 같이 무명에 의하여 현상된 우리 인생이므로 원만 완전할 리 없다. 그러므로 그들은 해탈(解脫, moksa)을 목적으로 한다. 맹목적인 무명에 의하여 업이 있고 업력에 의하여 윤회가 계속되는 것이므로, 그 생이 부자유 불완전할 것은 당연한 이치이다. 그런 고로 부자유, 불안의 근본 원인인 무명을 제거하여 업, 윤회의 속박을 해탈하여 자신의 본연상태인 아(我)ー범(梵)에 환귀코자 하는 것이 인생의 목적이라고 보았던 것이다.40)

여기에서 범아일여(梵我一如)가 이 시대의 브라민들이 추구하는 해탈의 경지라는 점이 다시 한번 확인되고 있다. 해탈의 경지에서도 '자아ーātman은 존재하지만, 그것은 더 이상 개인적 자아가 아니라, 개체보다 더 깊은 빛을 발하는 신성한 자아ーātman이며, 깊은 동정심

---

39) cit ; 앞의 책, pp.620~621.
40) 김동화, 앞의 책, p.30.

으로 모든 존재들을 끌어안는 자아-ātman이다.'41) 우파니샤드는 말
한다. '해탈된 영혼이 모든 것 속으로 들어간다.'42) '당신의 이 ātman
은 모든 것 속에 있는 ātman이다.'43)

　업-윤회사상이 범아일여의 이념과 결합되면서, 심각한 철학적 문
제를 새롭게 제기하였다. 그것은 이 빛나는 ātman이 Ātman, 곧
Brahman과 결합하기 위하여 어떻게 이 현상의 물질적 육신의 자아
(prakrti)를 벗어날 것인가 하는 문제이다. 그것은 이 육신을 벗어남
으로써 ātman이 Brahman과 일치할 수 있고 불생불멸(不生不滅)의
생명이 되는 것으로 인식되어 있었기 때문이다.44) 해탈(解脫, moksa)
의 문제는 이런 맥락에서 ātman에 대한 앎(knowledge)의 문제와 연
계되면서, 당시 사상계의 일대 과제로 부과된 것으로 보인다. 우파니
샤드에서는 이렇게 설하고 있다.

　　마치 뱀이 죽어서 껍질이 벗겨진 채 개미탑 위에 놓여 있는 것같이,
육신도 죽음 뒤에 그렇게 놓여 있다. 그러나 육신이 아닌, 몸이 없는 앎
으로 이루어져 있는 이 ātman이야말로 Brahman이다. (그리고 영원히
산다.)45)

　육신의 해탈을 위하여, 일반적으로 공희제의(供犧祭儀)가 답습되는
한편, 이러한 맹목적 제식주의를 회의하고 비판하면서 보다 차원 높은

----

41) S. Radhakrishnan, Ibid, p.73.
42) Mund. Up. iii. 2.15.
43) Ba. Up. 3.4.1.
44) '진실로 태어나지 않고・늙지 않고・죽음이 없고・해칠 수 없고・불멸하는
　　것, 이 위대한 ātman은 곧 Brahman이다.' ; Ba. Up. 4.4.2.5.
45) Ba. Up. 4.4.7.

실존적 해탈을 추구하려는 진보적 브라민들은, 앎을 위하여 세속의 모든 것을 버리고 출가 유행(出家遊行)의 길로 나서는 새로운 흐름이 일어나고 있었다. 고(古)우파니샤드 *Brhadaranyaka*에 등장하는 성자 야즈나발캬가 출가 유행자였던 사실로 미루어 볼 때, 브라민 사회에서 출가 수행의 내력은 매우 깊었던 것으로 보이지만, 이 시기, 기원전 7~5세기경에 이르러 이러한 출가 유행의 경향은 더욱 뚜렷해진 것으로 보인다. 이러한 출가 유행의 전통은 후일 브라민들의 네 단계의 생애(asurama)에서 마지막 단계인 유행기(遊行期, sannyasa)에 해당된다.[46] 이들은 해탈을 실현하기 위한 많은 새로운 수행법을 발전시켰고, 고행과 요가－선정(禪定)은 그 가운데서 가장 유력한 수행으로 인식되었다.

2) 고행(苦行, tapas)

고행(苦行, tapas, ascetic)은 *Rg-veda*로까지 거슬러 올라가는 오랜 수행법의 하나이다. 'tapas'는 '불(burning)'・'열(熱, glow)'을 뜻하는데, 브라흐마나에 의하면 이 tapas(불, 열)는 제식을 집행할 때 켜 놓은 불과 관련되어 있다. 신체에 극도의 고통을 가할 때의 긴장감에서 일종의 열(熱)감각이 발생하고, 이 열이 제식의 성스러운 불꽃으로 표상되면서, 그것은 만물을 창조하고 제식을 수행시키는 원동력으로 승화된다. 따라서 Brahman을 알고 체험하며 만물을 자유롭게 움직이는 힘은 이 고행의 열에 의하여 획득되는 것으로 인식되면서, 고행은

---

46) 정병조, 앞의 책, pp.30~31.

브라만적 수행의 중심으로서 요가와 관련되어 확산되어 갔다.47) tapas-고행에 의하여 발생하는 열(熱)은 초자연적 능력을 지니는 것으로, 이 열을 축적하면 해탈의 힘으로 사용할 수 있는 것으로 인식되었다. 여기서 성공하려면 성욕(性慾)의 자제가 전제조건이다. 만일 고행자가 성적 행위에 매달리면 축적된 tapas의 힘이 한 순간에 소멸되는 것으로 여겨졌다. 이것은 고행이 금욕주의(禁慾主義)와도 관련 깊다는 사실을 시사하는 것이다.48) 정태혁 박사는 이렇게 논하고 있다.

일반적으로 요가는 정신을 한곳으로 집중시켜서 초자연력(超自然力)을 얻는 수행법으로 생각하고 있었고, 또한 요가는 고대로부터 타파스(tapas, 苦行)와도 관계가 있었다. 특히 소마제(soma祭)의 앞에 행하는 일종의 재식(齋式)인 디끄샤(Diksa)에서 행해지는 고행은, 흙을 불 속에 굽듯이 마음과 몸을 수련해서 그 결과로 초자연력을 얻은 방법이었다. 이러한 고행은 『리그-베다』에서 세계 창조의 원동력이라고 말하고 있으며, 지혜인 근본지(根本知, manas)를 얻는 것이라고 생각하고 있다. 그러므로 고대의 우파니샤드에서는 고행이 브라만이라는 세계의 근본 원리를 아는, 신비적인 지혜를 얻게 되는 유일한 수행법이라고 생각하여, 브라민의 의무로까지 생각하였다. 따라서 '고행은 실로 브라만이다.'라고 말하고 있다.49)

tapas-고행이 육신 해탈의 방법으로 널리 대중화된 것은 기원전 7~6세기경이다. 불교 출현 시기가 가까워지면서, 동물희생의 공희가

---

47) Rhys Davids, Ibid, p.242.
48) H. W. Schumann, Ibid, p.40.
49) 정태혁, 앞의 책, p.132.

점차 비판받고 쇠퇴해지는 한편, 제2의 방법인 tapas, 자기 고행(自己苦行), 보다 정확하게 자기 고문(自己拷問, self-mortification, or more exactly, self-tourture)은 제의의 주술과는 분리되어 보다 높은 실존적 체험의 수단으로서의 중요성이 부과되었다.[50] 신이 우주를 창조한 것은 공희에 의한 것이라는 오랜 인식이 이제 고행에 의한 것이라는 관념으로 전환되어 갔다.[51] 한 『브라흐마나』에서는 이렇게 기술하고 있다.

천국은 대기 위에 건립되었고, 대기는 대지 위에, 대지는 대양(大洋) 위에, 대양은 진리 위에, 진리는 (공희의) 주술적 지식 위에, 그리고 그것은 tapas 위에 건립되어 있다.[52]

고행은 점차 가장 탁월한 수행법으로서의 가치를 확보하게 되고, 고행의 방법도 더욱 다양하게 개발되었다. 한 고행의 전문가가 고따마(Gotama the Buddha)와의 대화에서 진술한 바에 의하면, 음식에 관해서는 22가지, 의복과 관련해서는 30가지의 고행법이 있었다. 거기에는 고행자의 모습이 이렇게 서술되고 있다.

그는 머리털을 뽑아낸 대머리이다.(고통스런 과정에 의하여 단순한 외모의 아름다움에 대한 자만을 파괴하는 것이다.)……혹은 그는 (좌석의 사용을 거부하며) 서 있는 사람이다.……혹은 그는 (고통스럽게 껑충껑충 뛰면서 빙빙 움직이며) 뒤꿈치 위에서 까치발을 하고 있다.……

---

50) Rhys Davids, Ibid, p.242.
51) *Satapatha-brāhmaṇa*, vi. 1.1.13.
52) *Aitareya* Br., xi. 6.4.

혹은 그는 (그가 눕는 쪽의 피부 아래에 가시나 철제 창을 꽂는) 가시 침대의 사람이다.……혹은 그는 두꺼운 판자 위에서 자거나, 맨땅 위에 항상 한쪽으로만 잔다.……혹은 그는 (기름을 그의 맨몸에 바르고 흙먼지가 난무하는 곳에 서서 먼지가 그의 몸에 달라붙게 하는) 흙먼지를 뒤집어쓴 사람이다.53)

tapas의 가장 기본적인 방식은 단식(斷食)이다. 때로는 죽음에 이르도록 단식이 준수되었다. 고행자들은 과일만 먹었고, 땅 위에서 자라는 것만 먹었고, 액체만 먹었다. 단식은 본래 달〔月〕의 운행과 관련된다. 초생달일 때는 전혀 먹지 않고, 보름달이 될 때까지는 하루에 한 입씩만 먹었다. 다음 초생달이 될 때까지 식량을 점차 줄여갔다. 고행자들은 재산과 가족의 소유를 거부하였다. 산발이 된 머리, 아주 빈번하게 나체의 모습이 되었다.54)

그들 고행자들은 홀로, 또는 집단으로 숲속으로 들어가서 세속의 부정한 생활방식을 청산하고, 경건하고 금욕적인 삶에 충실하면서 갖가지 방식의 육체적 고행에 열중하였다. 그들 중 일부는 숲속에 머물지 않고 여러 곳을 정처없이 유행하면서 세속으로부터 더욱 고립된 편력의 길을 걷고 있었다. 이들 고행자 가운데는 브라민들도 있었지만, 점차 비(非)브라만적인 이단적 편력자들이 늘어나고 있었다. 이 이단적 수행자들이 북동 인도의 새로운 수행자 그룹인 사마나(samaṇa, sramana, 沙門) 집단의 형성과 깊이 관련되어 있는 것이다.55)

---

53) Rhys Davids, *Dialogue of the Buddha* I , pp.226~232 ; cit. Ibid, p.244.
54) H. W. Schumann, Ibid, pp.40~41.
55) 정태혁, 앞의 책, p.133.

3) 요가(yoga)

불교 탄생 당시의 인도 고대의 수행법으로는 고행과 더불어 요가 (yoga, 瑜伽)가 주류를 형성하고 있었다. 초기 불교문헌에서 'dhyana', 곧 '선정(禪定)', '선나(禪那)'로 일컬어지는 수행법이 바로 이 요가의 일종이다. 오늘날 요가는 심신단련의 체조 같은 것으로 인식된 부분도 없지 않지만, 본래 요가는 정신 활동을 한곳에 결박(집중)시킴으로써 삼매(三昧, samādhi)를 실현하고 궁극적인 깨달음, 또는 범아일여를 체험하는 종교적 수행법이다.56) 굽타 박사는 이렇게 논하고 있다.

yoga는 정신적 상태의 부분적인, 또는 완전한 결박(結縛, arrest), 또는 휴지(休止, cessation)로서 정의되고 있다. yogi들(yogin)은 부수 적인 과정으로서 자기 자신을 한 특별한 자세(asana)로 고정시키고 점 차적으로 호흡의 과정을 얽어매는 방법을 배운다. 다른 목표들을 제거 하고 한 초점 위에 지속적으로 고정되어 있는 선택된 한 가지 정신상태 를 강화하려는 yogi의 노력은 'dharana'와 'dhyana'로 각각 일컬어진다. 정신상태를 얽어매는데 점진적으로 성공하면 결과적으로 '지혜(智慧, paññā, Skt. prajna)'라는 새로운 형태가 생겨나고, 잠재의식(潛在意 識)의 힘들은 점차로 소멸된다. 그렇게 해서 궁극적으로 구조적 관계를 갖고 있는 잠재의식과 무의식(無意識)의 모든 힘들이 파괴되고, 그 결 과 마음의 혼란(混亂, ninus)을 결정짓는 무명(無明, avidyā)이 파괴 되고, 마음의 모든 구조들이 분해되고, 초월적 독존(獨存, kaivalya) 속 에서 무수한 영혼(pursha)만 남게 된다. 이 상태가 인간 정신의 궁극

---

56) 정태혁, 앞의 책, p.133 ; 김동화, 앞의 책, p.31.

적인 소망으로 인식되고 있다.57)

요가의 기원은 고대 인더스 문명의 비(非)브라만적 유산에서 발견되고 있다. 모헨조 다로의 한 신상(神像)은 가사를 걸치고 다리를 발뒤꿈치로 모은 요가 행자의 자세를 취하고 있다. *Rg-veda*에서는 'yuj(유유)'란 말로부터 전환된 'yoga'란 용어가 나오고 있다. 'yuj'는 원래 말이나 소에게 '고삐를 매다, 결박하다'는 뜻이다. *Katha Up*에서는 요가를 '마음을 제어하여 삼매에 들어간다'는 특수한 수행법을 지칭하고 있다.58)

그러나 요가의 기원 문제는 요가의 정의가 광범하고 애매한 만큼이나 규명하기 곤란한 문제로 인식되고 있다. 후기에 이르면, 이 용어는 정신적 훈련을 위한 거의 모든 방법에서 채용되고 있다, 따라서 결과적으로 매우 무정형적(無定型的)인 것으로 되고 말았다.59) 그럼에도 불구하고 의식(意識) - 마음의 평정이나 집중이 요가 수행의 핵심이라는 사실에 대해서는 일반적으로 공감하고 있다. 빤드는 이렇게 논하고 있다.

의식(意識, consciousness)의 고요하고 분명한 집중이 요가의 핵심으로 보인다.60) 어떤 흥분상태(frenzy)가 되는 것은, 코마(coma, 星雲

---

57) S. M. Das Gupta, 'philosophy', *A Cultural History of India*, p.116.
58) 정태혁, 앞의 책, p.132.
59) G. C. Pande, Ibid, p.302.
60) See my article on 'Patanjali's Interpretation of Yoga' in Mountain Path. 1967, pp.213~216 ; also 'Bedeutung des Yoga' in Yoga-Heute. ed. Von. Mangoldt, 1971 ; G. C. Pande, Ibid, p.303, note-319.

모양의 혜성의 머리부분)처럼 요가 본연의 위치에서 벗어난 것이다. 금욕적인 고행이 요가와 어떤 본질적인 관련성을 갖는 것은 아니다. 이와 유사하게, 정화(淨化)를 위한 노력이나 금욕적 수행이 모두 요가로 불려질 수 있는 것도 아니다. 요가 수행과 비슷한 어떤 것이 베다 문헌에 최초로 나타나는 것은 『브라흐마나』와 『우파니샤드』에서 명상적인 예배(mediative worship, upasana)를 주장하는 그런 정도의 비율이다. 그것은 일반적으로 세 가지 형태, 곧 Anagavabaddhopasana · Prakito, 그리고 Ahamgraho이다. 어떤 경우든 그 과정은 주로 지적(知的) 특성에 있고, 삼매의식(三昧意識)을 인식할 수 있는 어떤 형태의 획득에 관해서는 몇몇 암시가 있을 뿐이다.61)

요가가 문헌상 명확한 형태를 취하며 본격적인 발전단계로 들어서는 것은, 불교 탄생 시기와 거의 일치하거나 그 후기로 알려져 있기 때문에, yoga를 불교와 직접 비교하거나 불교 탄생의 한 기원으로 보는 경향에는 문제가 있는 것으로 보는 견해도 있다.62) 그러나 기원전 6세기경 고행자들 사이에 요가 수행이 공통적이었던 사실은 부정할 수 없다. 따라서 초기불교의 수행체계는 이 yoga-선정(禪定)과 밀접하게 관련된 것으로 보인다. 붓다의 스승들이 yoga를 수행하였고, 이것을 가르쳤다는 역사적 사실이 이러한 상황을 잘 입증하는 것으로 생각된다.63)

또 yogi-yoga 행자들에게는 도덕적 · 종교적 억제 · 불해(不害) · 진실 · 순결 · 경건 · 성(性)의 억제 · 자기만족 등을 준수할 것이 기대

---

61) G. C. Pande, Ibid, pp.303~304.
62) Edward J. Thomas, *The Life of Buddha*, pp.184~185.
63) G. C. Pande, Ibid, p.304.

되었다.64) 그리고 이러한 전통은 초기불교의 수행체계에서도 그대로
계승되고 있다. 이와 관련하여, 토마스 교수는 이렇게 논하고 있다.

정신적 수련의 실천은 항상 불교도 체계의 한 부분이 되어 왔다. 문
헌들에 의하여 거슬러 볼 수 있는 한 항상 그랬던 것이다. 그러나 그런
정신적 수련은 가장 초기의 문헌에 나타나 있고, 따라서 그러한 정신적
수련이 불교 이전의 것이라는 점, 그리고 그러한 수련의 어떤 형태들은
다른 학파들로부터 차용한 것이라는 점을 의심할 아무런 이유가 없는
것이다. 그 수련은 브라민의 문헌 속에, 그리고 다른 학파의 문헌 속에
서도 'yoga'라는 이름으로 이미 알려지고 있다.

그것은 일종의 자기 최면과 같이 되는 것으로, 그 자체로서 도덕적
특성은 없는 것이다.……그러나 마음의 집중(samādhi)을 바르게 실현
하고 무아(無我)의 상태(jnana)와 보다 높은 지혜(samapatti)를 획득
하려면, 도덕적 수련은 전제조건이다. 이러한 전제조건이 제자들의 수
련을 계(戒, sīla)·정(定, samādhi)·혜(慧, paññā)의 삼학(三學)으
로 이끌어 가게 한다.65)

---

64) S. N. Das, Ibid, p.116.
65) E. J. Thomas, *The History of Buddhist Thought*, pp.43~44.

3. 민중들의 종교생활

1) 초기불전 속의 민중신앙

인도인들은 인더스 문명 이래 가장 독특한 애니미스트(animist), 정령숭배자들로 지적되고 있다. *Atharva-veda*에는 자연이 온통 정령(精靈, spirits)들로 가득 차 있다고 믿는 민중들, 애니미스트들의 삶과 민중들의 잡다한 주문들이 수집되어 있기 때문에, 정통적 브라민들에 의하여 오랫동안 이 책이 베다로서 인정받지 못하였다. 초기불전에서도 3베다만 언급되고 *Atharva-veda*는 제외되어 있다. 그만큼 이 책은 인도 민중들의 원초적이고 세속적인 신앙 얘기들을 담고 있는 것이다.66) 이것은 인도의 기층 민중들이 베다적 가치관과는 관련 없는, 오히려 브라민들에 의하여 적극적으로 배척되는 민중적 토속신앙에 밀접해 있었다는 역사적 상황을 입증하는 것으로 보인다. R. 데이비스 교수는 인도 고대 민중들의 신앙생활에 관한 자료로서 다음 세 가지를 들고 있다.67)

① 베다
② 서사시 *Mahābhārata*
③ 초기 불교문헌들

---

66) Rhys Davids, Ibid, pp.213~215.
67) Rhys Davids, Ibid, pp.213~215.

*Atharva-veda*를 제외한 베다 문헌들에 관해서, 그 문헌의 내용들이 사제(司祭)들에 의하여 그들의 목적에 일치하도록 선택적으로 작성되었다는 이유 때문에, 데이비스 교수는 그 자료적 가치를 상당히 회의적으로 평가하고 있다.[68] 그가 분석한 바에 의하면, 기원전 6세기경 갠지스 강 유역의 민중적 신앙에 관한 기록을 담고 있는 불전은 기본적으로 다음 세 종류이다.[69]

① *Vinaya-Piṭaka*(律藏)[70]
② *Dīgha-Nikāya*(長部經), No. 20 − *Mahā Samaya-Sutta*[71]
③ *Dīgha-Nikāya*(長部經), No. 32 − *Āṭānāṭiya-Sutta*[72]

그는 이 시기의 민중신앙의 다양한 형태에 관하여 이렇게 기술하고 있다.

손금보기, 온갖 종류의 점(占), 천체현상으로부터 도출된 예언들, 해몽을 통한 예언들, 쥐가 갉아먹은 의류 위의 표시에 끌어낸 점, 아그니(Agni, 불의 신)에 대한 공희, 그러한 그룹에서 이러한 공희들을 발견하는 것은 특별한 일이다.……다양한 종류의 신들에 대한 제사, 행운의 장소 결정하기, 주문의 반복, 유령 쫓아버리기, 뱀 주문 외우기, 다른 짐

---

68) Ibid, pp.210~211.
69) Ibid, pp.215~219.
70) *The Book of the Discipline* (P.T.S) ; tr. by Rhys Davids, *Dialogue of the Buddha.*
71) *The Long Discoursea of the Buddha*, p.315 ; tr. by Rhys Davids, Ibid, vol. ii.
72) *The Long Discoursea of the Buddha*, p.471.

승들과 새들에 대하여 비슷한 기술 사용하기, 점성술, 예언의 힘, 마술, 신탁(神託), 신들린 소녀, 또는 거울을 통한 신들과의 상담, 절대자에 대한 숭배, 행운의 여신 시리(Siri)에 대한 기원, 신들에 대한 맹세, 생식 또는 임신을 위한 주문 암송, 터 정화하기 등등.[73]

또 초기불전에는 많은 민중의 신(神)들이 등장하고 있다. *Mahā Samaya-Sutta*(『大集經』, The Great Concourse)에 의하면, 붓다가 가빌라밧투 큰 숲에 머물 때, 수천 수만의 많은 신들이 몰려와서 경배를 올렸는데, 붓다는 그때의 신들을 운문으로 이렇게 열거하고 있다.[74]

① 야끄사들(Yakṣas, Pāli-Yakkhas, 夜叉)
② 꿈비라(Kumbhira)
③ 사천왕들 : 다따라타(King Dhatarattha)・비루자(Virujha)・비루빠카(Virūpakkha)・꾸베라(Kuvera) 등
④ 간다르바(Gandharvas, 건달바) : 천상의 음악가
⑤ 용신들(Nāgas, 龍神)
⑥ 가루라(Garulas, Garudas) : 반은 사람이고 반은 새〔鳥〕의 몸으로 뱀들〔龍神〕을 잡아 먹는다.
⑦ 타이탄(Titans)의 무리와 60종의 신들

나무의 신(樹木神, tree-gods)과[75] 야끄샤(Yakkhas, Yakṣas, 夜

---

73) Rhys Davids, Ibid, pp.216~217.
74) *The Long Discourses of the Buddha*, pp.316~320 ; Rhys Davids, Ibid, pp.220~224.

叉)·야끄쉬니(Yakṣini, 夜叉女)에 대한 숭배,76) 영혼 숭배는77) 특히 광범위하게 이루어졌다. 야끄샤 숭배가 초기 불교도의 생활과도 관련 깊었던 것은 기원전 2세기경부터 기원 1세기 초에 조성된 불교 유적지 산치(Sancci)·바르후트(Bharhut) 등지의 불탑·탑문·난간 등에 풍만한 야끄쉬니 상(像)이 조각되어 있는 것으로도 입증되는 것이다.78) 용신(龍神, Nāgas)들은 흔히 나무의 신으로 동일시되기도 하였는데, 이것이 *Mahāsamaya-Sutta*의 신들의 목록에서 나무의 신들이 제외된 이유로 설명되기도 한다.79) 이보다 열등한 신앙도 광범위하게 수용되고 있었던 것으로 조사되고 있다. 빤드는 이렇게 논하고 있다.

천상의 신들과 나무·토지의 신들 이외에, 민중들은 죽은 자의 그림자·악령, 그리고 코끼리·말·소·개와 까마귀 등의 여러 동물들과 같은 다양한 낮은 존재들을 숭배하였다. 다귀령주의(多鬼靈主義, polydemonism) 속으로 의식할 수 없을 정도로 합쳐지는 모호하고 가변적인 다신교가 민중들의 신학을 형성하였다.

인드라(Indra)·스깐다(Skanda)·루드라(Rudra)·무꾼다(Mukunda)·악령들·야끄샤들·뱀 등을 기리는 민중들의 제사가 베풀어졌다. 무덤·신전·나무·언덕·동굴·우물·탱크·연못·강·호수·바다·광산……등을 기리는 제사도 베풀어졌다. 브라민과 사문들, 나그네들·가난뱅이·걸인들이 그런 경우를 만나면 음식과 선물로 환대를 받았다. 함께 어울린 동료들과 술, 거친 군중들이 생소한 것이 아니었다.

---

75) Ibid, pp.224~232.
76) G. C. Pande, Ibid, pp.318~319.
77) Ibid, p.320.
78) 中村 元·김지견, 앞의 책, p.83.
79) Rhys Davids, Ibid, p.232.

이것은 아마 불교문헌에서 언급되고 있는 '사마자(samajja)'에 비교될 수 있을 것이다. 그리고 그것은, 적어도 기원적으로는 의식의 중요성을 가지고 있었다.[80]

2) 공덕사상과 담마의 준수

브라만계와 비(非)브라만계의 수행자들이 해탈·열반을 추구하며 고행과 요가와 같은 차원 높은 수련을 통하여 정진하고 있을 때, 다수의 하층 민중들은 앞에서 관찰한 바와 같은 갖가지 형태의 애니미즘적 민중신앙에 열중하고 있었다. 열반은 아직 그들이 추구할 만한 삶의 목표가 되지 못하였다. 그들은 여전히 가정과 경작지, 자기 마을이나 고장, 부인과 아이들을 돌보는 일, 성(性) 행위, 먹을 것, 사회적 지위 등 현실적인 행복을 찾아 헤매고 있었다.[81] 그들은 그들이 선택한 신, 또는 정령을 섬기고 헌신함으로써 신의 힘에 의하여 현실의 곤경과 위기를 극복하고 그들 주변의 환경에 대하여 보다 창조적으로 적응해 갈 수 있었다.[82]

또 신에 대한 공희와 헌신, 선행(善行)의 공덕(功德, punya)을 통하여 그들은 이 우주의 배후에 있다고 상상되는 궁극적인 신에게 나아가고, 신의 세계, 천상의 세계로 가서 태어날 수 있다고 믿었다. 이것이 힌두적 신앙의 특징 가운데 하나인 공덕(功德) − 생천(生天)의 관념이다. 여기에는 당시 사상적으로 널리 전파되고 있던 업 − 윤회사

---

80) G. C. Pande, Ibid, pp.319~320.
81) J. S. 노스, 앞의 책, p.623, note-23.
82) S. Radhakrishnan, Ibid, pp.70~71.

상의 영향이 큰 것으로 보인다. 中村 元 박사는 이렇게 논하고 있다.

　　업-윤회 등의 관념이 사상적으로 일단 정착되면, 이것들은 윤리적 생활에 있어서의 한 원동력으로서 사회활동의 각 방면에 작용하기 시작한다. 현세의 생활은 전세의 업이 빚은 결과이며, 따라서 지금 다시 변경할 수 없다. 그러나 현세에서의 노력은 내세의 행복을 약속해 주는 것이므로 선행 행위를 계속하지 않으면 안 된다. 선행 행위는 선한 업력을 생산하지만, 그렇다고 해서 이것이 계산될 성질의 것은 아니다.

　　점차 선행의 종류나 횟수에 따라서 공덕(功德, punya)이라는 관념이 발전하게 된다. 선한 행위는 그것에 합당한 공덕을 낳고, 공덕은 마치 저축과도 같이 하나하나 축적되어 사후의 운명을 결정하는 자료가 된다. 거꾸로 말하면, 후생의 안락을 바란다면 현세에서 많은 공덕을 쌓아야 하는 것이다. 그러기 위해서는 보시를 주로 하는 올바른 행위를 하고, 카스트의 규범을 준수하는 등 다르마(dharma)의 실행에 유의하지 않으면 안 된다.[83]

'다르마(Skt. dharma)', 곧 '담마(dhamma)'란 매일 매일의 일상생활에서 준수해야 할 '생활의 규범', '법도' 등의 의미인데, 이 담마는 각자가 선택한 신·정령의 종류·카스트·지방적 특징 등의 조건에 따라 다양한 특성의 양상으로 규정되지만, 동시에 인도인 전체의 삶을 규제하는 보편적 담마가 함께 준용되고 있다. 中村 元 박사의 연구에 의거하여 이 보편적 담마를 간략히 정리하면 다음과 같다.

---

83) 中村 元·김지견, 앞의 책, p.110.

① 통과의례[84]

힌두교도는 인생의 각 단계에서 독특한 형식의 통과의례를 치르게
된다. 수태식(受胎式, 처음으로 음식을 먹는 의식)·입문식·결혼
식·장례식 등이 그것이다. 이러한 통과의례를 공유함으로써 인도 민
중들은 힌두교도로서의 강인한 연대의식을 공유하고 비(非)힌두교인
들에 대한 차별성을 과시하는 것이다.

② 조상 제사[85]

인도인들에게 조상 제사는 필수적인 의례이다. 사람이 죽으면 그 영
혼이 쁘레따(preta)라는 중간 존재를 거쳐 삐뜨리(pitri), 곧 조령(祖
靈)이 되어 마침내 조령의 세계(pitri-loka)로 가서 안주한다. 그러나
제사를 지내지 못하면 그 영혼은 쁘레따로서 영원히 방황하는 것이다.
제사는 남성 자손들에 의하여 계승된다.

③ 뿌자(pūjā)[86]

신들에게 바치는 일종의 제사형태의 예배로서, 전통적으로 야쥬나
(yajna), 곧 불의 제사(火祭)가 중심이 되어 왔다. 이때 브라민－사제
(司祭)들이 이 불속에 갖가지 공물을 집어넣고 주술을 행하였다. 베
다 후기에 이르러 동물을 학살하여 바치는 동물공희가 성행하면서 많
은 비용이 소요되자, 이에 반발과 비판이 일어나게 되고, 이에 대한 하
나의 대안으로서, 기원전 6~5세기경 뿌자(pūjā)라는 새로운 제사법

---

84) 앞의 책, p.105·106.
85) 앞의 책, p.104.
86) 앞의 책, p.106·107.

이 유통되었다.

'pūjā'는 선주민 계통의 말로서 '꽃을 바친다', '꽃을 공양한다'라는 뜻이다. 푸자는 일종의 공양, 예배의식인데, 신상 앞에 나아가 꽃·향·등촉(燈燭)·음식·물[水] 등을 공양 올리며 예배하는 것이다. 어떤 대가도 구하지 않고 오로지 신에 대한 헌신과 봉사, 믿음과 사랑을 맹세하는 것이 뿌자 의식의 한 특성이다. 신에 대한 순수한 헌신과 봉사, 신애(信愛), 곧 박티(bhakti)는 정통 힌두신앙의 한 생명력으로서, 크리쉬나 이후 줄기차게 추구되어 왔고, 성전 *Bhagavad-Gita*에서 집대성되고 있다. 이것은 민중의 신앙, 민중의 종교의식이 단순히 현세구복의 범주에만 머물러 있는 것이 아니고 궁극적 실재에 대한 탐구와 깨달음의 추구라는 보다 높은 차원으로까지 고양되고 있다는 새로운 변화를 시사하는 것으로 보인다. 콜러 박사는 이렇게 논하고 있다.

비록 크리쉬나가 앎(knowledge)과 행위(action)를 구원에 대한 정통적이며 가치 있는 방법으로서 그 존재의 공간을 발견한다 할지라도, bhakti의 방법, 곧 신에 대한 사랑의 헌신은 그가 좋아하는 길이다. 그리고 탁월한 해석가들이 앎과 행위, 이 양자를 메시지의 중심이라고 주장함에도 불구하고, *Gita*의 중심적 가르침은 절대자에 대한 헌신적인 사랑과 자기 바침을 통한(through devotional love and self-surrender to the Supreme Lord) 비이기적인 행위와 앎이라는 것은 분명해 보인다. 그 절대자는 최고의 실재와 모든 것 속에 내재하는 자아와 일치하는 것이다.[87]

---

87) John M. koller, Ibid, p.203.

④ 오대공희(五大供犧, pañca-yazna)[88]

전통적 yajna를 개선한 것으로, 브라만(Brahman, 梵天)·조령(祖靈, Pitri)·천신(天神, Deva)·귀령(鬼靈, Bhuta)·인간(人間, Jiva) 등 다섯 가지 대상에 대하여 제사 지내는 것이다. Brahman에 대한 제사는 베다를 널리 가르치는 것이고, 조령에 대한 제사는 조상의 영혼 앞에서 제사 지내는 것이며, 천신에 대한 제사는 제물을 바치는 것이고, 귀령에 대한 제사는 음식을 베푸는 것이며, 사람에 대한 제사는 가난한 사람들에게 먹을 것을 베풀고 손님을 정성껏 잘 대접하는 것이다. 이것은 오대공희가 단순한 기복의례의 수준을 넘어서 일종의 담마로서, 곧 신성한 생활의 법도와 종교적 의무로서 요구되고 있었다는 사실을 의미하는 것이다.

이 밖에 사원참배와 성수(聖水) 목욕, 그리고 성지순례 등이 인도인들의 담마로서 존중되어 내려왔다. 그들은 이러한 방법들을 통하여 일상생활 속에서 신에게 복을 빌고 신과 대화하며, 보시를 비롯한 헌신과 신애(信愛)를 서로 권하고 찬양하는 것이다. 이러한 과정을 통하여 그들은 공덕을 쌓아 천상에 나기를 기약하는 것이다. 여기에는 합리성을 초월하여 신들과 교류하고 궁극적 실재와 합치하려는 보다 차원 높은 인간의 무의식(無意識)이 작용하고 있는 것으로 보인다.[89]

---

88) 中村 元·김지견, 앞의 책, p.107.
89) 앞의 책, p.108.

4. 비(非)정통적 사마나(samaṇa) 운동의 전개

1) 사마나, 사상적 혁신운동의 주역들

주목받는 유행자 그룹

"세존이시여, 어느 때, 저는 뿌라나-까샤빠를 만나러 갔습니다. 인사를 교환하고, 저는 한쪽에 앉아 물었습니다.

'대덕 까샤빠시여, 세상에는 이와 같은 많은 기술자들이(cf. 3장) 있어서, 그들은 지금 여기서 그들의 기술에 의하여 눈에 보이는 이익(보상)을 누리고 있습니다.

까샤빠시여, (사마나들이) 출가생활을 통하여 지금 여기서 누리는 눈에 보이는 저와 같은 이익(보상)을 지적해줄 수 있겠습니까?' "90)

이것은 마가다의 아자따삿투(Ajātasattu) 왕이 아버지 빔비사라(Bimbisāra) 왕을 시해하고 괴로워하다가 의사 지바까(Jīvaka)의 권유로 라자가하의 지바까 동산으로 붓다를 찾아가 처음 나눈 문답의 일부이다. 이때 문답의 주제는 출가 사마나의 현실적인 이익에 관한 것으로, 왕은 세속의 많은 직종을 나열하고 그들의 '보상에 관하여 설명하면서, 사마나들이 출가생활을 통하여' '지금 여기서 누리는 눈에 보이는 이익(보상)'(a reward visible here and now)이 무엇인지 질문하고 있다. 이에 대하여 붓다는 왕이 "다른 사마나나 브라민들

---

90) DN 2.14(text i. 52) ; *The Long Discoursea of the Buddha*, pp.93~94. cf.
『長阿含經』17. 3, 「沙門果經」 ; 『한글대장경 長阿含經』(동국역경원), p.392.

(samaṇas-brahmains)에게도 같은 질문을 한 적이 있는가?"라고 묻고, 이에 대하여 아자따삿투 왕은 뿌라나-까샤빠(Pūruṇa-Kassapa)를 비롯하여 6명의 사마나들(소위 六師外道)에게 같은 질문을 한 적이 있다고 그 과정을 설명하고, 그 결과를 이렇게 말하고 있다.

> "세존이시여, 이렇게 뿌라나-까샤빠는 출가생활의 현재적 과보에 관하여 질문 받고 저에게 실제적인 것이 아닌 것(non-action)을 설명했습니다. 이것은 마치 망고(mango)에 대해서 질문 받고 빵나무(breadfruit-tree)에 관해서 설명하고, 빵나무에 대해서 질문 받고 망고에 관해서 설명하는 것과 같습니다.
> 세존이시여, 그래서 저는 생각했습니다.
> '나같은 사람이 사마나나 브라민들이 내 영토 안에 머무는 것을 어떻게 나쁘게 생각할 수 있겠는가?'
> 그래서 저는 뿌라나-까샤빠를 찬양하거나 거절하는 말을 하지 않았습니다. 그러나 비록 언짢을지라도 저의 불쾌함을 나타내지 않고, 거절하거나 경멸히 여기는 어떤 말도 하지 않고 일어나 떠나갔습니다."[91]

여기서 주목되는 것은 사마나(samaṇa, Skt. sramana, 沙門)의 존재이다. 아자따삿투 왕은 지금 'samaṇa'라고 불리는 출가 수행자들의 존재 가치를 심각하게 문제삼고 있는 것이다. 이것은 samaṇa가 이 시대에 새롭게 등장한 매우 낯선 비전통적인 집단이라는 사실을 강하게 시사하고 있는 것이다. samaṇa의 현실적 과보와 사회적 존재 의미는 역사적으로 끊임없이 질문되고 비판되어 온 것으로, 이 문제는 뒤에서

---

91) DN 2.18(i. 54) ; Ibid, p.94.

다시 본격적으로 논의될 것이다. 그만큼 samaṇa의 등장은 인도사상과 종교의 역사에서 매우 중요한 변화로 보인다.

samaṇa는 기원전 7세기경 북동 인도에서 전개된 반(反)브라만적 사상적 혁신운동의 과정과 관련이 깊다. 그 시기 정통 브라만교는 이미 관찰한 바와 같이, 과도한 브라민 우월주의와 주술적 신비주의, 베다-브라흐마나적 공희의식에 집착함으로써 사상적 향도력과 민중적 지지를 상실하고 있었다. 인도와 같이 깊이 종교적이며 정신적 체험에 열중하는 나라에서, 이러한 모순에 대항하는 새로운 사상적·종교적 혁신운동이 발생하는 것은 불가피한 현상으로 생각된다.92)

이러한 혁신운동은 브라만교 안팎에서 광범위하고 다양하게 진행되었는데, 기원전 6세기경에는 강력한 정신적 운동의 조류를 형성하였다. 이 운동은 비조직적으로 전개되어 기성의 종교를 방치한 채, 새로운 정신적 목표를 추구하며 새로운 방법들을 채용하고 있었다. 고행과 요가도 그런 방법들의 하나라고 할 수 있고, 우파니샤드의 발전도 이 혁신적 흐름의 범주에 포함된 것으로 볼 수 있을 것이다.93)

이 사상적 혁신운동의 주역들이 곧 samaṇa들로 분석되고 있다. samaṇa들은 일반적으로 집을 나와 여기저기 편력(遍歷)하는 유행자(遊行者, paribbājaka, Skt. parivrajaka)들로서, 그들은 자유롭게 사색하고 자유롭게 비판하는 다양한 형태의 자유사상가들이라 할 것이다. 'samaṇa'의 명칭은 brahmain 체제를 비판하고 자유롭게 유행하며 새로운 정신적 해탈을 모색하는 이단적 혁신 사상가들의 총칭으로 규정될 수 있을 것이다. 불교가 발전하면서 이 'samaṇa'라는 용어는 불

---

92) H. W. Schumann, Ibid, p.34.
93) Ibid, p.35.

교의 출가 수행자들, 비구·비구니에 대한 호칭으로 한정적으로 채용하려는 의도가 작용하고 있었던 것으로 보인다.94)

'재가운동(在家運動)'으로서

금욕적 유행자들의 기원은 고대 브라만교의 전통 속에서 발견되고 있지만, 이 시기의 유행(遊行) 운동, samaṇa 운동을 brahmin들의 4단계 생애과정, 곧 Asrama와 연결시키는 것은, Asrama의 법이 불교 탄생 이후라는 역사적 사실로 미루어볼 때, 무리한 주장으로 지적되기도 한다.95)

분명한 것은 기원전 7~6세기경, 불교 탄생 이전 북동 인도사회의 격변 속에서, 계층이나 카스트와 상관없이 많은 사상가들이 자유로운 유행집단(遊行集團, paripajakas)을 형성하고 brahman 중심의 정통 구체체를 비판하며 새로운 삶의 길을 모색하면서 해탈을 추구하며 왕성한 지적·정신적 운동을 전개하고 있었다는 사실이다. 또 samaṇa들이 이념적으로 계급과 카스트를 초월한 평등한 출가주의자들이라 할지라도, 또 유행자들 가운데는 brahmin들이 많이 포함된 것이 사실이라 할지라도, samaṇa들이 하나의 사회적 실체로서 발전하는 데는 캇티야와 자산가 그룹을 비롯한 신흥세력들과의 제휴 및 민중들의 지지와 보호가 크게 작용하였다는 역사적 상황 또한 진지하게 고려되어야 할 것으로 생각된다. R. 데이비스가 이들의 사상운동을 전체적으로 '재가운동(在家運動, a lay movement)'으로 규정하고 있는 것도 이런 맥락에서 이해될 수 있을 것이다.96) samaṇa 운동의 이러한 재가운동

---

94) Ibid, p.43.
95) G. C. Pande, Ibid, pp.321~327.

적(在家運動的) 특성은 초기 불교운동의 성격을 결정짓는 하나의 주
요 상수(常數)로서 특히 주목된다.

그 당시 북동 인도의 전체적 사회 분위기가 정통 브라만교 중심의 편
협한 제식주의와 사회적 속박으로부터 벗어나 자유분방한 지적 추구 방
향으로 흐르고 있었고, 도시의 신진세력인 캇티야와 상공업자・자산가
들이 이들 진취적 자유사상가들과 제휴하여, 또는 그 주체의 한 그룹으
로서, 이들을 통하여 보다 참신하고 합리적인 앎과 해탈(moksa)의 길
을 추구하고 있었던 것이다. 이러한 경향은 samaṇa 운동의 대표적 지도
자인 고따마(Gotama Siddhattha, Buddha)나 자이나교의 마하비라
(Mahāvīra)가 캇티야 출신이며, *Sāmaññanphala-Sutta*에서 아자따삿
투 왕이 여러 뛰어난 samaṇa들을 찾아 진지하게 질문하고 토론하는 과
정을 통하여 이 운동에 적극적인 관심과 기대를 표명하고 있는 사실을
통해서도 입증되고 있다.97)

요컨대, 신진 상류층이나 민중층이나, '자유를 찾고 지식을 추구하
려는 심리와 정신적 성숙을 향한 추진력이 사람들을 압도하고 있었
고', 그 결과 수많은 사람들이 해탈・열반의 지혜를 염원하며 가정과
직장을 포기하고 금욕적인 유행과 samaṇa의 길로 떠나간 것이다.98)
이렇게 해서 기원전 7~5세기의 인도사상계는 전통 brahmin계와 이
단적 samaṇa계의 양대 세력간의 치열한 경쟁상황으로 전개되고 있었
던 것이 큰 시대적 흐름이었던 것으로 보인다. 이들은 백화제방식(百
花齊放式)의 경쟁적 주장과 상호간의 첨예한 교섭을 통하여 인류 지

---

96) 'The intellectual movement before the rise of Buddhism was in measure
    a lay movement, not a priestly one.' ; Rhys Davids, Ibid, p.159.
97) 塚本啓祥 외・권오민, 『印度佛敎史』(경서원, 1992), p.34.
98) H. W. Schumann Ibid, p.43.

성사(知性史)의 일대 보고를 충실히 하는데 기여하고 있었다. 둣트(S. Dutt) 교수는 이렇게 논하고 있다.

불교와 자이나교의 문헌에서는 samaṇa들이 brahmin과 동등하게 사람들로부터 지적인 탁월함을 인정받아 존경받았음을 나타내는 예를 곳곳에서 쉽게 발견할 수 있다. samaṇa와 brahmin은 모두 당시에 유행했던 철학적 관념과 사색을 설명하는 선택된 자들로서 간주되었다. 집 없이 사는 공동사회에서 samaṇa들이 확보한 독특한 위치를 가정을 꾸리고 사는 사람들도 인정하였다. 사람들은 brahmin과 똑같이 samaṇa들에게 음식을 제공하는 일을 공덕을 쌓는 행위로 인식하였다. 그래서 길일(吉日)에는 그들을 초청하여 축연을 베풀고 즐겁게 하였다. 아쇼카 왕의 비문에는 samaṇa와 brahmin이 경의를 표할 만하고 보시할 만한 가치가 있는 사람들이라고 새겨져 있다.[99]

'지금, 여기서, 눈에 보이는 (이익),
 visible now and here…'
*Sāmaññanphala-Sutta*에서 아자따삿투 왕과 붓다가 '지금, 여기서, 눈에 보이는 samaṇa의 이익'에 주제로 문답하는 것도 바로 이러한 재가운동의 현실적 특성의 발로로서 이해될 수 있을 것이다.

---

99) Sakumar Dut, *Early Buddhist Monarchism* (Asia Publishing House, Calcutta, 1960), pp.32~33.

2) 자유사상가 6개 학파(六師外道)

samaṇa들은 전통에 구애됨이 없이, 자유분방하게 사색하고 주장하였다. samaṇa들은 또 학파, 분파를 형성하여 경쟁하기에 열중하였다. 수많은 경쟁적 학파, 분파, 또는 견해들 사이의 격렬한 충돌이 정신적 탐구의 불꽃에 에너지를 공급하여 뜨겁게 달구었다. samaṇa 운동은 실로 거대한 정신적 활력의 분출과정이라고 할 수 있을 것이다.[100]

이들 다양한 경쟁적 학파, 견해들을 불교문헌에서는 '62견(見)'·'63견(見)'으로, 자이나교 문헌에서는 '363견(見)'으로 각각 기록하고 있다.[101] 이 가운데서 불교 입장에서 특히 중요하게 문제삼았던 것은 초기불전에서는 '육사외도(六師外道)'라고 규정하고 있는 6개의 학파이다. 외도(外道, Skt. tirthaka)는 불교적 정도(正道)에 벗어나는 비(非)진리의 사도(邪道)라는 폄하(貶下)의 호칭이지만, 실로는 brahmin의 정통사상을 비판하며 다양한 교의를 발전시킨 samaṇa들의 비(非)정통적·혁신적 자유사상가들이고, 따라서 '육사외도(六師外道)'는 '비정통적 자유사상 6개학파'로 규정되어야 할 것이다.

여기서 이들 여섯 사상가들의 주장을 간략히 정리함으로써 사마나 운동의 사상적 다양성의 일면을 점검해 보려고 한다.

① 뿌라나 까샤빠(pūraṇa-Kassapa)[102]
도덕부정론(道德否定論)·무작용론(無作用論, akiriyavada) 주장.

---

100) G. C. Pande, Ibid, p.328.
101) P. L. Vaidya, Ibid, p.12.
102) P. L. Vaidya, Ibid, pp.15~16 ; Edward J. Thomas, Ibid, pp.72~73 ; G. C. Pande, Ibid, pp.349~350 ; 정태혁, 앞의 책, pp.51~52.

그는 노예 출신으로서, 살생·도둑질·사음 등 악행을 해도 악한 짓을 한 것이 없고, 제사·보시·진실 등 선행을 해도 선한 짓을 한 것이 아니라고 주장하였다. 그에 의하면 업(業, kamma)의 과보는 없는 것이며, 어떤 행위를 하든 그 결과 어떤 작용도 일어나지 않는다. 따라서 도덕적 행위는 무의미한 것이 되는 것이다.

까샤빠와 육사(六師)의 또 한 사상가인 까차야나 등은 '영혼(soul)'은 어떤 변화에 의하여도 결코 영향받지 않기 때문에, 선악(善惡)보다 우월하다는 것을 특히 강조하고 있다. 이 주장은 정통파의 '윤회(輪廻, saṃsāra)'의 교의에 반대하여 형성되었다는 것을 상상하기는 어렵지 않다. 윤회의 교의에서는, 영혼이 (행위에 의하여) 고통을 받으며, 이 고통에 대하여 영혼 그 자체가 책임이 있다고 주장한다. 따라서 samaṇa들의 도덕부정론적 경향은 단순히 실제적 행위의 문제로서가 아니라, 정통파의 결정론적 도그마로부터 정신의 자유를 확대시키려는 자유사상의 한 흐름으로 고려되어야 할 것으로 생각된다.

② 막칼리 고살라(Makkhali Gosala)[103]

무인론(無因論)·결정론(決定論, akryaanvada) 주장. 사명외도(邪命外道, ājīvika, ajivaka), 나형외도(裸形外道, acelakas)로 불림.

그는 대나무 막대기(maskarin)을 들고 다녔기 때문에 '막칼리(Makkhali)'라고 불렸다. 한때 자이나교의 신봉자였으나 뒤에 이탈하여 독자적인 학파를 형성하였다. 이 학파를 '아지비까(Ājīvika, 또는 Ājīvaka)'라고 부르는데, '생활법의 규칙을 엄격히 지키는 자'라는 뜻

---

103) P. L. Vaidya, Ibid, p.15 ; Edward J. Thomas, Ibid, p.72 ; G. C. Pande, Ibid, pp.342~347 ; 정태혁, 앞의 책, p.51.

으로, '사명외도(邪命外道)'도 이런 뜻이다. 나형(裸形)으로 고행을 중시하였다. 불교 이전에 그 교단이 형성되었고, 불교·자이나교와 비견할 큰 세력을 형성하였다.

막칼리에 의하면, 생물들의 고통과 구원에는 특별한 원인이 없으며(無因論), 또 업(業, kamma)에 의해서 결정되는 것도 아니다. 살아가는 데 인간 자신의 지배력도 의지력도 없으며, 다만 자연의 정해진 상황과 본성에 의해서 결정될 뿐이다(決定論). 모든 생류(生類)는 어리석은 자든 현명한 자든, 윤회하도록 운명지어져 있으며, 이 윤회의 전 과정이 끝날 때 비로소 그 고통도 끝나는 것이다(宿命論). 윤회의 주체는 영혼(jiva, 命我)인데, 이 영혼은 물질적 존재로서, 지(地)·수(水)·화(火)·풍(風)·허공(虛空)·득(得)·실(失)·고(苦)·낙(樂)·생(生)·사(死)의 11개의 요소로 집적되어 있다고 주장하였다.

③ 아지따 께사깜발리(Ajita-Kesakambali)[104]

유물론(唯物論, carvaka-vada)·단멸론(斷滅論, uccheda-vada) 주장. 순세파(順世派, lokayata)의 선구자.

그에 의하면, 사람은 지(地)·수(水)·화(火)·풍(風)의 네 가지 요소로 구성되어 있으며, 죽을 때 이 요소들은 제자리로 돌아간다. 바보든 성현이든, 분해되는 육신을 가지고 있기 때문에 절단되고 파괴되며, 사후에는 그들은 존재하지 않는다(斷滅論). 보시·공덕도 무용지물이고 선악의 과보도 없는 것이다. 천상의 세계나 초자연적 능력도 믿을 수 없다. 부모도 없고 스승도 없다. 인도철학사에서는 이러한 유

---

104) P. L. Vaidya, Ibid, p.15 ; Edward J. Thomas, Ibid, p.72 ; G. C. Pande, Ibid, pp.350~351 ; 정태혁, 앞의 책, p.51 ; 김동화, 앞의 책, pp.52~53.

물론자들을 '로카야타(lokayata)'라고 일컫는데, 불전에서는 '순세외도
(順世外道)'라고 부르고 있다.

④ 빠꾸다 까차야나(Pakudha-Kaccayana)105)
칠요소설(七要素說, asasvata-vada) 주장.

그에 의하면 인간은 일곱 가지 요소, 지(地)·수(水)·화(火)·풍(風)·
고(苦)·낙(樂)·명아(命我, jiva) 등으로 구성되어 있다. 이 일곱 가지 요
소는 극히 물질적인 것이어서 불변이며 파괴될 수 없는 것이기 때문에, 누
가 칼로 다른 사람을 찔러 죽일 때, 요소와 요소 사이에 빈 구멍만 만들었
을 뿐, 죽는 자도 없고 죽이는 자도 없는 것이다.

⑤ 산자야 벨라티뿟타(Sañjaya-Belaṭṭhiputta)106)
불가지론(不可知論, ajnana-vada)·회의론(懷疑論) 주장.

그는 대표적인 회의론자로서, 형이상학적 문제들에 대한 인식의 객
관적 타당성을 거부하며, 감각적 인지(認知) 이상의 모든 종교적 교설
을 회의하였다. '내세는 존재하는가?' '나는 존재하는가?'라는 질문에
대하여, '그렇다고는 생각할 수 없다. 그렇다고도, 그것과 다르다고도,
그렇지 않다고도, 그렇지 않은 것도 아니라고도 생각할 수 없다.'고 애
매하게 대답함으로써 형이상학적 문제에 대한 판단을 중단시켰다. 그
는 항상 설명하지 않고 대답하지 않는 열 가지 문제가 있는데, 이 문

---

105) P. L. Vaidya, Ibid, p.16 ; Edward J. Thomas, Ibid, p.72 ; G. C. Pande,
   Ibid, p.348 ; 정태혁, p.52 ; 김동화, 앞의 책, p.33.
106) P. L. Vaidya, Ibid, p.16 ; Edward J. Thomas, Ibid, p.73 ; G. C. Pande,
   Ibid, p.350 ; 정태혁, 앞의 책, p.52.

제들은 언제나 인간의 마음을 움직이게 하는 것으로서, 불전에서도 자주 언급되고 있다. 붓다도 이런 문제들에 부딪혔을 때 대답하기를 거부하고 있다. 이 학파의 영향력은 매우 큰 것이어서, 붓다의 상수 제자인 사리뿟타(Sāriputta)와 목갈라나(Moggallāna)도 산자야의 제자였다.

⑥ 니간타 나따뿟타(Nigaṇṭha-Nātaputta)107)

상대적 조건주의(syadvada, conditionalism) · 작용론(作用論, kiriyavada) 주장. 자이나교(Jains)의 창시자.

자이나교는 본질적으로 인도적 종교의 하나로서, 지금도 그 생명력을 유지하고 있다. 자이나교도는 초기불전에서 '니간타스(Niganthas, 漢譯 尼乾子)'란 이름으로 등장하고 있을 정도로 불교와도 관련 깊으며, 불교와 더불어 이 시기 가장 대표적인 혁신적 samaṇa 운동의 한 주류를 형성하였다는 점에서 특히 주목된다. 초기불전에 의하면, 양자 간에는 격렬한 논쟁과 세력 경쟁이 있었던 것으로 보인다. 빤드는 이렇게 논하고 있다.

니간타스들의 작용론(作用論, kiriyavada)에 대한 주장은 또한 많은 불교문헌들로부터 나오고 있다. 여기에서 그들의 중심적인 신념은 이렇게 요약될 수 있을 것이다. 고행에 의한 업(業, kamma)의 추방에 의하여 인간은 고통(dukka)으로부터의 해탈과 완전한 앎을 획득할 수

---

107) J. Koller, 'The Jaina Vision,' Ibid, pp.108~132 ; G. C. Pande, Ibid, pp.353~ 368 ; A. N. Upadhye, 'Jainism', *A Cultural History of India*, pp.100~110 ; J. B. 노스, 앞의 책, pp.627~643.

있다. 극단적인 고행과 항상 존재하는 완전한 앎, 불교도들에 의하여 이 두 가지 주장이 조소를 받고 있다.108)

창시자 Nigantha-Nātaputta는 'Nata족 출신(Nataputta)의 속박을 벗어난 자(Nagantha)'란 뜻으로, 본명은 '밧다마나(Vaddhamana)'로서 '증장(增長)하는 자', '번영하는 자'란 의미이다. 자이나교의 교주로서는 일반적으로 '마하비라(Mahāvīra)'로 일컬어지는데, 진리를 깨친 '위대한 영웅(大雄)', 이런 의미이다. 또 '지나(Jina)'라고도 불리는데, '승자(勝者)', '수행을 완성한 자'를 가리킨다. 나따뿟타는 붓다와 동시대의 인물로 행적에서는 비슷한 점이 많다. 기원전 599년 밧지족의 수도 베살리 근교 쿤다그라마에서 그 지역의 왕 싯다르따(Siddharta)와 어머니 뜨리야까리니(Trisala alias Priyakarini) 사이에서 왕자로 태어났다. 기원전 527년 72세로 입적하였다.

나따뿟타의 교설은 그보다 250여 년 전 생존했던 빠르쉬바(Parshva)의 사상을 계승 발전시킨 것으로 분석되고 있다. 그 교의에 의하면, 영혼(靈魂, Jiva)과 업(業, Kamma)이 자이나교의 가장 중요한 개념이다. 모든 사물은 영혼(Jiva)·비(非)영혼(Ajiva)의 두 가지 범주로 구분되는데, 영혼에는 신·인간을 비롯한 곤충·식물·미생물 등 온갖 생명체들이 포함되고, 비영혼은 무생물·물질 등을 포괄한다. 영혼도 감각기관의 숫자에 따라 다섯 가지로 세분되고, 비영혼에는 담마(dhamma, 운동의 조건)·비(非)담마(adhamma, 정지의 조건)·허공(akasa)·물질(pugala) 등 네 가지로 분류된다. 담마·비담마·허공·물질, 그리고 영혼, 이 요소들을 '다섯 가지 실재체(實在體)'로 규

---

108) G. C. Pande, Ibid, pp.355~356.

정하고, 전 우주는 이 실재체들로 형성되었다고 주장함으로써 정통 브라만교의 전변설(轉變說)을 정면으로 부정하였다.

생명과 구원의 원천은 영혼이다. '이 영혼의 본질은 가능한 모든 감각적 경험을 초월해 있으며, 더욱이 논리적인 지식에 의하여 접근할 수 없다. 이와 똑같이 영혼에 대한 어떤 유추적인 서술도 불가능하다. 그렇게 해서 영혼(an sich)은 인지·개념, 또는 상상의 대상이 될 수 없다. 그러나 이것이 자이나교가 불가지론적(不可知論的) 입장이라는 것을 의미하는 것은 아니다. 처음부터 그들은 영혼의 본성은 앎(knowledge, 이해)의 대상이라고 확인하였기 때문이다. 이 앎은 철학적인 논쟁의 성숙과 더불어 스스로 빛을 발하는 것이라고 명쾌하게 선언하고 있다. 앎(Kaivalya)의 이성적(理性的) 특성이 자이나교도들에 의하여 의심되지 않았던 것이 분명한 까닭에, 이 후자의 견해가 실로 초기 가르침 속에 잠재해 있었던 것은 안심하고 확인될 수 있다.'109)

순수 영혼은 무한한 앎의 능력을 소유하고 있고, 무한한 힘·무한한 행복을 지니며, 독립된 불멸의 것으로 다른 어떤 것의 부속물이거나 파생물이 아니다. 따라서 브라만교의 범아일여는 무의미한 것으로, '우주의 통치자', '궁극적 실체'는 없는 것이다. 신(神)이 있다 하더라도 인간과 같이 유한한 윤회적 존재로서, 자신 이외의 다른 것에서 구원을 찾는 것을 기대해서는 안 된다. 마하비라는 이렇게 말하고 있다.

"사람들아, 네가 너 자신의 친구이다. 왜 그 밖에서 친구를 찾으려 하느냐?"110)

---

109) Ibid, p.356.
110) SBE vol. X X Ⅱ. *The Jaina Sutras*. p.33.

이 순수 영혼이 업에 의하여, 업의 작용에 의하여 더럽혀지고 점차 아래로 가라앉는다. 또 업의 작용에 의하여 위로 솟아올라 하늘에 이르기도 한다. 자이나교를 '작용론(作用論, kiriyavada)'이라고 규정한 것도 이 업의 작용을 중시하기 때문이다. 영혼의 상태와 업의 관계는 이렇게 서로 상대적으로 조건지어져 있기 때문에 또 '상대적 조건론 (syadvada)'이라고도 하는 것이다.

영혼이 깨끗한 업의 힘에 의하여 본래의 순수성을 회복할 때, 영혼은 해탈하여 우주의 꼭대기로 올라가 우산처럼 생긴 곳(Isatpragbhara, Siddha-Sila, 완벽한 이들의 집)에 이른다. 해탈에 이르는 가장 확실한 길은 고행, 곧 금욕적 생활의 실천이다. 따라서 자이나교는 윤리적 덕목을 특히 강조하고 있는데, 이 덕목들은 '오대 서약(五大誓約)'과 보다 대중적인 '열두 가지 서약'이 있다.111)

이 가운데서 특히 강조되는 것이 첫번째 서약, 곧 아힝사(ahiṃsā), 불해(不害)이다.112)

아힝사는 마하비라의 초기 추종자들이 중시해 온 덕목이지만, 교단 발전사적으로 볼 때, 이 조항은 종교적인 측면에서뿐만 아니라, 경제적인 영역에서도 유효하다는 사실이 증명되었다. 자이나교도들은 생물을 직접 해치는 행위를 기피하고, 금융업·상업·부동산업·법조

---

111) J. B. 노스, 앞의 책, pp.637~640.
112) "스승이시여, 첫번째 서약은 이러하나이다. '나는 움직이는 것이든, 움직이지 않는 것이든, 어떤 생명도 해치지 않겠다. 내가 죽이지 않는 것은 물론이고, 다른 사람으로 하여금 생물을 죽이도록 시키지도 않을 것이며, 그렇게 하도록 허락하지도 않겠다. 내가 살아 있는 한 나는 마음과 말과 몸으로써 이런 죄악을 고발하고 비난할 것이며, 스스로 그것을 저지르지 않도록 하겠다.'" ; 앞의 책, p.637.

인 등으로 전환함으로써 더 큰 이익을 얻게 되고, 상인 분야에서 큰 지지세력을 획득하게 되었다. 또 그들은 도박·육식·음주·간음· 사냥·절도·유홍 등을 금하는 자이나교의 윤리 규범을 준수함으로써 인도사회에서 오늘날까지 존경을 받아오고 있다.

자이나교 교단은 옷 입는 문제를 둘러싸고 두 파로 분열되는데, 디감바라(Digambara)파는 마하비라의 교의에 의하여 '벌거벗고 다니는 사람들(nirgrantha)'이고, 쉬베땀바라(shvetambara)는 '흰 옷 입는 사람들'이다.

바하비라, 곧 나따뿟타는 이 세상에 출현하는 마지막 구세주(Tir-thankara)로서 신봉되어, 그 가르침은 큰 세력을 형성하였다. 그 교단은 상공업자들을 중심으로 엄격한 계율과 고행주의를 표방하며 민중들 사이에 확산되었다. 불교와 자이나교는 교리상 유사점도 많고 지지세력도 중복되는 상황 속에서 치열한 경쟁관계에 서 있었다는 사실이 여러 초기불전을 통하여 드러나고 있다.

3) 불교, 정통과 비정통의 갈등을 넘어서

samaṇa들의 사상적 역할

불교 탄생 전후의 인도사상계는 정통 brahmin계와 비정통의 이단적 samaṇa계의 양대 조류로 정리될 수 있을 것이다. 불교는 기본적으로 samaṇa 그룹의 하나로 출발하고 있다. 영국의 학승(學僧) 나나몰리(Nanamoli, 1905~1960) 비구는 그의 역사적인 *The Middle Length Discourses of the Buddha*(A translation of the Majjhima-Nikāya)

의 서문에서 이렇게 논하고 있다.

붓다가 생존하고 전도했던 기원전 6세기의 중인도(Middle India)에
는 그만큼이나 다양한 방식으로 살아가는 스승들에 의하여 선전된 다
양한 종교적 · 철학적 신념들이 무성하게 성행하고 있었다. 크게 나누
면, brahmin들과 비(非)브라민의 고행자들 samaṇas, 또는 '은둔자들
(recluses)'이다. brahmin들은 인도의 세습적 사제들로서, 고대적 정통
의 수호자들(the custodians of the ancient orthodox)이다. 그렇게 해
서 그들은 불전 속에서 전통주의자들(tradionalists, anussavica)로 특
징지워지고 있다.

다른 한편, samaṇa들은 brahmin들의 견해로서는 그들을 정통의 지
위에 서 있게 하는 이유를 제공하는 베다의 권위를 받아들이지 않았다.
그들은 대체로 독신이었고, 걸식의 삶을 살면서, 출생(신분)에 의해서
보다는 자발적인 포기[출가]에 의하여 그들의 위상을 얻었다. samaṇa
들은 때로는 집단으로, 때로는 독행자(獨行者)로 인도 곳곳을 유행하
면서, 그들의 교의를 민중들에게 설교하고, 다른 고행자들과 논쟁을 벌
이며, 그들의 정신적 실천에 몰두하였는데, 종종 격심한 고행에 빠지기
도 하였다.[MN 51.8] samaṇa 캠프의 몇몇 스승들은 전적으로 추론과
사변의 기초 위에서 가르쳤고, 다른 스승들은 명상 체험의 기초 위에서
가르쳤다. 붓다는 그가 독자적으로 깨달은 담마를 가르치는 스승으로
서 자기 자신을 후자(명상 그룹)에 위치시켰다.113)

---

113) Bhikkhu Nanamoli, *The Middle Discourses of the Buddha* (A
　　Translation of the Majjhima-Nikāya, Wisdom Pub., Boston, 1995), pp.4
　　8~49.

나나몰리 비구가 적절히 지적하고 있는 바와 같이, samaṇa 그룹의 사상가들은 다양한 진보적 교의들을 선전하면서 상호간에 치열한 논쟁을 전개하였다. 무작용론(無作用論)·무인론(無因論)·결정론(決定論)·유물론(唯物論)·단멸론(斷滅論)·칠요소설(七要素說)·불가지론(不可知論)·회의론(懷疑論)·작용론(作用論)·상대적 조건주의(相對的 條件主義)·도덕부정론(道德否定論) 등이 바로 그 산물이라고 할 것이다.

이렇게 6개 학파의 사상가들에 의하여 혼란스러울 정도의 많은 주의, 사상들이 제기되고 있다. 이것은 samaṇa 운동의 사상적 다양성과 역동성이라는 의미에서 매우 주목되는 현상이다. 자료의 부족으로 인하여 더 이상 규명될 수 없는 한계를 인정할지라도, '63견(見)'·'363견(見)' 등의 표현들로 미루어 볼 때 이 시기, 기원전 7~5세기의 북동 인도사회는 제자백가적(諸子百家的) 사상의 자유시대를 맞고 있었음이 분명하다.

이 사상적 자유운동을 견인하는 주역들이 samaṇa들이고, 6개 학파의 사상가들은 그 대표적인 지도자들이다. 초기불교 문헌에서는 이들을 '외도(外道)'·'육사외도(六師外道)'로 규정하고 논파(論破)의 대상으로 삼고 있지만, 실제로 이들은 탁월한 자유사상운동의 선구자들로서, 인간과 세계의 기원, 인간 행위의 도덕성 문제 등에 대하여 혁신적이고 상상력에 찬 철학적 견해들을 전개하여 인간 사유의 범주를 확대시킴으로써 불교.의 사상적 형성에 크게 작용하였다.114) *Sāmaññaphala-Sutta*에서 이들 여섯 명의 지도자들과 아자따삿투 왕 사이

---

114) Edward J. Thomas, Ibid, p.72.

의 논쟁을 문제삼고 그 내용을 소개하고 있는 것도 이러한 상황을 반영한 결과로 보인다.

여기서 가장 주목되는 것은 samaṇa들의 다양한 주장들이 변전설(變轉説, parinamavada)을 중심으로 구축된 brahmin의 철학체계를 정면으로 비판하면서 새로운 사유체계를 제시하고 있다는 사실이다. 칠요소설·유물론 등이 바로 그것이다. 요소설 — 유물론에 관하여 김동화 박사는 이렇게 논하고 있다.

이 요소가 집합하여 물체를 구성한다고 해서 요소가 없어지는 것도 아니고, 또 물체가 없어진다고 해서 요소가 증가하는 것도 아니다. 이 요소로부터 현상계가 현상되는 특징은 다만 제요소가 적집(積集)하는 데 있다. 이것이 정통사상의 학설의 특징인 전변설(轉變説)에 비할 만한 것으로서, 이것을 인중무과설(因中無果説, asat-karya-vada)이라고도 하고 또 적집설(積集説, arambha-vada)이라고도 한다.

이상과 같은 유물사상은 정통사상에 반발하는 일반 사회인들의 사상으로서는 그럴 듯한 사상이라는 것은 현대사상계의 실정에 비해 보아서도 알 수 있다.115)

정통파는 이 세계와 인간이 궁극적 실재인 Brahman의 전변(轉變)이라는 일종의 신비적 초월주의를 주장함으로써 인간의 자유로운 사고와 이성적 경험주의적 접근을 불가능하게 하고 있었다. samaṇa들은 정통파의 바로 이러한 유신론적 관념론인 전변설을 비판하고, 초월적인 신(神)과 영혼(靈魂), 곧 Brahman과 Ātman의 존재를 거부하

---

115) 김동화, 앞의 책, p.34.

며, 신에 대한 맹목적인 제의와 공희를 통한 구원을 부정하였다. 도덕 부정론도 인간을 업 – 윤회의 종속물로 긴박시키려는 결정론적 도그마를 타파하려는 비(非)정통적 탐구의 한 흐름이었던 것은 이미 관찰한 바 있다.

samaṇa들은 우주와 인생의 원리에 대한 초월적·관념적 탐닉을 지양하고, 인간과 사회의 고통문제를 보다 현실적으로, 있는 그대로, 이성적으로 관찰하기를 추구하였고, 육체적인 수련과 금욕적인 고행을 통하여 고통의 원천인 육체로부터 해탈하기를 도모하였다. 이렇게 해서 존재를 여러 요소들의 집합으로 인식하려는 집적설(集積說)과 고행(苦行, tapas, ascetic)이 samaṇa 운동의 사상과 실천의 핵심이 된 것이다.116) 이러한 경향이 유물론을 비롯한 다양하고 복잡한 제종의 학설로 전개되었고, 붓다도 일상적 관찰을 넘어서는 초월적인 형이상학적 문제들에 대하여 침묵함으로써 이러한 경향에 동조하고 있었던 것으로 보인다.

사견(邪見)을 비판하며 정견(正見)의 길로

초기불교는 이미 관찰한 바와 같이, samaṇa 운동의 한 주도적 학파로서, 이들 자유사상가 그룹과 더불어 비(非)정통적·진보적 혁신성을 공유하고 있다. 붓다 자신이 출가 후 'samaṇa Gotama'·'고행자 고따마'로 일컬어졌고, 그의 제자들이 '석가의 samaṇa(釋子沙門, Sakyaputtiya-samaṇas)'로117) 호칭된 것을 보더라도 이러한 사실은 분명한 것으로 보인다.

---

116) 김동화, 앞의 책, p.35.
117) Rhys Davids, Ibid, p.143.

그러나 이것이 초기불교가 자유사상가들의 다양한 견해를 그대로 인정하였다는 것을 의미하는 것은 결코 아닌 것으로 보인다. 붓다의 침묵이 다른 samaṇa들의 요소, 집적설을 묵인하는 암묵의 승인으로 인정되는 것은 성급한 결론으로 생각된다. '독자적으로 깨달은 담마의 스승으로서' 전변설(轉變說) — 제의(祭儀)와 더불어 집적설(集積說) — 고행(苦行)을 거부함으로써, 붓다가 '정통의 brahman들과 비정통의 samaṇa 그룹에 대한 차별성을 엄연히 표명하고, 보다 독자적이고 중도적인 사상적 혁신운동을 추구하고 있는 것은 의심의 여지가 없는 것이다. *Sāmaññanphala-Sutta*를 비롯한 여러 초기불전에서, 불교도들이 이들 6개학파의 samaṇa들을 '외도(外道, Skt. tirthaka)'로 규정하고 신랄하게 비판하며 중도(中道)를 선포하고 있는 것도 이러한 상황을 반영하고 있는 것이다. 나나몰리 비구는 이렇게 논하고 있다.

빠알리 경전들은 일반적으로 온정적이지만, 그러나 brahmin들에 대해서는 비판적인 것과 같이, 불전들은 samaṇa들의 라이벌적인 교의들에 대해서도 신랄하다. 한 경[MN 60]에서 붓다는 최초의 세 가지 교의의 어떠한 적용도 (그리고 네 번째 교의는 암시에 의하여)118) 6사외도들의 주장들(저자 註), 그것이 보다 낮은 영역으로 전락시키기에 충분할 만큼 강력한 악행(evil kamma)을 키우는 불건전한 상태의 순환을 야기시킨다는 점에서 반대하였다. 이와 비슷하게, 아난다

---

118) 첫번째 교의 : pūraṇa-Kassaya의 주장. akiryav-ada, 無作用論. 두 번째 : Makkhali-Gosala. ahetuka-vada, 宿命論・決定論. 세 번째 : Ajita-Kesa-kabalin. natthika-vada, 道德虛無論. 네 번째 : Pakudha-Kaccayana. asasva-ta-vada, 要素說.

(Ānanda) 존자도 이러한 (외도들의) 견해들을 '성스러운 삶의 네 가지 부정'으로 묘사하고 있다.〔MN 76〕

산자야의 회의론은, 그렇게 유해(有害)한 것으로는 취급되지 않는 한편, 그 제창자의 우둔함과 혼란의 표시로 간주되었다. 그것은 그 책임 회피성 때문에 '뱀장어의 꿈틀거림(eel-wriggling)'(amaravikkhe-pa)으로 묘사되었고, 평안(平安)이 없는 신성한 삶의 유형으로 분류되었다.〔MN 76.30-31〕 자이나교는, 그 교의의 어떤 점은 붓다의 가르침과 유사함에도 불구하고, 반론의 요구와 관련한 기본 전제에서 매우 큰 오류를 지닌 것으로 취급되었다. 붓다는 몇몇 경위에서 그런 반론을 전개하였다.〔MN 14, MN 56, MN 101〕 이러한 사견(邪見)들에 대한 거부는 불교도의 견해로부터, 정신적으로 위험한 교리에 대한 분명한 경고를 발하기 위한 방법으로서뿐만 아니라, 정견(正見)의 수용에 대한 장애를 제거하기 위한 방법으로서 필요한 것으로 인식되었는데, 정견의 수용은 붓다의 길을 앞서가는 선행주자로서〔MN 117.4〕, 마지막 구원으로 나아가는 길을 따라 진전되어야 할 전제였던 것이다.119)

---

119) Bhikkhu-Nanamoli, Ibid, p.51.

초기 불교운동의 이념과 그 전개

−붓다와 민중 전법사들의 개척 루트를 찾아서−

제1장 초기 불교운동의 이념적 지향과 실천의지

1. 대중견성 – 만인의 깨달음을 향하여

1) '로히니 강의 분쟁과 평화사건'[1]

「가빌라밧투(Kapilavatthu)는 석가족(釋迦族, Śākyas)의 수도로서 붓다의 부친 숫도다나(Suddhodana) 왕이 다스리는 곳이었고, 꼴리야(Koliyas)는 꼴리야족의 수도로서 붓다의 외가가 있는 곳이었다. 이 두 도시는 로히니(Rohiṇī) 강을 사이에 두고 두 부족의 농민들이 이 강물을 함께 끌어대며 농사를 짓고 있었다.

그러던 어느 해에 가뭄이 심하게 들어 농작물들이 말라죽게 되었다. 그러자 강 양쪽에서 두 부족의 농민들이 물을 서로 끌어대겠다고 다툼이 벌어졌다. 꼴리야 쪽 농민들이 먼저 말을 걸었다.

---

1) Dhp-Com. 15.1(text N.iii. 254-257. 197-199) ; *Dhammapada-Commentry 3* (tr. Eugene Watson Burlingame, Munshiram Manoharlal Publishers Pvt. Ltd., New-Delhi, 1999), pp.70~72. cf. Jāt ⅴ. 412-416 ; 거해 편역,『법구경』 2(고려원, 1992), pp.45~47.

"친구들이여, 이 강물을 양쪽에서 나누어서 사용한다면, 그쪽도 넉넉하지 못할 것이고 우리 벼이삭도 여물지 못할 것이다. 우리 쪽 벼들은 물을 한번만 듬뿍 준다면 제대로 수확할 수 있을 것이오. 그러니 이 강물을 먼저 우리가 쓰겠소."

가빌라 농민들이 곧 대응하였다.

"너희들의 창고에 벼와 쌀이 가득할 때, 우리는 고개를 숙이고 구걸하란 말이냐. 그것을 어떻게 견딜 수 있겠는가. 우리 벼이삭도 물을 한번만 듬뿍 대주면 잘 여물 것이다. 그러니 이 강물은 우리가 먼저 대야하겠다."

이렇게 말이 오가다가 다음에는 욕설이 오가고, 주먹이 오가고, 마침내 큰 싸움이 벌어졌다. 그리고 서로 상대방을 모욕하는 욕설을 함부로 내뱉었다. 꼴리야 농민들이 큰 소리로 떠들었다.

"집개·들개처럼 자기 누이들을 데리고 사는 자들을 우리가 귀히 여길 것 같으냐? 너희들의 코끼리·말·무기들이 우리를 이길 것 같으냐?"

가빌라 사람들이 이에 질세라 악을 쓰며 욕설을 퍼부었다.

"너희들이 나병을 믿고 싸움을 거는구나. 너희들 나병에 걸린 자들은 마을에 살 수 없다. 숲으로 들어가서 깔로나무 구멍에서 살아야 한다. 이러한 종족의 코끼리와 말·무기들로 우리를 이길 것 같으냐?"

로히니 강 양쪽에 군대가 나타났다. 왕이 관리와 장군들, 군대를 몰고 달려온 것이다. 코끼리와 말들의 울음소리가 귀를 찢었다. 군대의 함성이 살의를 불태웠다. 유혈과 살육의 순간이 가까웠다.

그때 가빌라 교외 마하바나(Mahāvana, 大林園)에 주석하던 붓다가 새벽에 세상을 두루 살피다가 그의 동족들을 보고, 스스로 생각하였다.

'내가 가지 않으면 이 사람들이 서로를 파괴하고 말겠구나. 그들에게 달려가는 것이 분명히 나의 임무로다.'

로히니 강변에 도착하자 붓다는 양쪽 군대 사이에 들어가 앉았다. 붓다를 보자 사람들은 무기를 던져 버리고 절을 올렸다. 붓다는 동족들을 보고 물었다.

"왕들이여, 그대들은 무엇 때문에 전쟁을 벌이려 합니까?"

"세존이시여, 저는 잘 모릅니다."

"그럼 누가 안단 말인가?"

왕은 장군에게, 장군은 다른 사람에게로—.

이렇게 해서 붓다는 마지막으로 노예 노동자들에게 물었다.

"세존이시여, 물 때문입니다."

붓다는 왕에게 물었다.

"왕들이여, 물이 얼마만큼의 값어치가 나가는 것입니까?"

"세존이시여, 얼마 되지 않습니다."

"왕들이여, 양쪽 병사들의 목숨과 피는 얼마만큼의 값이 나가는 것입니까?"

"세존이시여, 값으로 따질 수 없습니다."

"그대들이여, 작은 가치의 물 때문에 값으로 따질 수 없는 사람들의 목숨을 해친다는 것이 온당한 일인가?"

그들은 침묵하였다.

붓다는 그들에게 설하였다.

"왕들이여, 왜 그대들은 이와 같이 행동합니까? 내가 오지 않았더라면, 그대들은 이 강을 피로 물들였을 것이오. 그대들은 가장 맞지 않는 태도로 행동하고 있소. 그대들은 적의 속에 살고 있소. 다섯 종류의 증오에 빠져 있소. 나는 증오로부터 벗어나 있소. 그대들은 사악한 감정의 병에 전염되어 있소. 나는 그런 병에서 벗어나 있소. 그대들은 다섯 종류의 감각적 쾌락을 추구하는 데 열심이오. 나는 그것들로부터 벗어나 있소."

"세존이시여, 저희들이 어리석었나이다."
군인들이 무기를 땅에 던지며 무릎을 꿇고 엎드렸다.
"세존이시여, 저희들이 어리석었나이다."
농민들이 눈물을 흘리며 땅에 엎드렸다.
"부처님께서 오시지 않았더라면 저희들은 서로 죽이면서 이 로히니 강물을 피의 강물로 만들었을 것입니다. 부처님의 은혜로 저희들은 목숨을 건지게 되었습니다."
가빌라와 꼴리야족 시민들과 농민들, 군인들과 장군들을 향하여 붓다가 담마를 설하였다.

"우리 진정 행복하게 살아가자.
증오 속에 있으면서도 증오 없이
미워해야 할 사람들 속에서도 미움 없이
우리 자유롭게 살아가자.

우리 진정 행복하게 살아가자.
질병 속에서도 질병 없이
병자들 속에서도 병듦 없이

우리 건강하고 자유롭게 살아가자.

우리 진정 행복하게 살아가자.
쾌락의 환경에 물들지 않고
쾌락을 추구하는 사람들 속에서도
쾌락을 따르지 않으며
우리 자유롭게 평화롭게 살아가자."

붓다의 이 설법 끝에 많은 사람들이 소따빳띠-팔라(sotāpatti-phala, 豫流果)를 성취하고 깨달음의 길로 들어섰다. 그리고 양쪽 농민들은 서로 화해하고 물을 사이좋게 공동으로 관리하며 가뭄을 잘 극복하였다. 또 양쪽 백성들이 의논하여, 가빌라족과 꼴리야족에서 젊은이들 250명씩 출가시켜 붓다를 따르게 하였다. 붓다는 이들 500대중들을 이끌고 두 나라를 왕래하며 탁발하였다. 머지않아 이 500대중들도 담마를 깨닫고 모두 아라한이 되었다.」

2) 깨달음의 본질과 현장성(現場性)의 원리

'와서 보고 깨달아라.'

'로히니 강의 분쟁과 평화사건'은 초기 불교운동의 이념적 지향을 검색할 수 있는 매우 상징적인 사례로서, *Dhammapada*(『法句經』)를 비롯하여 *Sangyutta-Nikāya*(1.26)・*Jātaka*(ⅴ) 등에 기록되어 있다. 이 사건에서 가장 주목되는 것은 분쟁의 해결과 평화의 실현과정이 철저하게 이성적 깨달음에 입각하고 있다는 사실이다. 그런 의미에서 이 '로히니 사건'은 '깨달음의 길'로서의 초기 불교운동의 본질을 하나의 극명한 현장으로서 잘 드러내고 있다.

불교가 본질적으로 '와서 보라(ethi-passika)', '와서 보고 깨달아라.'라고 주장하는 '깨달음의 종교', '깨달음의 길'이라고 하는 사실에 대해서는 의문의 여지가 없는 것으로 보인다. 붓다가 문제삼는 것은 항상 보고 아는 것, 곧 깨달음의 문제이다. 붓다는 사밧티의 제따바나에서 이렇게 설하고 있다.

"수행자들이여, 참으로 이 네 가지 요소와 관련하여, 그 만족과 고통과 벗어남을 있는 그대로 이해하지 못한다면, 이러한 수행자들은 누구라도 나는 수행자로 인정할 수 없으며, 이러한 수행자들은 이 삶 속에서 수행자의 공덕과 이익을 충분히 알고, 깨닫고 그렇게 살지 못하느니라."2)

여기서 붓다는 깨달음이란 있는 그대로(as it really is) 보고, 알고, 이해하고 사는 것이라는 담마의 본질을 분명히 하고 있다. 고통으로부터 벗어난다는 것은 곧 깨달음을 의미하는 것이기 때문이다. 이와 관련하여 W. 라훌라 박사(Dr. W. Rahula Bhikkhu)는 *What the Buddha taught*에서 이렇게 논하고 있다.

그것은 언제나 알고 보는 문제이지, 믿는 문제가 아니다. 붓다의 가

---

2) SN 14.4.37(text ii. 175, Recluses and Brahmins) ; *The Book of the Kindred Sayings 2*(P.T.S.), p.117. cf. 전재성 역주, 『쌍윳따 니까야』(한국빠알리성전협회, 1999), p.127.

르침은 'ethi-passika'로서 규정된다. 곧 '와서 보라(come and see)'라고 부르는 것이지, '와서 믿으라'가 아닌 것이다.[3]

불교는 붓다 석가모니(Buddha Sākyamuni)가 자각(自覺)·자증(自證)한 담마(Dhamma, Skt. Dharma, 法)에 대한 가르침이다. 따라서 초기 불교운동은 대중·민중들에게 붓다의 담마를 전파함으로써 대중들로 하여금 붓다가 자각·자증한 담마를 스스로 보고 믿고 자각·자증, 깨달음으로써 해탈 열반이라는 위없는 평화와 행복을 실현하게 하는 것을 그 궁극적 이념으로 삼고 있다. 이 과정에서 가장 중요하게 생각되는 것이 '눈을 뜨고 있는 그대로 본다.'는 것이다. W. 라훌라 박사는 이렇게 논하고 있다.

불전 속에서 진리를 깨달은 사람들에 대하여 어디서나 쓰이고 있는 표현들은 이러하다.

'티없이 깨끗한 진리의 눈(法眼, Dhamma-cakkhu)이 생겨났다.'

'그는 진리를 보았고, 진리를 알았고, 진리 속으로 뚫고 들어가 의심을 넘어서서, 흔들림이 없다.'

'이렇게 해서, 그는 바른 지혜로써 있는 그대로(yatha bhutam), 여실히 본다(如實知見).'

붓다는 자신의 깨달음과 관련하여 이렇게 말하였다.

'눈이 생겨났다, 앎이 생겨났다, 지혜가 생겨났다, 체계적 지식이 생겨났다, 빛이 생겨났다.'[4]

---

3) Walpola Rahula, *What the Buddha taught*(The Gordon Fraser Gallery Ltd,. London and Bedford, 1978), p.8.
4) SN (P.T.S.) Ⅴ, p.423 ; Ⅲ, p.103 ; MN(P.T.S.) Ⅲ, p.19 ; SN (P.T.S.) Ⅴ,

견성(見性), 마음[自性]을 본다는 것

'깨닫는다'는 것이 무엇인가?

깨달음의 본질은 무엇인가?

그것은 붓다 자신의 진술에 의하면, 눈을 뜨고 있는 그대로, 여실(如實)히 보고 아는 것이다. 그래서 초기불전에서는 붓다를 '눈 있는 분', '눈뜬 이'라고 규정하고 있다.[5]

'본다'는 것이 무엇인가?

'눈을 뜨고 있는 그대로 본다'고 할 때, 실제 무엇을 본다는 것일까?

깨달음을 추구하는 이들은 무엇을 궁극적 대상으로 삼는 것인가?

이 문제와 관련하여 *Dhammapada*에서는 이렇게 설하고 있다.

마음이 그들에 앞서가고

마음이 그들의 주인이며

마음에 의하여 모든 행위는 지어진다.[6]

농부는 물길을 내어 물을 대고

화살깃 대는 사람은 굽은 화살을 바르게 펴며

목수는 나무를 다루어 수레바퀴를 만들고

지혜로운 사람은 자기 마음을 다스린다.[7]

깨달음을 추구하는 수행자들은 마음을 근본 대상으로 삼고 마음을

---

p.422 ; W. Rahula, Ibid, p.9.

5) "제자들아, 눈뜬 이의 말에 귀를 기울여라." ; Sn. 562.

6) Dhp-Com 1.1(text N i. 3-24, ver. 1) ; *Dhammapada-Commentry 1*, p.158.

7) Ibid, 80 ; Ibid 2, p.189.

다스린다. 자신의 마음, 자성(自性, Svabhava)이야말로 모든 것에 앞서가는 궁극의 실제(實際)이며, 다른 무엇에 의지하지 않고 그 자체로 존재하는 것이기 때문에 '담마'라고 하는 것이다. 이 마음은 더 이상 분석할 수 없는 실제로서 작용하기 때문에 '실제로서 있는 것(drav-yatah sat)'으로 규정된다.[8] 깨달음이란 곧 이 마음을 여실히 직관하는 것이다. 이것이 붓다의 담마를 일관하고 있는 기본적 입장으로 보인다. 자기 마음—자성(自性)을 보는 것이기 때문에, 선가(禪家)에서는 이를 '견성(見性)', '견성오도(見性悟道)'라고 일컫지 않는가.

이와 관련하여 김동화 박사는 이렇게 논하고 있다.

(붓다가) 도를 이루었다는 것은 객관적인 존재인 어떤 진리를 얻었다는 것이 아니라 주관적으로 자기의 일심(一心)을 밝혀 자심(自心)의 본질을 드러냈다는 것으로, 인도 재래인들의 진리관에 있어서는 객관계에서 진리를 찾던 것이 일반상식이었음에 대하여, 석가의 이와 같은 진리관은 인도 정신계의 Copernicus적 신전개라 하지 않을 수 없다. '도재이(道在邇)', '진리는 가까운 곳에 있다.'는 격언과 같이 석가에 의하면, 우주 인생의 대진리는 참으로 멀리 있는 것이 아니라 인생 각자의 일심(一心)이 곧 그것이라는 것이다.[9]

왜 마음, 자성을 보려고 하는가?

자성을 보는 깨달음이 우리들의 실제적인 삶과 어떤 관계가 있는 것일까?

---

8) *Abhidharmakosavyahya*, p.524, Ⅰ, 29. cit ; 平川 彰 · 이호근,『印度佛敎의 歷史』(민족사, 1989), p.174.
9) 김동화, 앞의 책, pp.47~48.

초기 불교운동이 '와서 보고 깨달아라'며 대중들의 깨달음을 시종일관 추구하는 것은 무엇을 위한 것인가?

우리 진정 행복하게 살아가자.
증오 속에 있으면서도 증오 없이
미워해야 할 사람들 속에서도 미움 없이
우리 자유롭게 살아가자.

우리 진정 행복하게 살아가자.
질병 속에서도 질병 없이
병자들 속에서도 병듦 없이
우리 건강하고 자유롭게 살아가자.〔Dhp. 197-198〕

이 질문들에 대한 구체적이고 명료한 대답이 바로 로히니 강변에서 생생하게 들려오고 있다. 왕과 관리들, 장군과 군인들, 농부들과 노동자들, 로히니 민중들은 붓다-담마를 통하여 그들의 자성을 보고, 알아차리고(see and know), 제 정신차리고, 이유 없는 증오와 경쟁심, 죽음의 공포에서 벗어나서 진정한 행복과 자유, 평화를 누리고 있다. 견성 열반하고 있는 것이다.

여기서 마음이 모든 것의 근본이며, 마음을 문제삼고 마음을 다스리고 마음을 보는 것이 불사(不死)의 길이며, 성스러운 길이며, 최고의 기쁨과 행복을 성취하는 길이라는 깨달음의 진실이 분명하게 드러나고 있다. 증오를 벗어나 화해를 찾고, 질병에서 벗어나 건강을 찾고, 투쟁에서 벗어나 평화를 찾으며－이것은 견성이 우리 인류가 갈망하는 최고의 가치, 닙바나(nibbāna, Skt. Nirvāna)−열반(涅槃)·해탈열반(解脫涅槃)을, 곧 위없는 평화와 행복을 실현하는 유일한 길이라는 사실을 의미한다. 그런 까닭에 초기 불교운동은 '대중견성과 열반', 곧 깨달음과 평화의 실현−정확하게는 깨달음을 통한 평화의 실현−을 제일의 이념으로 추구하는 것이다. 이와 관련하여 E. 콘즈(E. Conze)는 이렇게 논하고 있다.

> 높은 수준의 실재(實在)와의 접촉에 삶의 가치가 달려 있다면, 실재라는 것이 자성(Svabhava) 속에 있음을 확인하는 것과, 우리의 목적을 만족시키기 위해서 우리가 행하는 반사회적 경험들인 일상적 세계를 구성하는 허구의 저급한 실재들을 고급의 실재와 구별할 수 있는 것이 중요하다.[10]

민중의 현장, 고통의 현장에서

견성 열반,

많은 사람들의 깨달음과 평화의 실현.

'로히니 사건'으로 돌아가서 이 문제를 검토해 볼 때, 고요하고 이성적인 대화를 통하여 붓다는 왕과 관리들, 장군과 궁인들, 농민·노동자들, 시민들로 하여금 그들 자신의 마음을 스스로 통찰하고, '사람 목숨이 물보다 더 귀중하다.'는 자명한 담마를 스스로 이해하도록 이끌어내고 있다. 붓다는 조리있는 대화와 체험에 바탕을 둔 설법을 통하여, 그들이 배타적 이기주의로 찌든 반(反)사회적 저급한 체험들을 떨쳐버리고, 보다 높은 마음의 실제(實際)·실상(實相)을 자각하도록

---

10) Edward Conz · 안성두 외, 『印度佛敎思想史』(민족사, 1999), p.25.

이끌어내고 있다.

그 결과, 많은 사람들이 자신들의 자성을 여실히 보고 견성함으로써 분노를 여의고, 무기를 던져 버리고, 엎드려 어리석음을 부끄러워하고, 서로 손을 마주 잡고 화해하고, 우정을 회복하고, 물을 공동 관리하고, 그렇게 해서 유혈·살육을 막고, 공존의 생존을 확보하고, 자유와 평화를 실현하고 있다. 미움 속에서 미움 없는 행복을 보고, 병듦 속에서 병들지 않는 건강을 얻고, 쾌락의 물결 속에서 쾌락에 물들지 않는 자유와 평화를 일구어내고 있는 것이다. 그래서 붓다는 이렇게 설하고 있다.

> 우리 진정 행복하게 살아가자.
> 쾌락의 환경에 물들지 않고
> 쾌락을 추구하는 사람들 속에서도
> 쾌락을 따르지 않으며
> 우리 자유롭게 평화롭게 살아가자.〔Dhp. 199〕

많은 사람들의 깨달음, 자유와 평화의 실현.

'로히니 사건'은 초기 불교운동이 추구하는 '견성과 평화의 실현'이라는 이념적 지향을 구체적으로 드러내는 하나의 현장(現場)으로 판단된다. 여기서 가장 주목되어야 할 것은 붓다의 설법과 대중들의 각성, 무기 포기와 평화의 실현이라는 이념적 전개의 전 과정이 석가—꼴리야 민중들의 고통스런 생존경쟁의 현장인 로히니 강변에서 일어났다는 사실이다. 언제 전쟁이 벌어져서 살육의 피가 넘쳐흐를지 모르는 긴박한 삶의 현장에서 많은 대중들이 깨달음의 길로 들어서고 있

다는 사실은 깨달음의 본질, 나아가 붓다-담마의 본질을 드러내는 긴
요처(緊要處)로 생각된다.

　이것은 단순한 일회성의 문제가 아니다. 붓다의 팔십 생애를 조망할
때, 붓다는 언제나 민중과 역사의 현장 속에 함께 있었다는 사실을 확
인하게 된다. 붓다는 이 현장 속에서 태어나고 고뇌하고 출가하고 고
행하고 성도하였다. 붓다가 6년 동안 수행한 가야산(Gaya山)의 고행
림(苦行林)과 정각(正覺, Sambodhi)의 땅 보드가야(Bodhgaya)만
하더라도 심산유곡의 적정처가 아니다. 가난과 질병으로 괴로워하는
칸다하르(Khandahar), 하층 민중들이 들끓는 작은 수비 도시 우루벨
라(Uruvela)의 근교였다. 붓다는 이때의 상황을 뒷날 이렇게 회고하
고 있다.

　　"수행자들이여, 건전한 것을 찾아서, 오묘한 평화라는 최고의 경지를
　찾아서, 나는 마가다의 곳곳을 차례로 유행하여 마침내 우루벨라 근교
　세나니가마에 도달하였다. 거기서 나는 마음에 드는 장소를 보았다. 그
　곳은 유쾌하고 부드러운 둑을 지닌 깨끗한 강물이 흐르는 작은 숲이었
　는데, 근처에는 탁발할 수 있는 마을이 있었다."11)

　그곳은 많은 사람들이 함께 목욕하는 네란자라(Nerañjarā, 지금
Nilanjana) 강이 흐르는 작은 마을이었다. 여기서 붓다는 스스로 작은
사람이 되어, 강물 속에 들어가 마을 사람들과 함께 목욕하고, 마을에
내려가 가난한 사람들에게 차례대로 밥을 빌며, 가련하게 죽어가는 사

---

11) MN 1, 166-167(26, Ariyapariyesamā-Sutta) ; *The Collection of the Middle Length Sayings 1(P.T.S.)*, pp.210~211.

람들의 죽음의 현장을 끊임없이 목격하면서, 바로 그 '사람들의 죽음'을 문제삼고, 화두(話頭) 삼고, 그 해탈을 추구한 것이다.

그는 이렇게 한번도 민중의 고통이라는 현장을 떠나지 않고 고행하고 견성하였다. 고통의 현장에서 해탈·열반을 실현하였다. 그가 도달한 죽음으로부터의 해탈, 불사(不死, amrtatva)는 관념적이고 형이상학적인 '죽음 일반(一般)'으로부터의 해탈이 아닌 것이라고 생각된다. 그가 일상으로 수없이 목격해 온 수많은 사람들의 죽음의 당처(當處)에서 체감했던 그 절실하고 현실적인 '죽음의 현장'으로부터의 해탈로 보인다. 현장에 들어가서, 그들을 깨우쳐서, 그들을 죽음의 공포·고통으로부터 건져내는 '행위하는' 해탈로 보인다. 견성 해탈의 이러한 현장성(現場性) – '현장성(現場性)의 원리'는 '로히니 사건'에서 극명하게 드러나고 있다. 붓다 스스로 이렇게 발로하고 있다.

"내가 가지 않으면 이 사람들이 서로를 파괴하고 말겠구나. 그들에게 달려가는 것이 분명히 나의 임무로다."〔Dhp-Com. 15.1〕

현장에서, 현장으로 달려가서 – .

붓다–담마의 이러한 현장성은 형이상학적 문제들에 대한 붓다의 침묵에서 더욱 철저하게 확인되고 있다.

그래서, '죽음이란 무엇인가?' '죽은 다음에 저 세상은 있는가?' '영혼이란 존재하는 것인가?' '세계는 영원한 것인가?'라는 관념적 회의와 형이상학적 사변에 빠져 있는 수행자 말룽카뿟타(Mālunkyā-putta)에게, 붓다는 오랜 침묵 끝에 이렇게 설하고 있다.

"말룽카뿟타여, 그런 까닭에 내가 설하지 아니한 것은 설하지 아니한 것으로 명심하고, 내가 설한 것은 설한 것으로 명심하여라. 내가 설하지 않는 것은 어떤 것들인가? '세계는 영원한 것이다.'라고 나는 설하지 않았다. '세계는 영원한 것이 아니다.'라고 나는 설하지 않았다. '영혼과 육체는 하나다.'라고 나는 설하지 않았다. '영혼과 육체는 다른 것이다.'라고 나는 설하지 않았다.

말룽카뿟타여, 왜 나는 이런 문제들을 설하지 않는가? 그것은 이익됨이 없고, 그것은 성스러운 삶의 기본들에 속하지 않고, 그것은 환상에서 벗어남과 평정함·멈춤·평화로 이끌지 못하고, 앎과 깨달음·닙바나로 지향하지 못하기 때문이다. 이것이 내가 설하지 않고 버려 둔 까닭이다.

그러면 말룽카뿟타여, 내가 설한 것은 무엇인가? '이것은 고통이다.'라고 나는 설하였다. '이것은 고통의 생겨남이다', '이것은 고통의 소멸이다', '이것은 고통 소멸의 길이다'라고 나는 설하였다.

말룽카뿟타여, 왜 나는 그것을 설하였는가? 그것은 이익이 되고, 성스러운 삶의 기본들에 속하고, 환상에서 벗어남과 평정함·멈춤·평화로 이끌고, 앎과 깨달음·닙바나로 지향하기 때문이다. 이것이 내가 설한 까닭이다."12)

'고통·고통의 생겨남·고통의 소멸·고통 소멸의 길—.'

여기서 우리는 붓다가 철저하게 고통(Dukka)의 현장 한가운데 서 있다는 사실을 발견하게 된다. 붓다 담마—견성 열반이 철저하게 고

---

12) MN 1, 432(63, Cūla-Mālunkyā-Sutta) ; *The Collection of the Middle Length Sayings 2*(P.T.S.), p.101.

통의 현장 속에서 추구되고 실현되고 있다는 사실을 목격하게 된다. 그리고 그 고통은 바로 끊임없이 마주치는 민중의 현실적인 삶의 문제라는 사실을 깨닫게 된다. 그는 민중의 일상적·역사적인 고통의 현장에서, 바로 그 고통을 문제삼고 고민하며, 그 문제의 해결을 위하여 탐색하고 설하고 일깨우고 있는 것이다.

출가(出家)는 현장을 떠나는 것인가?
현장에서, 현장으로 달려가서—
이러한 현장성은 역사적으로 samaṇa 운동의 재가적(在家的) 대중성과 관련되는 것으로 생각된다. 불교를 포함한 samaṇa 운동이 '재가운동(在家運動, A Lay-Movement)'으로 규정된다는 것을 이미 관찰한 바가 있다. 여기서 제기되는 재가성(在家性)은 출가-재가의 구분과는 차원을 달리하는 보다 본질적인 논의이다. samaṇa 운동이 '재가운동'으로 인정되는 것은, 이 운동이 캇티야·베사(상인·전문기술자·자산가들), 그리고 진보적 하층 민중들, 곧 시민 대중들에 의하여 주도되고, brahmin들 중심의 초월적 관념론과 제식(祭式), 승려-사제주의(司祭主義, priesthood)·사제 우월주의를 거부하면서 민중들의 현실적 문제 해결을 위하여 유행하는 형태로 전개되었기 때문이다.

따라서 불교 안에서 운위되는 출가-재가의 구분은 이러한 재가성을 전제하고 있는 것이다. 이것은 불교의 출가대중들, 곧 비구(比丘, bhikkhu)·비구니(比丘尼, bhikkhunī)도 기본적으로 재가적 대중성에 입각하고 있다는 사실을 의미하는 것이다. 따라서 비구·비구니의 출가대중들이 '승려(僧侶, monk)'로 호칭되는 것은 심각하게 재고되어야 할 것으로 생각된다. 그들은 본질적으로 자리이타(自利利他)의

깨달음을 추구하는 수행자(修行者)며 유행자(遊行者)이지 사제(司
祭), 승려가 결코 아니라고 생각되기 때문이다.

출가는 현장을 떠나는 것인가?

출가는 이 세상의 현장, 민중의 현장, 고통의 현장으로부터 떠나는
것인가?

이 문제와 관련하여, W. 라훌라 비구는 이렇게 논하고 있다.

어떤 사람이 이렇게 질문할지 모른다.

"만일 일상적인 재가생활을 영위하면서도 불교를 따를 수 있다면,
붓다에 의하여 출가대중들의 모임인 상가(Sangha)는 왜 만들어졌을
까?"

자신들만의 정신적이며 지적인 성장을 위해서뿐만 아니라 남들의 성
장을 위해서 봉사하는 데 그들의 삶을 헌신하기를 원하는 사람들을 위
하여, 상가는 기회를 제공하는 것이다. 가족을 부양하는 세속의 재가들
은 남들을 위한 봉사를 위하여 전적으로 헌신하는 것은 기대하기 어렵
다. 한편 출가대중들은 가족 부양의 책임과 다른 세속적인 구속이 없기
때문에, 붓다의 가르침에 따라서 '많은 사람들의 선(善)을 위하여, 많은
사람들의 행복을 위하여' 그들의 삶을 온전히 헌신할 수 있는 위치에
있는 것이다. 이러한 역사적 과정에 따라서, 불교도의 사원이 정신적
센터뿐만 아니라 학문과 문화의 센터가 된 것이다.13)

여기에 출가의 본질이 명료하게 드러나고 있다. 출가–재가는 기본
적으로 깨달음의 수행을 위한 선택의 문제이며, 출가 독신의 삶은 현

---

13) W. Rahula, Ibid, pp.77~78.

장성의 온전한 실현을 위한 용기 있는 선택이란 진실이 분명하게 드러나고 있다. 이것은 재가성(在家性)·현장성(現場性)이야말로 출가(出家)의 본질이며, 비구·비구니의 선택은 이 세상과 민중에 대한 전문적인 헌신과 봉사의 선택이라는 것을 의미하는 것이다. 이것이 samaṇa 운동이 지니는 재가성의 함의이다.

붓다는 이미 관찰한 바와 같이, 분명히 은둔자(隱遁者, hermits)의 숲을 버리고 유행자의 길, 탁발 유행자(托鉢遊行者, mendicants)의 길을 선택한 것이다. 이것은 탁발 유행이 samaṇa의 재가성, 곧 민중적 현장성을 담보하는 가장 확실한 수단으로 인식되었기 때문일 것이다. 이러한 의도는 탁발승을 의미하는 'bhikkhu'·'bhikkhunī'의 호칭을 채택한 데서도 묵시되고 있다. 초기불교가 이렇게 그 출발에서부터 탁발 유행의 길을 선택한 것은 인류 정신사의 의미 있는 승리의 하나로 평가된다.14)

현장에서, 현장으로 달려가서,
많은 사람들, 민중들의 고통의 현장으로 달려가서,
민중의 고통 현장에서 비로소 실현되는 견성 열반, 깨달음과 평화—.
이 치열한 현장성(現場性), '현장성의 원리'는 붓다의 전 생애를 통하여, 초기교단의 4부대중들에 의하여, 초기 불교운동의 전 과정을 통하여 관철되는 견성 열반의 본질적 특성이며, 불교의 기본적 대전제(大前提)의 하나로 보인다. 바로 이러한 대전제를 경각시키기 위하여 붓다는, "와서 보아라. 눈뜨고 보아라. 눈뜨고 있는 그대로 보아라

---

14) '숲속의 삶(은둔자의 삶)에 대한 탁발 유행승들의 승리는 브라만교에는 없었던, 보다 후기에 거둔 승리이다.' ; G. C. Pande, Ibid, p.329.

(yathabhutam). 여실지견(如實知見)하라.”고 거듭거듭 경각하고 있는 것이다.

'와서 보라. 눈뜨고 있는 그대로 보라.'

이것은 현장으로 달려와서, 눈뜨고, 눈감지 말고, 두 눈 부릅뜨고 현장을 보라는 것이다. 로히니 강변에서 벌어지고 있는 저 민중들의 고뇌에 찬 삶의 현장을 그대로 직시하고, 그 현장에서, 그 문제의 해결을 위하여 고뇌하며, 그 과정에서 자기 마음의 움직임을 이성적으로 관찰하고, 마음의 작용을 분명히 이해함으로써 본성으로 돌아가 흔들림 없는 평화를 실현하라는 의미로 생각된다.

3) 만인에게 열려 있는 길

즉시에 견성하는 사람들

'로히니 강변의 분쟁과 평화사건'에서 주목되는 또 하나의 중요한 사실은, 붓다의 담마를 듣고 이 담마에 의하여 '많은 사람들이 소따빳띠-팔라를 성취하였고', 5백 명의 샤까(석가)족 – 꼴리야족 청년들이 출가하여 곧 아라한이 되었다는 것이다. '소따빳띠(sotāpatti, 須陀洹, 豫流)'는 4쌍8배(四雙八輩)의 첫 단계로서, 담마를 보고 이미 깨달음의 길로 들어선 성자(聖者)를 일컫는다. 깨달음의 흐름으로 들어서서 깨달음의 완성이 예정되어 있기 때문에 '예류(豫流)'라고도 한다. 이렇게 해서 완전한 깨달음의 경지에 이른 성자가 곧 아라한(arahant, arahat, 阿羅漢)이다.15)

---

15) *The Long Discoursea of the Buddha,* pp.25~27.

한번의 설법을 듣고 많은 대중들, 왕·관리·장군·군인·농민·노동자 등 대중들이 즉시에, 그 현장에서 이미 깨달음의 길, 성자의 길로 들어갔다는 것은 많은 사람들의 고정관념을 흔들어 놓는 놀라운 사건이 아닐 수 없다. 이것은 깨달음 운동이 몇몇 개인의 범주를 넘어서 광범한 대중적·민중적 운동으로 확산되고 있다는 초기불교의 역사적 사실을 드러내는 것으로 보인다.

실제로 5부의 니까야(Nikāya)를 비롯한 빠알리어 불전들을 검색해 보면, 이러한 대중들의 견성사실이 도처에서 벌어지고 있다. 좀더 정확하게 표현하면, 초기불전은 '대중들의 견성사례집'이라 불러도 좋을 만큼 모든 사건들이 궁극적으로 대중들의 깨달음으로 귀결되고 있다. '로히니 사건'의 5백 성중(聖衆)도 그러한 사례의 하나이다. 이것은 초기 불교운동이 본질적으로 대중 깨달음, 대중견성운동(大衆見性運動)을 중심축으로 전개되고 확장되었다는 사실을 입증하기에 충분한 것으로 판단된다. 바로 이점이 붓다─담마가 신(神)에 의한 구원을 중심으로 하는 기성 정통 종교들과 본질적으로 구별되는 불교 고유의 정체성(正體性, identity)이며 혁신성(革新性)으로 인정된다. 불교가 '자력(自力) 종교'로 규정되는 소이(所以)도 여기서 기인하는 것이다. 붓다, 삼보에 대한 신앙조차도 궁극적으로 '깨달음의 길'로 향도됨으로써 불교 신앙이 '깨끗한 믿음'으로서 그 정당성, 정통성을 확보하게 되는 것이다. 여기서 말룽카뿟타에게 들려준 붓다의 담마를 다시 경청할 필요가 있을 것이다.

"그러면 말룽카뿟타여, 내가 설한 것은 무엇인가? '이것은 고통이다.'라고 나는 설하였다. '이것은 고통의 생겨남이다,' '이것은 고통의 소멸이다,' '이것은 고통 소멸의 길이다'라고 나는 설하였다.

말룽카뿟타여, 왜 나는 그것을 설하였는가? 그것은 이익이 되고, 성스러운 삶의 기본들에 속하고, 환상에서 벗어남과 평정함·멈춤·평화로 이끌고, 앎과 깨달음·닙바나로 지향하기 때문이다. 이것이 내가 설한 까닭이다."

'깨달은 자가 수백 수천 수만에 이른다면'

앎과 깨달음, 닙바나로,

견성 열반으로—.

이것이 붓다가 지향하는 길이다. 초기 불교운동이 지향하는 행로이다. 붓다는 '로히니 사건'에서 이미 관찰한 바와 같이, 대중들의 모든 고통과 문제상황들을 자기화하여 담마를 전파하고 그들 스스로 깨닫도록 이끌고 있다. 이 목적을 위하여 붓다는 문제의 현장으로 달려가고 대중들과 끊임없이 만나고 대화하였다. 혹은 문답하고 혹은 침묵하였다. 이렇게 해서 붓다는 많은 사람들을 깨달음의 길로, 견성 열반의 길로 인도하였다. 육신의 목숨이 다하는 마지막 순간까지, 붓다는 '깨달음의 스승'으로서 민중들의 깨달음을 추구하기 위하여 서원과 헌신의 길을 갔다. E. 버트 교수는 이렇게 논하고 있다.

깨달았다는 환희 가운데서 그는 일어섰다. 그리고 바라나시(Vara-nasī)로 천천히 걸어갔다. 그는 그의 발견(깨달음, 저자 註)을 다른 사람들에게 어떻게 설득하여야 진정한 행복과 평화를 얻게 할 수 있을까 고민하였다.

바라나시 가까이 있는 강에서 몇 마일 떨어진 사르나트(Sārnāth)에서 그는 최초의 설법을 하여 최초의 귀의자를 얻었다. 그 이후 45년간, 그는 계속해서 그의 메시지를 전했고, 진지한 탐구자들이 제기한 문제들을 풀어주었으며, 인생에서 기쁨과 즐거움을 찾는 모든 이에게 법을 설했다. 80세에 그의 제자인 아난다(Ānanda Thera)의 품에서 열반에 들 때, 그는 최후의 설법을 하였다.

"모든 중생에게 멸망은 불가피하다.

근면하게 그대 자신들의 깨달음을 추구하라."16)

왕과 왕족들·귀족들·장군들·관리들·자산가들·상인들·브라민들·사마나들·청년들·소년·소녀들·농민들·어부들·노동자들·대장장이들·사냥꾼들·목동들·주부들·처녀들·노인들·마부들·무용수들·난쟁이들·나병환자들·곡예사들·도적들·소매치기들·하인들·창녀들·노비들·백정들·청소부들·미친 사람들…….

붓다와 초기 전법의 주역들이 헌신 노력한 결과, 이 수많은 대중들, 민중들이 담마의 눈(dhamma-loka, 法眼)을 뜨고 깨달음의 흐름으로 들어서고 성자(聖者)가 되었다.(이 문제에 관해서는 2집『붓다의 대중견성운동』제2장에서 보다 깊이 분석될 것이다.)

사람들에게서 사람들에게로,

깨달음에서 깨달음으로—.

이것이 붓다-담마[佛敎]의 길로 보인다. 붓다와 초기 전법의 주역들이 걸어간 불교운동의 행로로 보인다.

---

16) E. A. Burt, *The Teaching of Compassionate Buddha*(Mentor, 1961). cit.
『現代社會와 佛敎』(이재창 외, 한길사, 1983), p.111.

불교를 '만인의 길'로 부르는 것도 불교가 이렇게 만인을 깨달음의 길로 이끌어들이기 때문일 것이다. 여기서 '브라민 상가라(傷歌羅)와 붓다의 문답'을 상기해볼 필요가 있다.

「붓다가 사밧티의 제타 숲 동산에 계실 때 상가라라는 한 브라민이 찾아와서 스승에게 물었다.

"대덕이시여, 우리 브라민들은 신 앞에 제사를 지내고, 공물을 바치고, 자신을 위해, 또 타인을 위해 재앙을 멸하고 복을 비는 도를 닦습니다. 그런데 대덕의 제자들이 행하는 것을 보면, 오직 자기를 다스리고 자기를 확립하여, 자신의 괴로움과 근심을 멸하는 일에만 전념하고 있는 듯이 보입니다. 그렇다면 자기 한 사람만의 행복을 위한 길이 아니겠습니까?"

붓다가 대답하였다.

"그렇다면 브라민이여, 내가 그대에게 묻겠소. 생각나는 대로 대답하시오.

브라민이여, 그대는 어떻게 생각하오? 이 세상에 여래(如來)·정각자(正覺者)가 나타나서 이렇게 설한다고 합시다.

'이것이 길이다. 이것이 그 실천이다. 나는 이 길을 가고 이 실천을 통해 번뇌를 이미 멸하여 해탈을 얻었다. 그대들도 또한 와서 함께 이 길을 가고 이 실천을 통해 번뇌를 멸하고 해탈을 얻어라.'

이렇게 여래가 담마를 설하고 사람들도 또한 그 길을 가고 실천하여 해탈을 얻은 자가 수백 수천 수만에 이른다면, 브라민이여, 그대는 어떻게 생각하십니까? 이와 같아도, 역시 이 길은 '한 사람만을 위한 행복의 길'이라 하겠습니까? 아니면 '만인을 위한 행복의 길'이라고 하겠습니까?"[17]」

만인을 위하여

만인의 깨달음을 위하여

만인의 견성 열반을 위하여

만인의 깨달음을 통한 만인의 평화를 위하여.

이러한 대중견성과 평화의 이념이 초기 불교운동의 전 과정을 통하여 명백히 '의도적으로'·'의지적으로' 작동하고 있는 것으로 보인다. 그리고 이러한 의도, 의지가 후일 '일체 중생의 발보리심(發菩提心)을 위하여'라는 대승이념으로 발전해 간 것으로 생각된다. 초기 불교운동이 이념적으로 '대중견성운동'으로 규정되는 이유가 여기에 있는 것이다.

2. 대중견성운동의 사상적 변혁성

1) '보리수 아래서의 사유(思惟)'18)

「어느 때 세존(世尊), 얼마 전에 온당히 깨달음을 성취하신 정각자(正覺者)께서는 우루벨라 마을의 네란자라 강변에 있는 보리수 아래에 머물러 계셨다. 그때 세존께서는 다리를 결가부좌한 채 7일 동안 한 자세로 보리수 아래에서 해탈의 즐거움을 누리며 앉아 계셨다.

그러던 중, 세존께서는 밤이 시작될 무렵에 연기(緣起)를 발생하는

---

17) 『中阿含經』 143, 「상가라경」 ; 『한글대장경 中阿含經』 2(동국역경원), pp.325~
330. abridged.
18) Mv 1.1.1-1.7 ; *The Book of the Discipline 4*(P.T.S.), pp.1~3.

대로, 그리고 그 반대의 순서대로 관찰하셨다. 곧,

'무명(無明)으로 인하여 행(行)이 있고
행으로 인하여 식(識)이 있고
식으로 인하여 명색(名色)이 있고
명색으로 인하여 육입(六入)이 있고
육입으로 인하여 촉(觸)이 있고
촉으로 인하여 수(受)가 있고
수로 인하여 애(愛)가 있고
애로 인하여 취(取)가 있고
취로 인하여 유(有)가 있고
유로 인하여 생(生)이 있고
생으로 인하여 늙음·죽음·슬픔·눈물·괴로움·근심·갈등이 한
꺼번에 있게 된다.
이것이 괴로움의 덩어리가 일어나는 것이다.

그러나 무명이 소멸됨으로 인하여 행이 소멸되고
행이 소멸됨으로 인하여 식이 소멸되고
식이 소멸됨으로 인하여 명색이 소멸되고
명색이 소멸됨으로 인하여 육입이 소멸되고
육입이 소멸됨으로 인하여 촉이 소멸되고
촉이 소멸됨으로 인하여 수가 소멸되고
수가 소멸됨으로 인하여 애가 소멸되고
애가 소멸됨으로 인하여 취가 소멸되고
취가 소멸됨으로 인하여 유가 소멸되고

유가 소멸됨으로 인하여 생이 소멸되고

생이 소멸됨으로 인하여 늙음·죽음·슬픔·눈물·괴로움·근심·
갈등이 소멸된다.

이것이 괴로움의 덩어리가 사라지는 것이다.'

그러자 세존께서는 이 과정을 이해하고, 그때 이러한 (장엄한) 감흥
을 읊으셨다.

"진실로, 열심히 명상하는 수행자에게
담마들19)이 분명해질 때
그가 원인의 발생을 이해한 가운데
그의 의혹들은 모두 사라지네."

그리고 세존께서는 한밤중에 연기의 발생을 직접으로, 또 역으로 관
찰하셨다.〔위와 같이〕

그러자 세존께서는 이 과정을 이해하고, 그때 이러한 (장엄한) 감흥
을 읊으셨다.

"진실로, 열심히 명상하는 수행자에게
담마들이 분명해질 때
그가 원인의 제거를 이해한 가운데
그의 의혹들은 모두 사라지네.'

---

19) dhammas. VA. 954-5에 의하면, 37가지 법〔조도품〕은 깨달음과 네 가지 성
  스러운 일에 도움이 된다. ; Ibid, p.2, note-3.

그리고 세존께서는 밤이 끝날 무렵에 연기의 발생을 직접으로, 또 역으로 관찰하셨다.〔위와 같이〕

그러자 세존께서는 이 과정을 이해하고, 그때 이러한 (장엄한) 감흥을 읊으셨다.

　　“진실로, 열심히 명상하는 수행자에게

　　담마들이 분명해질 때

　　악마의 왕을 항복 받고

　　빛을 발하며 하늘에 떠오르는 태양같이

　　그는 일어나도다.”」

2) 인류 정신사의 일대 개벽(開闢)

'연기를 보는 자는 진리를 보고'

붓다가 자각·자증한 깨달음의 실제는 무엇인가?

초기 불교운동에서 만인들에게 일깨워 주려고 진력했던 대중견성의 내용은 무엇인가?

불교(佛敎, Buddha-Dhamma)의 근본사상이 대체 무엇인가?

이 본질적 질문에 대한 붓다 자신의 대답은 명료하다. 성도(成道) 직후, 보드가야 보리수 아래서 삼매에 든 채, 붓다는 최초로 이렇게 관찰하고 있다.

그러던 중, 세존께서는 밤이 시작될 무렵에 연기(緣起)를 발생하는 대로, 그리고 그 반대의 순서대로 관찰하셨다. 곧,

'무명(無明)으로 인하여 행(行)이 있고

행으로 인하여 식(識)이 있고……'.〔Mv 1.1〕

'연기(緣起) - 연기법(緣起法)'

바로 이것이다. 위없는 정각(anuttara-samyak-sambodhi, 無上正等
正覺)을 실현한 붓다는 바로 '보리수 아래의 사유(思惟)'를 통하여, 연
기법(緣起法, paṭicca-samuppāda, Skt. pratītya-samutpāda)이 그가 자
각·자증한 깨달음의 실제라는 것을 명쾌하게 선언하고 있다. 이러한
연기법은 가장 오래된 경전(Sutta)의 하나인 *Udāna*에도 *Mahāvagga*
(Vinaya)와 거의 동일한 형식으로 기술하고 있다.20) 빠알리 장경
(Pāli-Piṭaka) 전체를 통하여 이러한 연기의 공식과 내용은 반복적으
로 거듭 확인되고 있다. 따라서 연기법이 Buddha-Dhamma의 핵심이
라는 것은 의문의 여지가 없다.

중도(中道)·무아(無我)·삼법인(三法印) 등의 주요 담마들도 기
본적으로 이 연기법에 의하여 전개되고 또 수렴되는 것이다. 그래서
'연기(緣起)가 법(法)을 만든다(緣起生法, paṭiccasamuppanna-dhar-
ma)'고 규정하는 것이다.21) 이것은 연기법이 곧 진리이며, 진리는 연
기법에 의하여 자각되고 이해되며 표현된다는 것을 의미한다.(이 문
제에 관한 보다 깊은 분석은 2집 『붓다의 대중견성운동』 제1장에서
논의될 것이다.) *Majjhima-Nikāya*에서 붓다는 새삼 이렇게 확인하고
있다.

---

20) Udāna 1.1-3(Awakenning) ; tr. Bhikkhu Thanissaro, Microsoft Word 6 ;
　　『기쁨의 언어 진리의 언어』(민족사), pp.19~22.
21) 平川 彰·이호근, 『印度佛教의 歷史』上(민족사, 1989), p.68.

"연기를 보는 자는 담마를 보고

담마를 보는 자는 연기를 본다."22)

연기법이 어떤 형태의 절대적 존재나 초월성도 거부하고 모든 현상
의 상의상관성(相依相關性)을 해명하고 있다는 것은 재론의 여지가
없다. 붓다는 보리수 아래에서 생사(生死) 문제를 문제삼고, 십이연기
(十二緣起, Dvādasanga-paṭiccasamupāda)를 통하여 생사를 우리 마
음의 무지(無知, 無明, avijjā)의 연생(緣生)으로 파악함으로써 생사
문제를 인식론적으로 해결하는데 성공하였다. 이것은 실로 인류 최대
의 정신적 사건이며 최고의 복음이라고 할 것이다. 이 사실 하나만으
로도 붓다는 인류의 구세주로 평가받을 만하다고 생각된다. 듯트 박사
가 지적한 바와 같이, '붓다는 합리적일 뿐만 아니라, 심오하고 미묘하
며, 인도의 지성들에게 어필할 수 있는 하나의 사상체계를 제시한 것
이다.'23)

아시아의 빛, 우주의 광명으로

'연기법'으로 요약되는 붓다사상의 전파는 기원전 7~5세기 격동하
는 인도사상계를 평정하는 혁명적 변화를 불러일으켰다. 당시 인도사

---

22) This is said by the Lord ; "Whoever sees conditioned genesis sees
dhammas, whoever sees dhammas sees conditioned genesis."['Conditioned
genesis' is paticcasamuppada.] ; MN 1. 191-192(28, Mahāhotthipadopana-
Sutta) ; *The Collection of the Middle Length Sayings 1*(P.T.S.), pp.236~23
7 ; *The Middle Length Discourses of the Buddha*(tr, by Bhikkhu Nanamoli),
p.283.

23) Dr. Nalinaksha Dutt, 'Greatness of Buddha and Buddhism' ; *A Panorama
of Indian Buddhism*, p.59.

상계는 이미 관찰한 바와 같이, 전통적 brahmin 사상과 samaṇas 중심의 신흥사상이 서로 부딪치고 경쟁하면서 사상적 자유의 분위기를 양성하는 한편, 정신적 질서와 도덕적 규범이 파괴되는 극도의 사상적 혼란과 위기상황이 조성되고 있었다. 붓다는 바로 이 시기에 출현하여 연기·중도사상을 확립, 전파함으로써 미증유의 사상적·종교적 혁명을 주도하며 이 세상의 구원의 빛이 된 것이다. 다르마팔라 비구(Ven. Anagarika Dharmapala)는 이렇게 논하고 있다.

25세기 전 고대 인도에서는 이 세계가 지금까지 경험한 최대의 종교 혁명이 벌어졌다. 당시의 인도사회에는 거대하고 현저한 양대 종교 기반이 있었는데, 사마나(samaṇa, sramaṇa)와 브라흐마나(brāhmaṇa, brahmin)가 곧 그것이다. 유명한 스승들이 일어나 그들의 제자들과 함께 민중들 사이에서 그들의 주장을 전파하고 민중들을 그들의 견해로 전환시키고 있었다. 사회 분위기는 다가오는 정신적 투쟁으로 충만해 있었다.

가장 학구적인 수백 명의 양가(良家) 집 청년들(善男子, Kalaputta)이 진리를 찾아 집을 떠나고, 고행주의자들은 고통이라는 악에 대한 해결책을 발견하기 위하여 가장 가혹한 금욕생활을 하고 있었다. 논쟁가들은 여기저기 유행하며 논쟁에 열중하면서, 일부는 그 당시의 이상적 교의들과 투쟁하는 최선의 무기로서 회의론을 주장하고, 또 일부는 존재를 제거하는 가장 가까운 방법으로서 비관주의적 삶을 주장하였으며, 또 다른 일부는 미래의 삶을 거부하였다. 그때는 심각하고 다양한 지적 운동의 시대였고, 그 운동은 브라만적 사상가들의 범주를 벗어나 민중들에게까지 큰 규모로 확장되고 있었다. 과학적인 수행자가 현재보다 더 힘이 있었는데, 그 수행자들은 신과 인간 사이의 명상가들이었다.

가장 유치한 형태의 일신교(一神敎, Monotheism)가—패티시즘(feti-shism)과 애니미즘, 신인동형론(神人同形論), 이신론(理神論)으로부터 초월적 이원론에 이르기까지—광란하고 있었고, 유물론도 감각적 쾌락주의로부터 초월적 니힐리즘에 이르기까지 또한 그러하였다. Dr, 올덴베르그(Dr. Oldenberg)의 표현으로는, "변증법적 회의론이 도덕적 사상들을 공격하고 있을 때, 존재의 부담으로부터 벗어나는 구원에 대한 고통스런 염원이 도덕 붕괴의 첫 신호에 당면하고 있을 때, 바로 그때 붓다가 출현하였다."[24]

온갖 형태의 일원론(一元論)·전변설(轉變說)과 다원론(多元論)·집적설(集積說)이 광풍처럼 난무하는 사상적·도덕적 위기상황 속에 출현한 붓다는 '연기(緣起)-중도(中道)-무아(無我)'의 전혀 새롭고 지성적인 담마에 입각한 사상적 혁신운동, 대중견성운동을 줄기차게 전개함으로써 인도사회의 사상적·도덕적 위기를 극복하였을 뿐만 아니라, 사람들의 오랜 정신적 암흑을 타파하고 인류 정신사의 최초의 일대 개벽(開闢)을 실현한 것이다. 무명장야(無明長夜)를 일깨워 광명 찬란한 새벽을 연 것이다. 이것이 바로 초기불교가 지니는 사상적 혁신성, 중도적 혁신성의 실제이다. 보리수 아래에서, 붓다 스스로 이렇게 감흥을 노래하고 있지 아니한가.

"진실로, 열심히 명상하는 수행자에게
담마들이 분명해질 때

---

24) Ven. Anagarika Dharmapala, 'The World's Debt to Buddha' ; Ibid, pp.23~24.

악마의 왕을 항복 받고
빛을 발하며 떠오르는 태양같이
그는 일어나도다."〔Mv 1.7〕

빛을 발하며 떠오르는 태양같이, 붓다는 2천 6백년 전의 어둔 인도 대륙을 개벽하였고, 그리고 그 개벽의 빛은 21세기의 새 천년에도 여전히 빛을 발하고 있다. 붓다의 사상적 혁신운동은 인간의 세계를 변혁시켰을 뿐만 아니라 천상과 지옥의 세계까지도 변혁시키는 결과를 초래하였다. 그런 의미에서 붓다는 실로 '우주의 구원(The Saviour of the world)'으로 불러도 좋을 것이다. 아놀드 경(Sir Edwin Arnold)은 *Light of Asia*에서 이렇게 평가하고 있다.

"우주의 구원이여, 왕자 싯다르타여,
지구 위에서, 지구 안에서
천국과 지옥에서
온전히 명예롭고 가장 지혜로우며
최선이고 가장 자애로운
열반과 진리의 스승으로 불림이여 ― ."25)

---

25) 'The Savior of the world, Prince Siddjartha styled on Earth. In Earth and Heavens, and Hells comparable, All-honoured, Wisest, Best, most Pitiful, The Teacher of Nirvāna and the Law.' ; Sir Edwin Arnold's *Light of Asia* ; cit. Ibid, p.24.

3) 신(神)의 장벽을 넘어 자아(自我)의 시대로

'마음이 오직 하나의 원리'
'아시아의 빛, 우주의 구원
지상과 천국과 지옥
천지를 개벽시키는 열반과 진리의 스승이여—.'

붓다가 이렇게 평가되는 이유는 무엇인가?

그 대답은 자명한 것으로 보인다. 붓다가 연기법을 자각·자증하고 중도—무아의 담마를 널리 펼쳐 대중견성운동을 성공적으로 전개함으로써, 인간—인류의 철학과 사상체계를 근원적으로 혁신하였을 뿐만 아니라, 인간과 사회, 세계의 고통과 문제들을 궁극적으로 해결함으로써 우주적 평화의 길을 활짝 열었기 때문이다.

붓다는 브라만교의 전통적·유신론적 사고체계와 신흥 samaṇa들의 급진적·유물론적 사고방식을 동시에 혁파하고, 체험적 이해와 삼매에 입각한 직관적 지혜에 의하여 인간과 세계의 제현상을 인간 심리, 인간 자신의 마음(心, citta)의 연기적 과정으로 파악함으로써 인류 정신사상사의 주체적 대전환을 이끌어내는 데 성공하였다. *Sangyutta-Nikāya*에 의하면, 붓다는 사밧티(Sāvatthi) 제따바나(Jetavana)에서 천인(天人, devata)들의 질문에 대하여 이렇게 설하고 있다.

"무엇에 의하여 세계는 이끌리는가?
무엇에 의하여 세계는 흔들리는가?

무엇이 모든 것 위에 있는 것인가?
무엇이 그 힘 아래 모든 것을 불러오는 것인가?

마음이 세상을 이끌어가는 것이다.
마음에 의하여 세상은 흔들리는 것이다.
마음이 모든 것 위에 있고,
마음이 그 힘 아래 모든 것을 불러온다."26)

'마음이 세상을 이끌어가고-.'
'마음이란 하나의 원리가 참으로 모든 것을 지배한다네.'
이것은 실로 놀라운 '사밧티(Sāvatthi)의 유심(唯心) 선언'이라고
할 것이다. 인류 정신사의 '붓다적 대전환'이라 할까? '붓다적 개벽'이
라 할까?
'대전환'·'개벽'의 의미는 무엇인가?
그것은 신(神)과 물질에서 인간 자신의 심리, 마음[自性]으로의 전
환이다. 이것은 '신(神)의 창조원리', '물질의 창조원리'에서 '마음의 창
조원리'로의 전환을 의미하는 것으로 생각된다. 가장 먼저, 인간이 신
(神)의 권위, 그 신성 불가침성과 비오류성(非誤謬性)에 맹종해 온
오랜 정신적 노예상황을 극복하고, 인간 자신이 철학과 사상의 주체로
서 두려움 없이 나서게 되었다는 데서 그 의의를 발견할 수 있을 것이
다.
붓다의 출현, 붓다사상의 출현과 더불어 인류는 오래되고 낡은 유신

---

26) SN 1.7.2(text i. 38, The Heart) ; *The Book of the Kindred Sayings 1*(P.T.S.), p.55.

론적(有神論的) 사상의 허위의식(虛僞意識)을 뱀의 허물처럼 벗어던지고 나와, 비로소 인간 스스로 자신의 운명과 세계의 주인으로 당당히 직립할 수 있게 된 것이다. '바라나시의 전법부촉'에서 '나는 신의 그물, 인간의 그물을 모두 벗어났다. 그대들도 신의 그물, 인간의 그물을 모두 벗어났다.'라고 선언한 것도 바로 이러한 붓다적 대전환의 확인이라고 할 것이다.

이 '사밧티의 유심(唯心) 선언'과 더불어, 인류 정신의 개벽이 시작된 것으로 평가된다. 무지(無知)・무명(無明)의 어둠을 뚫고 지성(知性)・지혜(知慧, paññā, 般若)의 새벽 광명이 밝아온 것이라고 할 수 있다. 신(神)의 시대는 가고 인간의 시대가 온 것이라고 할 수 있다. 신(神)의 소리와 성서의 계시적 증언(sabda)을 대신하여, 인간의 지성적 비판과 과학적 관찰, 체험과 직관이 진리 인식의 유일한 근거로 인정받게 되었기 때문이다.

'그대 자신을 주인 삼고'

이러한 붓다적 전환은 당시 사상계의 암흑을 혁명적으로 개벽했을 뿐만 아니라, 그후 2천 6백여 년 인류사의 발전과정을 통하여, 신(神)들의 권위를 뛰어넘어 인간 자신의 정신적 주체성과 사상의 자유를 수호하는 등불이 되어왔고, 그 등불은 오늘날에 이르러서도 여전히 빛을 발하고 있다. 이와 관련하여, 암베드카는 이렇게 비교 평가하고 있다.

네 분의 종교적 스승(Buddha・Jesus・Mohammed・Krishna) 사이에는 또 하나의 차이가 있다. 예수와 모하메드 두 분은 그들의 가르침이 신의 말이며, 그들이 가르친 것은 신의 말로서 절대 오류가 없는 것이고 의문을 넘어선 것이라고 주장하였다. 크리쉬나는 신 가운데 신이라는 스스로의 인정에 따라서, 그의 가르침은 신에 의하여 천명된 신의 말이기 때문에, 그 가르침들은 본래적인 것이고 최후의 것이며, 오류성의 문제는 지금까지 제기되지 않았던 것이다.

붓다는 그의 가르침에 대한 그러한 비오류성을 주장하지 않았다. *Mahāparinibbāna-Sutta*에서 붓다는 아난다에게 불교는 이성(理性)과 체험의 기초 위에 서는 것이며, 불교도들은 그의 가르침이 단순히 붓다에게서 나온 것이라는 이유 때문에 그것을 받아들이고 그것에 구속되어서는 안 된다고 설하였다.

이성과 체험 위에 기초하는 것이기 때문에 붓다의 가르침 가운데 어떤 것은, 만일 그것이 어떤 시대, 어떤 장소에서 적용되지 않는다는 것이 발견되면 수정되거나 폐기되는 것은 자유였다. 붓다는 자신의 종교가 과거의 죽은 나무로서 방해물이 되지 않기를 원하였다. 붓다는 그의 종교가 항상 푸르고 어떤 시대에서도 봉사할 수 있기를 원하였다. 이것이 붓다가 불교도들에게 필요한 상황에서는 그의 가르침을 비판하고 수정할 수 있는 자유를 부여한 이유이다.

다른 종교의 스승들은 그러한 용기가 없었다. 그들은 수정(修訂)을 허용하는 것에 대하여 두려움을 갖고 있었다. 그들은 그러한 자유가 그들이 세운 구조를 파괴하는 데 사용될까봐 두려워한 것이다. 붓다는 그러한 두려움이 없었다. 그는 자신의 기초를 확신하고 있었다. 붓다는 가장 난폭한 파괴주의자들조차도 자신의 종교의 핵심을 파괴할 수 없을 것이라는 것을 알고 있었던 것이다.[27]

---

27) Dr. B. R. Ambedkar, *A Panorama of Indian Buddhism*, pp.30~31.

신격(神格)의 청산

사상의 비오류성 포기

질문과 비판, 수정의 자유—.

바로 이것이 붓다사상이 지니는 정신사적 개벽의 가장 기본적인 함의라고 생각된다.

이것은 무엇을 의미하는 것인가?

신(神)을 청산한다는 것은 실제로 우리 자신의 인생에서 어떤 변화를 의미하는 것인가?

그것은 우리가 그 무엇에도 의존하지 아니하고, 스스로 독립하여 오로지 자기 자신을 의지처로 삼아(Attadipā, 自歸依)(2집『붓다의 대중견성운동』제3장 참조) 살아가는 자유인의 삶을 뜻하는 것으로 해석된다. 이와 관련하여 Dr. 조시(Dr. L. M. Joshi)는 이렇게 논하고 있다.

불교교리에서는 신이나 어떤 높은 능력도 인정되지 않는다. 사람들은 생존의 과정(윤회, 저자 註)에서 자신의 조건에 대하여 스스로 충분히 책임질 수 있으며, 그들은 또 이 과정으로부터 해탈할 수 있는 충분한 능력을 가지고 있다. 이 독립과 자기 귀의라는 원칙의 스승(붓다, 저자 註)은 다음과 같은 말로 제자들에게 권고하고 있다.

"스스로 그대 자신들을 일깨워라.

스스로 그대 자신들을 시험해 보라.

그렇게 해서 스스로를 지키고 마음을 모아라.

오, 형제들이여, 그리하면 행복하게 살리라.

자기 자신이야말로 진정 자신의 주인
자기 자신이야말로 자신의 의지처
그런 까닭에 그대 자신들을 길들여라.
상인이 좋은 말을 길들이는 것같이."〔Dhp. 379-380〕[28]

'자기 자신이야말로 진정 자신의 주인
자기 자신이야말로 진정한 자신의 의지처 — .'

이것은 초기불전을 통하여 끊임없이 반복되고 있는 깨달음에 관한 붓다의 담마이다. 깨닫는다는 것, 견성한다는 것, 성자 — 아라한이 된다는 것은 궁극적으로 자신을 문제삼고 자신을 단련함으로써 자기 자신을 진정한 의지처로 삼아 윤회의 속박을 극복하고, 무소의 뿔같이 자유 독립의 삶을 살아가는 것이라고 생각된다. 마지막 입멸의 길에서 붓다가 '그대 자신을 등불 삼고 그대 자신에게 귀의하라.'라고 간곡히 설하는 것도 바로 이러한 삶이 불교도가 추구해 가야 할 깨달음의 길, 대중견성의 길이라는 진실을 새삼 확인시켜 주고 있다.

이렇게 해서 인류는 완고한 신(神)의 장벽을 뛰어넘어, 비판과 질문과 수정의 자유가 무한정으로 열려 있는 인간의 시대, 자아의 시대를 개벽하게 된 것이다. 그리고 이러한 개벽은 21세기 새 천년 시대에도 여전히 유효하며 더욱 간절히 요구되고 있는 것으로 생각된다.

---

28) Dr. L. M. Joshi, 'The Way To Nirvāna According the Dammapada', Ibid, p.226.

3. 대중견성, 가능한가

1) '보드가야의 범천권청과 연꽃보관(蓮花普觀) 사건'29)

「이와 같이 나는 들었다. 한때 세존께서 우루벨라의 네란자라 강 언덕에 있는 염소치기의 번얀나무 아래 계셨는데, 그때 비로소 완전한 깨달음을 이루었다.

그때 세존께서 홀로 명상하는데, 이와 같은 생각이 일어났다.

'깊고, 알기 어렵고, 이해하기 어렵고, 평화로우며 탁월하고, 단순한 논증이 아니고, 미묘하고, 지혜로운 자들에 의해서만 알 수 있는, 나는 그런 담마를 통찰하였다.

그러나 세상 사람들은 그들이 집착하고 있는 사물에 빠져 있고, 거기서 만족한다. 그리고 사물에 빠져 있고 거기서 만족하는 사람들에게 이와 같은 담마는 생각하기 어렵고, 보기 어렵다. 이 담마는 곧 조건적 발생의 연기이다. 이 담마는 또한 분간하기 어렵고, 보기 어려운 것으로, 모든 세속적인 삶을 고요히 하는 것이고, 모든 윤회의 요소들을 포기하는 것이고, 생리적 탐욕을 제거하는 것이고, 감정을 없애는 것·멈춤·열반이다. 이제 만약 내가 이 담마를 가르쳐서 다른 사람들이 나를 이해하지 못한다면, 이것은 나에게 피곤한 일이 되고 나에게 상처를 주는 일이 될 것이다.'

그 순간, 참으로 세존에게 이전에 듣지 못했던 게송들이 떠올랐다.

---

29) SN 6.1.1(text. i. 136~138, The Entreaty) ; *The Book of the Kindred Sayings 1*(P.T.S.), pp.171~174.

'나는 온갖 노력으로 이 담마를 획득하였다.
왜 내가 이 담마를 설해야 하나?
탐욕과 증오를 부리는 자들에 의하여
이 담마는 이해되지 못할 것을.
속된 생각의 흐름을 거슬러가고
깊고, 오묘하고, 훌륭하고, 보기 어려운 담마
그것은 무지의 어둠 속에 갇혀 있는
욕망의 노예들에게는 보이지 않으리.'

이와 같이 지혜롭게 그 문제를 숙고해서, 붓다의 마음은 노력하기를 싫어하는 쪽으로, 담마를 설하지 않는 쪽으로 기울어졌다.

그때 범천 사함빠띠(Brahmā-Sahampati)가 세존의 마음속 생각을 알아차리자, 이러한 생각이 떠올랐다.

'오오! 이제 세상이 망하는구나! 여래·아라한·정등각자께서 노력하지 않고 담마를 설하지 않기로 마음이 기울어지시니, 오! 이제 세상은 완전히 망하는구나!'

그래서 범천 사함빠띠는, 마치 힘센 사람이 굽혀진 팔을 펴고 펴진 팔을 굽히는 것같이(순간에), 범천의 세계에서 모습을 감추고 세존의 앞에 나타났다. 그리고 범천 사함빠띠는 왼쪽 어깨에 겉옷을 걸치고, 오른쪽 무릎을 땅에 꿇은 채, 세존을 향하여 합장하고 말하였다.

"세존이시여! 담마를 설하소서! 세존이시여! 담마를 설하여 주소서! 세상에는 그들의 눈이 거의 더러움에 물들지 않은 많은 생명들이 있습니다. 담마를 듣지 못하면 그들은 멸망하고 말 것입니다. 그들은 담마를 이해하는 자들이 될 것입니다."

그러자 세존께서는 범천의 간청을 아시고, 뭇 생명에 대한 자비심 때문에 깨달은 이의 눈으로 세상을 바라보셨다. 세존께서는 깨달은 이의 눈으로 세상을 바라보면서…….

마치 청련화·홍련화·백련화의 연못에서, 어떤 연꽃들은 물에서 태어나 떠오르지 않고 자라서 수면 아래 잠긴 채 번성하고, 어떤 연꽃들은 물에서 태어나 물에서 자라서 수면 위로 떠오르며, 어떤 연꽃들은 물에서 태어나 물에서 자라서 수면 위로 솟아올라 물에 젖지 않고 서 있고……. 세존께서는 정각자의 눈으로 세상을 바라보시고, 먼지에 의하여 눈이 거의 오염되지 않은 중생, 먼지에 의하여 눈이 많이 오염된 중생, 예민한 감각을 가진 중생, 둔한 감각을 지닌 중생, 착한 기질의 중생과 악한 기질의 중생, 가르치기 쉬운 중생과 가르치기 어려운 중생, 내세의 위험에 대한 두려운 생각을 지니고 악행을 하는 중생들을 보셨다.

범천 사함빠띠를 보면서, 세존께서는 게송으로 응답하셨다.

"그대들에게 불사(不死)의 문은 열려 있다!
이 담마 듣는 자들은 자신들의 낡은 믿음을 버려라.
범천이여, 나는 상처받는다는 예견으로
사람들에게 미묘하고 탁월한 담마를 설하지 않으려 하였다네."」

2) 보통 사람들의 깨달음을 위하여

모든 생명들을 연꽃으로 관(觀)하다

이 '보드가야의 범천권청과 연꽃보관(蓮花普觀) 사건'은 붓다 성도 후 다섯 번째 이레 동안에 있었던 일로, *Sangyutta-Nikāya*(i.136) · *Mahāvagga*(1.5) · *Majjhima-Nikāya*(26) 등의 빠알리 장경과 한역 『잡아함경(雜阿含經)』(10. 1) · 『증일아함경(增一阿含經)』(10.1) 등에 기록되어 있다. 이것은 이 사건의 중요성이 초기부터 널리 인식되어 왔다는 사실을 의미한다. 이 '연꽃보관 사건'이 보여 주는 상징성은 초기불교의 이념적 지향뿐만 아니라 대승불교를 포함한 전 불교의 방향을 가늠하는 결정적 의미를 내포하는 것으로 생각된다.

붓다의 담마는 심심미묘(甚深微妙)하고 난해(難解)한 것이어서 특별히 지혜로운 사람이 아니면 수용되기 어려운 것으로 흔히 인식되어 온 것이 사실이다. 이러한 견해는 '깊고, 알기 어렵고, 이해하기 어렵고, 평화로우며 탁월하고, 단순한 논증이 아니고, 미묘하고, 지혜로운 자들에 의해서만 알 수 있는 것'이라는 붓다 자신의 사유에 근거하고 있는 것이다. 콘즈 박사는 이렇게 논하고 있다.

실재의 위계적인 구조는 실재와의 접촉을 추구하고 있는 사람들 사이의 위계에 의해서 복제되고 반영된다. 사랑은 사랑으로 알게 되는 것처럼, 정신만이 정신적인 사물들을 볼 수 있다. 현대에 불교를 전파하려고 노력하는 과정에서 어떤 포교자들은 불교의 합리성과 근대과학과의 유사성을 지나치게 강조했다. 그들은 붓다의 다음과 같은 말을 종종 인용하고 있다.

"붓다의 권위를 어떤 절대적인 것으로 받아들이지 말고, 붓다의 말을 스스로 검토하고 시험해서 그것을 깨닫고 보고 느꼈을 때만 받아들여라."

이러한 의미에서 붓다를 영국의 전통적인 철학인 경험론의 지지자라고 말하고 있다. 그러나 누가 그것을 시험할 수 있을 것인가? 그 가르침의 어떤 면들은 뛰어난 능력을 가진 사람만이 명확하게 검증할 수 있다. 윤회에 대한 가르침을 직접적인 관찰에 의해서 실제로 검증하기 위해서는 자신의 전생을 실제로 기억해야만 하는데, 그것은 극히 드물게 이루어지는 삼매(三昧)의 상태인 제4선(第四禪, dhyana)을 증득함을 전제로 해야하는 능력이다.

그러므로 성인(聖人)은 범인(凡人)보다 더 잘 알며 성인들 중에서도 더 높은 단계의 성인은 낮은 단계의 성인보다 더 잘 안다. 따라서 평범한 속인들의 견해나 경험들은 거의 중요하지 않으며, 그것은 레오나르도 다 빈치의 '동굴 속의 성모(Virgin of the Rocks)'의 구도에 관해서 자기 나름의 비평을 가하고 있는 페인트공들의 중얼거림과 같은 수준이다.[30]

콘즈의 주장은 불교의 역사 속에 뿌리깊이 온존되어 온 담마의 난해 신비성(難解神秘性)과 깨달음의 수월성(秀越性)에 대한 많은 사람들의 견해를 잘 대변하고 있는 것으로 보인다. 그러나 콘즈의 주장은 역사적 사실들과 부합되지 않는 것으로 생각된다. '로히니 사건'의 현장으로 돌아가서 관찰해 보면, 많은 보통의 범인들이 붓다의 한마디

---

30) E. 콘즈, 앞의 책, pp.26~27.

설법을 듣고 즉시 성자의 길로 들어서고 있고, 5백 명의 일반 청년들이 머지 않아 아라한의 경지를 증득하고 있다. 그리고 이 '로히니 사건'은 불교사를 통하여 끊임없이 무수히 반복되고 재현되고 있다.(이 문제에 관해서는 제3편 제2장에서 보다 깊이 고찰될 것이다.)

이 문제와 관련하여 무엇보다 중요하게 생각되는 것은, '연꽃보관 사건'의 현장에서, 붓다 자신에 의하여 담마의 심심 난해성과 깨달음의 수월성이 분명하게 극복되고 있다는 사실이다. 붓다가 모든 사람들을 두루 한결같이 연꽃으로 관하고 있다는, 곧 연꽃보관(蓮花普觀)하고 있다는 사실이 특히 주목되어야 할 것이다.

조금 밖에 오염되지 않은 중생, 많이 오염된 중생, 예리한 감각능력을 지닌 중생, 중한 감각능력을 지닌 중생, 아름다운 모습의 중생, 추한 모습의 중생, 가르치기 쉬운 중생, 그리고 내세의 죄악을 두려워하는 무리의 중생들……〔SN 6.1.1〕

붓다는 깨달음의 눈으로, 깨친 이의 눈〔佛眼〕으로, 이 갖가지 차이와 계층의 중생들을 한결같이 연꽃으로 관(觀)하였다.

마치 청련화·홍련화·백련화의 연못에서, 어떤 연꽃들은 물에서 태어나 떠오르지 않고 자라서 수면 아래 잠긴 채 번성하고, 어떤 연꽃들은 물에서 태어나 물에서 자라서 수면 위로 떠오르며, 어떤 연꽃들은 물에서 태어나 물에서 자라서 수면 위로 솟아올라 물에 젖지 않고 서 있고……. 세존께서는 정각자의 눈으로 세상을 바라보시고, 먼지에 의하여 눈이 거의 오염되지 않은 중생, 먼지에 의하여 눈이 많이 오염된

중생, 예민한 감각을 가진 중생, 둔한 감각을 지닌 중생, 착한 기질의
중생과 악한 기질의 중생, 가르치기 쉬운 중생과 가르치기 어려운 중생,
내세의 위험에 대한 두려운 생각을 지니고 악행을 하는 중생들
…….〔SN 6.1.1〕

보통 사람들의 견성을 위한 확신과 헌신

이 모든 조건과 자질의 차이와 계층에도 불구하고, 붓다는 깨달음의
눈으로, 깨달은 이의 눈(佛眼, Buddha's-eye)으로 한결같이 연꽃을
관(觀)하고 있다. 물든 자들의 눈에는 이 모든 차이가 계층이 되고 성
인(聖人)·범인(凡人)의 단계가 되는 것이지만, 붓다의 눈에는, 깨달
은 이의 관(觀)으로는 이 모든 근기(根機)·조건의 차이가 어떤 차별
적 계층이나 단계가 될 수 없는 것이다. 한결같이 평등한 생명, 연꽃일
뿐이다. 따라서 불교교리 속에 어떤 형태의 단계나 계층이 있다 할지
라도, 그것은 단지 현상적인 것이며 일시적인 방편 시설에 불과한 것
이라고 생각된다.

연꽃이란 무엇인가?

그것은 진흙 속에서 꽃을 피우는 것이다. 흙탕물 속에서, 그 흙탕물
을 마시면서, 그 진흙탕 현장에서 청련(淸蓮)·홍련(紅蓮)·백련(白
蓮)의 아름답고 고귀한 연꽃을 피우는 것이다. 아름답고 고귀한 깨달
음의 연꽃을 피워내는 것이다. 진흙 수렁 그 속에서, 진흙 수렁에 뿌리
내리고 서서, 물들지 않는 견성 연꽃을 피워내는 것이다.

따라서 이 '연꽃보관 사건'은 모든 생명들, 중생들, 사람들이 조건과
자질의 차이에도 불구하고, 바로 그 조건의 현장에서 평등하게 깨달음
을 실현할 수 있다는 붓다-담마의 근본 메시지를 선포하는 것이다. 이

담마 속에는, 보통 사람들, 일상의 고통 고뇌 속에서 끓탕하는 평범한 보통 사람들의 깨달음에 관한 붓다의 확신과 헌신의 결의가 더 크게 내재해 있는 것으로 보인다. 이와 관련하여 사다티사(Bhikkhu H. Saddhatissa) 박사는 *Buddhist Ethics*에서 이렇게 논하고 있다.

이 사건이 불자인 독자에게는 낯익은 것이긴 하지만, 종종 강조되지 않고 있는 점이 있으니, 비교적 나은 사람을 가르치게 되었을 때 붓다는 가르치길 거부했으나, 붓다가 모든 이질적인 집단의 인간, 그들의 고통을 생각했을 때, 망설임 없이 자신의 담마를 설법해야겠다고 결심했다는 것이다.

따라서 불법(佛法, Buddha-Dhamma)이 선택된 소수만을 위한 것이라는 말은 그 소수가 어떤 성질이라 할지라도, 고따마가 실제로 설한 언행과 일치하지 않는다.…… 따라서 지고(至高) 상태의 깨달음의 기원을 생각함에 있어서 우리는 붓다의 대자비(大慈悲)가 깨달음과 분리될 수 없는 것임을 명심해야 한다. 만일 깨달음 후에 불멸(不滅)의 문이 활짝 열린다면, 붓다는 인간에 대한 심오한 깨달음과 그의 자비로 그 길을 제시하여 주려는 것이다.[31]

침묵에서 설법으로
깨달음에서 대자비로
뛰어난 자들로부터 괴로워하는 보통 사람들에게로ㅡ.
이것은 실로 놀라운 전환 아닌가? '붓다적 대전환'이 이렇게 역사적으로 실현되는 것이라고 할까?

---

31) Bhikkhu H. Saddhatissa, M.A. · 조용길, 앞의 책, pp.64~65.

‘보드가야의 연꽃보관(蓮花普觀) 사건’을 계기로, 초기불교는 보통 사람들의 깨달음, 단인의 견성운동으로서 그 이념적 지향을 역사적 실천운동으로 전향시키는 계기를 확보하는 데 성공하였다. 이러한 전향은 깨달음과 자비가 둘이 아니며 깨달음이 곧 자비행이라는 근본담마에 입각하여 가능한 것으로 생각된다. 진정 연기(緣起)의 자성(自性)에 눈뜰 때, 진흙 속에서 고뇌하는 미천한 생명 하나인들 어찌 버려둘 수 있겠는가? 이 도리를 보는 것이 깨달음 아니겠는가?

연꽃 생명관(蓮花生命觀),
붓다의 연꽃 생명관, 연꽃 인간관(蓮花人間觀).
이것은 생명·인간에 대한 인류 일반의 낡은 고정관념을 타파하는 결정적 계기가 되고, 가혹한 신분적 차별주의에 근거한 brahmin의 카스트적 인간관을 혁파하고 사성 평등(四姓平等)의 사상을 확립하는 신기원이 되기도 한 것이다. ‘보드가야의 범천권청과 연꽃보관 사건’이 붓다의 정각 이후 최초의 사건이었다는 사실도 이런 의미에서 그 의의가 평가되어야 할 것이다.
연꽃 생명관은 불교운동의 영구한 지침을 설정하는 입각처가 된 것으로 평가된다. 대승불교의 보살정신의 연원을 이 ‘연꽃보관 사건’에서 찾으려는 시도도 이런 맥락에서 이해되는 것이다. 기원전 7~5세기 당시 인도의 역사적 상황을 고려할 때, 자기 구원·자기 해탈에 안주하려는 은둔자들의 이기주의적 시대정신을 극복하고 이러한 대승보살의 길로 전향하는 것은 결코 용이한 일로 생각되지 않는다. 붓다의 ‘주저함’은 이런 이기주의와 소수 우월주의의 역사적 장애의식을 극복하려는 전환기의 갈등을 토로하는 것으로, 범천권청(梵天勸請)은 새로운 생명의 가치를 요구하는 인도 민중의 열망을 대변하는 상징적 사건으로 생각된다. 빤드는 이렇게 논하고 있다.

 이 사건의 중요성은 대승불교의 역사적 탄생과는 구분되는 그 정신성과 관련되는 것이다. "깨달음의 태양이 밝아오고 자비의 연꽃이 피어난다."[32]는 것과 같이, 정법의 바퀴를 굴리지 않고 세상으로부터 은퇴하려는 이기주의는 일소된 것이다.…… 붓다의 주저함(Buddha's hesitation)과 범천의 탄원은 자기 자신만의 구원에 만족하려는 붓다의 유혹에 대한 상징적이고 드라마틱한 전개이다. 붓다의 '주저함'은 보디사트바(Bodhisattva, Pāli, Bodhisatta), 보살 이념의 탄생을 위한 진통을 반영하고 있는 것이다.[33]

3) 깨달음에 관한 허위의식을 버리고

과도한 abhidharma화의 병폐

청련(淸蓮) · 홍련(紅蓮) · 백련(白蓮),

진흙탕에서 아름답고 고귀한 깨달음의 연꽃을 피우는 많은 보통 사람들,

로히니 강변에서 한번 설법을 듣고 깨달음의 흐름으로 들어서서 성자(聖者)가 되는 많은 대중들, 왕과 관리들 · 장군들 · 농민들 · 노동자들, 재가(在家)의 민중 성자(聖者)들,

---

32) 'The Sun of knowledge dawns, The Lotus of Compassion blooms.' cit. *What was the original Gospel?*, p.100.
33) G. C. Pande, Ibid, p.384.

머지않아 아라한의 경지에 오르는 5백 명의 청년들, 출가(出家)의
성중(聖衆)들…….

많은 사람들에게 이것은 분명 하나의 놀라운 충격으로 받아들여질
것이다. 그리고 이 충격은 지금까지 많은 사람들이 깨달음견성에 대
해서 품어왔던 환상(幻想)과 허위의식(虛僞意識)을 일깨우는 새로운
계기로 작동할 수 있을 것이다.

많은 사람들은 여전히 견성처(見性處)와 현실처(現實處)의 절대적
인 간격을 강조하면서 깨달음을 신비한 초월적 경지로 규정하고, 깨달
음을 성취한 사람은 삼명(三明)을 구족하여 과거·현재·미래에 걸
림없는 전지전능자가 되는 것으로 상상하고 있다. 또 많은 사람들은
깨달음은 삼학(三學)·사념처(四念處)·위빠사나(Vipassana)·구
차제정(九次第定)·간화선(看話禪) 등 장기간의 특별한 전문적 수행
을 통해서만 획득되며 소수의 상근기 엘리트만이 접근 가능한 것이라
고 주장하고 있다.

콘즈가 진술한 바와 같이, 인간에게는 정신적인 계층이 있고 깨달음
에는 단계가 있으며. 보통 사람들이 깨달음에 관하여 논하는 것은 레
오나르도 다 빈치의 '동굴 속의 성모(Virgin of the Rocks)'의 구도에
관해서 자기 나름의 비평을 가하고 있는 페인트공들의 중얼거림과 같
은 수준이라고 믿고 있다.

그러나 지금까지의 관찰을 통하여 이러한 생각들이 붓다의 근본담
마에 어긋나는 것이며 역사적 실제와도 거리가 먼 환상(幻想)이거나
과장된 허위의식(虛僞意識)이라는 사실이 규명되고 있다. 깨달음은
일상적 삶의 고통·고뇌 속에서 허덕이는 보통 사람들이 그 삶의 현

장에서, 바로 그 고통·고뇌를 통하여 꽃피운다는 진실이 해명되고 있다.

대체 깨달음에 관한 이러한 환상이나 허위의식은 어떻게 해서 생겨난 것일까?

여기에는 역사적으로 많은 원인들이 복합적으로 작용하고 있는 것으로 보이지만, 그 가운데서도 불교의 과도한 아비달마화(abhidharma 化), 이론화·체계화·전문화의 경향이 가장 큰 요인으로 보인다. 부파(部派)시대에 이르러, 불교가 불교 본연의 소박한 실천의 원형을 상실하고, 하나의 연구대상으로 객관화되면서 이러한 환상과 허위의식이 중첩적으로 양성된 것이라고 할 것이다. 그들 전문가들은 불교의 생동하는 담마들을 수많은 법수(法數)로 엄격하게 개념화하고, 본래 단순하고 명확한 수행법들을 팔정도·삼학·사념처·위빠사나·구차제정 등으로 정교하게 전문화·기교화하면서 담마의 생명력과 유용성을 박탈해간 것이다. 콘즈는 이렇게 논하고 있다.

교학적인 부파불교의 모든 학파는 연구 타성에 젖어 분류에 분류를 거듭하고, 구별에 구별을 거듭하며, 지나칠 정도의 엄격성을 추구했다. 이같이 하여, 16세기 유럽의 학자들도 토마스 아퀴나스의 상대적 단순성과 비교해서 거의 믿을 수 없을 정도의 개념적 정교함에 이르렀던 것이다. 그 결과 그들의 체계는 지나치게 방대해져 단지 범용한 정신의 관심을 끌었을 뿐, 루터나 베이컨과 같은 진취적 정신의 소유자에 의해 무시되었던 것이다. 마찬가지로, 아비달마 불교에 있어 보다 엄격해지려는 요구는 수세기가 흐르는 동안 치명적인 약점으로 되었다. 그들의 정교한 사상체계가 점점 종교적 통찰력을 주지 못함에 따라, 대승불교는 그들을 무시하고 열반과 세속의 절대적 간격을 강조하면서 열반을 성취할 수 있는 길을 설명하려는 모든 시도를 포기하는 역설적 주장을 힘차게 개진했다.34)

그러나 아비달마화의 치명적인 약점은 대승불교와 밀교(密敎), 선불교(禪佛敎)에서도 거듭 반복되었다. 대승 보살도의 모태였던 반야공(般若空)이 사변(思辨)의 미로에서 실종되고, 소박하고 민중적인 본래의 밀교정신이 주술적 신비주의로 변질되고, 간명직절한 조사선(祖師禪)이 고도의 zero-sum 게임으로 기교화되고……. 이러한 아비달마화는 필연적으로 출가주의화(出家主義化)를 동반하고, 그 결과 깨달음은 출가대중의 전유물로 왜곡되고 재가대중은 기복군중으로 차별화되어 간 것이다.35)

깨달음이란 무엇인가?

견성이란 무엇인가?

그것은 눈뜨고 있는 그대로(yatha bhutam, 如實) 보는 것이다(ehi-passika). 눈뜨고 제 마음〔自性〕을 있는 그대로 여실히 보고 본 대로 열심히 살아가는 것이다. 빠알리-니까야에서 깨달은 사람을 가리켜, '법의 눈(法眼, Dhamma-cakkhu)을 뜨고 있는 그대로 보았다.'고36) 정형적으로 서술하고 있는 것도 이 때문일 것이다.37) 깨달음이란, 요컨대 정신차리고 본심대로 살아가는 것이다.

---

34) E. 콘즈, 앞의 책, pp.172~173.
35) 高崎直道 외·정승석, 『大乘佛敎槪說』(김영사, 1986), p.89.
36) cf. SN(P.T.S), ⅴ. p.423 ; ⅲ. p.103 ; MN(P.T.S), ⅲ. p.19.
37) W. Rahula, Ibid, p.9.

여기서 다시 한번 강조되어야 할 것은 깨달음, 견성은 오로지 삶에 의하여, 일상적인 삶의 체험에 의하여, 보통 사람들의 정상적인 이성(理性)·이해(理解)에 의하여 실현되고 실증된다는 점이다. 연기·중도(4제 8정도)·무아의 기본 담마에 대한 기초적 이해와 실천의 수준을 넘어서는 아비달마적 지각적(知覺的) 방법에 의하여 깨달음·열반·해탈은 해설될 수 없는 것이며, 후대에 와서 대중적 일상성(日常性)을 박탈한 채 난삽 번잡하게 기교화된 선정적(禪定的) 수행에 의하여 견성은 작증(作證)되기 어렵다는 사실은 언제나 거듭 지적되어도 좋으리라 생각된다.

만(萬)에 하나 큰 근기라야 깨달을 수 있다든지, 수십 년 장좌불와(長坐不臥)해야 견성할 수 있다든지, 견성성불하면 전지전능해진다든지……, 견성 열반을 둘러싼 이 고대 신화적인 환상과 맹신, 허위의식들도 동시에 각성되어야 할 것으로 생각된다.

견성 열반은 일상적인 삶의 문제

깨달음이란 무엇인가?

견성 열반이란 무엇인가?

그것은 본질적으로 일상적인 삶의 문제이다. '로히니 사건'에서 실증되듯, 정신차려서 문제의 상황과 원인을 여실히 보고, 본마음[本心, 自性]으로 돌아가 서로를 이해하고, 문제 해결하는 것이다. 무기를 버리고, 농기구 다시 잡고 강물 나눠 쓰며, 함께 농사짓는 본래의 삶으로 돌아가는 것이다. 그들에게는 이것이 깨달음이고 견성 열반이다. 그 이상의 경지가 있다한들 그들에게 무슨 의미가 있겠는가? 그래서 '많은 사람들이 소따빳띠-팔라(sotāpatti-phala), 곧 깨달음의 흐름으로,

성자의 길로 들어갔다.'라고 붓다는 그들의 견성 사실을 인증하고 있는 것이다.

진지하게, 밤낮으로 열심히 추구하는 일상적인 삶에 의하여 깨달음은 실현되고 견성은 신증(身證, kaya-saksin)된다는 역사적 진실에 의하여, 수백 수천 수만의 대중견성, 민중 성인, 시민 성자들의 출현이 입론 가능해지는 것이다. 이와 같이 붓다-담마는 본질적으로 '삶'의 문제', '성스러운 삶'의 문제이다.(이 문제에 관해서는 2집 『붓다의 대중견성운동』 제4장에서 보다 깊이 고찰될 것이다.) 이와 관련하여 T. 링 교수는 이렇게 논하고 있다.

하나의 종교적 시스템으로서의 불교를 말의 형태로 설명하는 것은 어떤 사람으로 하여금 초월적인 진실을 이해하게 하는 것은 불가능하다. 불교에서는 지각의 다른 미디어로부터 유리된 그런 진술은 사람들을 오도하거나 유해(有害)하다는 사실이 인식되어 있다. 불교를 이해하기 원한다면 그것을 실천하지 않으면 안 된다는 사실을 불교도들은 지치지 않고 강조하고 있다. 언어적 진술을 떠나서 실재에 접근하는 많은 방법들이 있다.……

과거에 서양 불교학자들에 의하여 무시된 것이 불교의 이러한 양상이다. 고대 인도에서 바로 그 출발에서부터, 불교는 본질적으로 '성스러운 삶'의 문제였다. 그리고 오늘날 아시아에서 현존하는 바와 같이, 그것은 지금도 불교의 본질이 되어 있다. 성스러운 삶을 사는 것은 출가·재가 양자에게 모두 공통된 것이다. 실천의 내용들은 상당 수준 차이가 있을 것이다. 승려들에게는, 정규적으로 일상화되어 있는 헌신과 도덕적 덕목의 준수, 그리고 여기에 정기적인 활동적 선정이 추가될 것이다. 재가들에게는, 그들 또한 때때로 선정에 종사한다 할지라도, 주로 헌신과 도덕적인 삶이 그들의 관심사가 될 것이다.[38]

불교의 오랜 전통 속에서, 견성을 추구하면서 민중들의 고뇌하는 삶의 현장을 상실한 채 초월적 명상 속에 침잠하거나, 열반을 염원하면서 역사적 상황과 사회적 갈등의 현장을 외면한 채 아비달마적 개념 분석에 몰두하는 비(非)현장적·비현실적 경향이 일부 온존해 온 사실을 부정할 수 없을 것이다. 깨달음에 관한 이러한 뿌리깊은 환상과 허위의식이 철저히 타파될 때, 깨달음은 진지하게 노력하는 모든 사람들 앞에 하나의 가능한 현실로 다가오고, 만인의 깨달음을 위한 대중 견성운동은 역동적인 실천의 장(場)으로 나서게 될 것이다.

'누구든지 곧 깨달을 수 있다.
재가든 출가든, 누구든지 깨달을 수 있는 자성(自性)을 지니고 있다.
연꽃들이 진흙탕 속에서 푸르고 붉고 흰꽃을 다투어 피어내듯, 삶의 현장에서 진지하게 고뇌하고 노력하는 보통 사람들은, 그들이 담마를 들을 귀만 연다면, 얼마든지 견성하고 성자의 경지로 나아갈 수 있다.'

이것은 보드가야 염소치기 번얀나무 아래서 붓다 자신에 의하여 시현(示顯)되고 45년 간의 전법을 통하여 거듭거듭 작증된 불교의 근본 담마이다. 그래서 붓다는 이제 이렇게 선포하고 있다.

---

38) T. Ling, *Buddha, Marx and God*(St. Martin's Press Inc., New York, 1979), pp.61~62.

"그대들에게 불사(不死)의 문은 열려 있다!
이 담마 듣는 자들은 자신들의 낡은 믿음을 버려라."〔SN 6.1.1〕

4. 전법운동, 사회적 변혁(變革) 의지

1) '수행자들아, 전법하러 떠나가라.'

「또 다른 때, 같은 장소(Vārānasī)에서, 세존께서 여러 수행자들에게 말씀하셨다.

"수행자들아, 나는 모든 덫을 벗어났다. 신의 덫, 인간의 덫을 모두 벗어났다.

수행자들아, 그대들도 모든 덫을 벗어났다. 신의 덫, 인간의 덫을 모두 벗어났다.

수행자들아, 전법하러 떠나가라. 많은 사람들의 선(善)을 위하여, 많은 사람들의 행복을 위하여, 세상에 대한 자비심으로, 신(神)들과 사람들의 이익과 선(善), 행복을 위하여.

두 사람이 한 길로 가지 말라.

수행자들아, 처음도 유익하고 중간도 유익하고 끝도 유익한 담마를 가르쳐라. 정신과 외형에 있어서 온전히 참되고 깨끗한 청정한 삶을 드러내라.

세상에는 눈이 더러움의 먼지로 거의 오염되지 않은 자들도 있거니, 그들이 담마를 듣지 못하기 때문에 멸망하고 있다. (담마를 듣는다면) 그들은 저와 같이 담마를 깨닫게 될 것이다.

수행자들아, 나도 담마를 설하기 위하여, 우루벨라의 세나니가마로
가리라."39)」

2) 전도의 종교, 전법의 종교

출가 유행은 공동의 부(共同富)의 길
"수행자들아, 전법하러 떠나가라.
많은 사람들의 선(善)과 행복을 위하여
세상에 대한 자비심으로
신(神)들과 사람들의 이익과 선(善), 행복을 위하여 - ."〔SN 4.1.5〕

---

39) 「On another occasion at the same place, the Exalted One thus adressed
the brethern ;

"I am freed, bhikkhus, from all snares both celestial and human. Ye also,
bhikkhus, are freed from all snares both celestial and human. Fare ye,
bhikkhus, in a round that may be for the good of the many, for the
happiness of the many, for love toward the world, for the advantage, the
good, the happiness of gods and men. Let not two take the same course.
Teach ye, Bhikkhus, the Norm that is beneficent at the beginning, in the
middle, at the end. Revral ye the holy life, entirely perfected and purified
both in its spirit and in its form. There are beings whose eyes are
scarecely dimmed by dust of defilement. They perish because they hear
not the Norm. They will become such as know the Norm. I too, bhikkhus,
will go hence, even to Uruvela to township of Sena." ; SN 4.1.5(text. i.
105-106, The Snare) ; *The Book of the Kindred Sayings 1*(P.T.S.), pp.131~
132. cf. Mv 1.11.1 ; *The Book of the Discipline 4*(P.T.S.), p.28 ;『마하박가』
1(tr. 최봉수, 시공사, 1998), p.81 ;『雜阿含經』39. 16,「繩索經」;『한글대장경
雜阿含經』3, pp.154~155 ;『쌍윳따니까야』1(tr. 전제성), pp.242~243.

이것은 바라나시 사슴동산에서 초전법륜(初轉法輪)에 성공한 직후, 붓다가 최초의 다섯 수행자와 야사스(Yasas), 그 친구 등 61명의 대중들에게 행한 최초의 분부로서, 흔히 '전법부촉(傳法咐囑)'·'전도선언(傳道宣言)' 등으로 일컬어지고 있다. 이 '사슴동산의 전법부촉 사건'은 초기불교 역사에서 매우 중요한 사건으로, 빠알리-니까야의 *Sangyutta-Nikāya*(4.1.5)와 *Mahāvagga*(1.1), 한역『잡아함경』(39) 등에 기록되어 있다.

'전법부촉'에서 '전법하러 떠나가라'는 표현은 P.T.S. 영역본에서는 '유행(遊行)하라(Fare ye, bhikkhus, in a round)'라고 기술되어 있다.40) 『한글대장경 잡아함경』과 『쌍윳따니까야』(tr. 전재성), 『마하박가』(tr. 최봉수)에서는 유행(遊行)이란 단어를 '노닐다', '노닐었다', '길을 떠나가라' 등으로 번역하고 있지만, 본론에서는 그 의미를 좇아서 전법행(傳法行)으로 해석하였다.41)

이 말은 본래 고대 인도의 '유행자(遊行者, paribbājaka)'에서 연유한다. 불교 형성기를 전후하여 해탈을 위해 집을 떠나, 세속을 등진 채 숲속에 은둔하여 고행과 명상에 전념하거나, 탁발 여행하며 교의를 전파하는 편력(遍歷)의 수행자들이 많이 발생하였다. 그들은 삼냐신(samnya-sin, 遁世者, 세속을 버린 사람)·사마나(samaṇa, 沙門, 구도자)·아란야

---

40) 'A tour of systematic progress, walking at most one yojana a day.' ; comy. *The Book of the Kindred Sayings 1*, p.132. note-1.

41) "여러 곳을 돌아다니며 설법하여 교화하라는 의미로 유행(遊行)이라고 함. 남을 교화하기 위해서는 서두르지 않고 차근차근하게 설법을 베풀어야 하므로, 그 마음가짐이나 행동거지가 마치 노닐듯이〔遊〕 여유가 있어야 한다는 것이 '유(遊)'이고, 또한 남이 찾아오기 전에 먼저 찾아가야 하므로 끊임없이 여행을 떠나야 한다는 것이 '행(行)'임." ;『마하박가』1(tr. 최봉수), p.81 註1).

까(āranyaka, 숲속의 수행자)·빠리바자까(paribbājaka, 遊行者) 등으로 일컬어질 정도로 그들의 수행 행태는 다양한 것이었다.

붓다와 초기 불교운동의 주역들은 이미 관찰한 바와 같이, 숲속의 은둔을 거부하고 적극적인 유행 전법의 길을 선택함으로써 불교운동의 향방을 분명히 결정하였을 뿐만 아니라, 인류 정신사의 일대 전환에 단호히 도전한 것이다.

"전법하러 떠나가라, 많은 사람들의 선(善)과 행복을 위하여.
세상에 대한 자비심으로
신(神)들과 사람들의 이익과 선(善), 행복을 위하여–."〔SN 4.1.5〕
사슴동산의 이 선언에 의하여, 붓다는 이 엄청난 변혁을 시도하고 있는 것이다. 출가 유행은 이제 더 이상 '집을 버리고', '이 세상을 버리고' 자신만의 정신적 '최고'를 추구하는 고립독선의 고독한 편력이 아니다. 불교에 있어서 '유행'은 이 세상으로부터 벗어나기 위해서가 아니라, '많은 사람들의 선(善)과 이익, 행복을 위하여', 이 세상에 대한 끝없는 관심과 사랑·헌신·자비를 실천하는 이타적(利他的)인 삶의 적극적 수단으로 선택되고 있는 것이다. 유행자들이 이제 진정한 봉사자로 전향하고 있는 것이다. 그런 의미에서 불교의 출가 수행자들, 비구(比丘, bhikkhus)·비구니(比丘尼, bhikkhuīs)는 전통적인 침묵의 유행자들이나 서구의 승려(僧侶-monks)와는 질적으로 구분된다. 따라서 '비구·비구니'를 '승려'로 호칭하는 관행은 심각히 검토되어야 할 것으로 생각한다. T. 링(Trever Ling) 교수는 이렇게 논하고 있다.

서양 언어에서 그것(비구·비구니)은 보통 '승려들(monks)'로 표현
되며, 비구의 삶에 외형적인 조직을 제공하는 단체인 아마스(armas)는
'수도원(monasrries)'으로 표현된다. 그러나 인도-유럽어에서 차용해
온 이 말에는 차이가 있다. 본래 종교적 은둔자를 뜻하는 monachus에
서 파생된 monks는 나중에 세상에서 떨어져 생활하는 단체의 구성원
을 뜻하게 된다. 어떤 의미로든 monks는 상가(sangha)의 구성원을 뜻
하는 말로는 부적절하다. 'bhikkhus'란 말은 문자 그대로 사람을 의미
한다. 이 비구란 실제로 초기 때부터 인도 문명의 일반적 특징으로 내
려왔던 것 중에서도 특별한 경우이다.[42]

불교의 출가대중, 비구·비구니들은 걸식과 유랑을 통하여 자비의
실천에 대한 모든 장애들, 이기적 탐욕과 집착을 제거하면서 학승 라
훌라 비구가 기술한 것과 같이, 전적인 헌신(獻身)의 삶을 사는 것이
고, 사적(私的)인 부(富)를 넘어서 많은 사람들의 부(富), 사회의 공
적(公的)인 재산, 곧 공동의 부(共同富, common wealth)를 지향하고
있다.[43] 이것은 출가의 삶이 본질적으로 공동선(共同善)의 실현 수단
이라는 사실을 의미하는 것으로 생각된다. 이 헌신과 공동의 부(共同
富)가 구체적으로 유행을 통하여, 전법포교를 통해서 추구된다는 점
에서 '바라나시의 전도선언'의 정신사적 변혁 의지는 새삼 새롭게 평
가되어야 할 것이다. 이런 맥락에서 '전도선언'은 '출가선언', '출가 유
행의 선언'으로 이해될 수 있을 것이다.

---

42) T. Ling, '승가의 사회적 기능' ; 여익구 편, 『佛敎의 社會思想』(민족사,
    1987), p.186 ; cit.『인도와 실론의 불교문화』(pelican edition, 1973).
43) 앞의 책, p.186.

모래밭에 연꽃을 피워내는 전법의지

"수행자들아, 유행(遊行)하라. 전법하러 떠나가라.

많은 사람들의 선(善)과 행복을 위하여

세상을 불쌍히 여기고, 신과 사람들의 이익과 행복을 위하여."〔SN 4.1.5〕

61명의 최초의 대중들을 향하여 설해지는 이 전법부촉은 초기교단의 성격, 더욱 원천적으로는 불교 자체의 본질을 극명하게 드러내는 규범적 선언으로 특히 주목된다. 이 선언에 의하여, 열렬한 유행정신의 실천에 의하여 초기교단은 그 출발점에서부터 만인의 행복을 추구하는 이타적(利他的) 집단으로서의 정체성을 확보하게 되고, 불교는 '전법의 종교', '전도의 종교(a religion of mission)'로서 그 역사적 이념을 명료하게 확립하게 된 것이다. 이제 불교는 전법・전도를 위하여 온갖 장애를 감수하고, 온갖 이질적 요소들, 심지어 미신적인 것으로 비하되어 온 애니미즘마저도 받아들이고 있다. 링은 이렇게 논하고 있다.

　왜 불교는 불교 자신과 애니미즘 사이의 경계를 개방하였는가?

　그 대답의 하나는, '불교는 전도적 종교이기 때문에(because buddhism is a missionary religion)' 담마(Buddha-Dhamma)와 애니미즘 사이의 교통을 허용해 온 것이다.44)

"전법하러 떠나가라.

---

44) T. Ring, Buddha, *Buddha, Marx and God*, p.42.

많은 사람들의 선(善)과 이익, 행복을 위하여-."

이 전법부촉은 이제 4부대중의 모든 불교도들에게 평등하게 부과되는 공통의 사명으로 보인다. 상인들이 수레를 몰고 황야를 달리며 멀리 변경으로 담마를 전파하고, 한 하녀(下女)가 담마를 가르치고 증거하기 위하여 몸을 불태우는 등 빠알리-삐따까에 기록된 수많은 사례들이 이러한 불교도 공통의 사명을 입증하고 있다.(이 문제에 대한 보다 깊은 고찰은 제2편 제3장에서 계속될 것이다.) k. 야스퍼스는 불교도의 전법의식에 관하여 이렇게 평가하고 있다.

교법의 전도는 각 개인에게, 더욱이 모든 개인에게 향해 있기 때문에, 그리고 또한 세상에 미치고, 남김없이 그것을 비추는 빛으로서 의식적으로 전도가 행하여졌기 때문에, 여기에 새로운 계기를 하나 들 수 있다. 그것은 의식적인 '전도(傳道)의 의지(意志)'이다. 이러한 의지가 있었기 때문에, 붓다는 처음부터 개인을 구제하는 것과 동시에 세상을 유행하여 가르침을 넓히기도 하고, 상가(Sangha)를 설립하기도 하였다.[45]

그 결과 '부촉의식(咐囑意識)'으로 일컬어지는 이 전법포교의식은, '바라나시의 전법부촉 사건' 이후 전체 불교도들의 심층심리 속에 깊이 침잠하여 그들로 하여금 끊임없이 전법포교의 길로 나서게 궐기시킴으로써, 불교 2,600년사의 원동력으로 내연(內燃)해 왔다. 불교의 이와 같은 '전도의 종교(a religion of mission)'로서의 의지는 인류 정신사의 일대 혁신적 변화로서, 지금까지도 많은 사람들 속에 완강하게

---

45) K. 야스퍼스, 『위대한 철인들』(동국대 출판부).

잔존해 있는 몰세간적(沒世間的) · 고립적 출가의식(出家意識)을 남
김 없이 비추는 명쾌한 등불로 빛나고 있는 것이다.

　이 치열한 전법의식, 전법포교의식에 의하여 불교는 두터운 힌두의
토양을 뚫고 우람한 거목으로 우뚝 서게 된 것이고, 머지않아 인도 대
륙에 광활한 '불교중국(佛敎中國, Buddhist India)'를 개척해낸 것으
로 보인다. 또 인류사상 최초로 황량한 불모의 중앙아시아 사막 속에
'Dhamma-Road'를 개척하고, 돈황(燉煌)의 모래산 속에 찬란한 천불
동(千佛洞)의 연꽃을 피워낼 수 있었던 것이다. 7세기의 현장법사(玄
奘法師)는 『대당서역기(大唐西域記)』의 '쿠사타나국'에서 이렇게 기
술하고 있다.

　여기서 동쪽으로 가면 대유사(大流沙)로 든다. 모래로 온통 덮여 있
는데 모이고 흩어지는 것이 바람 부는 대로이다. 사람이 다녀도 발자국
은 남지 않아 그대로 길을 잃게 되는 수가 많다. 사방을 둘러봐도 그저
망망사해(茫茫沙海)로 방향을 짐작할 수가 없다. 그래서 그곳을 왕래
함에 있어서는 유해(遺骸)를 모아서 목표물로 삼는다. 물과 풀이 없고
열풍이 빈번하게 일어난다. 바람이 불기 시작하면 사람 · 짐승 할 것 없
이 눈을 못 뜨고 병이 나며, 때로는 노랫소리가 들리고 때로는 울부짖
는 소리를 듣게 되는데, 그것을 듣는 사이 어디로 밀려 왔는지 모르게
되어 버린다. 이렇게 해서 때때로 목숨을 잃게 되는 사람이 많은데, 이
모두가 악귀의 소행이다.[46]

　황량한 대유사(大流沙)에서 해골 무덤으로 돌아가는 사람들,

---

46) 玄奘法師 · 권덕주, 『大唐西域記』(우리출판사, 1990), p.365.

불모의 모래밭에 끝끝내 연꽃을 피워내는 전법승·전법사들,

그렇게 해서 인류사상 최초로 장장한 담마-로드(Dhamma-Road)를 개척하는 불교도들…….

바라나시 사슴동산의 '전법부촉' 이후 이와 같이 줄기차게 추구되어 온 목숨을 건 전법행진은 '법륜상전(法輪常轉)'의 깃발로 지금까지 불교도들의 강인한 실천의지로 전승되어 오거니와, 여기서 특히 주목되는 것은, 이 전법운동이 초기불교의 대중견성의 이념을 실현하는 실제적 운동으로 관철되고 있다는 사실이다.

세상에는 눈이 더러움의 먼지로 거의 오염되지 않은 자들도 있거니, 그들이 담마를 듣지 못하기 때문에 멸망하고 있다. (담마를 듣는다면) 그들은 저와 같이 담마를 깨닫게 될 것이다.〔SN 4.1.5〕

여기서 전법포교가 민중들의 깨달음, 대중견성·민중견성을 지향하고 있다는 사실이 명료하게 표명되고 있다. 이것은 담마를 설하고 가르치는 것이 대중들의 깨달음을 담보하는 최선의 수단이라는 사실을 의미하는 것이다. 그리고 대중견성이 세상의 멸망을 막는 길이고, 만인의 선(善)과 이익, 행복을 실현하는 길이고, 공동의 부(共同富, common wealth)를 추구하는 길이고, 불사(不死)의 문을 여는 길이고, 불모의 모래밭에 연꽃을 피워내는 최선의 길이라는 사실을 의미하는 것이다.

따라서 만인의 깨달음을 실현하려는 대중견성·민중견성의 고귀한 이념은 만인에게 담마를 전파하려는 강인한 전법운동을 통하여 실체화의 통로를 확보하게 되는 것이다. 초기불교의 '대중견성운동'이 '전

법포교운동'으로 규정되는 것도 이런 이유 때문일 것이다.

3) 보통 사람들의 실제적 이익을 위하여

평민들, 보통 사람들을 위하여
"수행자들아, 전법하러 떠나가라.
많은 사람들의 선(善)과 행복을 위하여
세상에 대한 자비심으로
신(神)들과 사람들의 선과 이익, 행복을 위하여."〔SN 4.1.5〕

여기서 불교가 그 출발점에서부터 많은 사람들, 신(神)들을 포함한 많은 생명들을 위한 '행복의 종교', '축복(祝福)의 종교'로 전개되고 있다는 사실이 명료하게 드러난다. 초기불교의 이러한 행복정신은 '요익중생(饒益衆生)'이 되어 대승불교에서도 연면히 계승되고 있는 것은 널리 알려진 사실이다.

이와 관련하여 먼저 논의될 문제는 '많은 사람들'의 실체에 관한 해명이 될 것이다. 붓다와 초기교단의 관심은 오로지 이 세상을 살아가는 평범한 사람들에게 있기 때문이다. 빠알리-삐따까에서 반복적으로 언급되고 있는 '많은 사람들'이란 구체적으로 누구를 가리키는 것인가?

초기경전에서는 이들에 대하여 흔히 'puthujana'로 표기하고 있다. '평민(平民), 평범한 사람들'이란 뜻이다. 이와 관련하여 T. 링은 이렇게 논하고 있다.

평민이란, 좀더 정확히 말한다면 범인(ordinafy man)으로, 빠알리어 경전에 빈번히 나타나는 단어이기도 하다. 'puthujana'의 'puthu'는 본래 '넓게 퍼져 있는'이란 뜻이며, 거기에 '사람'을 뜻하는 'jana'가 첨가됨으로써 만들어진 말이다. 그 말을 영어로 정확히 번역한다면, 'ordinary man(보통 사람)', 'the common man(세속적인 사람)', 또는 'the average man(평범한 사람)'이라 할 수 있다. 초기 문헌에 이 말이 다양하게 나타나는 것으로 보아 붓다는 그 말을 브라민이나 은둔자와는 다른, 사람의 일반성을 언급하는 데 사용했던 것 같다.47)

보통 사람, 세속적인 사람, 평범한 사람,

세속에서 평범하게 살아가는 보통 사람들,

가정과 직장, 사회, 사회관계 속에 얽혀 이러저러한 고통과 문제에 시달리며 눈에 보이는 실제적인 이익과 작은 행복을 추구하며 살아가는 저 거리의 수많은 보통 사람들…….

이들이 바로 빠알리-삐따까에 빈번히 등장하는 그 '많은 사람들'이다. 붓다는 처음부터 이 세속적이고 평범한 보통 사람들, 흔히 '중생(衆生, satta)'48)으로 불리는 이 대중들, 민중들을 문제삼은 것이다. '일체 중생(一切衆生)'이란 용어에서 느껴지듯, 이 '많은 사람들' 속에는 어떤 형태의 차별적인 개념도 내포되어 있다. 이것은 '연꽃보관'에서 이미 확인되고 선포된 사실이다. 신(神)·인간·동물·식물 등 종(種)의 구분도 넘어서는 생명 일반을 수용하는 보편적 개념으로 구사되고 있다.

---

47) T. Ling, 앞의 글『佛敎의 社會思想』, p.187.
48) 중생의 어원으로는 satta(존재), pana(생명·유정), bhuta(생물·귀신) 등이 쓰이고 있다. ;『쌍윳따니까야』1(tr. 전재성), p.25 註12).

브라민·캇티야·베사·숫다, 출가자·재가자, 우월자·열등자,
부자(富者)·빈자(貧者), 자본가·노동자, 남성·여성, 어린이·청
년·늙은이, 샤카족·꼴리야족·밧지족…….

이 모든 사람들은 불가피하게 수많은 고통·문제들을 소유하고 살
아간다는 의미에서 한결같이 평등한 중생들, 고통받고 고뇌하는 생명
들이다. 그래서 붓다는 끊임없이 '이것은 고통(苦痛, dukkha)이다', '모
든 조건지어진 것들은 고통이다(Sabbe sankara dukkha)'라고 경각시
키고 있는 것이다. *Dhammapada*에서 붓다는 이렇게 설하고 있다.

> "모든 조건지어진 존재들은 고통이라고
> 지혜로운 사람은 이렇게 알아
> 곧 고통을 싫어하느니,
> 오직 이것이 청정에 이르는 길이다."
> (Sabbe sankara dukkha
> yada paññā passati
> atha nibbendan dukkhe
> esa maggo visuddhiya.)[49]

상황적인 문제, 실제적인 이익을 위하여

'많은 사람들의 선(善)과 이익, 행복'과 관련하여 두 번째로 논의되
어야 할 것은 그 선(善)과 이익, 행복의 본질에 관한 문제가 될 것이
다. 많은 사람들이 필연적으로 짊어지고 가야 하는 이 고통의 문제는,

---

49) Dhp-Com 20.3(text. N iii, 406. vers. 278) ; *Dhammapada-Commentry 3*,
　　p.150 ; 『법구경』(tr. 거해), p.172.

생사(生死) 문제까지를 포함하여 본질적으로 생리적·심리적인 동시에 역사적·사회적인 것으로 분석되고 있다. 孝橋正一 교수는 이렇게 논하고 있다.

무엇보다 생·노·병·사 등과 같은 인간의 고뇌와 공포가 의식을 가진 생물의 생리적이며 심리적인 필연 작용으로, 일단 초역사적으로 존재하고 있다고 볼 수 있다. 그러나 인간이라는 사실 자체가 역사와 사회의 규정에서 자유로울 수 없는 한, 이러한 생리적이며 심리적인 요인도 동시적·자기 동일적으로 역사와 사회 속에서 규정되고, 인간이라는 사실에 늘 붙어다니는 고뇌를 결정적으로 염색해 내고 있는 것이 분명하다.

일찍이 붓다가 고(苦)라고 규정한 생·노·병·사는 일반적으로 인간이 존재하는 한 어느 시대에도 겪게 되는 보편적·초역사적 현상이라고 이해하고 있지만, 사실상 그것은 종족사회에서 노예제 사회, 봉건적 대토지 소유의 사회로 이행하는 과도기의 계급사회에서는 생·노·병·사가 역사적 반영에 불과한 것이다.[50]

이러한 분석은 붓다가 제시하는 주제들이 사회적·역사적인 조건과 밀접하게 관련되는 상황적 문제이며, 붓다가 추구하는 보통 사람들의 선과 이익, 행복이 관념과 사변의 것이 아니라 실제적이며 현실적인 성질의 것이라는 사실을 의미하는 것이다. 이것은 동시에 깨달음, 견성과 해탈 열반 등 불교가 추구하는 청정한 목표들이 많은 보통 사

---

50) 孝橋正一, '불교사상과 현대사회', cit.『佛敎와 社會의 諸問題』(일본불교학회, 1970) ;『佛敎의 社會思想』, p.124.

람들이 일상의 현장에서 직면하는 수많은 현실적·상황적인 문제들의 해결을 통하여 비로소 실현되는 '상황적 자유(解脫)'이며 '현실적 평화(涅槃)'라는 사실을 의미하는 것이다.

따라서 많은 사람들이 고뇌하고 있는 상황적 고통과 사회적·역사적 문제들의 해결에 있어 구체적이며 실제적으로 기능할 때, 담마는 비로소 의미 있는 담마가 될 수 있을 것이다. 지금 여기서 눈에 보이는 이익과 행복(rewards visible now and here), 그들의 공동선(共同善)과 공공의 부(公共富)를 위하여 현실적으로 유용할 때, 담마는 비로소 활구(活句)가 될 수 있고, 견성 열반은 생동하는 현실의 삶, 현실의 상황이 될 수 있을 것이다. 이것이 바로 '물(物, 事物, 現像, nissatta)'로서의 담마(dhammas), '연기(緣起)'로서의 담마이다. 平川 彰 교수는 이렇게 논하고 있다.

> '물(物, nissatta, nijjiva)'로서의 법은 불교의 독자적인 개념이다. 이러한 법의 이해는 베다나 古우파니샤드에는 보이지 않는다. 붓다가 깨달았다는 법도 이 의미의 법 중에 포함된다. 붓다가 득도할 때 깨달은 것은 '열반'이지만, 이것은 진리임과 동시에 '실재'이다. 이런 의미에서 물(物)로서의 법 속에 열반도 포함되는 것이다. 환언하면, 현상으로서 존재하는 것이 그대로 영원의 실재이며, 진리의 성격을 갖고 있다는 의미가 여기에 내포되어 있다. 그리고 영원의 실재와 하나(卽一)인 현상의 성격 및 그 본연의 상태를 발견하는 것이 '법을 보는 입장'이다.[51]

초월적 진리는 끊임없이 변전하는, 연기하는 이 상황 속에서 드러나고, 구원의 평화와 행복은 지금 여기서 눈에 보이는 실제적인 문제의

---

51) 平川 彰·이호근, 앞의 책 (上), p.67.

해결을 통하여 구련되는 것이다. *Sangyutta-Nikāya*에는 하늘신(神, deva)과 붓다의 문답이 이렇게 기록되어 있다.

하늘신 : 무엇이 나그네의 좋은 벗입니까?

　　　　무엇이 집에 사는 좋은 벗입니까?

　　　　무엇이 도움이 필요할 때 좋은 벗입니까?

　　　　무엇이 다가올 인생의 좋은 벗입니까?

세　 존 : 대상(隊商)들이 나그네의 좋은 벗이고

　　　　어머니가 집에 사는 좋은 벗이고

　　　　동무의 도움이 일이 생겼을 때 거듭거듭 좋은 벗이고

　　　　스스로 쌓은 공덕이 다가올 인생의 좋은 벗이라네.

하늘신 : 무엇이 사람들의 의지처입니까?

　　　　무엇이 이 하늘 아래서 가장 훌륭한 벗입니까?

　　　　무엇이 이 지상에서 살아가는 뭇 생명들을 지탱하는

　　　　신(神)들입니까?

세　 존 : 아이들이 사람들의 의지처이고

　　　　아내가 이 하늘 아래서 가장 훌륭한 벗이고

　　　　비의 신이 이 지상에서 살아가는 뭇 생명들을 지탱하는

　　　　신들이라네.52)

　많은 사람들의 길동무가 되고, 어머니가 되고, 곤경에 빠진 사람들을 도와주고, 그들이 선(善)을 행하도록 일깨우고, 아이들이 되고, 아

---

52) SN 1.6.3-4(text. i. 37. Devata-Sanyutta, Jaravagga, Mittam-Vathu) ; *The Kindred Sayings of the Buddha*(P.T.S.), pp.51~52. cf.『雜阿含經』1000,「遠遊經」;『한글대장경 雜阿含經』3, pp.47~48.

내가 되고, 재난을 극복하도록 함께 노력하고……. 이렇게 하는 것이 많은 사람들의 선과 이익, 행복을 위하고 세상을 향하여 자비심을 베푸는 것이다. 전법포교하는 것이다. 붓다–담마의 이러한 상황성(狀況性)과 실제성(實際性)이야말로 그 자체가 연기성(緣起性), 현장성(現場性)의 발로로서 붓다–담마의 생명력이며 불교의 키-워드(key-word) 가운데 하나로 보인다. 초기경전에서 을 흔히 다음과 같이 규정하고 있는 것도 바로 이 때문일 것이다.

① 현실적으로 증명되는 것이다.
② 때를 기다릴 것 없이 즉시에 그 과보가 나타나는 것이다.
③ '와서 보라'고 말할 수 있는 것이다.
④ 열반으로 잘 인도하는 것이다.
⑤ 지혜 있는 사람이라면 누구나 스스로 알 수 있는 것이다.

따라서 많은 사람들의 현실적·실제적 이익과 행복을 위하여 실용(實用)되지 못할 때, 견성·해탈·열반은 무의미한 사변(思辨)이나 희론(戱論), 사구(死句)로 전락하고 말 것이다. 용기 있는 실제적 행동으로 담보되지 아니하는 담마는 더 이상 불교적일 수 없는 것이라고 생각된다. 붓다가 흔히 '실제적인 인물'로,53) '실용주의자(實用主義者)'로 규정되는 것도 이러한 이유로 이해된다.54)

---

53) 'Buddha was practical. He wanted action and not speculation which can in no way lead one to the goal.' ; G. C. Pande, Ibid, p.393.
54) '빠알리 경전에는, 고따마가 논의가 사변(思辨)으로 기울어질 때마다 주제를 해탈로 가는 실제적인 길로 되돌려 놓은 사례가 많이 나타나고 있다. 종교적인 문제들에 있어서, 화살의 비유로서 말룽카뿟타에게 분명히 한 것과 같이,

4) 사회적 변혁의 의지

모든 고통의 원인은 사회적 이기주의

"수행자들아, 전법하러 떠나가라.
많은 사람들의 선(善)과 이익, 행복을 위하여
두 사람이 한 길로 가지 말라."〔SN 4.1.5〕

이렇게 붓다는 대중들에게 행동을 요구하고 있다. 목숨을 건 행동을 요구하고 있다. 무소의 뿔처럼 홀로 세상 속으로 행진해 갈 것을 요구하고 있다. 거친 들판과 모래바람 몰아치는 사막으로 나아갈 것을 요구하고 있는 것이다. 그리고 이것은 사회적 실천, 사회적 · 역사적 변혁을 위한 용기 있는 행동의 요구로 보인다.

그의 삶의 궤적들을 추적해 볼 때, 붓다는 탁월한 역사의식, 사회의식의 각자(覺者)로서 비춰진다. 불교 또한 역사적 · 사회적 · 상황의 산물이라는 사실을 이미 규명한 바 있거니와, 이것은 역사적 · 사회적 상황인식이 불경, 불교 해석의 불가결한 요소의 하나로서 확립되어야 한다는 사실을 의미하는 것이다. 孝橋 교수가 지적한 바와 같이, 인간은 불가피하게 역사적 · 사회적 조건들에 의하여 규정되며, 인간의 고통과 문제들은 구조적으로 역사적 · 사회적 상황의 산물이기 때문일 것이다.

담마의 본질로 비추어 볼 때, 인간 본유의 무한한 정신성과 초월성

붓다는 실용주의자(a pragmatist)였다.' ; H. W. Schumann, Ibid, p.200.

도 역사적·사회적 상황에 관한 투철한 인식과 정당한 극복을 통해서
비로소 실현 가능한 경지라는 주장은 자명한 귀결로 생각된다. 이 문
제와 관련하여, 카루나라트네(W. S. Karunaratne) 교수는 이렇게 논
하고 있다.

  인간의 삶을 완전하게 할 수 있다는 가능성을 인정한다면, 인류 사상
의 역사를 더듬어볼 때, 그 완성을 어떻게 실현할 수 있는가에 대하여
서는 선택적인 두 가지의 답변이 있다. 마음과 정신의 전적인 정화(淨
化)에 의해서 개인에 있어서 내적 발전으로 인간의 삶이 완성될 수 있
다는 것이 하나의 생각이다. 또 하나의 생각은, 제도적인 변화에 의해
서 환경에 있어서 외적 변혁으로써만 인간의 삶이 완성될 수 있다는 것
이다.
  첫번째의 생각은 종교생활의 주창자들이 폭넓게 채택한 것인 반면,
두 번째 생각은 시대와 국가를 막론하고 국내외의 모든 정치가들이 채
택하여 왔다.…… 붓다의 가르침에서는 불교의 사회철학과 관련되는
한, 그 두 가지 생각이 조화롭게 결합되어 있다.55)

'개인의 내면적 수행이 우선인가?
아니면 사회적 실천, 사회적 변혁이 우선인가?'
역사적으로 지루하게 반복되어 온 이 진부한 논쟁에 새삼스럽게 개
입할 이유는 전혀 없는 것으로 보인다. 이 둘은 마치 수레의 양 바퀴
같이, 본래 둘로 분화될 수 없는 즉일(卽一)이며 불이(不二)이기 때

---

55) W. S. Karunaratne, *Wesak Number*(Colombo, Department of Cultural
    Affairs, 1965), p.3. cit. P. 딧사나야케·정승석, 앞의 책, pp.118~119.

문이다. 따라서 개인적 정화와 사회적 변혁은 동시 병행(同時並行)의 한 수행이다. 이것은 이론이나 사변의 문제가 아니다. 붓다 자신에 의하여 이미 명백히 확립된 수행의 본질이다.

붓다와 출가대중들, samaṇa들은 끊임없이 유행한다. 하루도 빠짐없이 안거(安居)하면서도 탁발 유행한다. 마을에 내려가 탁발하는 것이 곧 유행이다. 안거는 유행의 중단이거나 유보가 아니라 방법을 달리한 유행이다. 그리고 탁발 유행은 그 자체로서 최선의 수행이다. 개인적 정화이며 사회적 변혁의 실천이다. 이것은 참으로 중요한 사실로 기억해야 할 것이다.

이러한 흐름은 본질적으로 죽음을 비롯하여, 전쟁·폭력·계급·차별의식·적대의식·인간소외 등 모든 인간의 고통과 불행이 근원적으로 이기적 자아의식(自我意識)이라는 무지(無知, 無明, avijjā)와 탐욕(貪慾, tanha)에서 연유하는 것이며, 강요된 신앙·사회적 가치·교육·문화·유산·언어 습관·계급 등 비합리적인 사회적 요인들이 이러한 자아의식을 강화시키는 중요한 요인이 된다는 분석에 근거하고 있는 것이다. 붓다가 *Mahādukkhanda-Sutta*(『大苦蘊經』)에서 '모든 투쟁의 원인은 사회에 있으며', 이러한 사회적 투쟁은 '이것이 나다, 나의 것이다'라는 이기적 자아의식, 곧 사회적 이기주의에서 파생하는 감각적 쾌락에 대한 욕구가 근원이라고 설하고 있는 것도 이 때문일 것이다.[56) 붓다는 경에서 이렇게 설하고 있다.

"수행자들이여, 무엇이 감각적 쾌락의 위험인가?
감각적 쾌락이 원인이 되어, 감각적 쾌락이 원천이 되어, 감각적 쾌락

___
56) P. 딧사나야케·정승석, 앞의 책, pp.57~67.

이 의지처가 되어, 단순히 감각적 쾌락이 원인이 되어서, 왕들은 왕들끼리 투쟁하고, 귀족들은 귀족들끼리, 브라민들은 브라민들끼리, 가장들은 가장들끼리, 어머니들은 아이들과, 아이들은 어머니들과, 아버지는 아이들과, 아이들은 아버지들과, 형제들은 형제들끼리 투쟁하고, 형제들은 자매들과, 자매들은 형제들과, 친구들은 친구들끼리 투쟁한다.

그리고 그들의 투쟁과, 언쟁과, 논쟁 속에서 그들은 주먹으로, 흙덩어리로, 막대기로, 칼로 서로를 공격한다. 그렇게 해서 그들은 죽음을 초래하고, 죽음 같은 고통을 초래한다."57)

따라서 이기적 자아의식과 감각적 쾌락, 사회적 이기주의의 용기(容器)가 되는 이 사회와 민중의 모순들, 낡은 체제와 제도·관행·의식(意識) 등을 타파하고 정화시켜 가는 사회적 변혁운동은 모든 사람들의 깨달음을 담보해내는 대중견성운동의 본분사(本分事)로 규정되어도 좋을 것이다.

2천 6백년 전의 여성운동

"수행자들아, 전법하러 떠나가라.
많은 사람들의 선(善)과 이익, 행복을 위하여
두 사람이 한 길로 가지 말라."[SN 4.1.5]

이제 이것은 탁발 유행을 통하여 '유익한 담마를 가르쳐서, 정신과 외형에 있어서 온전히 참되고 깨끗한 청정한 삶을 드러냄으로써,' 자

---

57) MN 1.86(13. Mahādukkhanda-Sutta) ; *The Collection of the Middle Length Sayings 1*(P.T.S.), pp.113~114.

신과 이 세상의 무지와 탐욕을 함께 극복하고 이기적 자아의식의 병, 사회적 이기주의 병을 치유하려는 강한 변혁의지의 발동을 의미한다. 사회적 변혁을 통하여 동시대 민중들의 상황적 자유와 실제적인 이익을 추구함으로써 그들의 깨달음을 촉구하는 대중견성운동의 요구임을 의미한다. 이것은 초기불교의 사회적 변혁운동이 곧 대중견성운동 그 자체이며, 전법포교가 단순히 담마를 말로 전파하는 선전운동이 아니라, 담마의 전파와 확산을 통하여 사회와 역사의 구체적인 변화와 혁신을 추구하는 사회적 변혁운동이라는 사실을 의미하는 것이다.

> 왕들과 왕들이 서로 투쟁하고, 귀족들과 귀족들이 서로 투쟁하고, 브라민과 브라민들이 서로 투쟁하고, 부모와 자식들이 서로 투쟁하고, 주먹과 몽둥이와 칼로 서로 공격하고……〔MN 1.86〕

만인대 만인의 투쟁을 방불케 하는 이러한 붓다의 문제의식은 초기불교의 사회적 변혁운동이 당시의 인도상황을 반영하고 있다는 사실을 그대로 드러내는 것으로 보인다. 당시 민중들의 고통, 불이익과 불행들이 이미 관찰한 바와 같이, 기원전 7~5세기 북동 인도의 전쟁과 폭력·차별적 카스트 체제로 인한 계층간의 갈등과 대립관계, 빈부(貧富) 격차로 인한 빈민·장애인·여성들의 소외 등, 정치·사회·경제적 모순에서 파생되는 사회적 문제들과 밀접하게 관련되어 있었던 상황을 고려할 때, 이러한 문제의식은 당연한 것으로 생각된다.

따라서 붓다와 초기교단의 주역들이 비폭력(非暴力)·대중공동체(大衆共同體)·삼보귀의(三寶歸依) 운동 등을 전개함으로써 폭력·전쟁·카스트적 차별체제·빈부격차·인간소외·종교적 부조리 등 사회적 문제들의 해결을 주요 목표로 인식하고, 강인한 의지로 사회적 변혁운동을 전개해 가는 것은 매우 합리적이며 또 필연적인 과정으로 판단된다.

붓다와 초기 대중들은 즉시 행동하고 있다. 탁발 유행하는 것으로서 즉시 사회변혁을 위한 구체적인 행동으로 나서고 있다. 여성들의 인권을 위한 행동은 특히 인상적으로 보인다. 붓다는 여성들의 출가를 허용하고 여성 수행자들의 권위와 능력을 평등하게 인정하고 있다. Mrs. R. 데이비스는 *Therīgāta* 서문에서 이렇게 논하고 있다.

적어도 남성 아라한들에 의하여 합리적인 존재(이성적으로 사유할 수 있는 존재, 저자 註)로 인정받는 기쁨은 성(性)과는 관계가 없었다. 여성은 그런 대기를 호흡하고, 불전에서 종교적 상류층으로서 '아리야 (ariyas, 聖者)로 부르는 지적(知的) 지위를 (남성들과) 공유하고 있다. 아리야와 더불어 여성은 불교도들이 '견성'이라고 부르는 모든 사물을 여실히 보는 능력을 지녔다고 주장했다.

비구니들이 비구들의 제지로 기술적으로 영구히 지명된 것은 사실이다. 테리(Therī, 장로 비구니)가 지적(知的)으로 더욱 탁월함에 있어서, 최고의 테라(Thera, 장로 비구)와 더불어 평등을 주장한 것 또한 똑같이 사실이다. 게송[*Therīgāta* 37]에서 밧다(Bhadda, 비구니)는 정신적 지위에 있어서 교단의 수장으로서 붓다의 계승자인 마하-까샤빠와 연대하고 있다. 이러한 맥락에서, 밧다는 '처녀여야 된다'는 식의 어떤 조건도 덧붙이지 않았다. 기혼이건, 미혼이건, 과부이건, 심지어 매춘부이건 밧다는 모든 계층의 여성들에게 그의 문을 개방하였다. 모든 여성들이 공덕과 자유 · 존엄성, 그리고 남자들과의 평등함을 획득하였다.58)

---

58) Mrs. Rhys Davids, 'Preface to Therīgāthā', pp.31~32.

이 문제와 관련하여, 현대 인도불교의 개척자인 암베드카 박사는 이렇게 평가하고 있다.

여성들의 비구니 출가를 허용하면서, 붓다는 그들에게 자유의 길을 열어주었을 뿐만 아니라, 또한 성(性)의 독립이라는 존엄성을 획득하도록 허용하였다. 이것만이 아니다. 붓다는 여성들의 비구니 출가를 허용하면서, 그들에게 남성과의 평등의 길을 개방하였다.59)

여성들의 독립적인 성(性)의 존엄성,
남성들과 더불어 평등하게 향유하는 깨달음의 능력과 최고의 정신적 지위,
매춘부 앞에도 크게 열리는 자유와 고귀함, 평등의 문-.

2천 6백여 년 전 인류 문명의 여명기, 여성들이 베다를 읽을 권리마저 박탈당하고 있던 인도상황을 고려할 때,60) 이것은 실로 혁명적 변혁으로 생각된다. 오늘날에도 비구니들의 평등성을 인정하지 않으려는 완고한 견해들을 상기하면, 수천 년을 앞서가는 붓다의 통찰력과 실천의지는 실로 경이로운 것으로 보인다.

붓다와 초기교단의 대중들은 막대한 장애와 저항을 무릅쓰며 비구

---

59) Ibid ; Dr. B. R. Ambedkar, 'The Rise and Fall of the Hindu Woman', *A Panorama of Indian Buddhism*, pp.162~163.
60) 'Wemen have no right to study the Vedas. That is why their Sanskaras(rites) are performed without Veda Mamtras. Wemen have no knowledge of religion because they have no right to have the Vedas.' ; *Manu IX*. 18.

니 교단을 창립하였고, 이것을 통하여 인도 여성들이 짊어지고 온 운명적 차별과 학대의 낡은 체제를 타파하고 변혁하였다. 이러한 변혁이 바로 전법이며, 이기적 자아의식과 감각적 쾌락의 병, 사회적 이기주의의 병을 정화하고 대중견성, 만인견성을 실현하는 최선의 수행으로 확신하였기 때문일 것이다. 이러한 변혁과 견성이야말로 곧 많은 사람들이 염원하는 상황적 자유이며 실제적 이익이란 담마를 확신하였기 때문일 것이다.

사회적 실천, 사회적 변혁으로 실현되지 아니하는 깨달음의 추구가 얼마나 허위적이고 공허한 자기모순일까?

이것은 오늘날 미얀마의 사례를 통해서도 여실히 드러나고 있다. 남방불교의 전통적 수행의 모범적 보전국으로 인정되는 그들이 세계 최하위의 빈국(貧國)이며 군사적 폐쇄국가라는 엄연한 사회적·민중적 현실과 고통을 외면하고 있는 것은 어떻게 이해되어야 할 것인가? 견성은 여실히 보는 것이고 본 대로 실천하는 것이 아니겠는가? 국가와 사회의 문제들을 여실히 관찰하고 여실히 해결해 가는 것이 견성 열반의 과정 아니겠는가? 대중견성이 전제되지 아니하는 개인적 깨달음이 과연 가능하겠는가? 가능하다 한들, 그것이 무슨 의미가 있겠는가?

80세의 고령으로 죽어가는 순간까지 무너져내리는 육신을 이끌고 끊임없이 유행 전법의 길을 걸어감으로써 붓다는 이 엄연한 도리를 여실히 증거하고 있는 것이다. 붓다와 초기 대중들의 이러한 헌신적인 사회적 실천이 없었더라면 '불교중국(佛敎中國)'은 없었을 것이다. 로히니 강의 분쟁 현장으로 달려가고, 여성들과 불가촉천민들을 포함한 모든 카스트의 민중들에게 Sangha의 문호를 개방하는 모험적 도전이 없었더라면 'Buddhist India'도 불가능했을 것으로 보인다. 졸고『민족정토론』에서는 이렇게 논하고 있다.

붓다가 종교적 수행과 더불어 사회적 변혁이라는 두 가지 인간 완성의 길을 추구했던 것은, 카스트 제도 철폐에 대한 붓다의 열의와 용기 있는 행동 등으로 비추어 볼 때 의심의 여지없이 확고하다. 붓다는 그가 확립한 상가의 원리와 정신을 사회적 변혁과 일치시킴으로써 대중 공의가 존중되고 평등한 인간의 자유가 실현되는 새로운 불교적 사회를 창조하려는 염원을 품고 진지하게 노력하였다. 붓다를 고요한 내면적 수행자로만 인식하려는 것은 붓다를 급진적 개혁주의자로 인식하려는 것과 똑같이 붓다의 실제를 온전히 보지 못하는 편협한 견해로 생각된다.[61]

---

61) 김재영, 『민족정토론』(불광출판부, 1990), p.62.

제2장 초기 전법운동의 주역들과
물적(物的) 기초

1. 전법운동의 주역들(1) - 붓다 석가모니

1) 붓다, '진리의 왕'

전륜성왕의 이상을 좇아서

"이 아기는 깨달음의 궁극에 이를 것입니다.
이 아기는 가장 으뜸 가는 청정을 보고
세상을 불쌍히 여기고
많은 사람들에게 이익을 주기 위하여
나아가 법바퀴를 굴릴 것입니다.
그의 청정한 행은 널리 펼쳐질 것입니다."[1]

이것은 예언자 아시타 선인(Asita 仙人)이 갓 태어난 아기 붓다를

---

1) Sn. 693(3.11, Nalaka-Sutta) ; Sutta-nipāta(tr. Bhikkhu Thanissaro, Micro-soft Word 6), cf. 『숫타니파타』(민족사), p.176

보고 눈물을 흘리며 한 예언이다.[2] 여기서 특히 주목되는 것은 '법바퀴를 굴린다'는 생각이 붓다의 생애와 운명적으로 연결되어 있다는 사실이다.

법바퀴, 곧 법륜(法輪, Damma-caka, Skt. Dharma-cakra)은 널리 알려져 있는 바와 같이, 인도 전래의 전륜성왕(轉輪聖王) 사상과 관련되어 있다. 바퀴라는 용어는 *Rg-veda*에도 나타나고 있는데, 고대 인도인들은 이 우주를 '범천(梵天)의 바퀴(Brahmā-cakra)'라고 일컫고, 최고신 범천이 이 바퀴를 굴려서 지배한다고 상상하였다. 따라서 바퀴는 우주적인 정의, 우주적인 통치권을 의미한다.[3] 윌리엄즈는 전륜성왕을 '장애 없이 자기 수레의 바퀴를 어느 곳에서나 굴리는 통치자, 세계의 원수(元首)인 제왕'으로 정의하였다.[4]

전륜성왕(轉輪聖王, Cakra-varti-rajan, Wheel-turning Monarch)은 최고신에 상응하는 지상의 통치자로 상정된다. 그의 권위는 윤보(輪寶), 곧 바퀴를 비롯하여 코끼리·말·보석·부인·관리인·상담역 등인데,[5] 경에는 전륜성왕 마하쑤다싸나(Mahāsudasana) 왕이 금바퀴〔金輪寶〕를 굴리면서 군대를 이끌고 세계를 평화롭게 평정하는 광경이 이렇게 묘사되어 있다.

「대왕은 자리에서 일어나, 한쪽 어깨에 관복을 걸치고, 왼쪽 손에 황금병을 잡고 바른쪽 손으로 바퀴에 물을 뿌리면서 말하였다.

---

2) E. J. Thomas, Ibid, pp.38~39.
3) P. 딧사나야케·정승석, 앞의 책, p.183.
4) Sanskrit-English Dictionary, p.381.
5) DN. 17.1.7-17(text. ii. 171-177. Mahāsudassana-Sutta) ; *The Long Discourses of the Buddha*, pp.280~283. cf.『長阿含經』,「長壽王修行品」.

"성스러운 바퀴여, 굴러가라. 성스러운 바퀴여, 정복하라."

윤보는 곧 동(東)으로 굴렀다. 때에 대왕은 사병(四兵)을 이끌고 그 뒤를 따랐다. 윤보가 멈출 때 어느 나라에서든지, 대왕도 그의 사병과 함께 멈추었다. 그때 동방의 여러 나라의 왕들은 대왕이 오는 것을 보고 와서 말하였다.

"잘 오셨습니다. 대왕이시여. 저희들은 대왕의 것입니다. 저희들을 다스려주소서."

대왕은 말하였다.

"생명을 해치지 마시오. 주지 않은 것을 빼앗지 마시오. 사음을 범하지 마시오. 거짓을 말하지 마시오. 독한 술을 마시지 마시오. 먹는 것을 적절히 하시오."

그리고 대왕을 대면한 동쪽의 왕들은 모두 그의 신하가 되었다.

바퀴가 동쪽 바닷가에 이르자, 남쪽으로 방향을 돌렸다. 마하쑤다싸나 왕도 그의 사병과 함께 그 뒤를 따랐다. 그리고 그들 왕들은 그의 신하가 되었다. 남쪽 바닷가에 이르자, 바퀴는 서쪽으로 돌았다.…… 서쪽 바닷가에 이르자, 바퀴는 북쪽으로 돌았다.…… 마하쑤다싸나 왕은 그의 사병과 함께 그 뒤를 따랐다. 대왕을 대면한 북쪽의 왕들은 그의 신하가 되었다.

윤보는 바다에서 바다까지 땅을 정복하고 수도 꾸사밧띠(Kusavati)로 돌아왔다. 그리고 대왕이 왕궁을 장식하자, 윤보는 왕궁 앞에 멈추었다.[6]」

이 전륜성왕의 바퀴 행진은 붓다의 전법륜(轉法輪)과 많이 닮아 있다. 실제로 붓다와 전륜성왕 사이에는 일치점이 많다. 양자가 모두 32

---

6) DN 17.1.8-11(text. ii. 173-175) ; Ibid, pp.280~281. cf.『長阿含經』6.2,「轉輪聖王修行經」;『한글대장경 長阿含經』, p.149.

대인상(三十二大人相)과 칠보를 갖고 있으며, 바퀴를 굴리고 있다. 이
것은 붓다가 전륜성왕의 이념을 적극적으로 수용한 결과로 인정되거
니와, 붓다가 그의 새물결운동, 정화(淨化)운동의 이상(理想)을 전륜
성왕에서 구하고 있는 것은 당시 인도사회의 정치적 분열상과 그 자
신의 정치적 성향이 반영된 결과라는 분석이 있다. 정의가 지배하는
전 인류적·우주적 공동체의 형성을 지향한다는 근본 동기에 있어서
양자는 일치하고 있다. 짐멜(Zimmer)은 이렇게 논하고 있다.

> 불교의 개념에 의하면, 우주적 군주란 붓다의 세속적인 모습이다. 붓다
> 는 위대한 각자(覺者)로서, 성스러운 가르침의 바퀴를 스스로 굴린다.[7]

정법국가의 실현을 위하여

아시타 선인의 예언에서 보듯, 세속적 권력을 포기하고 법바퀴, 진
리의 바퀴로써 전륜성왕의 이상을 실현하려는 붓다의 의식은 출생과
더불어 부과되어 있었고, 그의 삶의 전 과정을 통하여 확고하게 작용
하고 있었던 것으로 보인다. 이와 관련하여, *Sutta-nipāta*에는 붓다와
brahmin 쉘라와의 매우 주목할 만한 대화가 기술되어 있다.

> 쉘라 : 당신은 참으로 훌륭한 수행자이십니다.
>   빛나는 피부를 가진 당신께서
>   뛰어난 용모를 갖추신 당신께서
>   어찌하여 집 없는 수행자의 길을 택하셨습니까?

---

7) H. Zimmer, *Philosophies of India*(ed. by Josep Campell, Mondark, 1951),
   p.129. cit. P. 딧사나야케·정승석, 앞의 책, p.183.

당신께서는 전륜성왕이 되셔야 합니다.
대군을 호령하고 천하를 호령하여
전 세계의 지배자가 되셔야 합니다.

왕이나 대신들은 당신께 충성을 바칠 것입니다.
고따마여, 왕 중의 왕이 되소서.
전 세계의 황제가 되어 군림하소서.

붓다 : 쉘라여, 나는 왕이로되
위없는 진리의 왕이니라.
진리로써 바퀴를 굴리느니
그 누구도 돌이킬 수 없는 바퀴를……8)

　　여기에는, 붓다는 '진리의 왕(法王, Dharma-rajan)'으로서 전법륜
(轉法輪, dhamma-pradaksima)의 중심에 확고하게 서 있다는 사실
이 명료하게 드러나고 있다. 보다 중요하게 생각되는 것은, 그의 전법
포교운동이 일시적 감흥으로 연소되는 것이 아니라, 이 세상에 불교적
전륜성왕의 나라, 정의로서 다스려지는 하나의 통일된 세계적 공동체,
곧 정법국가(正法國家)의 실현이라는 확고한 비전에 의하여 추구되
고 있다는 사실이다. 그리고 이 작업은 당시 인도사회의 민중적 염원
과 일치하고 있는 것이다.
　　16개국의 분열과 끊임없는 정복전쟁, 전제군주들의 폭력과 불의(不

---

8)　Sn 551-554(3.7, Brahmin Shella-Sutta) ;『숫타니파타』(민족사), pp.145~
　　146.

義)·약탈, 이러한 역사적 상황 속에서 전륜성왕의 출현을 갈망하는 것은 brahmin 쉘라 한 사람만의 소망이 아닐 것이다. 그런 의미에서 붓다에 의하여 주도되는 초기 전법포교활동은 '그 누구도 돌이킬 수 없는' 도도한 민중적·영속적인 운동으로서 규정될 수 있을 것이다. 붓다와 초기 주역들이 목숨을 걸고 전법과 변혁의 길을 추구했던 것도 이런 웅장한 구도의 전개로서 파악할 수 있을 것이다. '법륜상전(法輪常轉)'이라든지 '불국토(佛國土)'라든지 하는 이념들을 표방하는 것도 초기 포교운동의 이러한 전법륜적 특성과 관련되는 것으로 판단된다.

붓다는 포교운동의 제일 주역으로서 법바퀴를 굴렸다. 마치 전륜성왕이 용맹스런 군대를 이끌고 금바퀴를 굴리며 동서남북 바닷가〔海邊〕까지 진군해 가듯, 붓다는 법바퀴를 굴리며 무지(無知, 無明)와 탐욕(貪慾)의 적들을 파(破)하며 동분서주 진군해 갔다. 그는 도처에서 승리를 거두었다. 전륜성왕의 역사가 이 세상에서 명백한 현실로 실현되고 있었다. 붓다는 brahmin 쉘라에게 이렇게 선언하고 있다.

"정각자가 이 세상에 출현하는 것은
참으로 드문 일이다.
내가 바로 그이다.
그대들이 기다리고 있는 부처,
그이가 바로 나이다.
나는 번뇌의 화살을 뽑아버린 자
진정한 구원자이니라.

나는 이제 신성한 자
나와 견줄 자는 아무도 없다.
나는 악마의 적들을 격파하고
모든 적들을 항복시켰다.
나는 언제 어디서나 기쁨에 차 있느니라."9)

2) '인간 붓다'

'니그로다 강당 설법사건'10)

「나는 이와 같이 들었다.

어느 때, 세존께서는 석가족의 나라 가빌라밧투에 있는 니그로다원에 머물러 계셨다.

그때 가빌라밧투의 석가족들을 위하여 새로운 공회당 건물이 건립되었다. 그러나 그때까지 어떤 수행자나 브라민, 사람도 입주하지 않았다. 그래서 가빌라밧투의 석가족들은 세존을 방문하였다. 예배를 올리고, 그들은 한쪽에 물러나 앉아 말하였다.

"세존이시여, 최근 이곳에 가빌라밧투의 석가족들을 위하여 새로운 공회당을 건립하였으나, 아직 수행자나 브라민, 사람도 입주하지 않고 있습니다.

세존이시여, 세존께서 이 건물을 먼저 사용해 주옵소서. 세존께서 먼저 사용하시면, 가빌라밧투의 석가족들이 그 다음으로 사용할 것입니

---

9) Ibid, pp.560-561.
10) MN 1. 353-359(53. Sekha-Sutta) ; *The Collection of the Middle Length Sayings 2(P.T.S.)*, pp.18~25 ; cf. 『雜阿含經』 43. 13, 「漏法經」 ; 『한글대장경 雜阿含經』 3. pp.264~267. 『雜阿含經』에서는 마하목갈라나 존자가 비구 대중들에게 설법한 것으로 기록되어 있다.

다. 그렇게 되면, 오랫동안 그들의 복지와 행복을 위하여 기여할 것입니다."

세존께서는 잠잠히 이를 응낙하셨다. 세존께서 응낙하시는 것을 보자, 그들은 자리에서 일어나 예배를 올린 뒤에, 붓다를 오른쪽으로 돌고 공회당으로 갔다. 그들은 장식물로 공회당을 완전히 덮고, 방석들을 준비하고, 큰 물통을 밖에다 설치하고 기름등불을 매달았다. 그리고 그들은 세존께 나아가 예배를 올리고, 옆에 서서 말하였다.

"세존이시여, 공회당은 장식물로 완전히 덮이고, 방석들이 준비되고, 큰 물통이 걸리고, 기름등블이 걸렸습니다. 이제 세존께서 생각하시는 대로 하옵소서."

그때 세존께서는 속옷 입고, 발우와 가사를 들고, 비구 대중들과 함께 공회당으로 가셨다. 그곳에 도착하자, 발 씻고 강당으로 들어가서 동쪽을 바라보며 중앙의 기둥 옆에 앉으셨다. 비구 대중들은 발 씻고 강당으로 들어가서, 세존 뒤에서 동쪽을 바라보며 서쪽 벽 앞에 앉았다. 가빌라밧투의 석가족들도 발 씻고 강당으로 들어가 정면으로 세존을 바라보면서, 서쪽을 향하여 동쪽 벽 옆에 앉았다.

세존께서 밤늦도록 담마를 설하여 가빌라밧투의 석가족들을 가르치고, 설득하고, 각성시키고 나서, 아난다 존자에게 말씀하셨다.

"아난다야, 가빌라밧투의 석가족들에게 깨달음의 길에 들어선 보다 높은 수행의 제자들[11)에 관하여 설하여 주라. 나는 등이 아프구나. 나는 좀 쉬어야겠다."

"예, 세존이시여!" 하고 아난다 존자가 대답하였다.

---

11) Sekho patipada, The Disciple in Higher Training ; *The Middle Length Discoursea of the Buddha*(tr. Bhikkhu Nanamoli), p.1252. note-558.

그러자 세존께서는 누더기 겉옷을 준비하여 네 겹으로 접어서 오른쪽 옆구리에 깔고 사자의 자세로 누워서, 한쪽 다리를 다른쪽 다리 위에 포개고, 마음 집중하여 온전히 깨어 있는 상태에서, 언제든지 일어날 수 있는 자세로 누우셨다.

그러자 아난다 존자는 석가족의 마하남(Mahanam)에게 설하였다.……

(아난다 존자의 설법이 끝나자) 세존께서 일어나 아난다 존자에게 말씀하셨다.

"착하고 착하구나, 아난다야!

그대가 가빌라밧투의 석가족들에게 깨달음의 길로 들어선 보다 높은 수행의 제자들에 관하여 설한 것은 잘한 일이구나."」

늙고 병드는 붓다

'가빌라밧투 니그로다 강당 설법사건'은 붓다의 진면목에 대하여 매우 중요한 정보를 제공해 주는 것으로 보인다. 그는 담마를 전파하기 위하여 끊임없이 세상을 유행하고 있다. 맨발로 걸으며, 밤이 늦도록 많은 시민들에게 둘러싸여 담마를 설하고 있다.

"아난다야, 가빌라밧투의 석가족 사람들에게 담마를 설하여 주어라. 나는 등이 아프구나. 좀 쉬어야겠다."〔MN 1.354〕

그러면서 그는 입고 다니던 누더기옷을 접어 마룻바닥에 깔고 무릎을 오그리고 누워 있다. 언제든지 일어날 준비를 갖춘 채, 그러면서 그는 제자를 칭찬하고 대중들을 격려하며 기쁨과 위안을 주고 있다. 이 광경을 통하여 많은 사람들이 '진리의 왕', '전륜성왕'의 실상을 보게 될 것이다. '32대인상(大人相)'과 '80종호(種好)', '18불공법(不共法)으로 장엄된 거룩한 세존의 덕상(德相)의[12] 진실을 발견하게 될 것이다. 붓다의 인간성과 개성에 관한 많은 연구들이 있지만,[13] 한 가지 분명한 것은, 그가 현실에 대한 뛰어난 통찰력과 모든 생명에 대한 다함없는 연민을 가지고 전법포교와 사회적 실천에 그의 일상의 대부분을 전념하고 있다는 사실일 것이다. 여러 자료를 통하여 분석된 붓다의 하루 일상, 24시간의 행적은 다음과 같다.

오전 6시~12시 : 세상을 관찰하고, 중생들을 도와주고, 정오경에 마을로 나가서 탁발하고 담마를 설한다.

12시~오후 6시 : 대자비삼매(大慈悲三昧, mahakaruna-samapathi)에 들어, 수행승들과 민중들의 고통과 문제를 살피고 그들을 도와주며, 대중들을 만나고 담마를 설한다. 때로 오른쪽 옆구리를 바닥에 대고 누워 잠시 휴식을 취한다.

오후 6시~밤 10시 : 수행승들을 만나 대화하고 그들을 지도한다.

밤 10시~새벽 2시 : 하늘사람이나 악마들과 대화를 나누고 그들을 제도한다.

새벽 2시~3시 : 경행.

새벽 3시~4시 : 취침.

새벽 4시~5시 : 아라한의 경지, 열반의 상태로 들어간다.

새벽 5시~6시 : 대자비삼매에 들어 중생들 삶을 관찰하고 보살핀다.[14]

---

12) DN 30.1-2(text. iii. 45-46. Lakkhana-Stta) ; *The Long Discourses of the Buddha*, pp.442~443. cf. 김동화, 『佛教學概論』(보련각, 1980), pp.74~78.
13) cf. H. W. Schumann, Ibid, pp.194~214. G. C. Pande, Ibid, pp.391~393.

붓다는 24시간 가운데 새벽 3시간 정도를 빼고는 거의 20시간 넘게 마을과 거리로 나가 많은 사람들을 만나고 담마를 설함으로써 그들의 문제를 해결하는 데 도움을 주고, 정사에서 제자들을 가르치고 보살피며 인도하고 있다. 장시간의 보행과 앉음, 설법 때문에 때때로 드러누워야 할 정도로 심한 등 신경통을 앓게 되고,[15] 체액(體液, kayo-do-sabhisanno)에 이상이 생겨, 이것을 치료하기 위하여 의사 지바까(Jīvaka)의 도움을 받아 30번이나 하제(下劑)를 쓰고, 라자가하의 온천에 가서 몸을 따뜻하게 하기도 하였다.[16]

그러면서도 그는 '니그로다 강당 설법사건'에서 보듯, 밤늦도록 설법하고 사람들을 격려하고 기쁘게 하는 일을 멈추지 않았다. 이 성실성과 의지, 헌신에 의하여, 붓다는 '진리의 왕'이 될 수 있었고, 수많은 인도 민중들에게 깊은 인상을 심어줄 수 있었다. 그가 전법운동의 진정한 주역이 될 수 있었던 것도 바로 이 지극히 인간적인 성실성과 의지, 헌신의 결과로 생각된다. 빤드는 이렇게 평하고 있다.

붓다 인간성의 위대함은 인도문화의 역사에서 그 누구도 그가 보여

---

14) cf. 『쌍윳따니까야』 1(tr. 전재성), p.17.

15) MN 53.5. AN 9.4.

16) 「그때 세존께서 체액에 이상이 생겼다. 그러자 세존께서 아난다 장로에게 말씀하셨다. "아난다야, 여래는 체액에 이상이 생겼다. 여래는 정화 음료(下劑)를 원한다." 그러자 아난다 장로는 지바까 코마라바카(Jīvaka Komārabha-cca)에게 가까이 가서 말하였다.… 지바까가 말하였다. "아난다 장로님, 여래의 몸에 며칠 동안 음료를 공급해야 합니다."… 그때 세존께서는 뜨거운 물에서 목욕하셨다. 목욕을 하고 나서, 세존께서는 한번 더 하제를 복용하였다. 이렇게 모두 30번 하제 치료를 받았다.」; Mv 8.1.30-33 ; *The Book of the Discipline* 4(P.T.S.), pp.394~396. cf. 『마하박가』 3(tr. 최봉수), pp.176~178.

준 것만큼 강한 인상을 남기지 못했다는 사실에서 드러나고 있다. 그는 깨달음(Knowledge, Bodhi)과 자비(Love, Karuna)의 화신으로 인식되어 오고 있는 것이다.17)

2. 전법운동의 주역들 (2) – 4부대중

1) 출가대중

마하까샤빠 장로의 빈민촌 탁발사건18)

「이와 같이 나는 들었다.

어느 때 세존은 라자가하 교외의 대나무 숲에 있는 칼란다카–니바파 동산에 계셨다.

그때 마하까샤빠 장로는 핍팔라 굴에서 병고에 시달리며 중태에 빠져 있다가 이윽고 회복되었다. 마하까샤빠 장로는 병이 나아지자 생각하였다.

'라자가하로 탁발하러 가야겠다.'

그때 오백 명의 천인(天人)들은 마하까샤빠 장로에게 음식공양을 올리고 싶은 마음이 강하게 일었다. 그러나 마하까샤빠 장로는 그들의 청을 거절하고, 옷을 입고, 발우와 가사를 손에 들고, 라자가하의 빈민과 베 짜는 사람들이 있는 작은 거리를 따라 아침 탁발을 하러 들어갔다.

---

17) G. C. Pande, Ibid, p.393.
18) Udāna 1.6(Kassapa-Sutta) ; Microsoft Word 6(tr. Bhikkhu Thanissaro) ; cf. 『기쁨의 언어 진리의 언어』(민족사), pp.24~25.

세존께서는 마하까샤빠 장로가 라자가하의 빈민과 베 짜는 사람들이 있는 작은 거리로 탁발하며 다니는 모습을 보시게 되었다.

때에 세존께서는 이러한 게송을 노래하셨다.

"달리 부양을 받지 않고

올바로 깨달아 마음이 잘 제어되어 있고

참다움에 기대어서, 번뇌가 다하고, 증오의 마음을 떠난 그 사람이야말로 나는 바라문이라 부르노라."」

비구·비구니의 전법사들

'마하까샤빠 장로의 라자가하 빈민촌 탁발사건'은 초기 전법운동의 실상을 규명하는 데 매우 유용한 자료를 제공하는 것으로 생각된다. 특히 출가대중의 본질과 사회적 역할을 규명하는 작업에 있어 더욱 그러하다.

출가대중 비구·비구니는 집을 나와서 사의지(四依止)의 오랜 전통에 의거하여 탁발(托鉢), 걸식하며 생활하도록 규정되어 있다. 이러한 출가대중들의 삶은 세상을 버리고 은둔하며 자신만의 해탈을 추구하는 비(非)사회적인 것으로 흔히 인식되어 왔다. 막스 베버(Max Webber)는 "불교는 극히 비정치적일 뿐만 아니라 반(反)정치적인 귀족의 종교"이며 "편력하는 승려들의 종교적인 기교론"이라고 규정하고, 승려들은 개인의 독자적 해탈을 추구하는 일에 전념하고 있다고 주장하였다. 승려들에게 세상은 관심의 대상이 되지 못하였고, 승려들의 유행과 탁발은 보시자의 증가에 따른 물질적 관심이 그 원초적 동기라고 주장하고 있다. 그는 또 전법포교는 붓다 개인의 행동일 뿐이며, 모두가 지켜야 할 보편적 의무로서 승려들에게 부과되었는가에 대해서 심각한 회의를 표명하고 있다.[19]

그러나 이러한 막스 베버류(類)의 회의는, '마하까샤빠 장로의 빈민촌 탁발사건'을 통하여, 그것이 역사적 사실과 일치하지 않는 독단론이며, 그 자신이 고백했던 것같이 이러한 오해는 자료 부족에서 연유했던 것으로 드러나고 있다.

마하까샤빠(Mahā-Kassyapa) 장로(長老, Thera)는 중병에서 이제 막 회복된 몸을 이끌고, 누구의 부양도 받음이 없이 천인들의 풍성한 공양을 거부하고 라자가하의 빈민촌으로 나아가, 가난한 사람들과 베짜는 노동자들에게서 밥을 빌고 있다. 평범하고 미천한 민중들, 보통 사람들의 일상적인 이익과 행복을 위하여 봉사한다는 초기불교의 이념적 지향이 출가 수행자에 의하여 라자가하 빈민촌에서 투철히 실현되고 있는 것이다.

여기서 보다 주목되는 것은, 마하까샤빠 장로에 의하여 실증되고 있는 출가대중들의 치열한 전법포교정신의 발로이다. 빠알리-니까야에는 수많은 비구 대중들이 마하까샤빠 장로의 모범을 좇아 전법 변혁의 길로 나서고 있는 사례들이 보고되고 있다. *Anguttara-Nikāya*에서는 바라드바자(Bhāradvāja) 비구가 '사자후(獅子吼, Lion-roarers)의 제1인자'로, 뿐나(Puṇṇa) 비구가 '법사(法師, Dhamma-Teacher)의 제1인자'로, 젊은 까샤빠(Kassapa the Boy) 비구가 '언변(言辯, Brilliant Speakers)의 제1인자'로, 라다(Radha) 비구가 '즉설 연설(Promptu Speakers)의 제1인자' 등으로 붓다에 의하여 평가받고 있다.[20]

---

19) 久保田正文, '막스 베버의 불교사회학', 『佛敎의 社會思想』, pp.176~183.
20) AN 1.14.1-4(text. i. 23-24) ; *The Book of the Gradual Sayings 1*(P.T.S,

비구니(Bhikkhunī) 대중들에게도 이러한 전법 변혁의 과업은 비구 대중들과 더불어 평등하게 요구되었고, 수많은 비구니 대중들이 이러한 이념을 훌륭하게 실천해 내고 있다. *Aṅguttara-Nikāya*에 의하면, 담마딘나(Dhammadinnā) 비구니는 '법사(法師, Dhamma-Teachers)의 제1'로 칭찬받고 있고,21) 미사카 · 마로가리 · 수야마 등 많은 비구니 대중들이 전법포교운동에 앞장서고 있다.22)

빠따짜라(Paṭācārā) 장로니(Therī, 長老尼)도 이런 선구자 가운데 한 사람이다. 빠따짜라 장로니는 그 자신이 사밧티 상인의 딸로서, 부모 형제와 남편, 아이들을 모두 잃고 미친 여인이 되어 옷을 벗은 채 방황하다가, 붓다의 구원을 받고 비구니가 되었으며, 머지않아 아라한이 되었다.23) 이후 그는 열성적으로 널리 불행한 사람들을 구제하고 전법포교를 전개함으로써 초기 비구니계의 한 등불이 되었다.24) *Therīgātā*(『長老尼偈經』)에 의하면, 빠따짜라 장로니의 구원을 받은 찬다(Canda) 여인이 이렇게 고백하고 있다.

「저는 이전에 궁핍하였습니다. 남편은 죽고, 자식도 부모도 친척도

---

　　　tr. F. L. Woodward, M. A.), pp.16~21.
21) 'Monks, chief among my women disciples, who are nuns Dhamma-teachers, is Dhammadinnā' ; AN 1.14.4(text. i. 24) ; *The Book of the Gradual Sayings* 1(P.T.S, tr. F. L. Woodward, M. A.), p.21.
22) 『한글대장경 增一阿含經』, pp.52~53.
23) Dhp-Com. 8.12(text. N. ii. 260-270, vers, 113) ; *Dhammapada-Comentry 2*, pp.250~256. cf. *Aṅguttara-Commentry*, JRAS. 1893, 552~580. *Therī-Gāthā*, 218~219.
24) 'Monks, chief among my women disciple, who are nuns of proficient in the rules of discpline, is Pāṭācāra,' ; AN 1.14.4 ; *The Book of the Gradual Sayings 1*(P.T.S.), p.21.

없고, 음식도 옷도 얻을 수가 없었습니다.

밥그릇과 지팡이를 구해 이집저집 걸식을 하면서, 더위와 추위에 시달려가며 7년 동안 떠돌아다녔습니다.

그때 어떤 비구니 스님이 공양 받고 있는 것을 보고, 가까이 다가가 말했습니다.

"저는 집을 나와 떠돌아다니고 있습니다."

저 빠따짜라 장로니는 마음 아파하며, 저를 붓다의 교단으로 출가시켜 주셨습니다. 그 뒤 저를 가르쳐, 최고의 목표를 향하여 나아가도록 격려해 주셨습니다.

그로부터 가르침을 듣고, 저는 그대로 실천했습니다. 고귀하신 스님의 말씀은 빈말이 아니었습니다. 저는 번뇌의 오염에서 벗어나, 세 가지 명지(明知)를 얻었습니다.25)」

탁발 유행이 최선의 전법이며 변혁의 실천

초기불전의 기록들에 의하여, 비구·비구니의 출가대중들이 아침마다 탁발하며 거리와 마을의 민중들에게 법을 전파함으로써 포교운동의 헌신적인 주역이 되었다는 것이 분명한 사실로 드러나고 있다. 탁발이 출가대중의 삶의 핵심이며, 탁발 유행이 그들의 청정성과 사회적 실천을 담보하는 삶의 방식이라는 사실이 명료하게 드러나고 있는 것이다.

탁발(托鉢, Skt. pindapata), 걸식은 생계를 유지하기 위한 단순한 경제적 행위가 아니다. 이것은 출가대중들이 사적 소유(私的所有)의

---

25) Thig 1054-1057(5.12, Candda the Beggar) ; Microsoft Word 6(tr. Bhikkhu Thanissaro). cf. 『비구의 고백 비구니의 고백』(민족사), pp.247~248.

탐욕을 포기하고 무소유(無所有)의 삶을 실천함으로써 사회 대중들의 일상적 삶을 가장 심각한 인간의 병, 과도한 소유와 이기적 자아의식의 병으로부터 정화시켜 가는 범행(梵行, brahmā-carya)이며 청정행(淸淨行)인 것이다. 탁발 유행이야말로 가장 적극적인 최선의 전법이며 최선의 변혁으로 보인다. 동시에 이것이야말로 자신과 대중의 견성 열반을 함께 실현하는 최선의 수행으로 생각된다.

또 탁발에 의하여, 출가와 재가의 대중들은 담마와 재물을 매개체로 하여 하나의 현장에서 서로 만나고, 하나의 쌍무적 공동체 관계를 형성한 것이다. 이것은 비구·비구니 대중들이 숲속에서 은둔하는 전통적인 유행자, 또는 서양 중세의 걸식 수도승려와는 달리, 본질적으로 민중과 더불어 이 세상에 함께 있으며, 그들의 사회적 책무를 성실히 수행하고 있다는 사실을 의미하는 것으로 해석된다. 출가대중에 대한 재가대중들의 존경과 헌신은 이런 맥락에서 정당화되는 것이다. 링 교수는 이렇게 논술하고 있다.

비구가 받는 공양이란, 그를 존경하는 세속인이 비구를 위해서 특별히 마련한 음식을 뜻한다. 그러나 그가 받는 것은 그 이상이다. 음식 외에 다른 것, 즉 그가 입는 옷, 그가 사는 거주지 등 물질적인 필수품이 그것이다. 세속인이 제공하는 모든 것을 수락한다는 뜻은, 사유재산을 포기한다는 것을 상징하는 것이다. 그래서 비구는 사회의 일반인에게 마땅히 주어야 할 중요한 기여(寄與)가 있다. 그것은 물질 및 경제적 기여는 아니지만, 비구가 공양으로 제공되어지는 것을 받아들여도 좋을 만한 것이다. 비구들이 받아들이는 것을 공양(供養)이라고 말할 때, 이 공양은 오히려 존경과 감사 속에서 헌납되어져야 한다. 비구는 어떤 의미에서도 거지가 아니며, 크리스천의 수도승같이 세상과 떨어져 사는 사람도 아니다.

초기불교의 중요한 업적 중의 하나는 영적 추구의 새로운 장을 발전시켰다는 것이다. 인도에서는 전통적으로 존재악(存在惡)으로부터 해탈하기 위해서 고립생활을 하였다. 그러나 승려에게는 그것이 사회 속에서의 삶을 의미한다.26)

붓다가 '진리의 왕'으로서 전법륜의 중심이 되었다는 사실이 전법포교가 붓다 일인의 관심사이며, 붓다 홀로 이 성스러운 사업의 주역이 되었다는 것을 의미하는 것은 아니다. 전륜성왕이 사군(四軍)을 이끌고 금바퀴를 굴렸던 것같이, 붓다 또한 4부대중(四部大衆)을 이끌고 법바퀴를 굴리며 나아간 것이다. 이것은 4부대중이 붓다와 더불어 초기 포교운동의 주역으로서 중요한 역할을 담지하고 있었다는 사실로 받아들여진다.

"수행자들이여, 이제 전법하러 떠나가라.
많은 사람들의 선(善)과 이익, 행복을 위하여."〔SN 4.1.5〕
이것은 모든 대중들에게, 비구·비구니의 출가대중들에게 행한 붓다의 엄연한 부촉이다. 부촉이란 종교적 지상명령을 의미한다. 전법과 변혁은 비구·비구니의 모든 출가대중들에게 요구되고 있는 지상 명령이다. 그리고 두 사람이 한 길로 갈 여유가 없을 정도로 긴박한 긴급명령으로 보인다. 스리랑카의 학승(學僧) 라훌라 비구는 *The Heritage of Bhikkhu*에서 이렇게 논하고 있다.

---

26) T. 링, '인도와 설론의 불교문화', 앞의 책, pp.186~187.

붓다는 그의 비구 제자들에게 한곳에 영구적으로 머물지 말고, 민중들에게 그들의 선(善)과 그들의 행복을 위하여 전법하며, 마을에서 마을로 돌아다닐 것을 강력히 촉구하였다. 따라서 붓다와 그의 비구 대중들은 우기(雨期) 3~4개월을 제외하고는 일년 내내 여기저기서 민중들에게 그들의 행복에 도움이 되는 생각들을 설하며 유행하였다.[27]

비구·비구니 출가대중들은 이렇게 붓다의 부촉에 의지하여, 온갖 장애를 무릅쓰고 험난한 길을 유행하였다. 강도와 뭇 짐승들이 들끓고, 더위와 홍수·가뭄·전염병이 몰려오는 거친 벌판과 산, 강을 넘어 궁핍한 변방으로 변방으로 전법하며 나아갔다. 붓다는 이들을 위하여 이렇게 설하며 격려하고 있다.

추위와 더위, 굶주림과 목마름,
그리고 바람과 태양의 열기, 모기와 독사들
이런 것들을 능히 참고 견디며
저 광야를 가는 무소의 뿔처럼 혼자서 가라.

맛좋은 음식만을 탐하지 말고
굳이 좋아하는 것만을 골라 취하려 하지도 말라.
가족들을 부양할 의무가 없으니
집집마다 밥을 빌며 집에 대한 애착을 끊어버리고
저 광야를 가는 무소의 뿔처럼 혼자서 가라.

---

27) Walpola Rahula, *The Heritage of the Bhikkhu*(Grove Press, New York, 1946), p.3.

이빨이 강한 사자가 뭇 짐승을 제압하고
능히 정글의 왕으로 군림하듯
궁핍하고 외진 곳에 거처를 마련하고
저 광야를 가는 무소의 뿔처럼 혼자서 가라.28)

2) 재가대중

'쿠주따라와 5백 궁녀의 견성순법(見性殉法) 사건'29)

「쿠주따라(Khujjutarā)는 꼬삼비(Cosambi)의 우데나(Udena) 왕의 왕비 사마와띠(Sāmāvatī) 부인의 꽃시중 노비(female slave)였다. 어느 날 쿠주따라는 수마나(Sumana)의 꽃가게에서 붓다를 친견하고 담마를 들었다. 쿠주따라는 즉시 그에게로 전향하고 소따빳띠-팔라에 올라 성자(聖者)의 길로 들어섰다.

그는 궁중으로 돌아와, 사마와띠 왕비와 5백 명의 궁녀들에게 법을 설하였다. 왕비와 궁녀들은 그를 어머니와 스승(a mother and a teacher)으로 받들고 담마를 경청하였다. 그 결과 많은 사람들이 쿠주따라와 같은 깨달음의 길로 들어섰다. 왕비와 5백 궁녀들의 요청에 따라, 쿠주따라는 매일 고시따원(Ghositarama)으로 가서 붓다의 담마를 듣고 돌아와 그들에게 전하였다. 쿠주따라는 더욱 정진하여 마침내 담마에 관한 학식이 뛰어나게 되었다.

---

28) Sn 52.65.72(1.3, A Rhinoceros Horn) ; Sutta-nipāata(tr. Bhikkhu Thanissaro, Microsoft Word 6). cf. 『숫타니파타』(민족사), pp.23~28.
29) Dhp-Com.2.1.(text. N. i. 161-231, 21~23) ; *Dhammapada-Commentry 1*, pp.247~293. brief. cf. Rogers, *Buddhagosha's Parables* v, pp.32~60 ; 『법구경』(거해 역), pp.97~113.

왕비와 궁녀들은 그에게 청하였다.

"스승이시여, 저희들은 스승(붓다)을 뵙고 싶습니다. 스승을 저희들에게 보여 주소서. 저희들은 그를 찬탄하고 향과 옷 등을 공양 올리고 싶습니다."

"부인들이여, 왕궁을 떠나는 것은 보통 일이 아닙니다. 왕궁에 들어와서는 떠나는 것이 불가능합니다."

"스승이시여, 저희들을 실망시키지 마소서. 스승을 뵈옵게 하소서."

"좋소. 그렇다면, 그대들의 방 벽에 밖을 내다볼 수 있도록 큰 구멍을 뚫으시오. 스승께서 세 보배의 집으로 가실 때, 각각 그 구멍으로 내다보고 손을 뻗어 스승에게 공경을 올리고 찬탄을 올리십시오."

여인들은 쿠주따라의 지시를 따랐다. 스승께서 오고 가실 때, 그들은 내다보고 공경을 올리고 그를 찬탄하였다.

그러나 사마와띠 왕비에게 원한을 품고 있던 후궁 마간디야(Māgandiyā)는 어느 날 벽의 구멍들을 보고, 이 사실을 우데나 왕에게 고하고 처벌을 청하였다. 그러나 왕은 그 구멍들을 메우고 대신 방에 창문을 내주었다. 화가 난 마간디야는 붓다를 쫓아낼 계획을 세우고, 시민들을 매수하였다. 붓다가 꼬삼비 성으로 들어오자 외도들이 그를 뒤따르며 욕설을 퍼부었다.

"너는 도둑이로구나. 얼간이·바보·낙타·소·당나귀·지옥의 거주자·짐승이로구나. 너는 구원될 가망이 없는 자로다. 앞으로 벌만 받을 것이야."

이렇게 시민들은 열 가지 모욕의 용어를 동원하여 그를 욕하였다. 아난다 장로가 이것을 보고 말하였다.

"세존이시여, 이들 시민들이 우리를 욕하고 모욕하고 있습니다. 다른 곳으로 가시지요."

"아난다야, 어디로 갈까?"

"세존이시여, 어디 다른 도시가 있지 않겠습니까?"

"아난다야, 거기서도 시민들이 우리를 욕하면 어찌하겠느냐?"

"세존이시여, 그때는 또 다른 도시로 가야지요."

"거기서도 우리를 욕하면 또 어찌하겠느냐?"

"세존이시여, 또 다른 곳으로……."

"아난다야, 그렇게 말해서는 안 되느니라. 곤란이 발생하면 바로 그 현장에서 해결해야 되느니라. 그런 다음에 다른 곳으로 갈 수 있을 것이다.

아난다야, 누가 우리를 욕하고 있느냐?"

"세존이시여, 모든 사람들이 욕하고 있습니다. 노비들도 모두……."

"아난다야, 나는 싸움터로 나가는 코끼리와 같느니라. 마치 사방에서 날아오는 화살들에 맞서며 싸움터로 나가는 것이 코끼리의 의무같이, 바로 그와 같이 사악한 자들의 모욕을 참고 견디는 것이 나의 의무이니라."

붓다는 이렇게 게송을 설하셨다.

"마치 코끼리가 싸움터로 나가 활에서 날아오는 화살에 맞서듯이
　나 또한 사악한 군중들로부터 날아오는 모욕을 견뎌야 하느니

싸움터로 나가는 것은 길들여진 코끼리다.
왕이 타는 것은 길들여진 코끼리다.
모욕을 참고 견디는 자는 길들여진 자
그는 사람들 가운데 최상이니라.

길들여진 노새와 잘 길러진 신드(Sindh)의 말들
정글의 큰 코끼리들이 가장 빼어나다.
그러나 스스로를 길들이는 사람이 더욱 빼어나니라.”

이 설법에 많은 대중들이 은혜를 입었다. 이렇게 담마를 설하고, 붓다는 아난다 장로에게 말하였다.

“아난다야, 혼란스러워 하지 말라. 이 사람들은 오로지 이레 동안만 모욕할 것이다. 여드레째 되는 날이면 그들은 조용해질 것이다. 여래가 당한 곤경은 이레를 넘지 못하느니라.”

실패한 마간디야는 갖가지 음모를 꾀하다가, 마침내 마간디야의 무리들이 사마와띠 왕비의 궁에 불을 질렀다. 소식을 듣고 우데나 왕이 달려왔으나 불길이 이미 크게 번져 구할 수 없었다. 쿠주따라와 사마와띠 왕비를 비롯한 5백 명의 대중들은 불길 속에서 조금도 동요하지 않고, 붓다의 법을 지켜 마음집중에 전념하였다. 어떤 이들은 제2단계(Sakadagami, 斯多含), 제3단계(Anagami, 阿那含)에 들어갔다. 그러면서 그들은 고요히 죽음을 맞이하였다.

이 사건은 출가대중들에게도 큰 반향을 불러일으켰다. ‘그토록 착하고 담마를 깨달은 성자들도 그런 불행한 죽음을 당할 수 있느냐?’ 하는 문제를 놓고 그들은 회의에 빠져 있었다.

이 소식을 듣고 붓다는 이렇게 게송으로 설하였다.

“마음집중은 죽음을 벗어나는 길
마음집중이 되지 않음은 죽음의 길
마음이 집중하면 결코 죽지 않는다.
마음집중이 되지 못한 사람은 이미 죽은 사람과 같다.

이같은 진실을 분명하게 알아
마음집중으로 정진하는 사람들은
그 속에서 기쁨을 누리고
성자의 세계에서 즐거워한다.

선정에 헌신하는 사람들
곤경을 참고 디겨내는 사람들
흔들림 없이 노력하는 사람들
그들은 현자(賢者)들, 최고위 행복, 열반을 얻느니.”」(p.4~5 주제화
참조)

전법운동에 헌신하는 재가대중들

재가대중들은 초기 불교운동의 전개과정에서 어떤 역할을 담당하였을까? 재가대중들은 전법륜의 대상으로서 출가대중들에게 재시외호(財施外護)를 행함으로써 단지 공덕쌓기에만 골몰하였을까?

이런 질문에 대하여, ‘쿠주따라와 5백 궁녀의 견성 순법사건’은 매우 유익한 정보를 제공하는 것으로 생각된다. 쿠주따라의 출현은 초기 불교운동사에서 매우 충격적인 사건으로 보인다. 노비 출신의 하천(下賤)한 한 여인의 몸으로 스스로 깨달음을 얻어 성자의 길에 오르고, 엄격한 신분의 장벽을 뛰어넘어 왕비의 스승이 되고, 수백 명의 대중들에게 법을 설하여 전향시킨 일은 세계 종교사에서도 드문 사건으로 생각된다. 왕비와 궁녀들은 그를 ‘어머니여, 스승이여(Mother and Teacher)로 불렀던 것이다.

5백 명의 대중들이 견성하고, 거센 불길 속에서 붓다의 담마를 지켜

자성을 보고 불사(不死)를 실현한 것은 초기불교의 대중견성운동이 초월적 이상이 아니라 명백한 하나의 시대적 물결로 전파되고 있다는 사실을 입증하고 있다. 그들은 전문적 수행자들도 아닌데, 오래 앉아 참선하고 공부한 적도 없는데, 일상의 책무에 쫓기는 고단한 보통 사람들인데, 붓다로부터 직접 담마를 듣지도 못하고 다만 구멍을 통하여 붓다를 보고 그리워할 뿐인데……, 그들은 성자의 길로 들어서고 불사(不死)를 실증한 것이다. 그런 의미에서 이 '쿠주따라 사건'의 역사적 의의는 높이 평가된다고 볼 수 있다.

여기서 특히 주목되는 것은, 이 '쿠주따라 사건'에 의하여 재가대중들의 전도·전법적 역할이 명료하게 드러나고 있다는 사실이다. 하녀 쿠주따라는 누구에게도 손색없는 전법사의 역할을 수행하고 있음이 확인되고 있다. 그는 열정과 헌신과 뛰어난 학식으로 담마를 잘 이해하고, 담마를 대중들에게 가르치고, 대중들로 하여금 자기가 도달한 소따빳띠－예류(豫流), 성자의 경지로 이끌었다. 그리고 궁극적으로 대중견성운동의 최고 목표인 불사(不死), 불멸(不滅), 열반을 실현하였다. 한 여성 전법사의 노력에 의하여, 이 세상에 5백 명의 성자들이 탄생한 것이다. 이것은 초기 전법운동의 전개과정에서 재가대중, 재가 법사의 역할이 크게 기능하고 있었다는 사실을 증명하는 하나의 상징적 사례로 평가될 수 있을 것이다. 불전에 의하면, 붓다는 쿠주따라를 '학식 제일'로 이렇게 칭찬하고 있다.

"담마에 대하여 학식이 있고 담마를 해설할 수 있는 나의 재가 여성 제자 가운데서, 쿠주따라가 가장 탁월하다."30)

---

30) 'Prominent among my female lay disciples who are learned in the

그러나 보다 중요하게 생각되는 것은, 이 '쿠주따라 사건'이 일회적·예외적 사건이 아니라는 점이다. 빠알리-삐따까에 의하면, 재가대중·민중들에 의한 전법포교 사건은 일일이 열거할 수 없을 정도로 빈번히 등장하고 있다. 꼬살라국에 불교를 처음 전파한 것은 상인 수닷타(Sudatta, Anāthapiṇḍika) 장자이고,31) 욱가국(Ugga國)에 담마를 전파한 것은 그의 딸 쭐라 수밧다(Cullā Subhaddā)이다. *Dhammapada-Commentry*에 의하면, 쭐라 수밧다는 나형외도(裸形外道)인 시아버지 욱가(Ugga) 장자를 비롯한 8만 4천의 시민들을 불교로 전향시켰다.32)

도둑들이 들끓는 거친 벌판과 험한 산하를 넘어 멀리 변방(邊方)에 붓다의 담마를 전파한 것은 수레와 배를 몰고 다니는 상인, 대상(隊商)들이었다. 한 경에 의하면, 멀리 서북쪽 변방 탁카실라(Takkasīla)로 떠나가는 베살리 대상들의 공양을 받고, 붓다는 그들을 위하여 담마를 설해서 격려하고 있다.

"그대들이 넓은 벌판을 가다가 두려움이 생겨 머리털이 일어나게 될 때는, 여래에 대하여 이렇게 생각하라.
'여래는 바르게 깨달으신 분, 붓다, 세존이시다.'
이렇게 생각하면 두려움이 곧 사라질 것이다.
또 담마에 대하여 이렇게 생각하라.

Scriptures, and able to expound the Law is Khujjutarā.' ; *Dhamma-pada-Commentry 1*, p.282. cf. AN 1.147(text. i. 27) ; *The Book of The Gradual Sayings 1*(P.T.S.), p.24.
31) Cv 6.4.1-9.10 ; *The Book of the Discipline*(Vinaya-Piṭaka, Cllavagga) *5*(P.T.S, tr. I. B. Horner, M. A., Oxford, 1997), pp.216~230.
32) Dhp-Com 21.8(text.N. iii. 465-471, 304) ; *Dhammapada-Commentr 3*, pp.184~187.

'붓다의 담마는 능히 현세에서 번뇌를 떠나, 시기를 기다리지 않고 깨닫게 한다.'

이렇게 생각하면 두려움이 곧 사라질 것이다.

또 상가에 대해서 이렇게 생각하라.

'세존의 제자는 착하고 바르게 나아간다. 이 세상의 복전(福田)이다.'

이렇게 생각하면 두려움이 곧 사라질 것이다."33)

『아함경(阿含經)』이나 *Jātaka*·『아바다나』 등 문헌에는, 무인 광야에서 강도를 만나 위기에 빠진 상인들 가운데 불교도가 있어 '나무 붓다 나무 담마 나무 상가'를 외우고, 다른 상인들이 모두 따라 외우자 도적들이 물러가고, 또 강에서 난파를 당한 상인들이 각자 지기들이 숭배하는 힌두의 신들을 불렀으나 아무 효과가 없어서 불교도를 좇아, '나무 붓다 나무 담마 나무 상가'를 외우자 구원되었다는 기록들이 많이 발견되고 있다. 이러한 초기불교 문헌의 기록들은 불교가 상인들과 밀접하게 연계되어 있고, 붓다의 담마가 이들 육지와 강의 대상·상인들에 의하여 멀리 변방지대로 전파되어 갔다는 역사적 상황을 반영하고 있는 것으로 보인다. 이것은 상인·대상들로 대표되는 베사(vessa, 상인, 평민)들, 곧 재가대중들, 민중들이 초기불교의 전법운동 과정에서 중요한 주역으로서 역할하고 있다는 사실을 의미하는 것이다. 슈만은 이렇게 논하고 있다.

불교의 사회적 적응과 확산에 있어서 베사들이 담당한 역할에 대해서 지금까지 거의 언급된 적이 없다. 상인들은 부유한 재가대중으로서

---

33) 『雜阿含經』 980, 「念三寶經」 ; 『한글대장경 雜阿含經』3, pp.16~17. brief.

여타의 어떤 사람들보다 더 많이 사원을 헌납하는 지위에 있었고, 또 그들은 빈번히 왕래하는 그룹으로서 담마의 지식을 먼 지방으로 실어다 날랐다. 고따마의 교의가 동서남북 모든 방향으로 길을 잡아 나갈 수 있었던 것은 대상들의 거친 우차(牛車)에 의해서였다.34)

재가법사(在家法師)의 문제

재가 전법문제와 관련하여 붓다의 최후 입멸 과정을 기술한 *Mahā-parinibbāna-sutta*는 매우 유익한 정보를 제공하고 있다. 베살리의 짜빨라 영지(靈地)에서 붓다와 마왕 파피야스가 나눈 대화에서, 마왕은 붓다에게 적멸(寂滅)에 들 것을 이렇게 권유하고 있다.

"세존이시여, 거듭하여 제가 세존께 적멸에 드시도록 권했을 때, 세존께서는 이렇게 말씀하셨습니다.

'악마여, 나에게 비구 제자가 나오고 비구니 제자가 나오고 우바새 제자가 나오고 우바이 제자가 나와서, 그들이 총명하여 가르침을 받고 두려워하지 않으며, 가르침을 받들어 지니고, 가르침을 가르침대로 행하고, 올바르게 행동하고, 스승의 말씀을 잘 파악하여, 그것을 다른 사람에게 말하고 설명하여 나타내며, 알리고, 납득시키며, 이해시키고, 잘 분별하게 하며, 명백하게 이해시키고, 또한 외도의 삿된 교설이 생길 때에는 그 삿된 교설을 진리로 철저하게 저지할 수 있으며, 기적을 일으키는 가르침을 말할 수 있는 그런 상태로 되지 않는 동안은, 나는 결코 열반에 들지 않는다.'라고.

세존이시여, 이제는 그러한 세존의 모든 바람은 성취되었습니다. 세

---

34) H. W. Schumann, Ibid, p.190.

존의 말씀대로 비구 제자와 비구니 제자와 우바새 제자와 우바이 제자
가 세존의 말씀대로 잘 행동하며 세존의 교설을 받들 수 있는 그런 상
태로 되지 않았습니까? 그러니, 세존이시여, 지금이야말로 세존께서는
열반에 드시옵소서."35)

'그것을 다른 사람에게 말하고 설명하여 나타내며, 알리고, 납득시
키며, 이해시키고……. 외도의 삿된 교설이 생길 때에는 진리로 철저
하게 저지할 수 있으며…….'

이것은 다름 아닌 전법포교운동의 과정 그 자체라고 할 수 있다. 역
사적으로 관찰하면, 비구・비구니・우바새・우바이 4부대중들에게
똑같은 전법포교의 요구가 부과되고, 여실히 성취되었음이 똑같이 인
정되고 있다. *Aṅguttara-Nikāya*에서는 이렇게 기록하고 있다.

"수행자들이여, 나의 비구 제자 가운데서 설법 제일은 마타니(Matā-
ni)의 아들 뿐나(Puṇṇa, Pūrṇa, 富婁那)이다.
나의 비구니 제자 가운데 설법 제일은 담마딘나(Dhammadinnā)이다.
나의 우바새 제자 가운데 설법 제일은 마치까산다(Machikāsaṇḍa)
의 가장 칫타(Citta)이다.
나의 우바이 제자 가운데 학식과 해설 제일은 쿠주따라(Khujjtarā)
이다."36)

---

35) DN 16.3.7-8(text. ii. 105. Mahāparinibbāna-Sutta) ; *The Long Discourses
   of the Buddha*(tr. Maurice Walshe), pp.246~247. brief.
36) AN 1.14.1-7(text. i. 23-26) ; *The Book of the Gradual Sayings 1*(P.T.S.),
   pp.16~25.

붓다가 입멸을 앞두고, 45년 간의 전법고행을 회고하면서, 이러한 사실을 새삼 확인하고 있다는 의미에서, 이 '베살리의 악마상응'은 더욱 중대한 역사적 의의를 내포하고 있다. 인도의 역사, 인류사를 전환시켜 놓는 전법륜의 장엄한 성공이 출가·재가 4부대중 전법사들의 공동작업에 의하여 실현된 것이라는 붓다의 최종 평가는 초기 불교운동의 공동체적 특성을 규명하고 재가법사의 존재를 확인하는 데 매우 의미 깊은 자료가 될 수 있을 것이다.

분석가들에 의하면, '법사(法師, dharma-bhanaka)'·'전법사(傳法師)'·'설법사(說法師)'란 용어는 훨씬 후대의 기록에 나타나고 있다. 그리고 '법사'의 존재는 불탑신앙(佛塔信仰), 재가대중과 관련 깊은 것으로 분석되고 있다. 기원전 2세기 전후의 것으로 추정되는 바르후트 불탑(佛塔)의 기부자 명단에 공사감독이 'bhanaka', 법사로 기록되어 있는 것이 그러한 사례이다.37) 따라서 법사의 본격적인 등장은 대승불교의 출현과 궤를 같이 하는 것으로 인식되어 왔다.38)

그러나 빠알리-니까야의 기록에서 관찰한 바와 같이, '법사'·'전법사'라는 용어의 통용 여부와 상관없이, 붓다 당시 4부대중이 평등하게 설법하고 담마를 해설하며 다양한 형태의 전도전법 활동을 전개하고 있었던 것은 분명한 사실로 드러나고 있다. 4부대중을 '설법 제일'로

---

37) 平川 彰 외·정승석, 『大乘佛敎槪說』(김영사, 1986), p.278.
38) 1세기경의 초기 대승경진 『도행반야경』에는 이렇게 기록되어 있다. "젊은 선남자(善男子)·선여인(善女人)이 법사(法師, dharma-bhanaka)가 되어, 한 달의 8일, 14일, 15일에 법을 설할 때, 공덕을 얻는 것 또한 헤아려서는 안 된다."(『道行般若經』 4). "대승경전에서 반복하여 설하고 있는 '선남자'·'선여인'의 대부분은 재가신자였다고 보아도 좋다. 선남자의 원어 'Kula-putra'에서 'Kula'는 재가자(在家者)를 나타내는 말이다. 비구가 되면 'Kula(家)'를 버리기 때문이다." ; (平川 彰·정승석, 앞의 책, p.43).

평등하게 인가(認可)한 것도 분명한 사실로 드러나고 있다. 『증일아
함경(增一阿含經)』「제자품(弟子品)」에서, 붓다는 4부대중을 평등하
게 제자로 인정하면서, 재가대중들의 전법활동에 관하여 다음과 같이
구체적으로 거명하고 칭찬하고 있다.

외도를 항복 받는 굴다 장자
깊은 법을 잘 설명하는 우파굴 장자
묘한 법을 잘 설명하는 최상부의 우바새
남 건지기를 좋아하는 사자 왕자
항상 모든 중생을 가엾이 여기는 석가족 마하아나마
설법 잘 하는 앙길사 우바이
외도를 항복 받는 바수타 우바이
항상 자비삼매를 행하는 마하광 우바이
남을 가르치기를 좋아하는 시리 부인39)

이러한 관찰을 통하여, '법사'·'전법사'는 그 명칭의 존재여부에 관
계없이 붓다 당시부터 이미 실재했다는 역사적 사실이 입증되고 있다.
이것은 동시에 '재가법사'·'재가전법사'의 존재와 역할이 분명히 실재
했다는 사실을 의미하는 것이 된다. 재가대중을 향하여 붓다는 분명
'설법 제일'이라고 인정하고 있지 아니한가? 꼬삼비의 쿠주따라 같은
여인을 '법사'로 인정하지 않는다면 누구를 '법사'로 부를 수 있겠는
가? 강도들과 사나운 짐승들이 들끓는 거친 들판과 험한 산, 강을 넘
어 작은 우차(牛車)와 배를 몰고 다니는 수많은 이름없는 상인(商人)

---

39) 『한글대장경 增一阿含經』, pp.53~57.

전법사들이 아니면 누가 담마를 변방으로 실어 날랐겠는가? 『법화경(法華經)』의 '4부대중의 법사'도 이러한 초기불교의 전통을 계승한 것이 아니겠는가?

"수행자들아, 전법하러 떠나가라.
많은 사람들의 선(善)과 이익, 행복을 위하여."〔SN 4.1.5〕

이제 이것은 비구·비구니·우바새·우바이 4부대중에 부과하는 붓다의 부촉이며 지상명령이다.
비구·비구니의 출가대중 법사들,
우바새·우바이의 재가대중 법사들,
불 속에서 목숨을 거는 여성법사들, 무인 광야를 달리는 상인법사들, 재산을 바치는 장자·거사법사들,
이름 모를 민중법사들…….
이들이 바로 주역, 주체들이다. 공동의 주역, 주체들인 것이다.
초기불교의 전법운동, 변혁운동, 대중견성운동은 이들 법사들의 헌신적 공동작업에 의하여 동서남북으로 전파되고 개척되어 갔다. '진리의 왕' 붓다의 법바퀴는 이들 헌신적인 4부대중의 전법사들에 의하여 누구도 결코 돌이킬 수 없는 역사의 흐름으로 도도히 전진할 수 있었던 것이다.

3. 전법운동의 물적(物的) 기초와 연대세력

1) 물적 기초로서의 도시경제

도시의 구조

초기불교의 출현과 발전이 당시 북동 인도사회의 도시화의 추세와 깊이 관련되어 있다는 것은 이미 널리 인정되고 있는 역사적 사실이다. 增谷文雄 교수는 이렇게 기술하고 있다.

> 필자는 이러한 조사를 하면서, 가장 기본적으로 붓다시대를 좌우했던 사회적 특징은 무엇이었던가 고찰해 보았다. 그 결과, 붓다시대의 가장 큰 특징은 부족사회에서 시민사회로 이행하는 고대 도시의 성립기였다는 결론을 얻었다.[40]

기원전 7~5세기경, 아리안들이 북동 인도 갠지스 강 유역으로 진출하는 과정에서, 철제 농기구의 사용으로 농업 생산력이 급속히 증대되는 것을 계기로 상공업이 크게 발달하고, 그 결과 부족중심의 농촌사회가 와해되면서 도처에서 도시가 형성 발전하였다. R. 데이비스에 의하면, 불교 출현 당시, 갠지스 강 유역에는 14개의 도시가 상공업과 정치의 중심지로 번창하고 있었는데, 그 내용은 〔표 2〕와 같다.

---

40) 增谷文雄, '佛教思想과 現代'(동양철학연구소, 1976) ;『佛教의 社會思想』, p.205.

〔표 2〕 붓다 당시〔기원전 7세기경〕 인도의 14대 도시들

도시명	국 가	불 교 관 계, 기 타
아요자 Ayojja	꼬살라 Kosala	서사시 *Rāmāyana*의 수도.
바라나시 Baranasi	마가다 Magadha	Ganga의 북안. 현재 Benares. 근교 Sarnath(Isipatana)는 붓다 초전법륜지.
참빠 Champa	앙가 Anga	Anga의 옛 수도. 현재 Bhagalpur의 동쪽. 붓다 당시 유행자들의 주처.
깜필라 Kampila	빤찰라 Pāncālas	Pāncālas의 수도. Ganga 북안.
꼬삼비 Kosambi	밤싸 vaṃsās	vaṃsā의 수도. 동서 교통의 연결지점. 불교 전파의 통로. Ghosita 등 승원.
마두라 Madurā	수라세나 Sūrasenas	Sūrasenas의 수도. 현 Mathura 비정. 붓다 전법지. Maha-Kaccana의 고향.
미틸라 Mithila	비데하 Videha	Videha의 수도.
라자가하 Rājagaha	마가다 Magadha	Magadha의 수도. Bimbisāra 왕 통치. 초기 불교운동의 중심. 근교 기사굴산.
로루까 Roruka	소비라 Sovira	Sovira의 수도. 현 Surat. 해안교역의 중심. 대상 집결지. Suparaka와 경쟁.
사갈라 Sagala	맛다스 Maddas	Maddas의 수도. 인도 서북부. 외부세력 침투로. 후일 Milinda 왕 통치.
사께따 Saketa	꼬살라 Kosala	Kosala의 한때 수도. Ayojjha와 인접. 불경에 자주 등장.
사밧티 Sāvatthi	꼬살라 Kosala	Kosala의 수도. Pasenai 왕 통치. 초기 불교운동의 중심. 기원정사 등.
웃제니 Ujjeni	아반띠 Avanti	Avanti의 수도. 불교 서남쪽 진출기지. Kaccana와 Asoka장자 Mahinda 고향.
베살리 Vesālī	릿차비 Licchavī	Licchavi 공화국의 수도. 붓다의 입적 예언지. 마지막 안거. Mahavana 등.

※cf. Rhys Davids, Ibid, pp.34~41.

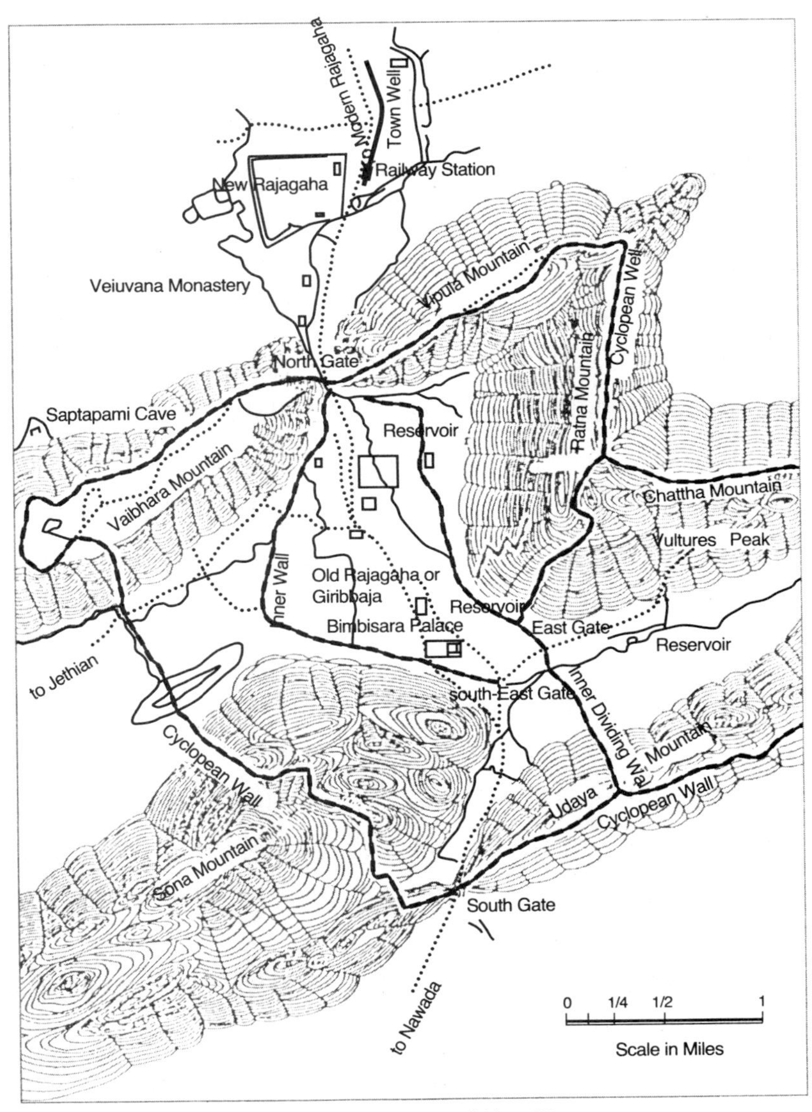

<cit. H. W. Schumann, Ibid, p. 90>

[지도2] 붓다 당시 라자가하(Rājagaha)의 도시구조

초기불전에 의하면, 이 도시들 가운데서, 참빠(Champa, 현재 비가르푸르)·라자가하(Rājagaha, 라자기르)·사밧티(Sāvatthi, 사세트마페트)·사께따(Saketa, 이요다)·꼬삼비(Cosambi, 꼬삼)·바라나시(Baranasi, 베나레스) 등 6대 도시는 특히 번창했던 도시로서, 초기 전법포교운동의 중심지도 바로 이들 도시였다. 도시들은 대개 성벽으로 둘러싸이고, 성 밖에는 민중들의 촌락과 농경지가 있었다. 〔지도 2〕에서 보는 바와 같이 마가다의 수도 라자가하는 도시 외곽에는 견고한 산성(山城)이 연접해 있고, 왕궁과 관청들은 내성(內城) 안에 위치하고 있다. 또 성안에는 귀족과 자산가들의 주택들, 공장들, 시장이 있었다.41)

R. 데이비스가 초기불전들을 근거로 하여 고찰한 바에 의하여, 당시 도시들의 중심가를 무대로 한 도시의 구조와 그 생활의 여러 행태를 관찰하면 다음과 같다.

「큰집들의 입구에는 큰 대문이 있었다. 입구 통로 좌우에는 금고와 곡물창고들이 있었다. 대문 통로는 둥근 정원으로 통했고, 그 지상에는 방들이 있었다. 이 방들 위에는 'upari-pasada-tala(집의 윗평면)'라 불리는 평평한 지붕이 있고, 그 집의 제일 윗층 평평한 옥상에는 그 집주인이 대개 천막 아래 앉아 있는데, 그곳은 즉석 거실이거나 사무실·식당의 용도로 쓰였다.……

우리는 여러 차례 7층 높이의 건물에 관해서 들어 왔지만, 인도에는 보전되어 온 것이 없다.……

우리는 여러 곳의 공중 도박장에 관하여 들었는데, 이 도박장들은 왕궁의 일상적인 한 부분으로서 별도로 분리되어 있거나 대접견실의 한

---

41) H. W. Schumann, Ibid, pp.88~89.

부분을 이루고 있었다. *Apastamsa*(2.25)에는, 이러한 시설을 공급하는 것이 왕의 의무라는 점이 특별히 기록되어 있으며, 후일 법률서에서는 소득의 한 몫은 국고 수입이 된다는 관례를 공개하고 있다. 도박은 36개의 면을 가진 주사위를 갖고 판 위에서 벌어졌는데, 게임의 세칙은 애매하지만, 게임에 관한 가장 좋은 기록은 *Jātaka*(6.281)에 실려 있다.…

역사적으로 흥미 있는 또 다른 종류의 건물은 *Vinaya* [42]에 서술되어 있는 뜨거운 공기 목욕탕들이다. 이들 목욕탕들은 높게 북돋운 지하층에 벽돌과 돌로 만들어졌는데, 그곳으로 올라가는 돌로 만든 계단이 있고 베란다 둘레에는 레일이 있다. 지붕과 벽은 목재로 되어 있는데, 먼저 가죽으로 덮고 횟가루를 발랐으며, 벽 하단부만 벽돌로 덮었다. 거기에는 전실이 있고, 들어가서 목욕할 수 있는 뜨거운 방과 풀(pool)이 있다.…… 이렇게 이른 시기에 갠지스 강 계곡에 오늘날 '터키탕'이라고 일컬어지는 그런 종류의 목욕탕을 발견하게 된 것은 매우 신기한 일이다. 터키인들이 인도로부터 이 풍속을 배운 것일까?

우리들(불교도)의 가장 오래된 또 하나의 문서인 *Dīgha-Nikāya*에는 또 다른 종류의 옥외 목욕 탱크에 관한 서술이 있는데, 거기에는 그곳으로 내려가는 계단식 비행체가 있다. 이 목욕 탱크는 완전히 돌로 덮여 있고, 꽃과 조각들로 장식되어 있다. 이러한 목욕 장소는 부자들의 은밀한 정원의 아름다운 물건이었음에 틀림없다.

그러나 이러한 큰 건물들은 수적으로 많지 않았다. 이 외에 그 도시에는 진흙을 바른 벽들의 떼로 지붕을 덮은 단층의 오두막들이 얽혀 있는 좁고 고약한 냄새가 나는 거리가 있었을 것이다. 그리고 우리는 의

---

42) Vin. 1.3. 105-110, 297 ; *The Book of the Discpline 1*(Vinaya-Piṭaka, Sutta-Vibhanga) (P.T.S, Oxford, 1996, tr. I. B. Horner, M. A.), pp.180~191.

당 창문이 없으며 다른 쪽 벽도 거의 없는 가게들이 줄지어 서서 거리 쪽으로 문을 열고, 같은 거리에서 거의 같은 종류의 값으로 장사에 열중하고 있는 광경을 상상하지 않으면 안 된다.

도시는 사람들로 혼잡하고 소란했을 것임에 틀림없다. 가장 오래된 기록들이 이러한 사실을 자랑하고 있다. 그리고 두 거리에 연접해 있는 코너의 집들의 값이 높게 매겨졌다는 것을 알고 놀랄 것이 없다.43)」

이러한 관찰을 통하여, 우리는 적어도 다음 두 가지 사실을 확인하게 된다. 우선 우리는 *Jātaka · Vinaya · Dīgha-Nikāya* 등을 비롯한 초기불전, 빠알리 니까야들이 역사적 자료로서 훌륭한 가치를 지녔다는 점을 새삼 인정하지 않을 수 없다. 어떤 의미에서 보면, 초기불전은 인도 고대의 역사서(歷史書)라 불릴 만하다. 이것은 불교가 역사와 사회의 상황 논리에 투철하며 민중들의 일상적인 삶의 고뇌와 그 해결이라는 문제의식(問題意識)으로부터 출발하고 있다는 초기불교의 이념적 지향이 문헌적 자료를 통하여 확인되고 있음을 뜻한다. 초기불전의 이러한 역사성을 인식하지 못한 채 그 정신적 가치의 추구에만 열중한다면, 이것은 실체(實體) 없는 허구적(虛構的) 관념론으로 일탈할 위험성이 많은 것으로 판단된다. 투철한 역사적 상황 인식을 전제로 불경이나 교리에 접근할 때, 그것은 비로소 생동하는 삶의 지혜가 될 수 있다는 논리가 여기서 성립되는 것이다.44)

---

43) Rhys Davids, Ibid, pp.68~76. brief.
44) 增谷文雄, 앞의 책, p.200.

산업 발달과 빈부(貧富)의 격차 현상

또 하나 중요한 것은, 이러한 관찰을 통하여 기원전 7~5세기경의 인도사회가 일반적으로 상상한 것보다 훨씬 더 상공업적 시민사회로 전환하였다는 사실의 구체적인 확인이라고 할 수 있다. 도시에는 크고 화려한 건물과 고층 빌딩이 들어서고, 왕궁 살롱에는 대규모의 도박판이 공공연하게 벌어지고, 부자들의 저택에는 옥외 목욕탕이 호사스럽게 갖추어져 있었다. 이러한 것들은 대규모의 자본 유통을 전제로 가능한 것으로서. 이러한 자본은 시장가의 수많은 공장들과 상점들을 통하여 산출되었다는 사실이 초기경전을 통하여 밝혀지고 있다. 슈만은 초전법륜지로 유명한 바라나시의 상공업에 관하여 이렇게 서술하고 있다.

「베나레스가 왕실에 의하여 조성되었다는 전승은 거의 신빙성이 없다. 그것보다는 바루나(Varuna) 강과 강가(Ganga) 강과의 교차점으로서 선박 수송의 환승(換乘) 항구라는 이유 때문에 성장한 것으로 보인다. 이 지점은 현재 말라비아 브릿지의 동북쪽에 있는데, 바루나 강을 타고 작은 배와 바지선의 상품들을 보다 큰 배에 실어 강가 강으로 운반한다. 이 지점과 라쥐-자트 근처에서, 고고학자들이 붓다 당시와 거의 정확하게 일치하는 기원전 6세기경의 이 도시에서 가장 오래된 석조 건물들의 유적지를 찾아냈다. 이 도시의 상업 중심지는 현재의 초크(Chauk)에 해당되는 서남쪽 2㎞ 지점의 언덕 위에 있었다.

베나레스는 고대에 이미 유명한 옷감으로 알려져 있었다. 섬세한 모슬린과 흔히 금실로 짠 무거운 비단인 베나레스 섬유는 유명하였고, 인도 전역에 소비자들이 많았다. 꼭 필요한 상업적인 이니시티브를 갖고 다소의 자본을 투자해서 직조공에게 실을 사 주고, 적절한 패션을 제공해 주고, 제품의 수출이나 판매에 관심을 갖는다면 누구든지 돈을 벌 수 있었다. 야사스(Yasas)의 아버지도 이런 식으로 부자가 되었을 것이다. 공업과 상업의 몇몇 갈래들은 그 도시의 종교적인 역할과 직접 관련되어 세례의식을 위해서 진흙 병이나 구리 병을 만들거나, 베다식의 배화의식과 화장을 위하여 향료와 기름을 판매하거나, 희생용 동물들과 꽃 장식들을 교역하기도 하였다.

이 당시 대개 12만 명으로 추산되는 바라나시 주민들 중 상당한 비율의 사람들은 순례와 관련되는 서비스를 제공하면서 생활하였는데, 그들은 희생의식, 또는 화장(火葬)의식의 집행자로서, 또는 여관 가이드나 하인으로서, 또는 순례자들을 먹이로 삼는 야바위꾼들로서 돈을 벌었다.

베나레스는 강변의 바쁜 생활과 더불어, 붓다 당시에는 혼잡스런 도시였지만, 그 도시는 건축학적으로는 상대적으로 우아한 도시였다는 것을 우리는 상상하지 않으면 안 된다.[45]」

강과 육로를 이용한 원거리 교역, 선단(船團)과 대상(隊商)의 행렬, 고급 생산품의 생산과 판매, 숙박업을 비롯한 다양한 서비스업, 상공업에 생계를 의존하는 대부분의 시민들…….

초전지 바라나시의 이러한 역동적인 경제적 변화는 앞에 언급한 14개 도시를 비롯한 인도 동북지방의 보편적인 도시 행태로 보인다. 화폐가 유통되고, 대규모의 재화가 축적되고, 거대한 건축사업이 전개되고 있었음이 고고학적 발굴을 통하여 입증되고 있다.

---

45) H. W. Schumann, Ibid, pp.73~74.

금고와 곡물창고들로 가득 찬 도시의 화려한 저택

7층의 환상적인 건물

대규모의 왕실 도박장

공기 목욕탕이 있는 호화주택

거리에 늘어선 공장과 상점들

금실과 모슬린의 화려한 베나레스 비단

강과 강을 연결하는 바지선, 큰 강을 왕래하는 화물선들

이러한 경제활동의 주역들인 국왕들과 장자(長者)·거사(居士)의 자산가(資産家, gahapati)들…….

이러한 양상의 도시산업에서 창출되고 소비되는 자산가들의 화폐(貨幣) 경제력이 바로 초기 불교운동을 가능하게 만든 물적(物的) 기초였던 것은 이미 분석된 바 있다. 수천 명의 승단을 부양하고 대규모의 승원(僧園)을 유지할 수 있었던 것도 이러한 도시경제의 축적된 부(富)가 전제가 된 것이다. 불교를 '도시의 종교'라고 규정하는 것도 이런 이유 때문일 것이다. 초기 불교운동의 물적 기초를 제공한 도시 자산가들의 경제력은 사밧티의 '수닷타 장자의 제따바나(Jetavana, 祈園) 헌납사건'에서 가장 상징적으로 드러나고 있다.46)

붓다의 전법포교운동을 경제적으로 지탱한 자산가 그룹에는 빔비사라·빠세나디 등 국왕들도 참여하고 있고, 여성 자산가들도 큰 역할을 담당하고 있다. *Aṅguttara-Nikāya*에서는 붓다가 '나의 제일가는 제자'로 인정하고 있는 재가 후원자들을 이렇게 거명하고 있다.47)

---

46) Cv 6.4.1-6.4.9 ; *The Book of the Discipline* 5(Vinaya-Piṭaka, Culla-vagga)(P.T.S, tr. I. B. Horner, M. A.), pp.216~222.
47) AN 1.14.26(text. i. 25-26) ; *The Book of the Gradual Sayings 1*(P.T.S.),

　　우바새 : 수닷타(Sudatta, Anāthapiṇḍika, 給孤獨 長者, alms-giver)
　　　　　　마하나마(Mahānāma the Sakyan, give choice alms-food)
　　　　　　욱가(Ugga, the house holder of Vesālī, give pleasant
　　　　　　gifts)
　　우바이 : 비사카(Visākhā, Migāra's Mother, 鹿子母, minister the
　　　　　　Order)
　　　　　　수파바사(Suppavāsā of the Koliyans, give choice alms-
　　　　　　food)
　　　　　　수피야(Suppiyā, the lay-follower, nurse the sick)

　이와 동시에 빈부의 양극화가 진행되어, 자산가들의 우아하고 거대
한 저택들 저쪽에는 노동자들과 노예들이 모여 사는 초라한 떼 지붕
진흙집의 빈민가들이 악취를 풍기며 뒤엉켜 있었다. 거지들과 도적들
이 들끓고, 창녀들, 야바위꾼들, 도박꾼들이 횡행하였다.[48] 이러한 양
상은 오늘의 인도에서도 여전히 발견되고 있다.

　도시의 경제발전은 초기 불교운동의 물적 기초를 제공하는 한편, 빈
부의 격차와 갈등은 붓다와 초기 전법사들이 감당하고 해결해 가야
할 과제로 부과되고 있었다. 그들은 도시의 이러한 경제적 상황과 시
민들의 삶의 변화를 목격하면서, 이러한 조건들을 인식하고 활용하면
서 새물결운동을 전개해 나갔다는 사실들이 초기불전 도처에서 드러
나고 있다. 빠알리-니까야 속에는, 붓다가 모든 영역의 민중들의 삶과

---

　　pp.22~25.
48) H. W. Schumann, Ibid, p.28.

자연으로부터 도출한 비유설법만 하더라도 8백 개가 넘는 것으로 조사되고 있다. 이것은 초기불교가 이러한 경제·사회적 변화에 능동적으로 대응해 간 증거라고 볼 수 있을 것이다.[49]

*Sutta-nipāta*에서 붓다는 사밧티의 한 브라민 바라드바쟈에게 이렇게 말하고 있다.

> "얼마 되지도 않는 물건을 탐내어
> 길 가는 사람을 죽이고
> 봇짐을 빼앗는 사람
> 이런 사람을 일컬어 '비천한 사람'이라고 한다.
>
> 법정에서 증언을 할 때
> 자신을 위해서나 남을 위해서, 또는 돈 때문에
> 거짓 증언을 하는 사람
> 이런 사람을 일컬어 '비천한 사람'이라 한다."[50]

2) 초기 불교운동의 연대세력

정치인·상인·하층민 그룹의 진보적 주도세력

기원전 7~5세기 인도 북동지방 갠지스 강 유역에서 전개된 급속한 상공업 발달과 도시화의 조류는 심다한 정치적·경제적 변화를 수반

---

49) Ibid, p.206.
50) Sn 121-122 ; Sutta-nipāta(tr. Bhikkhu Thanissaro, Microsoft Word 6), cf.
  『숫타니파타』(민족사), p.38.

하는 것이었다. 정치적으로는 16국들 사이에 정복전쟁이 치열하게 전개된 결과, 마가다·꼬살라·밤싸·아반띠 등 4대 강국이 살벌하게 대치하게 되고, 이들 국가들은 강력한 전제 군주들에 의하여 통치되었다. 마가다의 빔비사라(Bimbisāra) 왕과 아자따삿투(Ajātasattu) 왕, 꼬살라의 빠세나디(Pasenadi) 왕과 비두다바(Vidūdabha) 왕, 밤싸의 우데나(Udena) 왕, 아반띠의 빠조따(Pajjota) 왕이 이 시대의 대표적인 전제 군주들이었다.51)

한편, 끊임없는 정복전쟁과 광역 국가의 전제적 통치는 막대한 재정을 소모하는 것이었고, 이것은 거대한 부(富)의 축적에 의거해서 가능한 것이었다. 통치자들은 실제로 도시 상공업자들과 농촌의 지주들, 부유한 주민들에 대한 가혹한 수취로서 이 비용을 충당하고 있었다. 빠알리-니까야에는 이들에 대한 붓다의 비판이 흔히 발견되고 있는데, *Sutta-nipāta*에서는 이렇게 기록하고 있다.

도시나 마을을 포위하거나 공격하며
선량한 국민들을 괴롭히는 살인자들
난폭한 권력자로 알려진 사람
이런 사람을 일컬어 '비천한 사람'이라 한다.52)

도시경제의 발달은, 다른 한편으로 이 사회의 신분구조를 심각하게 변화시켜 가고 있었다. 정복전쟁과 정치적 통합이 진행되는 과정에서

---

51) R. Davids, Ibid, p.3.
52) Sn 118 ; Sutta-nipāta(tr. Bhikkhu Thanissaro, Microsoft Word 6), cf. 앞의 책, p.38.

왕과 귀족·장군·관료들―캇티야 그룹들의 사회적 우월권이 강화되는 것과 더불어 상인―베사 그룹들은 경제력을 바탕으로 그들의 사회적 지위를 확고하게 장악해 가고 있었다. 하층민 계층의 분화도 촉진되어, 노비 가운데서도 부(富)를 축적하여 몰락한 귀족들을 고용하는 사례까지 빈번히 발생하고 있었다.

이미 관찰한 바와 같이, 마가다·꼬살라·까시 등 갠지스 강 중류 지방의 비(非)브라만계인 브라티야(Bratya)들이 신흥불교의 주요 지지세력이었는데, 브라티야의 중심을 이룬 것이 바로 이들 정치인, 캇티야와 상인―베사들, 신진 진보적 시민 그룹들이었다.

특히 상인 그룹들의 성장과 역할이 두드러졌던 것으로 분석되고 있다. 이들 가운데 큰 부(富)와 사회적 지위를 확보한 자산가(資産家)들을 거사·장자라고 일컬었다. 거사(居土, gahapati)는 도시를 배경으로 한 상업자본가들이나 지방의 대지주들로서, 도시의 거사들은 다수의 길드적 동업조합(seni)을 조직하여 도시의 경제권을 장악하였는데, 이들의 리더들을 장자(長者, setthi)라고 일컬었다. 거사·장자 등 자산가 그룹은 그들의 막강한 재력을 바탕으로 캇티야와 더불어 인도 사회의 새로운 주도세력을 형성하면서 자유분방한 진취적 풍토를 확산시켜 갔다.

이러한 시대적 상황 속에서 불교는 붓다 자신이 캇티야 출신으로서, 기본적으로 자유롭고 진보적인 신진 종교로서의 기치를 분명히 하였다. 불교는 브라민 중심의 전통적인 사회체제를 비판하고 역동적인 시민적 윤리를 선포함으로써 이들 진취적 시민세력들, 캇티야와 베사, 왕들과 거사·장자들과 연대관계를 확립하고 이들을 불교운동의 주역으로 수용하는 데 적극적이었다.53) 그 결과 유력한 왕들과 거사·

장자들이 초기교단의 지지세력으로서 중요한 역할을 담당하게 되었다. 하지메(N. Hajime) 박사는 *Indian Buddhism*에서 이렇게 논하고 있다.

일본 학자들이 자이나교와 다른 비(非)불교도의 자료들을 이용하여 불교문헌들과 밀접하게 비교함으로써, 초기불교의 사회적·역사적 배경을 이해하는 데 유용한 많은 사실들이 밝혀졌다. 이 학자들은 상인들과 수공업자들의 실제적인 역할을 분명히 하였다. 이들 가운데서 신흥불교와 자이나교 운동이 성원을 획득하였다. Gahapati, 즉 거사는 재산을 가진 조합의 리더이고 Srethin, 즉 장자는 서양의 의원과 같은 길드의 우두머리였다. 불교는 교역로를 따라 확대되어 갔다.[54]

초기교단의 신분적 구조

초기 불교운동의 이러한 시민적 연대성과 지향성은 초기교단의 인적 구성에서도 그대로 드러나고 있다. 〔표 3〕은 슈만이 빠알리-니까야에 등장하는 대중 457명 중, 신분구분이 가능한 306명을 신분별로 정리한 통계이다.[55] 이 숫자는 실제에 비하여 극히 미미한 비중이기 때문에 숫자 자체에 큰 의미를 부여할 필요는 없을 것이다. 다만 초기교단의 신분적 구조의 일반적 경향성을 파악하는 데는 유용한 자료가 될 것으로 보인다.[56]

---

53) H. W. Schumannn, Ibid, p.190.
54) N. Hajime, *Indian Buddhism*(Motilal Banarsidass, 1987), p.15.
55) H. W. Schumann, Ibid, pp.188~189.
56) 또 다른 연구에 의하면, 초기교단의 1,160명을 대상으로 한 신분구성은 다음과
    같다. 브라민 : 219명(18.9%), 캇티야 : 128명(11.0%), 베사 : 155명(13.4%),
    숫다 : 30명(2.6%), 신분미상 : 628명(54.1%) ; 赤沼智善, 『原始佛敎의 硏究』.

〔표 3〕 초기교단의 신분별 구성비율

구 분	비 구		비구니		우바새		우바이	
	숫 자	%	숫 자	%	숫 자	%	숫 자	%
브라민	96	48.2	15	38.4	18	34.5	2	12.5
캇티야	57	28.6	13	33.2	11	21.0	8	50.0
베 사	27	13.5	10	25.8	15	29.0	3	18.8
숫 다	6	3.1	0	0	5	9.6	1	6.2
카스트 밖	13	6.6	1	2.6	3	5.9	2	12.5
계	199	100	39	100	52	100	16	100

〔합계 306명〕

이 통계에 의하여 교단구성의 신분별 분포를 분석하면 다음과 같다.

브라민 : 131명(42.8%)

캇티야 : 89명(29.0%)

베 사 : 55명(18.0%)

숫 다 : 12명(3.9%)

카스트 밖 : 19명(6.2%)   〔총 306명〕

초기교단에서 브라민 그룹이 가장 큰 비중을 차지하고 있다. 이 브라민은 대개 전통적인 사제(司祭)가 아니고 세속생활을 하고 있는 재가의 지식인들이다. 그들의 지적 성향이 붓다의 담마를 이해하는 데

---

cit. 홍정식, '佛敎의 政治觀', 『佛敎의 國家政治思想硏究』(동국대불교문화연구소, 1973), p.71.

큰 적합성을 발휘한 것으로 보인다.

여기서 가장 주목되는 것이 캇티야와 베사, 곧 정치인과 상인들의 진보적 신진 시민 그룹이다. 이들은 47.0%로서 교단의 최대 그룹을 형성하고 있다. 숫다·카스트 밖의 신흥 하층민까지 포함하면, 이 신진세력은 57.1%를 점하고 있다. 이것은 불교도 공동체가 도시 상공업 발달과 정치 발전에 의하여 등장한 진보적 신진세력들에 의하여, 사상적으로나 경제적으로, 주도적으로 견인되고 있다는 사실을 반영한 결과로 해석된다. 특히 베사—상인·수공업자 그룹은 그 숫자의 비중을 훨씬 넘어 '불교교단의 가장 영향력 있는 그룹'으로 실질적인 리더십을 행사한 것으로 판단되고 있다.[57]

카스트 밖의 사람들(castless)과 숫다(suddha, Skt. sudra) 그룹이 약소한 것은 그들의 사회적 조건, 지적 수준, 익명성(匿名性) 등 여러 가지 요인이 작용한 결과로 보이는데, '쿠주따라와 5백 궁녀 견성 순법사건'의 예에서 보듯, 이것이 초기불교의 어떤 신분적 차별성이나 대중견성의 한계성을 드러내는 것으로 해석되어서는 안 될 것이다. 이후 다시 고찰되겠지만, 실제로 수많은 하층민들이 교단에 동참하고 대중견성을 실현하고 있다.(이 문제에 대한 보다 깊은 고찰은 2집 『붓다의 대중견성운동』 제2장에서 계속될 것이다.)

3) 상가라마, 시민적 자유와 연대와 공유지대

Sanghārāma의 지리적 확산

---

57) H. W. Schumann, Ibid, p.190.

왕 · 왕족 · 귀족 · 장군 · 관료 캇티야들

거사 · 장자 · 상인 · 수공업자 베사들

재가의 지식인, 브라민들

진보적인 하층민, 숫다들…….

붓다와 전법사 등 초기 불교운동의 주역들은 이들 경제적 · 지적 힘을 가진 시민사회의 진보적 세력들과 적극적으로 연대함으로써 인적 · 물적 자원을 확보하고, 전법포교운동의 이니시티브를 잡을 수 있었다. 특히 재화의 소유가 원천적으로 금지되어 있는 출가대중들, 곧 승단(僧團)의 입장에서는 이들 유력한 재가 지도세력과의 연대문제는 그들의 생존과 종교적 목적의 승패를 결정짓는 필수적 과제였다. 따라서 빠알리-니까야에서는 출가-재가의 연대문제에 대한 붓다의 관심이 곳곳에서 발견되고 있다. *Itivuttaka*에서 붓다는 승단에 대하여 이렇게 촉구하고 있다.

"비구들이여, 브라민과 자산가들은 그대들에게 크게 도움을 주게 된다. 그들은 옷과 음식, 침구와 약품을 그대들에게 공양하기 때문이다.

비구들이여, 그대들도 또한 브라민과 자산가들에게 큰 도움을 준다. 그대들은 처음도 중간도 끝도 유익하며, 정신과 외형을 잘 갖춘 가르침을 펼쳐, 순수하고 완전하고 깨끗한 수행을 밝혀 주기 때문이다.

비구들이여, 이처럼 서로 의지하여, 번뇌의 세찬 불길을 뛰어넘기 위하여, 괴로움을 완전하게 소멸하기 위하여, 깨끗한 수행을 실천하라."[58]

---

58) Itiv 4.107 ; Microsoft Word 6(tr. Bhikkhu Thanissaro). cf. 『기쁨의 언어 진리의 언어』(민족사), p.282.

승단에서 가장 긴급히 요구되는 것은 승단을 수용할 수 있는 공간, 주거시설을 확보하는 것이었다. 초기의 비구들은 숲속에서 홀로 수행하거나, 그들 스스로 일시적인 주처(住處, avasa)를 짓고 우안거(雨安居, vasa)를 마치면 버리고 떠났다. 그러나 승단규모의 급속한 확대로 인하여 영구적인 공공시설이 필요하게 됨에 따라, 원림(園林, arama)·정사(精舍, vihara)·굴원(窟院, guha) 등의 수행시설이 생겨나고, 마침내 종합수행원이라 할 수 있는 상가라마(sanghārāma, 僧伽藍)가[59] 건축되어 갔다. 이러한 시설은 기원정사의 사례에서 보듯, 거액의 자금이 소요되는 것인데, 승단은 바로 유력한 연대세력인 국왕·장자 등 자산가들의 자발적인 헌납에 의하여 이 난제를 해결할 수 있었다.[60] 슈만이 빠알리-니까야를 통하여 조사한 바에 의하면, 대개 열 개 정도의 수행시설이 드러나고 있는데, 도표로 제시하면 〔표 4〕와 같다.[61]

〔표 4〕에서 보는 바와 같이, 수행시설을 헌납한 열성적인 연대의 주역들 대부분이 왕이거나 상인들, 곧 장자·자산가란 사실이 다시 한 번 확인되고 있다. 두 명의 여성도 당당히 동참하고 있는데, 비사카(Visākhā)는 사밧티의 부호 여성으로서, 붓다와 승단을 후원한 가장 열성적인 우바이로 평가받고 있다. 그는 출가대중들에게 음식·약품·우의(雨衣) 등을 제공하였다.[62] 암바빨리(Ambapālik)는 베살리

---

59) 僧園·僧院·修道院·僧伽藍·伽藍 등으로 번역된다. 修道院(monostary)은 적절치 못한 것으로 생각된다. 상가라마·가람·수행원 등으로 일컫는 것이 좋을 듯하다.

60) H. W. Schumann, Ibid, pp.172~177.

61) cf. Ibid, pp.176~177.

62) "세존이시여, 저는 평생 동안 승단에 우안거 동안 찾아오는 수행자들을 위하여 의복을, 떠나가는 수행자들을 위하여 음식을, 병든 이들을 위하여 음식을,

의 유명한 부호 창녀로서, 붓다 입멸 직전에 귀의하여 아름다운 망고 동산을 헌납하였다.[63]

[표 4] 초기교단의 주요 수행원

명 칭	소재지	나 라	헌납자	신 분
벨루바나원(죽림정사)	라자가하	마가다	Bimbisāra	왕
지바까원(망고동산)	라자가하	마가다	Jīvaka	의사
제따바나원(기원정사)	사밧티	꼬살라	Sudatta	장자
뿌바원(동원정사)	사밧티	꼬살라	Visākhā	우바이(자산가)
라자까원(왕의 정사) 비구니 수행원	사밧티	꼬살라	Pasenadi	왕
고시따원(공원)	꼬삼비	밤싸	Ghosita	상인(자산가)
꾸꾸따원(공원)	꼬삼비	밤싸	Kukkuta	상인(자산가)
빠바리깜바원(망고동산)	꼬삼비	밤싸	Pāvārika	상인(자산가)
바다리까원(공원)	꼬삼비 근교	밤싸	Badarika	
암바빨리원(망고동산)	베살리	밧지족 공화국	Ambapālī	베살리의 창녀

이들 상가라마의 시설들은 마가다의 라자가하에 벨루바나(Beluva-na, 竹林園)가 창립된 이후, 꼬살라·밤싸 등 강가 강 유역의 중심지역으로 점차 확산되고 있다. 상가라마들이 이들 당시의 3대 강국에 집

병든 수행자를 간병하는 수행자들을 위하여 음식을, 병든 수행자들을 위하여 의약품을, 비구니 승단에 목욕옷을 기증하기 원합니다." ; Mv. 8.15.7 ; *The Book of the Discipline 4*(P.T.S.), p.416.

63) DN 16.2.11-19(text, ii. 96-99) ; *The Long Discourses of The Buddha*, pp.242~244.

중된 사실도 주목된다. 이것은 붓다와 초기 주역들이 조기에 이들 중심국가들의 강력한 캇티야-베사 그룹과 긴밀히 연대하고 그들의 물적 지지를 확보하는 데 성공하였다는 사실을 의미하는 것이다. 동시에 붓다의 새로운 담마가 이들 신진 진보세력의 지도이념으로서 적합함을 검증되었다는 사실을 의미하는 것이기도 하다.

이 시설들의 보전 관리도 재정적으로 매우 어려운 문제였을 것으로 추정된다. 이 문제와 관련하여 슈만은 이렇게 논술하고 있다.

헌납한 이러한 수행원(修行園)들은 승려들이 빈궁한 삶(無所有)을 맹세했기 때문에 문제에 봉착하게 되었다. 승단이 받은 최초의 수행원인 라자가하 근교의 벨루바원은 빔비사라 왕에 의하여 신성한 의식을 치르고 붓다를 수장으로 삼는 승단에 헌납되었다.64) 그러나 붓다에게 수용의 의무를 지게 한다는 것은 곤란한 일이고, 또 붓다는 과거의 경험으로부터 배운 바가 있었기 때문에 사밧티의 제따바나의 경우에는 소유권 이전의 어떤 의식(儀式)도 없이, 아나타삔디까가 과거·현재의 사방상가(四方僧伽, Angatagata, Cattudisa-Sangha, The Order of The Four Quarters)에게 헌납하는 방법을 선택하였다.65) 이렇게 해서 제따바나와 다른 수행원(修行園)은 영구적인 임차(賃借)가 되고, 승단은 사용권만 갖고, 따라서 헌납자가 유지 경비까지 부담하게 되었다.66)

이렇게 해서 상가라마, 곧 가람(Sanghārāma, 僧加藍, 伽藍)은 어

---

64) Mv 1.22.15-18 ; *The Book of the Discipline* 4(P.T.S.), p.51.
65) '이제 그대 아나타삔디까야, 제타 동산을 과거와 현재의 사방상가가 사용하도록 준비하여라.' ; Cv 6.9.1 ; *The Book of the Discpline* 5(P.T.S.), p.230.
66) H. W. Schumann, Ibid, pp.174~176.

떤 개인이나 단체, 또는 종단·종파의 사적(私的) 소유물이 아니라, 영구히 불교도 공동체의 공유적(共有的) 공익법인(公益法人)으로서의 본질을 확보하게 된 것이다. 개인이나 단체의 사유를 주장한다면, 이미 그것은 비법(非法, adhamma)이며 비불교(非佛敎)인 것이다. '율장에 의하면, 모든 것은 승려 개인이 아니라 상가에 속하며, 승려 개인은 특별히 자신에게 할당된 것을 소유할 수 있다. 어떤 시물(施物)을 개인적으로 사용해도 좋다고 어느 한 비구에게 할당되었을 때라도 그것은 상가의 재산으로 간주되었다.'67)

가람, 자유와 헌신의 민중적 수행광장

붓다와 승단이 항구적인 대규모의 수행원 시설, 상가라마를 확보하게 된 것은 초기 포교운동의 획기적인 계기가 된 것으로 보인다. 상가라마, 곧 가람이 의지(依止, nissaya), 담마에 관한 토의(abhidhamma-katha), 포살(布薩, uposatha), 자자(自恣, pavāraṇā), 까티나(kathina, 衣制) 등 출가대중들의 수행의식을 발전시키는 데도 기여한 것이 사실이지만,68) 조직적이고 광범한 시민적 포교와 수행의 센터로서 역할한 바가 더욱 큰 것으로 보인다.

---

67) R. C. Majumdar, *Corporate Life in Ancient India*(Calcutta, 1918), p.317. cit ; P. 딧사나야케·정승석, 앞의 책, pp.93~94.
68) 佐佐木敎悟·권오민, 앞의 책, p.52.

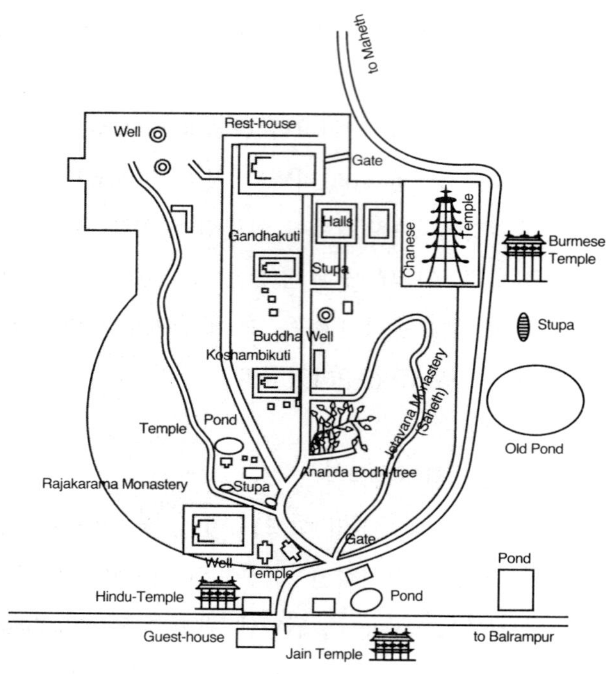

<cit. H. W. Schumann, Ibid, p. 106>

〔지도3〕 제따바나(기원정사) 유적도

〔지도 3〕에서 보는 바와 같이, 붓다는 간다꾸띠(gandhakuti, 凝香閣)에 거주하면서 매월 정기적으로 시민들을 대상으로 팔관재계(八關齋戒)를 열거나 수많은 민중들을 모아 설법회를 열었다. 또 이 가람에서는 시민들이 함께 모여 토론을 벌이고 공동체의 문제를 협의하였다.

상가라마, 가람(절)이 단순히 승단의 소유거나 출가대중들의 전유적(專有的) 수행처가 아니라는 것은 초기불교의 역사가 증거하고 있는 사실이다. 그것은 법적으로 붓다조차도 소유할 수 없는 사방상가의 것이고, 전체 불교도의 것이라고 할 것이다. 가람의 유지도 재가대중의 재시(財施)에 의하여 이루어지고 있다. 따라서 가람은 4부대중의 공유적 수행공간으로, 승단과 시민들과의 공유적 연대와 수행의 열린 공간으로서 규정되고, 전법과 변혁을 통하여 깨달음을 추구하는 대중 견성의 산실로서 정립되어야 할 것이다.

여기서 보다 중요하게 생각되는 것은, 가람이 불교도와 모든 계층의 진보적 시민 그룹들이 함께 만나는 정신적·경제적·사회적인 연대의 장(場)으로 기능하였다는 사실이다. 가람은 수많은 하천이 거대한 강가 강(갠지스 강)으로 흘러들어 함께 만나듯, 시민과 시민들, 민중과 민중들이 사회적 체제의 장벽을 초월하여 서로 만나고 한데 어울어지는 시민적 자유와 연대의 열린 공간인 것이다. 이것은 초기 가람이 병자·장애자·죄인·도망자·채무자·노비 등 소외계층의 민중들에게 문호를 활짝 개방했던 사실에 의해서도 충분히 입증되고 있다.69)

가람이 출가대중들, 비구·비구니들의 청정한 수행장인 것은 자명한 사실이다. 출가·재가 사이에 분명한 경계가 설정되어 있는 것도 자명한 사실이다. 그리고 이 경계가 어떤 경우일지라도 단절과 차별의 장벽이 아니라는 것 또한 자명한 사실이다. 그 경계는 생활영역의 표지일 뿐, 끼사 고따미(Kisa-Gotami) 여인이 외아들을 잃고 울며 찾아갔을 때 제따바나의 문이 열려 있었던 것같이,70) 가람의 문은 모든 시민들 앞에 언제나 활짝 열려 있는 것이다. Sangha가 '동일 목적의 공개적(公開的) 공동체'로 규정되는 것도 바로 이 무차별의 개방성(開

---

69) Mv 1.39.1-47.1 ; *The Book of the Discipline 4*(P.T.S.), pp.89~96.
70) Dhp-Com. 20.11.(text.N.iii.13. 287) ; *Dhammapada-Commentry*, pp.165~166.

放性) 때문일 것이다.71)

상가라마, 곧 '상가(sangha)의 광장(ārāma'은 모든 시민들에게 공평하게 개방되어 있었고, 토론과 비판의 자유가 보장되어 있으며, 따뜻한 형제적 사랑이 교류하였다. 제따바나(Jetavana)에서 보듯, 가람은 실로 '고독하고 가난한 사람들을 돕는 열린 공간(祇樹給孤獨園)'이다. '살인 강도 앙굴리마라(Aṅgulimāla) 사건'의 경우에서 보듯, 거기에는 국가의 법이나 왕의 권위도 미치지 못하였다.72)

또 가람에서는 수행승과 민중들 사이에 헌신적 자비행이 실천되고 있었다. *Mahāvagga*에 의하면, 마가다에서 나병·종기·습진·결핵·간질 등 다섯 가지 질병이 크게 유행했을 때, 국가로부터 치료를 거부당한 민중들이 가람으로 몰려왔고, 승단에서는 그들을 모두 출가시키고 간호하였다. 율장에서는 그때의 상황을 이렇게 기록하고 있다.

「그때 수행승들은 많은 병든 승려를 간병하면서, 이리저리 도움을 요청하는 데 힘을 기울이며 움직였다. 그들은 이렇게 말하였다.

"병든 이들을 위하여 음식을 베풀어 주세요. 병든 이들을 간호하는 사람들을 위하여 음식을 베풀어 주세요. 병든 이들을 위하여 약품을 베풀어 주세요."

---

71) 金剛秀友·김희오,『佛敎의 國家觀』(총화각, 1978), pp.54~56.
72) 앙굴리마라를 체포하러 제따바나에 온 빠세나디 왕은 이렇게 말하고 물러났다. "세존이시여, 경이롭습니다. 훌륭한 일입니다. 세존께서는 길들여지지 않은 자를 길들이시고, 평화롭지 못한 자에게 평화를 가져다 주시고, 열반을 얻지 못한 자를 열반으로 인도하십니다. 저희들은 그를 폭력과 군대로도 길들일 수 없습니다. 그런데 세존께서는 폭력과 군대 없이 그를 길들이셨습니다. 세존이시여, 이제 저희들은 물러가나이다." ; MN 2.103(86. Aṅgulimāla-Sutta) ; *The Collection of the Middle Length Sayings 1*(P.T.S.), p.288.

의사 지바까-꼬마라밧차(Jīvaka-Komarabhacca)도 현장에 와서 많은 환자들을 돌보느라 (빔비사라) 왕에 대한 의무까지도 소홀히 하였다.73)」

살인 강도를 구하고 출가시키는 붓다
흉악범을 동료로 받아들이고 감싸주는 수행승들
왕의 군대를 가로막고 한 죄인을 지켜내는 붓다와 상가의 대중들
악성 전염병을 피하여 가람으로 몰려오는 재가민중들
버림받은 병든 시민들을 조건없이 수용하고 심신을 기울여 간병하는 출가대중들
거리로 나가서 밥과 의약품을 탁발하여 와서 병든 이들을 먹이고 치료하는 사람들…….

상가라마·가람·절은 바로 이런 곳이었다. 가람·절은 이렇게 4부대중, 수행승과 민중들이 연대하는 자유와 헌신의 열린 광장이었다는 사실이 초기불전을 통하여 명료하게 밝혀지고 있다. 이것이 가람·절의 진실상이고, 4부대중의 본래 관계였다는 것은 의심의 여지없는 사실로 보인다. 이 자유로운 시민적 연대의 광장에서 붓다와 출가대중·재가대중·시민들·민중들이 함께 만나고 어울리며, 대화하고 상담하며, 함께 먹고 서로 간병하면서, 개인과 공동체의 문제를 해결하기 위하여 함께 일하였다. 그러면서 시민적 자유를 보전하고 공동선(共同善), 공공의 부〔公共富〕를 창출하였다. 이 과정을 통하여 그들은 전법과 변혁을 실현해 내고, 대중견성의 공동목표를 추구해 간 것이다. 당시의 시대적 상황으로 비추어 볼 때, 이러한 가람의 출현은 그

---

73) Mv. 1.39.1-3 ; *The Book of the Discipline* 4(P.T.S.), pp.89~90.

자체로서 크나큰 사회적 변혁상황이며 진보적인 시민운동의 전개과정
이라고 할 것이다.

쌍무적 파트너십의 확립을 통하여

이러한 상가라마의 역할은 초기교단과 정치인, 자산가 등 진보적 시
민세력과의 연대의 성과로서 평가될 수 있을 것이다. 초기불교의 주역
들은 이들 연대세력들을 포용하고 옹호하였고, 이 연대세력들은 그들
스스로 불교공동체의 한 주역으로 참여하면서 자유와 진취의 새로운
시대정신을 공유하고 확산시켜 나갔다.

연대(連帶)란 본질적으로 상보적(相補的)·쌍무적(雙務的) 특성
을 갖는 것이기 때문에, 붓다-승단이 캇티야·베사 등 연대세력과
더불어 적절하고도 실제적인 관계를 유지하기 위하여 노력하고 있다
는 것이 빠알리-니까야 도처에서 드러나고 있다. 이것은 출가와 재가
들이 각기 독자성을 유지하면서도 서로의 영역을 존중함으로써 평화
로운 동반자 관계를 발전시켜 갔다는 것을 의미하는 것이다.

실제로 붓다는 빔비사라 왕, 빠세나디 왕들과 더불어 평생 친구 같
은 돈독한 관계를 유지하면서도,[74] 국가권력과 승단의 한계를 명확히
설정함으로써 정교(政敎) 상호 존중과 불간섭의 원칙을 확립하였다.
이것은 세속권에 대한 승단의 독자성과 존엄성을 확보하는 한편, 유력
한 연대세력과의 파트너십을 보전하려는 실제적인 장치로 생각된다.

어느 때, 마가다 국경의 군인들이 군역을 이탈하여 출가한 것을 계
기로 빔비사라 왕이 항의하였을 때, 붓다는 이렇게 분부하였다.

---

74) P. 딧사나야케·정승석, 앞의 책, p.82.

"수행자들이여, 국왕의 군역에 복무하는 군인을 출가시키는 것은 악작(惡作)을 범하는 것이다."75)

이와 같이 붓다는 비구들에게 왕의 법에 따르도록 촉구하였고, 국민들에게 국가와 공동체에 대한 의무를 지키며 더불어 평화롭게 살아갈 것을 권고하였다.76)

출가— 재가의 전법운동 주역들 가운데 상인 그룹이 많았을 뿐만 아니라 그 영향력이 가장 강력했던 사실은 이미 관찰한 바 있다. 초기불교의 진취적이며 자유분방한 정서와 변방의 미개척지를 향하여 끊임없이 전진해 가는 전파·전도의 정신 또한 상인들의 모험적 특성과 무관하지 않을 것이다. 빠알리-니까야에서, 붓다 스스로 자신을 흔히 '상주(商主)'·'대상(隊商)의 주인'이라고 부르고, 도둑·빚진 자들·허위 증언자들에 대한 승단 수용을 제한하고 있는 것도77) 도시경제의 발전이라는 시대적 요구를 반영한 것으로 보인다.

이와 같이 붓다와 초기교단의 주역들은 분명한 현실인식과 현장의식을 바탕으로 적절한 장치들을 구사함으로써, 초기교단은 다양한 사회 주도 그룹들과의 쌍무적 연대관계를 정립하는 데 성공하였다. 붓다를 '세간해(世間解, Loka-vid)'·'지세간(知世間)'이라고 일컫는 것도 이런 이유 때문일 것이다.

---

75) Mv 1.40.1-4 ; *The Book of the Discipline* 4(P.T.S.), pp.91~92.
76) 어느 때, 마가다의 빔비사라 왕이 우안거의 연기를 요청했을 때, 붓다는 이렇게 분부하였다. "수행자들아, 나는 왕에게 순응할 것을 허용한다." ; Mv 3.4. 1-3 ; Ibid, pp.184~185.
77) Mv 1.41.1, 42.2, 43.1, 46.1 ; Ibid, pp.93~95.

4) 공양거부운동의 문제

불교는 비(非)민중적인가?

정치인과 자산가들에 대한 초기불교의 친화적 태도가 불교의 어용성, 또는 비(非)민중성·반(反)민중성으로 규정되고 비판되는 경우가 흔히 있었던 것이 사실이다. E. 콘즈도 그런 논자 가운데 한 사람이다. 그는 *Buddhism, Its Essence and Development*에서 이렇게 주장하고 있다.

통치자들의 목적은 다스리는 것이기 때문에, 그들의 불교교리의 정신적 가치에 대한 확신이, 그들이 불교에 대하여 확대하였던 보호의 유일한, 또는 주요한 동기는 아닌 것 같다. 외형상 초(超)세속적이며 무정부적인 불교교리로서 어떤 방식으로 민중에 대한 통치자들의 힘을 증대시켰을까? 불교는 초세속적인 사람들에게 마음의 평화를 가져다 주었을 뿐만 아니라, 세상을 장악하기를 원하는 사람들에게 이 세상을 넘겨주었다. 여기에 더하여, 이 세상은 손댈 수 없을 정도로 사악하며, 이 세상에는 참된 행복이란 존재하지 않는다는 불교의 믿음은 정부에 대한 비판을 질식시키는 경향이 있다. 정부 관리들의 압제는 부분적으로는 생사가 이 세상에 부수적인 것같이 보이고, 부분적으로는 자기 자신의 과거의 죄에 대한 벌처럼 보인다.

비폭력에 대한 불교의 강조는 나라를 평화롭게 하고, 통치자들의 지위를 안전하게 만드는 경향이 있다. 더하여, 민중들이 이 세상을 전혀 무의미한 것으로 인식한다면, 궁핍할 때 그들은 즐거움을 누릴 것이다. 그리고 무뚝뚝한 국민보다는 오히려 낙천적인 사람들을 다스리기를 좋아하게 될 것이다. 불교사회에서는, 미천한 삶이 종교적인 교리와 합치할 것이고, 미얀마의 국민들이 가난한 것처럼, 문자 그대로 '가난해지기(to be poor)'를 원할 것이다.[78]

불교에 대한 해석과 비판은 모두에게 열려 있다. 붓다도 '와서 보라'고 하지 않았는가. 중요한 것은 이러한 해석과 비판이 역사적 사실과 실체에 어느 정도 일치하는가 하는 문제일 것이다. 역사적 실체를 결여한 자의적 논의는 주관적 관념론으로 몰입할 취약성을 항상 지니고 있기 때문이다. 본론이 역사적 상황성, 현장성을 끊임없이 논구하는 것도 바로 이 때문이다.

불교도가 '가난'을 추구한다는 콘즈의 주장은 불교가 도시경제의 산물이며 자산가 그룹이 초기불교의 주역이라는 가장 초보적인 역사적 사실과도 크게 어긋나는 것으로 보인다. 또 콘즈는 불교가 오로지 통치자들만을 위하여 봉사하는 것으로 주장하고 있는데, '많은 사람들의 선(善)과 이익, 행복을 위하여' 출발하고 있는 초기 불교운동의 원초적 동기와 너무 거리가 있는 발상인 것 같다. 출가대중의 무소유(無所有)와 청빈한 삶은 공동선(共同善)과 공동부(共同富)를 창출하기 위한 가장 적극적인 헌신이란 사실은 이미 규명된 바와 같은 것이다.

'밧지족의 일곱 가지 쇠망하지 않는 법'[79]에서 보듯, 붓다가 폭력적 전제정치를 부정하고 시민적 공화주의(共和主義)를 끊임없이 지지하고 있다는 사실을 그는 고려하지 않는 것 같다. 또 붓다가 '열 가지 통

---

78) E. Conz, *Buddhism ; Its Essence and Development*(Harper Torchbooks, 1959), pp.73~74.

79) DN 16.1.1-5(text. ii. 72-76) ; *The Long Discourses of the Buddha*, pp.231~232.

치자의 길(dasa-rahja-dhamma, 十王法)'을 제시하고,80) 그 제1조에
서, '통치자는 관대함·너그러움·자비심을 가지고, 부(富)와 재산에
대한 애착과 갈망을 없애고, 그것을 분배하여 국민복지에 써야 한다.'
고81) 일깨우고 있는 사실을 콘즈는 외면하고 있는 것 같다.

붓다는 왕들과 친구처럼 사귀고 그들을 도왔을 뿐만 아니라, 최하층
민중들과도 만나고 그들을 위하여 봉사한 사실이 불전 도처에서 발견
되고 있다. 이 문제와 관련하여, 카루나라트네(W. S. Karunaratne)는
이렇게 논하고 있다.

> 붓다의 삶은 충분히 발전된 사회의식을 보여 주는 주목할 만한 기록
> 이기도 하다. 그는 권력가들과 어울렸고, 미천한 사람들 곁을 떠나지
> 않았다. 그는 빔비사라와 꼬살라의 빠세나디 같은 국왕들과 함께 활동
> 하였다. 그는 아나타삔디까와 같은 자본가와도 교제하였다. 그의 문하
> 에는 비사카와 케마와 웁팔라반나 같은 귀부인들도 있었다. 그렇다고
> 하여 그에게는 이러한 교제가 앙굴리마라와 같은 강도, 수니따와 같은
> 청소부, 암바빨리·빠따짜라·순다리 같은 매춘부들과 유대를 맺는 데
> 방해가 되는 것은 아니었다. 그는 병자를 보살피고, 버림받은 자를 구
> 제하였으며, 불행한 자에게 행복을 가져다 주었다. 그는 사회를 회피하
> 지 않고, 변화하는 사람들의 모임 속에서 마지막 순간까지 더불어 살았
> 다.82)

카루나라트네는 빠알리-니까야의 사실 기록에 충실하였기 때문에,

---

80) Jāt Ⅰ, p.269·p.390 ; Ⅱ, p.400 ; Ⅲ, p.274·p.320 ; Ⅴ, p.119·p.373.
81) W. Rahula, Ibid, pp.84~85.
82) W. S. Karunaratne, Ibid, p.4. cit. P. 딧사나야케·정승석, 앞의 책, p.83.

붓다의 실제적 모습을 관찰함에 있어서 자의적 상상의 함정에서 벗어
날 수 있었던 것으로 보인다. 기록 얘기가 나왔으니까, 청소부 수니따
(Sunita)에 관한 『장로게경(*Thera-gāta*)』의 기록을 살펴보는 것도
도움이 될 것이다. '수니따 장로의 고백'은 다음과 같다.

> 나는 비천한 집안에서 태어나
> 가난하고 먹을 것이 궁핍했습니다.
> 가문이 미천하여 시든 꽃을 청소하는 사람이었습니다.
> 사람들은 나를 경멸하고 혐오하고 꾸짖었습니다.
> 나는 마음을 다소곳이 하여, 많은 사람들을 공경했습니다.
>
> 그때, 온전히 깨달음을 얻으신 분
> 위대하고 당당하신 분께서
> 한 무리의 수행자들에게 둘러싸여
> 마가다국에 오신 것을 나는 보았습니다.
>
> 나는 맬대를 내던지고
> 스승께 예배드리기 위해 가까이 다가갔습니다.
> 최상의 어른이신 분 붓다께서는 나를 불쌍히 여겨
> 그 자리에 멈춰 서셨습니다.
>
> 그때 나는 스승의 발에 예배드리고,
> 한쪽에 서서
> 최상의 어른이신 붓다께 간청했습니다.
> "출가시켜 주십시오."

그러자 자비심이 깊어 온 세상을 사랑하시는 분께서
제게 말씀하셨습니다.
"오라, 수행자여."
이로써 나는 수계식을 마쳤습니다

그 뒤, 나는 숲속에 살며,
승리자께서 말씀하신 대로
부지런히 그 가르침을 실천하였습니다.

초저녁에 나는 전생을 깨쳤습니다.
한밤이 되어 천안(天眼)을 밝혔습니다.
새벽녘이 되어 무지의 근원을 타파했습니다.

곧 날이 밝아 해가 솟을 무렵
인드라신과 범천이 와서 내게 합장하며 말했습니다.
"가문이 훌륭한 분, 당신께 예배드립니다.
최상의 어른, 당신께 예배드립니다.
당신의 번뇌는 소멸되었습니다.
당신은 공양 받을 만한 분이십니다."

이어 내가 신(神)들에 둘러싸여
예배 받는 모습을 보시고,
스승께서는 미소를 지으며 말씀하셨습니다.
"성실한 수행과 청정한 계행
그리고 감관을 다스려 제어하는 것,

이로써 브라민이 된다.

브라민에 있어 이것은 최고의 경지이다."[83]

이 기록은 붓다와 하층 민중이 어떻게 만나고, 소위 '자비·구원'이란 것이 어떻게 실현되고 있으며, 불교가 본질적으로 어떻게 민중적인가 하는 것을 실제상황으로 보여준다는 의미에서 매우 유익한 자료로 보여진다. 가장 멸시받는 마가다 거리의 불가촉천민 청소부를 가람으로 받아들여 신(神)들이 공경하는 최고의 경지로 올려놓는 것이 바로 불교적 민중성의 핵심이다.

여기에서 드러나는 바와 같이, 민중들과 붓다의 만남은 거리에서, 주로 탁발과정에서 이루어지고 있다. 상가라마 제도의 정착 이후에도 탁발은 비구·비구니들의 생활윤리로 준수되었기 때문에, 탁발[걸식]-공양의 과정은 민중과 승단을 연결시키는 주요한 통로로 언제나 열려 있었던 것이다.

꼬삼비 시민들의 공양거부운동

탁발-공양과 관련하여 특히 주목을 끄는 것은, 당시 민중들에 의하여 전개되었던 '공양거부 사건'이다. *Mahāvagga*를 비롯한 빠알리-니까야에는 이 공양거부 사건이 몇 건 기록되어 있다. *Mahāvagga*(10)에 매우 상세하게 기록되어 있는 '꼬삼비 시민들의 공양거부 사건'의 경위를 간략히 정리해 보면 이러하다.

---

83) Thag 620-631(7.2, Sunita the Outcaste) ; Thera-gāthā(tr. Bhikkhu Thanissaro, Microsoft Word 6). cf. 『비구의 고백 비구니의 고백』(민족사), pp.126~128.

「어느 때, 붓다가 우데나(Udena) 왕 치하의 꼬삼비(밤싸국 수도) 고시따원(Ghositarama)에 머무르고 있을 때, 한 유능한 비구가 부주의로 쓰다 남은 물을 버리지 않고 변소 밖에 버려 둠으로써 청결의 계를 어기는 범계(犯戒)를 저지르는 사건이 발생하였다. 다른 비구들이 그것을 범계로 보고 추궁하였으나, 그 비구는 이를 인정하지 않았다. 그러자 다른 비구들이 모여 회의하고, 그 비구의 정권(停權)을 결정하였다. 그러나 그 비구는 여기에 복종하지 않고, 자신의 정당성을 주장하면서 지지자를 규합하여 큰 세력을 형성하였다. 두 집단 사이에 심각한 논쟁이 벌어졌다. 한 비구가 이 사실을 붓다에게 보고하자, 붓다는 말하였다.

"이 비구 승단은 부서졌고, 이 승단은 분열되었다."

붓다는 양쪽 비구들을 불러 담마를 설하고 화합을 촉구하였으나, 분쟁은 계속되고, 마침내 시민들이 보는 앞에서 패를 갈라 몸싸움까지 벌였다. 시민들이 이를 비난하였다. 이 소식을 접한 붓다가 그들을 모아 놓고 타일렀다.

"비구들아, 그만두어라. 다툼도 그만두고, 싸움도 그만두고, 논쟁도 그만두고, 시비도 그만두어라."

이때 붓다는 유명한 '브라흐마닷타(Brahmadatta) 왕과 디가부(Dighāvu) 사건' 이야기를 하면서, '원한은 원한으로 누그러지지 않는다.'라고 설하였다. 그러나 비구들의 싸움은 계속되었다. 붓다는 마침내 꼬삼비를 떠나 사밧티로 유행하였다. 이것을 지켜보고 있던 꼬삼비 시민들이 분기하였다. 시민들은 이렇게 비구들을 비난하였다.

"이 꼬삼비 비구들은 우리들에게 수많은 손해를 끼쳤다. 세존께서는 그들 때문에 번잡스러워 이곳을 떠나셨다. 따라서 우리들은 꼬삼비 비구들에게 절하지 말고, 보고도 일어나지 말고, 합장으로 예를 갖추지

말고, 존중하지 말고, 공경하지 말고, 봉사하지 말고, 공양하지 말고, 온
다고 해도 음식물을 제공하지 말자. 만약 이들이 우리들로부터 존경·
존중·공경·봉사·공양을 받지 못한다면, 존경받지 못한 까닭에 떠나
거나 환속하거나 세존과 화해할 것이다.”

꼬삼비의 시민들은 일치하여 이와 같이 행동하였다. 그들은 비구승
들에게 인사도 하지 않았고, 그들 앞에서 일어서지도 않았다. 합장하여
절하지 않았고, 적절한 의무(공양)도 이행하지 않았다. 시민들은 비구
승들을 공경하지 않았고, 존경하지 않았고, 높이 평가하지 않았고, 명예
롭게 여기지도 않았다. 그리고 시민들은 비구승들이 왔을 때 그들에게
공양 올리지 않았다.

그 결과 비구들은 견디지 못하고 사밧티로 가서 붓다 앞에 참회하고,
그 비구는 자신의 범계를 인정하였다. 그러나 그 이후에도 꼬삼비 비구
들은 때때로 분쟁을 일삼아, 붓다는 다시 꼬삼비를 찾지 않았다.84)」

공양거부, 민중적 연대의 담보

시민들의 공양거부 사건은 빈번히 보고되고 있다. *Udāna*에 의하면,
‘순다리(Sundari) 여인의 붓다 음해사건’ 때에도 비슷한 상황이 벌어
졌다. 외도들의 음모로 순다리 여인이 사밧티 기원정사 근처에서 피살
되는 사건이 발생하였다. 시민들은 이것을 비구들의 소행으로 보고,
그들을 비난하며 공양거부를 단행하였다. 거리에 나갔다가 박해를 받
고 돌아온 비구들이 붓다에게 호소하였다.

---

84) Mv 10.1.1–5.14 ; *The Book of the Discipline* 4(P.T.S.), pp.483~519.

"스승이시여, 지금 사밧티 사람들은 비구들을 보면 욕하고 비난하며 꺼리고 괴롭힙니다.

'이 석가족 아들의 제자인 사문들은 부끄러워할 줄을 모르며, 계를 어기고, 법다이 행동하지 않으며, 거짓말을 일삼고, 청정함을 닦지 않는다.'라고 욕합니다."[85]

'마땅기(matangi, 摩登伽女)의 딸 빠까띠(Pakati, Skt. Prakrti)와 아난다(Ānanda) 비구 사건' 때에도 비슷한 상황이 일어났다. 붓다가 부정(不淨)한 신분의 마땅기의 딸을 승단에 받아들였을 때, 시민들은 역시 공양거부운동을 일으켰다.[86]

시민들에게 있어서 공양은, 이미 관찰한 바와 같이 법시(法施)에 대한 감사의 발로이며, 생천(生天)의 공적을 쌓는 성스러운 행위이기 때문에, 가난한 노비들도 자기가 먹을 떡까지 제공할 정도였다. 그런데 지금 시민들, 민중들은 비구들이 법답지 못하다고 판단할 때, 단호하게 공양거부 운동을 전개하고 있다.

그들은 비구승들에게 인사도 하지 않았고, 그들 앞에서 일어서지도 않았다. 합장하여 절하지 않았고, 적절한 의무도 이행하지 않았다. 시민들은 비구승들을 공경하지 않았고, 존경하지 않았고, 높이 평가하지 않았고, 명예롭게 여기지도 않았다. 그리고 시민들은 비구승들이 왔을 때 그들에게 공양 올리지 않았다.〔Mv 10.5.2〕

---

85) *Udāna* 4.8 ; tr. Bhikkhu Thanissaro, Microsoft Word 6. cf. 『기쁨의 언어 진리의 언어』(민족사), pp.83~87.
86) 『摩登伽經』 上, 비나야 3.

*Mahāvagga*의 이 보고는, 오늘날 불교도의 입장에서도 놀라움을 금할 수 없을 정도로 충격적이다. 꼬삼비 시민들의 일치된 합의와 단호한 행동이 믿겨지지 않을 지경이다. 그러나 이것은 엄연한 역사적 사건으로 인정되고 있다. 이 사건은 *Dhammapada*에도 상세히 기록되어 있고,[87] *Jātaka*[88] · *Udāna*[89]에도 기록되어 있다.

'비구승들 앞에서 일어나지 않고, 합장하지 않고, 존경하지 않고, 공양 올리지 않고…….'

이것은 무엇을 의미하는 것일까?

무엇보다 먼저 여기서 많은 사람들은 민중들과 승단 사이에 연결되어 있는 어떤 강한 유대(紐帶) 같은 것을 감지하게 될 것이다. 그리고 이 유대의 전제는 승단의 청정성(清淨性)이라는 것을 발견하게 될 것이다. 꼬삼비의 민중들이나 사밧티의 민중들 모두 '비구들이 법과 계율을 어기고 청정하지 못하다.'는 사실을 문제삼고, 부끄러워할 줄 모르는 그들을 붓다의 제자, 비구, 또는 수행자 samaṇa나 brahmin(참된 수행자의 뜻)으로 인정하지 않고 거부하고 있는 것이다. 그래서 그들은 이렇게 선언하고 있다.

"어떻게 그런 자들이 사마나이며 브라민일 수 있단 말인가?"[90]

---

87) Dhp-Com. 1.5.(text. N. 53-66, 6) ; *Dhammapada-Commentry 1*, pp.175~183.
88) *Jātaka* 428 ; iii. 486-490.
89) Udāna iv. 5 ; 41-42.
90) Udāna iv.5 ; 41-42.

바로 이러한 사실들이 시민사회와 승단 사이, 또는 재가대중과 출가대중 사이에, 일종의 무형(無形) 약속, 신성한 약속이 설정되어 있음을 입증하는 것이라고 생각된다. 그 약속이란 무엇인가? 딧사나야케는 『불교의 정치철학』에서 이렇게 논술하고 있다.

> 상가는 그들의 사회적 의무를 잘 의식하고 있었으며, 신중한 정책으로써 그들의 매일 매일의 생활에서 그들 자신의 행동의 모범을 보여 준 불교의 윤리와 이상으로 살 필요가 있음을 언제나 평신도들에게 깨우치고자 하였다. 따라서 전국 곳곳의 많은 일반 대중들이, 바로 앞에서 묘사한 것과 같은 특성을 지닌 비구들의 자비롭고 거룩한 영향을 받을 것이다. 바로 이들에게 남자든, 여자든, 어린이든, 모든 사람들이 지도와 감화를 바랄 것이다.……
>
> 공동체의 모든 부분 부분이 상가의 영향권 내에 들게 될 것으로 기대되므로, 결국에는 새로운 사회의 정신적 각성이 사회의 구석구석을 스며들 것이고, 이리하여 부모・선생・아이・고용인・고용주・정치가・공무원 등이 똑같이 단계적으로 상가의 무리를 형성하게 될 것이다.[91]

딧사나야케의 논술은 승단과 모든 계층의 민중들이 얼마나 강력하고 돈독한 정신적・윤리적 약속과 유대 속에 연대되어 있는가를 충분히 밝혀낸 것으로 보인다. 상가, 불교도 공동체는 비구・비구니 출가중들의 전유물이 아니라 부모・교사・학생・기업가・노동자・궁녀・도둑・나병환자・간질환자・청소부・노예 등, 모든 계층의 시민, 민중들의 연대 공동체 대상가(Mahā-sangha)라는 진실이, 이론이 아니라 민

---

91) P. 딧사나야케・정승석, 앞의 책, p.122・p.124.

중들의 용기 있는 행동에 의하여 하나의 역사적 실체로서 입증되고 있는 것이다. 경전에서 교리로 설명될 수 없는 진실, 상가—불교도 공동체가 어느 일방의 폐쇄적 전유물이 아니라, 시민 공유의 민중 공동체란 진실이 민중들의 공양거부운동을 통하여 역사적 사실로 입증되고 있는 것이다.

이렇게 볼 때, 공양은 승단과 민중 양자간의 연대를 담보해 내는 중요한 사회계약적 수단으로 규정될 수 있을 것이다. 출가대중들이 민중과의 무형의 정신적·도덕적 약속을 위배할 때 민중들은 지체없이 저항권을 발동하고 있다는 의미에서, 이 공양거부운동은 불교공동체의 본질, 나아가 불교 자체의 본질을 극명하게 드러내는 사례로 평가된다. 또 이 사건들은 누구도 시민적·민중적 비판에서 예외가 될 수 없다는 역사적 교훈을 확립함으로써 승단, 교단의 정화를 담보해 내고, 사회 전체의 민주적 발전에도 선구적 역할을 수행하는 것으로 생각된다. 이와 관련하여 불교가 사회학적으로 일종의 사회계약설(社會契約說)에 근거하고 있다는 이론에 유의할 필요가 있을 것이다.

붓다 석가모니,

비구·비구니·우바새·우바이의 4부대중,

부모·교사·학생·기업가·노동자·궁녀·도둑·나병환자·간질환자·청소부·노예…….

이들 초기 불교운동의 공동 주역들은 정치인·자산가·지식인들을 중심축으로 전 시민적·전 민중적 연대관계를 확립하였다. 이것은 불교운동을 전 시민적·전 민중적 운동으로 고양시키고 확산시킬 수 있는 굳건한 물적·인적 자원을 확보하였다는 사실을 의미하는 것이다.

상가라마, 가람은 불교운동의 전진기지로서, 4부대중과 시민들은 이 공유의 열린 공간을 통하여 함께 만나고 자유와 헌신의 삶을 실천하였다. 이로써 그들은 초기불교의 전법과 변혁의 이념을 실체화할 수 있었다. 또 공양과 담마, 재시와 법시를 담보 삼아서, 출가·재가의 대중들은 쌍무적인 동반자 관계를 정립하고, 광범하고 도덕적인 민중성을 확보할 수 있었다. 이렇게 해서 초기 주역들은 대중견성, 민중견성의 새로운 물결운동을 보편적으로 확산하는 작업에서 무한한 가능성의 지평을 열어갈 수 있었다. 이것은 초기불교가 동시대의 경쟁자들에 대하여 비교우위를 확보할 수 있었던 것을 의미하는 것이다

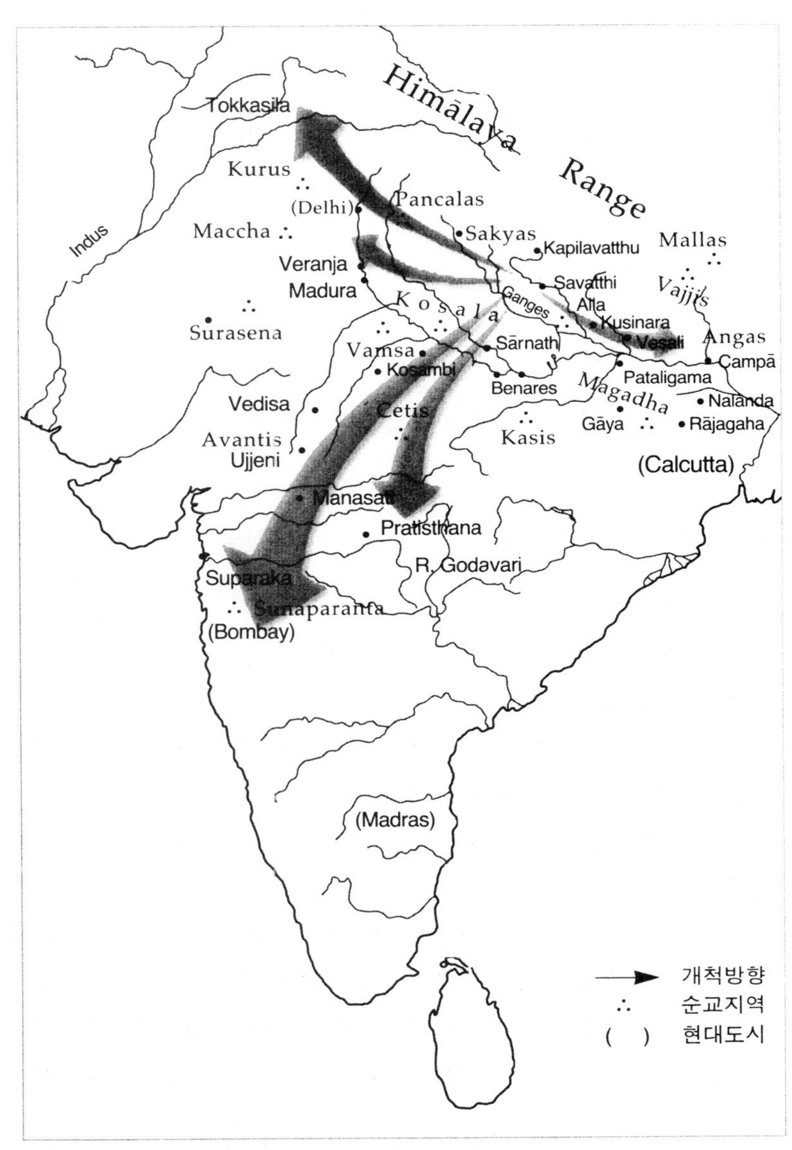

<cit. H.W. Schumann, Ibid, p. 5>

[지도 4] 붓다당시의 북인도 개척도

제3장 초기 불교운동의 개척과정

1. 초전법륜의 심리적 동기

1) 불전 속의 악마상응(惡魔相應) 사건들

(1) '우루벨라 번얀나무 아래서의 마라 출현사건'1)

「이와 같이 나는 들었다.

한때 세존께서 네란자라 강 언덕의 우루벨라 마을에 있는 염소치기 번얀나무 밑에 계셨다. 완전한 깨달음을 얻은 바로 그때였다.

그때 세존께서 홀로 고요히 앉아서 명상하는데, 이와 같은 생각이 일어났다.

'아! 나는 참으로 이루기 어려운 고행에서 벗어났다. 아! 참으로 나는 이루기 어렵고, 나에게 아무 이익도 가져다 주지 못하는 허망한 고행에서 잘 벗어났다. 확고한 마음집중으로, 나는 깨달음에 이르렀다.'

그때 악마 빠삐만이 마음속으로 세존의 생각을 알아채고, 세존께서

---

1) SN 4.1.1(text. i. 103. Penance and Work) ; *The Book of the Kindred Sayings 1*(P.T.S), pp.128~129. cf. 『雜阿含經』 1094, 「若行經」 ; 『한글대장경 雜阿含經』 3, pp.152~153.

계신 곳으로 찾아가서 세존께 게송으로 말했다.

  "젊은이들을 정화시키는
  참회의 과업을 버리고,
  청정의 길에서 벗어난 부정(不淨)한 자들이
  자기는 청정하다고 망상하고 있네."

  그때 세존께서는 '이것은 사악한 악마이다.'라고 분명히 알아보고, 게송으로 대답하셨다.

  "죽음의 극복을 목적으로 하는 어떠한 고행도
  우리들의 이익을 위하여 무의미하다는 것을 나는 온전히 안다네.
  땅위에 올려놓은 배의 노나 키처럼
  그런 고행은 아무런 쓸모가 없네.
  그러나 계율과 삼매와 지혜,
  깨달음에 이르는 길, 이것이 나의 과업이라네.
  그 길을 만들고 발전시켜
  나는 위없는 청정을 얻었다네.
  그대 죽음의 마라여, 그대가 패배했음을 고백하라."

  그러자 악마는 생각하였다.
  '세존께서는 나에 대해 알고 계신다. 부처님께서는 나에 대해 알고 계신다.'
  악마는 괴로워하고 슬퍼하며 그곳에서 곧 사라졌다.」

(2) '베살리 짜빨라 신전(神殿)에서의 마라 출현사건'2)

「그때 세존께서 베살리 짜빨라 신전으로 가서 자리에 앉으셨다. 아난다는 세존께 절하고 한쪽에 앉으셨다.

"아난다야, 어느 때, 내가 위없는 깨달음을 얻은 바로 그때, 우루벨라의 네란자라 강 언덕의 염소치기 번얀나무 아래 있었는데, 악마가 그곳으로 찾아와 한쪽에 섰다. 그리고 나에게 말했다.

'세존이시여, 지금이야말로 세존께서는 열반에 드소서. 원만한 이께서는 열반에 드소서. 바야흐로 세존이시여, 세존께서 열반에 드실 때가 온 것이옵니다.'

이에 나는 이렇게 말했다.

'악마여, 나에게 비구 제자들이 있어 담마를 성취하고, 수련하고, 전문화하고, 학습하여, 담마를 아는 자들이 되어 담마와 일치하여 수련하고, 담마의 길을 바르게 수련하고 걸어가서, 그들이 스승에게서 배운 것을 넘어서, 담마를 가르치고, 선포하고, 건립하고, 해설하고, 분석하고, 분명하게 하여, 그들이 담마에 의하여 생겨난 거짓 가르침들을 논파하고, 그리고 불가사의한 담마를 가르칠 때까지, 나는 마지막 입멸에 들지 않을 것이니라.

악마여, 나에게 비구니 제자들이 있어,……

악마여, 나에게 우바새 제자들이 있어,……

악마여, 나에게 우바이 제자들이 있어,……

그때까지, 나는 마지막 입멸에 들지 않을 것이다.

악마여, 이 청정한 삶이 성공적으로 건립되고, 번창하고, 멀리 넓게,

---

2) DN 16.3.2-36(text. ii. 112-113) ; *The Long Discourses of the Buddha*, pp.250~251.

모든 곳의 인류에게 확대되고, 잘 알려지고, 주장될 때까지, 나는 마지막 입멸에 들지 않을 것이다.'

아난다야, 그리고 지금 바로 이 시간, 짜빨라 신전(神殿, Cāpāla-Shrine)에, 마라가 내게 와서 한쪽에 서서 말하고 있다.

'세존이시여, 지금 열반에 드소서.… 이제 열반에 들 때가 되었습니다.'……"」

2) 은둔 독선의 벽지불 의식(辟支佛意識)

불전 속 악마들의 정체는

성도(成道)로부터 마가다의 라자가하 입성(入城)까지의 초전법륜의 과정은 빠알리-비나야의 *Mahāvagga*를 비롯한 여러 불전에 비교적 상세하게 서술되어 있고,[3] 또 널리 알려져 있다. 이 과정에서 사람들의 흥미를 끄는 것은, 빈번한 마라(Māra, 惡魔)의 등장이다.

"청정의 길에서 벗어난 부정(不淨)한 자들이
자기는 청정하다고 망상하고 있네."〔SN 4.1〕

"세존이시여, 지금이야말로 세존께서는 열반에 드소서. 원만한 이께서는 열반에 드소서."〔DN 16.3.34〕

여기 '우루벨라 번얀나무 아래서의 마라 출현사건'에서 보는 바와

---

3) Mv 1.1.1-24.7 ; *The Book of the Discipline* 4(P.T.S.), pp.1~57 ; MN 26 ; SN 4, 22.

같이, 성도 직후 마라는 연속적으로 등장하고 있다. 마라는 붓다가 고행을 포기한 것을 비난하기도 하고, 이제 막 성도한 붓다에게 설법하지 말고 열반에 들 것을 권유하기도 한다. 마라와 범천(梵天, Brahmā)이 번갈아 등장하여 붓다의 설법을 둘러싸고 치열한 싸움을 벌이고 있는 것이다. 특히 주목되는 것은, '우루벨라 번안나무 아래서의 악마사건' 이후, 악마의 등장과 유혹이 붓다의 전 생애를 통하여 끊임없이 반복되고 있다는 점이다

"세존이시여, 지금 열반에 드소서.…… 이제 열반에 들 때가 되었습니다."〔DN 16.3.34〕

성도 직후 출현했던 마라가 붓다의 입멸을 얼마 앞두고 베살리 짜빨라(Cāpāla) 신전에 다시 등장하여, 이렇게 붓다의 입멸을 권유하고 있다. 빠알리-니까야에 의하면, 성도에서 입멸까지 붓다는 무수히 등장하고 있다. *Sangyutta-Nikāya*에서는 악마사건, 곧 마라 빠삐만(māra-Papiman) 사건이 'māra-sangyutta', 곧 '악마상응(惡魔相應)'이라는 하나의 장(章)을 구성하고 있을 정도로 큰 비중을 차지하고 있다.

*Sangyutta-Nikāya · Jātaka*를 비롯한 불전 속에는 신화가 중요한 요소의 하나로 서술되어 있다. 전생담(前生譚), 천상세계에 관한 이야기, 나가(Naga, 龍)를 위시한 여러 애니미즘적 신(神)들, 악마들, 귀령(鬼靈)들……, 또 후대로 내려오면서 붓다와 관련된 유물과 유적들, 사리·족적(足跡)·불치(佛齒)·스투파(stupa, 탑파)·체띠야(cetiya, Skt. Caityas) 등과 관련된 많은 신화들이 하나의 큰 흐름을 형성하며

전승(傳承)되어 오고 있다.4)

　불전 속에 이렇게 마라가 빈번히 등장하는 이유는 무엇일까?

　신(神)들의 존재를 중요하게 인정하지 않는 불전 속에 마라·범천 등 신화적 장면이 흔히 전개되고 있는 것은 무엇 때문일까?

　이와 관련하여, 콘즈는 이렇게 기술하고 있다.

　서로 상이하고 다양한 민중들의 기질에 자신들을 적응시키려는 열망 속에서 불교도들은, 신화적 용어로 사고하는 사람들에게는 신화적인 설명을 할 준비를 갖추고 있었다. 동시에 철학적 사고에 익숙해 있는 사람들에게는 철학적 설명을 한 준비를 하고 있었다.5)

　그러나 신화가 그 시대 민중의 역사적·심리적 상황을 반영하고 있다는 신화학(神話學)의 일반적 정리(定理)를 상기하면, 신화를 단순히 전도 수단의 하나로 보고 있는 콘즈의 주장에는 미진한 부분이 있는 것으로 생각된다. 신화들이 그 시대의 인습과 사람들의 사고를 반영한 것이라는 일반적 정리를 인정한다면, 불전 속의 마라(māra), 곧 악마는 어떤 인습, 어떤 사고를 대변하는 것일까? 앞에서 인용된 악마 상응 (1) (2)에서 보는 바와 같이, 성도 직후 초전법륜에 앞서 벌어지는 악마의 유혹과 범천의 권청, 붓다의 항마(降魔)라는 한 묶음의 신화적 사건들이 드러내 보이는 심리적 기제(機制)는 무엇일까? 이 문제에 대하여 T. 링은 이렇게 기술하고 있다.

---

4) E. Conze, Ibid, p.79.
5) Ibid, p.29.

더욱이 그(불교의 새로운 신봉자)는 이 (악마의) 힘에 대한 붓다의 승리가 얼마나 완벽한 것인가를 배우게 될 것이고, 깨달음의 길을 찾아서 붓다를 좇아 나아가고 있는 초기 제자들이 마라에 대하여 성취하게 된 승리에 관하여 배우게 될 것이다. 그는 경전의 구절구절 속에서, 그 또한 어떻게 마라를 패배시키고, 마라의 속박과 마라의 영역으로부터 벗어나 초월의 세계를 향하여, 열반을 향하여, 안전하게 여행해 갈 것인가를 배우게 될 것이다. 그는 마라를 패배시기는 것이, 주의 깊은 선정과 그에 따르는 통찰력에 달려 있다는 것을 배우게 될 것이다. 그는, 그가 처음에는 그의 고향의 민간 전승 같은 하나의 악령 정도로 생각했던 마라가 더 이상 시골 귀신류(鬼神類)가 아니라는 것을 배우게 될 것이고, 오히려 그는 초기 불교도의 한 사람이 붓다에 의하여 가르침을 받은 바와 같이, 마라를 신성한 삶의 적으로 보게 될 것이다.[6]

'마라의 속박과 마라의 영역으로부터 벗어나……

마라가 더 이상 시골 귀신류가 아니라 신성한 삶의 적(敵)으로….'

이것은 마라가 열반을 추구하는 불교도들의 의도를 시험하고 청정한 수행을 방해하려는 완강한 의식(意識)의 적이며, 사악한 안습적 장애라는 사실을 의미하는 것이다. 그리고 이 의식의 적과 인습적 장애는 당시 인도사회의 역사적 산물이라는 사실을 의미하는 것이다. 이와 관련하여 러시아의 종교학자 S. 토카레프는, 이러한 신화·전설 등은 후대의 근거 없는 첨가물들을 제외하고는, 모두 그 당시 북인도의 삶의 방식과 전적으로 상응하고 있다는 점을 강조하고 있다.[7]

따라서 빠알리-니까야의 편찬자들은 악마상응을 통하여, 붓다의 모

---

6) T. Ling, Ibid, p.45.
7) S. 토카레프, 앞의 책, p.315.

범을 좇아 불교도들이 그들 속에 내재해 오는 이러한 인습적 의식과
부정한 삶의 방식을 단호히 패배시킬 것을 시사하고 있는 것으로 생
각된다. 이런 맥락에서, 마라를 '객관적 형태의 실재 속에 있는 주관적
인 체험'으로 규정하고, '마라와의 투쟁은 실제로는 세속적 유혹과의
심리적 투쟁'으로 분석한 R. 데이비스와 빤드의 주장들은 매우 적절한
견해로 보인다.8)

은둔 침묵의 벽지불 의식을 둘러싼 심리적 갈등

고행을 버린 붓다를 젊은이들을 망치는 '부정(不淨)한 자'로 비난하
는 마라,

바야흐로 정각을 이룬 붓다에게, '이제 그만 열반에 드소서.'라고 유
혹하는 악마,

설법하려는 붓다에게 침묵을 권유하는 마라 빠삐만(Papiman)ㅡ.

이 마라는 어떤 주관적 체험, 의식을 반영하는 것일까?

이 악마는 어떤 인습적 사고를 투영한 객관적 실재인가?

이 악마 빠삐만은 어떤 완강한 삶의 방식, 수행방식을 대변하고 있
는 것일까?

여기서 많은 사람들은 아마 '빠쩨까 붓다(pacceka-buddha)', 곧 '벽
지불(辟支佛)'이라는 존재를 상기하게 될 것이다. 벽지불은, '독각(獨
覺, one enlightened for himself)'이란 또 다른 명칭에서 연상되듯, 누

---

8) 'Rhys Davids has attempted to see in the Māra-story, "a subjective
experience under the form of objective reality. The struggle with māra was
really a psychological struggle with secular temptation.' ; G. C. Pande, Ibid,
p.381.

구의 도움 없이 스스로 깨달음을 이룬 성자로서, 자신이 증득한 법을
남을 위하여 설하지 않는 것을 속성으로 삼고 있다. E. 토마스는 이렇
게 논하고 있다.

이 작품(Puggalapannatti) 속에는 붓다 교리의 어느 정도의 발전이
있다. 붓다는 전지적(全知的)으로 설하고, 그리고 또 하나의 붓다, 빠
쩨까 붓다(pacceka-buddha, pratyek-abuddha, 辟支佛), 곧 '독립적인
붓다, 혹은 고립적인 붓다'가 등장하고 있기 때문이다. 벽지불은 전지적
(全知的)이지 못하고, 완전한 불성(佛性)의 열매들을 갖추지 못했다는
의미에서 완전한 붓다, 삼마삼붓다(Sammā-sambuddha)와는 다른 것
으로 일컬어지고 있다. 아라한과는 달리, 벽지불은 독자적으로 붓다 가
르침의 도움 없이 깨달음을 획득하였다. 그러나 벽지불은 완전한 붓다
같이 가르침을 설할 수 없다. 오로지 자기 스스로 진리를 얻는다는 이
독각(獨覺)의 개념은 상좌부(上座部, Theravada)의 교리로 보전되었
다.9)

벽지불, 빠쩨까 붓다,
스스로 깨달음을 얻고, 결코 남을 위해 담마를 설하지 않는 은둔 독
선의 벽지불ㅡ.
이러한 고립 독선의 이기적 벽지불 의식은 당시 북동 인도사회에
광범하게 유포되어 있던 전통적 고행자들의 보편적 특성으로서, 신진
samaṇa들 사이에도 이런 인습적 사고는 강인하게 온존되어 있었다.
'숲속의 은둔자들'이 바로 그들이다.

---

9) E. J. Thomas, *The History of Buddhist Thought*, pp.168~169.

홀로 고행하고 스스로 깨달은 바를 침묵하고 말하지 않으려는 인습적 수행의식, 곧 고립 은둔의 이기적 벽지불 의식은 붓다 자신과 초기 불교도의 성향에도 깊은 그림자를 드리우고 있다. '침묵의 맹세'를 지켜 많은 사람들을 위해 결코 담마를 설하지 않으며 세상에 초월하고 무관심한 이들 은둔적 성자들을 일컫는 또 다른 명칭 '무니(muni, 牟泥)'나 '선인(仙人, rsi)' 등의 칭호가 붓다와 출가대중들에게도 통용된다든가,10) 붓다의 가르침은 세속인보다는 은둔자들에게 더 적합하다고 서술하고 있는 것 등이 바로 그러한 사례이다. *Aṅguttara-Nikāya*에서는 이렇게 설하고 있다.

"수행승들이여, 이 담마는 은둔자들을 위한 것이다. 이 담마는 사회에 사는 사람들을 위한 것이 아니다. 왜 이렇게 설해지는가?

수행승들이여, 여기 한 수행승이 은둔해 살고 있는데, 비구나 비구니, 우바새나 우바이, 왕들이나 장관들, 길 안내자나 그 제자들이 왔다고 하자. 그때 그 수행승은 그 마음이 은둔으로 향하고, 은둔으로 기울고, 은둔으로 굽어지고, 은둔을 맹세하고, 은둔 속에서 기뻐하고, 자신의 과업을 전적으로 떠나는 문제에 한정시키고……, 이것이 그 설명이니라."11)

'은둔으로 향하고, 은둔으로 기울고, 은둔으로 굽어지고, 은둔을 맹세하고, 은둔 속에서 기뻐하고…….'

이렇게 벽지불 의식은 붓다의 의도와 관계없이 초기불교 속에, 특히 출가대중 속에 강인하고 완고하게 집착되어 있다. 따라서 대중들의 마

---

10) P. 딧사나야케 · 정승석, 앞의 책, p.78.
11) AN 8.3(text. iv . 233) ; *The Book of the Gradual Sayings* 4(P.T.S.), p.158.

음속에 깊이 숨어서 이타적 선행, 전법 변혁운동을 방해하고 있는 이러한 은둔 독선의 벽지불적 잠재의식, 이것이 바로 '악마상응'으로 드러나는 악마의 정체, 마라의 실체로 생각된다.

이러한 벽지불 의식, 은둔 독선의 이기적 수행의식을 타파하고 극복하는 것이야말로 붓다가 당면한 가장 긴급한 과업이었고, 이 과업은 붓다의 입멸 직전까지 줄기차게 제기되었다. 이것은 벽지불 의식, 곧 깨달을 때까지 침묵 은둔하고, 깨닫고 나서도 침묵 은둔하려는 이기적 수행의식을 극복하는 것이 초기 불교운동의 가장 심각한 심리적 과업이었다는 사실을 의미한다. 붓다의 전 생애를 통하여 악마상응, 악마와의 대결이 끊임없이 지속되고 있는 것은 바로 이러한 심리적 기제를 반영하고 있는 것이다.

이렇게 당시 민중들에게, 특히 출가 고행의 수행자들에게 내면화된 시대적·상황적 잠재의식의 혼란과 방해물을 제거하기 위하여, 불교는 'Sammā-Sambuddha', 곧 '정등각자(正等覺者)'–'완전한 붓다'·'전지적 붓다'·'일체지자(一切知者)의 붓다'라는 개념을 적극적으로 발전시켰다. 슈만은 이렇게 논하고 있다.

나중에, 자신의 깨달음을 자신의 사적인 재산으로 인식하고 그것에 과하여 침묵을 지키는 빠쩨까 붓다(one lightened for himself, 獨覺)와 정등각자(正等覺者, Sammā-Sambuddha), 자신의 깨달음을 세계에 대한 구원의 길로 선언하는 '온전히 깨달으신 분(a fully-enlightened Buddha)'과의 사이에 어떤 구분이 만들어진 것이다. 온전히 깨달으신 붓다의 이념이 보다 높은 것이다. 왜냐 하면, 고결한 통찰력을 가진 사람은 자신의 선(善)만 생각할 뿐만 아니라, 다른 사람들의 선도 또한 생각하기 때문

이다.12)

빠쩨까–붓다와 삼마–삼붓다,

독각자(獨覺者)와 정등각자(正等覺者),

은둔 독선의 고행자(苦行者)와 탁발 전법의 유행자(遊行者) −.

우루벨라의 번얀나무 아래에서부터 베살리의 짜빨라 신전까지, 마라의 출현이 끊임없이 반복되고 있는 것은, 이 양자간의 갈등이 끊임없이 지속되고 있었다는 역사적 상황을 입증하는 것이다. 또 이것은 고립 침묵하려는 비(非)불교적 은둔의식(隱遁意識), 빠쩨까 붓다 의식을 둘러싼 갈등이 당시의 불교도들이 경험하고 있었던 가장 심각한 정신적 문제였다는 심리적 상황을 반영하고 있는 것이다.

3) 항마의식(降魔意識), 승자의식(勝者意識)

'영웅 붓다, 승리자 붓다여!'

"죽음의 극복을 목적으로 하는 어떠한 고행도

우리들의 이익을 위하여 무의미하다는 것을 나는 온전히 안다네.

땅위에 올려놓은 배의 노나 키처럼

그런 고행은 아무런 쓸모가 없네.

그러나 계율과 삼매와 지혜,

깨달음에 이르는 길, 이것이 나의 과업이라네.

그 길을 만들고 발전시켜

---

12) H. W. Schumann, Ibid, p.196.

나는 위없는 청정을 얻었다네.
그대 죽음의 악마여, 그대가 패배했음을 고백하라.”〔SN 4.1.1〕

“악마여, 이 청정한 삶이 성공적으로 건립되고, 번창하고, 멀리 넓게, 모든 곳의 인류에게 확대되고, 잘 알려지고, 주장될 때까지, 나는 마지막 입멸에 들지 않을 것이다.”〔DN 16.3.35〕

이것은 ‘우루벨라 번얀나무 아래에서의 악마사건’에서 들려준 붓다의 목소리다. 자신을 ‘고행을 포기한 부정(不淨)한 자’로 몰아 비난하는 마라에 대하여, 붓다는 ‘그대 죽음의 악마여, 그대가 패배했음을 고백하라.’고 호통치고 있다. 또, ‘이제 그만 적멸에 드소서.’라고 권유하는 악마를 향하여, 붓다는 ‘이 청정한 삶이 이 세계의 모든 인류에게 확대될 때까지 나는 적멸에 들지 않을 것이다.’라고 선언하고 있다.
여기에서 많은 사람들은 악마를 가차없이 응징하는 붓다의 용기를 보게 될 것이다. 담마로서 이 세계 모든 인류를 구원하려는 열의에 찬 염원의 붓다를 보게 될 것이다. 또 붓다 앞에 굴복하는 악마를 보게 될 것이다. 악마, 마라 빠삐만은 스스로 이렇게 고백하고 있다.

“세존께서는 나에 대해 알고 계신다. 부처님께서는 나에 대해 알고 계신다.”
악마는 괴로워하고 슬퍼하며 그곳에서 곧 사라졌다.〔SN 4.1〕

괴로워하고 슬퍼하며 패퇴하는 악마,
악마와 대결하여 당당히 싸워 이기는 붓다―.

불전은 이 사건을 '항마(降魔)'라고 규정하고, 하늘의 신(梵天) 사함빠띠(Brahma Sahampati)는 붓다를 '영웅(英雄)', '승리자(勝利者)'라고 선언하고 이렇게 찬탄하고 있다.

> "오, 진리의 누각에 올라 모든 것을 보시는 이여,
> 생사(生死)에 짓눌려
> 슬픔에 빠져 있는 민중들을 굽어 살피소서, 구원하소서.
> 일어나소서, 그대 영웅이시여.
> 전쟁의 승리자시여,
> 그대 빚 없는 이여! 대상(隊商)의 주인이시여!
> 세상을 유행하소서.
> 세존이시여, 담마를 설하소서.
> 담마를 배운다면, 그들도 깨달을 것입니다."13)

'모든 것을 보시는 이(Seer of all, 一切知者),
영웅(Hero, 英雄),
전쟁의 승리자(The Conqueror of the battle, 勝利者) — .'
이것이 최고의 신(神) 브라마 사함파티가 붓다에게 올린 호칭이다. 이것은 아마 낡은 종교의 이기주의를 타파하고 새로운 구원의 승자(勝者)가 이 세상을 유행하기를 고대하는 인도 민중의 호소일지 모른

---

13) "O Seer of all, the terraced heights of truth, Look down, from grief released, upon the peaple Sunken in grief, oppressed with birth and age. Arise, thou hero! Conqueror in the battle! Thou freed from debt! Man of the caravan! Walk the world over, let the Blessed One Teach Dhamma. They who learn will grow." ; Mv 1.5.7 ; *The Book of the Discipline 4*(P.T.S.), p.8.

다. 여기에 이르러 붓다는 '영웅'으로 일어서고 있다. '승리자', '승자'로 궐기하고 있다. 그리고 혼돈과 갈등의 어둠 속에서 멸망의 공포에 떨며 붓다의 출현을 고대하는 마가다의 민중들을 향하여, 그는 이렇게 구원을 약속하였다.

> "귀 있는 자들은 들어라.
> 불사(不死)의 문은 열려 있다.
> 그대들의 낡은 믿음을 버려라."14)

분출하는 항마의식(降魔意識), 승자의식(勝者意識)으로

우루벨라 보리수 아래서의 큰 깨달음,

번안나무 아래서의 연꽃보관(蓮花普觀), 마라의 비난과 유혹, 범천 권청, 설법 결심과 구원(不死)의 약속―.

이 장엄한 '우루벨라의 일대 사건'의 파노라마가 펼쳐진 직후, 붓다는 승자(勝者)의 결의로서 일어나, 약속한 대로 전법륜의 길로 나섰다. 그는 옛 친구 다섯 수행자를 찾아서 바라나시로 나아가고 있었다. 이때 그의 승자의 결의는 마음속에서뿐만 아니라 온몸 가득히 드러나고 있었던 것으로 보인다. 이러한 상황은 그가 만난 아지비까 교도 우빠까(Upaka)와의 대화에서 잘 드러나고 있다. 붓다와 우빠까는 이렇게 문답하고 있다.

「"그대 존경하는 분이시여, 그대의 감관은 매우 순수합니다. 그대의 피부는 매우 맑고 매우 깨끗합니다. 존경하는 이여, 그대는 누구로 인

---

14) Mv 1.5.12 ; Ibid, p.9.

하여 출가하였습니까? 누가 그대의 스승입니까? 그대는 누구의 담마
에 귀의하였습니까?"

붓다는 곧 전법륜을 위하여 세상을 유행하기 시작하였고, 바라나시
로 가는 도중 최초로 만난 이교도 우빠까(Upaka)에게, 붓다 스스로 이
렇게 선언하고 있다.

"일체의 승리자, 나는 전지자(全知者, 一切知者)로다.
모든 것 가운데 더럽혀지지 않고
모든 것을 떠나 탐욕의 죽음으로부터 벗어났도다.
스스로 깨달았으니 누구를 따르랴?

나에게는 스승이 없도다.
나와 같은 자 존재하지 않느니
천상(天上)을 포함한 온 세계에서
나와 같은 자 없도다.

나는 세상에서 완성자이니
나는 위없는 스승,
오직 나만이 홀로 일체의 각자(一切覺者)
열반에 이르러, 나는 청량하도다.

법륜을 굴리기 위하여
까시로 가거니,
눈 어둔 이 세상에
불사(不死)의 북을 울리리라."15)

여기서 많은 사람들은 가장 당당하고 확신에 찬 승자(勝者) 붓다, 승리자(勝利者) 붓다를 목격하게 될 것이다. 순수함과 광명으로 빛나는 승자 붓다의 모습을 보게 될 것이다. 그리고, 그의 마음속에서 분출하는 승자의식(勝者意識), 승리자 의식(勝利者意識)을 느끼게 될 것이다. 그래서, 아지비까 교도 우빠까같이 눈부셔하며 놀랄지도 모른다.

'모든 것을 보시는 이(Seer of all, 一切知者),

영웅(Hero, 英雄),

전쟁의 승리자(The Conqueror of the battle, 勝利者).'

'일체의 승리자, 나는 전지자로다(Victorious over all, omniscient am I).

천상을 포함한 온 세계에서(In the world with its devas)

나와 같은 자 없도다(No one equals me).

나는 위없는 스승(The teacher supreme am I)

오직 나만이 홀로 일체의 각자로다(I alone am all-awakened) - .'

여기서 많은 사람들은 붓다의 승자의식(勝者意識)이 절정에 달하고 있다는 것을 감지하게 될 것이다. 지금 붓다를 움직이고 있는 심리적 동기는 바로 이 승자의식이라는 사실을 깨닫게 될 것이다. 그리고 붓다와 초기 주역들을 거친 들판, 험한 산과 강으로 내몬 것이 바로 이 승자의식이라는 사실을 예감하게 될 것이다.

---

15) Mv 1.6.8 ; Ibid, pp.11~12.

이 승자의식은 무엇인가?

붓다의 이 넘치는 승자의식, 승리자 의식은 어디서 오는 것인가?

또 어디로 향하여 가는 것인가?

초전법륜의 벽두에 등장하는 마라의 비난과 유혹은, 이미 관찰한 바와 같이 당시의 고행자 속에, 그리고 불교 수행자들 속에 완강하게 온존해 있는 벽지불적 잠재의식, 곧 고립 침묵의 고행의식·은둔의식의 발동으로 보인다. 붓다는 이 은둔, 설법 부정의 낡은 인습적 잠재의식을 '마라', 곧 극복되고 싸워 이겨야 할 번뇌의 적(敵), '악마'로 단호히 규정하고, 이 악마와 대결하여 가차없이 타파하고 항복 받는 것으로부터 붓다의 본질, 깨달음의 본질을 여지없이 드러내려고 결의하고, 또 그렇게 실천하였다. 이것이 '항마(降魔)'이고, '항마의식(降魔意識)'이다. 그래서 붓다는, '그대 죽음의 마라여, 그대가 패배했음을 고백하라.'고 질책하고 있는 것이다.

이와 같이 붓다의 항마는 철저하고 결정적이다. 추호의 사정이 없는 것으로 보인다. 붓다의 항마의식은 철저하고 결정적이다. 전선(戰線)에서 적을 남김없이 부수고 항복 받은 정복자의 마음같이, 붓다의 항마의식은 단호하고 자신감에 차 있는 것으로 보인다. 그래서, '나는 일체의 승리자(一切勝者), 나는 전지자(全知者)'라고 사자후하는 것이다. 이것은 붓다의 승자의식이 바로 항마의식에서 분출한다는 것을 의미하는 것이다.

항마, 항마의식,

이 항마의식에서 솟아나는 전지적(全知的) 승자의식(勝者意識) ─.

붓다는 이 승자의식에 충만하여 해탈의 즐거움을 떨치고 일어나 바라나시로 향하고 있다. 그러면서 그는 이렇게 선포하고 있다.

"법륜을 굴리기 위하여
까시로 가거니,
눈 어둔 이 세상에
불사(不死)의 북을 울리리라."16)

여기서 많은 사람들은 붓다의 승자의식이 전법의식(傳法意識)으로 향하고 있다는 사실을 발견하게 될 것이다. 이 어둔 세상에 담마의 북[法鼓]을 드높이 울려, 담마로서 이 죽음의 세상을 불사(不死)의 평화로, 견성 열반의 평화로 정착시키려는 평정의식(平定意識)으로 전환하고 있다는 사실을 깨닫게 될 것이다.

승자의식(勝者意識),

승자의식(勝者意識) - 평정의식(平定意識),

이 분출하는 승자의식 - 평정의식이 초전법륜을 구동(驅動)시키는 강력한 심리적 동기로 작용하고 있다는 것은 의문의 여지가 없는 사실로 생각된다. 초전법륜의 과정을 통하여, 붓다는 동시대의 수행자들에 팽배해 있던 이기적 은든의식, 곧 악마를 철저히 대결·항복 받고, 누구도 돌이킬 수 없는 전법륜의 승리를 획득하고 있다. 담마로써 이 세상을 평정하고 있는 것이다.

이 초전법륜의 승리를 계기로, 붓다와 초기 주역들은 '전법의 종교'·'전도의 종교'로서의 불교의 본질을 명백히 확립하고, 모든 불교도들에게 벽지불 의식에 대한 단호한 파사현정(破邪顯正)의 길을 열어 보이고 있는 것이다.

---

16) 'To turn the Dhamma-Wheel, I go to Kāsi's city, Beating the drum of deathless in a world that's blind become.' ; Mv 1.6.8 ; Ibid, pp.11~12.

수행을 이유삼아 법을 설하지 않고 전파하지 않으려는 은둔적 수행 의식, 벽지불 의식은 본질적으로 이기적 자아의식에서 발로하는 비(非)불교적인 그릇된 법(非法, adhamma)이며 사악한 악마적 번뇌로서 규정된다. '우루벨라의 일대 사건' 이래, 붓다와 초기 주역들은 이러한 악마적 존재들과 끊임없이 대결하며 이들을 평정하고 전법륜의 승리를 확대시켜 가고 있다. 따라서 이타적·항마적(降魔的) 승자의식(勝者意識) – 평정의식(平定意識)은 초기 전법운동의 전 과정을 통하여 끊임없이 작용하는 가장 중요한 심리적 동기로서 규정될 수 있을 것이다.

'깨달은 다음에 중생 제도 나서겠다'는 일견 매우 합리적인 듯이 들리는 은폐된 은둔의식, 빠쩨까 의식을 타파하는 것으로부터 깨달음의 수행은 시작된다는 것이 항마–승리의식의 기본적 사유(思惟)로 생각된다. 이러한 사유는 수행자 고따마가 6년 고행을 단호히 청산하고 우루벨라 세나니(Senani) 마을로 하산(下山)한 것이 정각(正覺)의 결정적 계기가 된 것과, 모든 수행승들에게 탁발 유행을 필수적 과업으로 부과한 사실로도 입증되는 것이다.

이것은 자신은 깨닫지 못하였을지라도 많은 사람들의 깨달음을 위하여 봉사하며, 담마를 전파하는 전법행으로서 최선의 수행을 삼으려고 하는 대승의 이타 자리적(利他自利的) 보살정신이17) 우루벨라의 초기불교 속에서 이미 분명하게 발로하고 있다는 역사적 사실을 의미하는 것으로 분석된다.18) 붓다는 이렇게 설하고 있다.

---

17) '自利利他 自他俱利';『雜阿含經』349,「聖處經」;『한글대장경 雜阿含經』 3, pp.404～405.
18) 이봉순,『菩薩思想研究』(불광출판부, 1998), p.62.

"그렇다, 수행승이여. 현명하고 큰 지혜를 지닌 사람은 자기 자신과 남을 다같이 해쳐서는 안 된다고 생각한다. 그렇게 생각하는 사람은 자기 자신과 남의 이익을 생각하고, 자기 자신과 남의 이익을 함께 생각하고, 모든 세계의 이익을 생각하느니라. 수행승이여, 이런 사람이 현명하고 큰 지혜를 지닌 사람이니라."[19]

2. 초기불교의 민중적 확산
-'마가다 대행진'과 '라자가하의 대전향'-

1) 바라나시와 우루벨라의 크나큰 승리

사슴동산의 초전법륜

라자야타나 나무 밑에서 욱칼라에서 오는 두 상인, 따뿟싸(Tapussa)와 발리까(Bhalika)로부터 최초로 공양과 귀의를 받은 붓다는 바라나시를 첫 설법의 목적지로 삼고 우루벨라를 떠났다. 가야로 가는 도중 우빠까를 만난 것도 이때의 일이다.

붓다는 가야에서 서북쪽으로 길을 잡아, 로히타브스투-우루빌마칼파-아나라-사라티프라를 거쳐 노혜다가소도 마을에서 강가 강을 만났으나, 돈이 없어 배를 타지 못하고 '백조의 왕과 같이' 날아서 강을 건넜다. 그는 5백리가 넘는 거리(210km)를 최소 14일 걸려 맨발로 걸으며 탁발하며, 바라나시 교외 이시빠따나(Isipatana)의 사슴동산

---

19) AN 4.19.186(text. ii. 178) ; *The Book of Gradual the Sayings 2*(P.T.S.), p.186.

(Migadava, 綠野苑, 현재의 Sārnāth)으로 나아갔다. 여기에서 붓다는 꼰단냐(Koṇḍañña)·밧디야(Bhaddiya)·밥파(Vappa)·마하나마(Mahānāma)·앗사지(Assaji) 등 다섯 수행자를 앞에 놓고 첫 설법을 행하였다.

> "수행자들아, 여래를 이름이나 '벗이여!' 하고 불러서는 안 되느니라. 수행자들아, 여래는 완성된 자이고, 온전히 깨달은 자이다.
> 수행자들아, 귀를 기울여라. 불사(不死)의 경지가 증득되었느니라. 나는 담마를 설하리라. 가르치리라. 설하는 대로 따라 수행하는 자는, 곧 지금 여기서, 젊은이들이 바르게 출가할 때 품었던 청정한 행[梵行]의 궁극적인 목표인 그대 자신들의 무상지(無上智)에 의하여 깨닫게 될 것이다. 그대들은 거기서 편히 머물게 될 것이다."20)

이어서 붓다는 중도(中道), 사성제(四聖諦)의 담마를 설하였다.21) 첫 설법이 끝난 직후에 꼰단냐가 먼지와 때를 멀리 여읜 법안(法眼)을 얻었다. 곧 '생겨나는 것은 모두 소멸하는 법이다.'22)라고 깨달은 것이다. 붓다는 기쁨을 읊었다.

> "아, 참으로 꼰단냐는 깨달았구나."23)

---

20) Mv 1.6.1-12 ; *The Book of the Discipline 4*(P.T.S.), pp.10~13 ; SN 56.11.
21) Mv 1.6.17-29 ; Ibid, pp.15~17 ; SN 56.11.5-8.
22) 'whatever is of the nature to uprise, all that is of the nature to stop.'(集의 法은 모두 滅의 法이다.) ; Mv 1.6.29 ; Ibid, p.17.
23) 'Indeed, Koṇḍañña has understood, indee, Koṇḍañña has understood.' ; Mv 1.6.31 ; Ibid, p.18.

이렇게 해서 꼰단냐는 '안냐따–꼰단냐(Aññāta-Koṇḍañña)'[24]가 되었다. 담마를 보고, 담마를 얻고, 담마를 이해하고, 담마 속으로 들어갔다. 그는 붓다에게 청하였다.

"세존이시여, 저는 세존 앞으로 출가하기 원합니다."
"오너라, 비구여. 담마는 잘 설해 있느니라. 괴로움을 소멸시키기 위하여, 마땅히 청정한 행을 닦아라."

그는 곧 구족계를 받고 세존에게 출가한 최초의 비구가 되었다. 연이어 다른 네 수행자들도 깨달음을 얻고 비구가 되었다. 이렇게 하여 승단이 형성되고, 삼보(三寶, Tri-Ratna)가 갖추어졌다.[25] 붓다의 초전법륜이 완성된 것이다. 붓다는 곧 이어 '무아(無我)의 담마'를 설하였다.[26] 〔초전법륜의 담마, 중도(4성제)·무아에 관해서는 2집 『붓다의 대중견성운동』 제1장에서 보다 깊이 논의될 것이다.〕

이때 바라나시 장자의 아들 야사(Yasa)와 그 친구들 54명의 양가의 청년들이 붓다의 담마를 듣고 곧 깨달음을 이루고 붓다에게 출가하여, '이 세상에 61명의 아라한이 있게 되었다.' 야사의 어머니와 아버지 장자가 삼보에 귀의한 최초의 우바이·우바새가 된 것도 이때 일이다.[27] 붓다는 이 최초의 수행자들에게 분부하였다.

---

24) 'annata는 깨달은 사람이다.' ; Ibid, p.18, note-4.
25) Mv 1.6.33-37 ; Ibid, pp.19~20.
26) Mv 1.6.38-46 ; Ibid, pp.20~21 ; SN 22.59.
27) Mv 1.7.1-10.4 ; Ibid, pp.21~28.

"수행자들아, 전법하러 떠나가라. 많은 사람들의 선(善)과 이익, 행복을 위하여―.

나도 담마를 설하기 위하여 우루벨라의 장군촌으로 가리라."

까샤빠 3형제의 전향

붓다는 스스로 약속한 대로 우루벨라로 향하여 출발하였다. 도중에 까파시야(Kappasiya) 숲속에서 한 기생을 쫓는 상류층 출신의 청년들 30명에게 4제 8정도의 담마를 설하여 그들을 출가시켰다.28)

붓다는 네란자라 강변에 있는 작은 도시 우루벨라에 도착하자, 까샤빠(Kassapa) 3형제(Uruvela-Kassapa · Nadi-Kassapa · Gaya-Kassapa)를 차례로 찾아 나섰다. 이들은 베다의 전통적인 불과 물 의식을 숭상하는 결발(結髮) 외도(Jatila)로서, 천여 명의 대교단을 거느리고 마가다국에서 명성을 떨치고 있었다.

붓다는 먼저 5백명의 추종자들을 이끌고 있는 큰형 우루벨라―까샤빠를 찾아갔다. 여기서 붓다는 그와 더불어 목숨을 건 치열한 투쟁들을 전개하였다. 무서운 화당(火堂)에 들어가 독룡(毒龍)을 항복 받아 발우에 담고, 천신들의 공양을 받고, 까샤빠가 앙가(Anga)국과 마가다국의 수많은 사람들을 모아놓고 의식을 지낼 때, 그의 속마음을 읽고 모습을 감추고, 없던 연못을 만들어 분소의를 세탁하고, 한꺼번에 5백 개의 나무를 쪼개고, 5백 개의 화로에 불을 붙이고, 홍수 때 간물을 역류시켜 없애고, 먼지가 나는 땅에서 경행하고……. 이와 같이 붓다는 수많은 신변(神變, 奇蹟 · 異蹟)들을 행하여 까샤빠와 추종자들을 놀라게 하고 그의 기를 꺾어 놓지만, 까샤빠는 매번 이렇게 자위하

---

28) Mv 1.14.1-5. : Ibid, pp.31～33.

며 패배를 인정하려 들지 않았다.

┌“이 위대한 사문의 힘은 참으로 훌륭하다.

그러나 그는 나와 같은 아라한은 되지 못한다.”

때가 무르익자 붓다는 까샤빠를 불러 세우고, 단호히 선언하였다.

“까샤빠여, 그대는 아라한도 아니고, 아라한의 경지에 들지도 못했소. 아라한과 아라한의 경지에 들기 위한 길에 들어서지도 못했소.”

마침내 까샤빠는 붓다의 발아래 무릎을 꿇고 고백하였다.

“세존이시여, 세존 앞으로 출가하여 구족계를 받고자 원합니다.”

“까샤빠여, 그대는 5백 명의 수행자들을 이끌고 있는 최고의 지도자시오. 그대는 그들이 자신들의 뜻대로 할 수 있게 해야 할 것이오.”

까샤빠가 그들에게 말하였다.

“여러분, 나는 저 위대한 사문 밑에서 청정한 수행을 하고자 합니다. 여러분은 자신들의 생각대로 하십시오.”

그때 5백 명의 수행자들이 일제히 대답하였다.

“까샤빠여, 우리들은 이미 오래 전부터 저 위대한 사마나에게 큰 믿음을 일으키고 있었습니다.……”

이렇게 해서 수행자들은 머리를 깎고, 짐과 불을 섬기는 도구들을 모두 물에 떠내려 보내고, 세존께 가서 머리를 발에 대는 예를 갖추고 말하였다.

“세존이시여, 저희들은 세존 앞으로 출가하여 구족계를 받고자 원합니다.”

“오너라, 비구들이여. 담마는 이미 잘 설해져 있다. 괴로움을 소멸하기 위하여, 마땅히 청정한 삶을 살아라."」

네란자라 강물에 떠내려오는 머리카락과 화구(火具)와 짐들을 보고, 둘째 나디-까샤빠와 3백 명의 추종자들, 셋째 가야-까샤빠와 2백 명의 추종자들이 놀라 우루벨라 까샤빠에게 달려왔다가 또한 붓다에게 출가하여 그 제자가 되었다. 이렇게 해서 결발외도 1천 명이 붓다의 승단에 새로 들어왔다.29)

2) 장엄한 대행진, 마가다국 라자가하로

붓다 앞에 무릎꿇는 노(老)까샤빠

붓다는 이들 천 명의 대중들을 이끌고 우루벨라를 떠나 가야로 행진하여 가야산(Gayasisa山, 象頭山)에 이르렀다. 이때 붓다는 배화(拜火)교도였던 그들에게 이렇게 설하였다.

"수행자들아, 모든 것이 불타고 있다. 수행자들아, 무엇이 불타고 있는가? 눈이 불타고, 색(色)이 불타고, 안촉(眼觸)이 불타고, 안촉으로 발생한 즐거움과 괴로움, 그리고 즐거움도 괴로움도 아닌 느낌이 불타고 있다. 무엇으로 인하여 불타고 있는가? 탐욕의 불로 타고, 성냄의 불로 타고, 어리석음의 불로 타고, 태어남·늙음·병듦·죽음·슬픔·눈물·근심·갈등으로 불타고 있다."30)

---

29) Mv 1.15.1-20.22 ; Ibd. pp.35~44.
30) Mv 1.21.1-4 ; Ibid, pp.45~46. SN 35.28.

붓다는 다시 1천 명의 대중들을 이끌고 마가다국의 수도 라자가하성(城)으로 행진해 갔다. 성 근교 라티동산(Latthivana) 야자나무 숲 속의 수프라티스타 사당(Supratistha-caitya)에 머물렀다. 그때 세니야-빔비사라(Seniya Bimbisāra) 왕은 '사마나 고따마, 석가족의 아들'이 도착했다는 소식을 들었다. 빔비사라 왕은 마가다국에 살고 있는 12만 명의 브라민과 거사·장자·관리·군인·숲 관리인의 무리를 이끌고 라티숲 동산으로 달려왔다.

「마가다의 세니아-빔비사라 왕은 마가다의 12만 명의 브라민과 장자들에 둘러싸여 세존에게 다가갔다. 다가가서 절하고 조금 떨어져 앉았다. 그리고 마가다의 12만 명의 브라민과 장자 가운데 어떤 사람들은 세존에게 인사하고 좀 떨어져 앉았고, 어떤 사람들은 세존과 인사를 나누고, 따뜻하고 정중하게 안부를 나누고 조금 떨어져 앉았고, 어떤 사람들은 세존에게 합장하고 절한 뒤에 한쪽에 앉았고, 어떤 사람들은 세존에게 이름과 성을 말씀드린 뒤에 조금 떨어져 앉았고, 어떤 사람은 침묵한 채 조금 떨어져 앉았다.

그때 12만 명의 마가다의 브라민과 장자들에게 이런 생각이 떠올랐다.

'저 위대한 사마나가 우루벨라-까샤빠를 모시고 수행하는 것일까? 아니면, 우루벨라-까샤빠가 저 위대한 사마나를 모시고 수행하는 것일까?'

세존께서는 12만 명의 브라민과 장자들의 마음을 아시고, 우루벨라-까샤빠 장로와 게송으로 대화하였다.

"오, 우루벨라에 사는 이여, 그대는 무슨 이치를 보았기에 성스러운 불〔拜火〕을 그만두었는가?
까샤빠여, 나는 이 일을 그대에게 묻노니,
그대는 화구(火具)를 포기하였는가?"

"희생을 바치면서, 형상을 빌었고
소리·맛·쾌락·여인을 빌었습니다.
'이것은 애욕의 찌꺼기이다.'라고 깨달아
그래서 희생을 바치는 일도
제사를 지내는 일도 즐기지 않게 되었습니다."

"그러나 까샤빠여, 그대 마음이
형상, 소리와 맛을 즐기지 않는다면
신들의 세계든 인간의 세계든
그대는 그 어디서 즐거움을 찾는가?
까샤빠여, 내게 말해 주오."

"제가 평화롭고, 집착 없으며
아무것도 소유하지 않고
감각기관에 속하지 않으며
다른 것에 의하여 끌려다니는
윤회를 만들지 않는 길을 보았을 때,
결국 저는 고통스러운 희생을 즐기지 않게 되었습니다."

그러자 우루벨라―까샤빠 장로는 곧 자리에서 일어나 한쪽 어깨에 상의를 걸치고, 세존의 발에 머리를 기울이고 말하였다.

"세존이시여, 세존께서는 저의 스승이십니다.

저는 제자입니다.

세존이시여, 세존께서는 저의 스승이십니다.

저는 제자입니다."

그리하여 12만 명의 브라민과 장자들은 생각했다.

'우루벨라 까샤빠가 저 위대한 사마나를 모시고 수행하고 있구나.'[31]」

왕과 장자들, 시민들의 환호와 대전향(大轉向)

「세존께서는 그들의 마음을 아시고 담마를 설하셨다.

"보시를 실천하고 계를 지키면

하늘에 태어나리라.

여러 애욕(愛慾)에는 환난과 공허함과 번뇌가 있느니라.

애욕에서 벗어나면, 큰 공덕이 있느니라."

세존께서는 그들의 마음이 준비되어 있고, 담마를 쉽게 이해할 수 있으며, 번뇌에서 벗어나 청정하여 담마를 따르고자 한다는 것을 아셨다. 그리하여 본래 진실한 고집멸도의 담마를 설하셨다.

빔비사라 왕은 그 자리에서 담마를 보고, 담마를 얻고, 담마를 이해하고, 담마 속으로 빠져들었다. 의심에서 벗어났고, 망설임을 제거했고, 두려움이 없었고, 스승의 가르침 외에 다른 것은 필요없게 되었다. 왕은 붓다 앞에 나아가 자신의 다섯 가지 소원을 사뢰고, 삼귀의를 행하

---

31) Mv 1.22.2-6 ; Ibid, pp.46~48.

였다.

　　"거룩하셔라, 세존이시여. 거룩하셔라, 세존이시여.
　　마치 넘어진 것을 일으켜 세우듯이
　　덮인 것을 열어 보이듯이
　　눈 어둔 자에게 길을 가리켜 주듯이
　　어둠 속에 등불을 밝히고, 눈 있는 자에게 형상을 보여 주듯이
　　이렇게 세존께서는 갖가지 방법으로 담마를 드러내 보이셨습니다.
　　저는 이제 붓다께 귀의합니다.
　　저는 이제 담마에 귀의합니다.
　　저는 이제 상가에 귀의합니다.
　　세존이시여, 저를 우바이로 받아들여 주소서. 오늘부터 목숨이 다하
는 날까지 귀의하겠습니다."

　　그리고 내일 왕궁에서 공양 올리기를 청하니, 세존께서 잠자코 응낙
하셨다.[32]」

　　날이 밝아 아침이 오자, 라자가하의 수많은 백성들이 붓다를 한번만
이라도 친히 보려고, 아침 일찍부터 라자가하 성으로부터 라티동산 야
자나무 숲으로 앞다투어 몰려들었다. 그 까닭에 3가우티 폭의 매우 넓
은 도로마저 좁을 지경이었다. 라티동산은 발 디딜 틈도 없이 사람들
로 꽉 채워져 마치 나뭇잎이 숲에 가득 차 있는 것과 같았다. 수많은
백성들이 위없는 위엄에 도달하고 열 가지 힘을 갖춘 여래의 모습을

---

32) Mv 1.22.8-11 ; Ibid, p.49.

보고 예배하고 찬탄하였다. 그로부터 이 숲을 '찬탄의 땅'이라고 불렀다.33)

나뭇잎으로 가득 채워진 바구니같이, 여래에게 예배 찬탄하는 수많은 백성들 때문에, 왕의 초대시간에 맞추기가 어렵게 되었다. 이때 천상의 주(主)인 사카(Sakka) 천신이 아름다운 소년의 모습을 하고 내려와 스승을 찬탄하는 게송을 노래하며 앞으로 나아갔다.

"세존께서는 이미 극복했고 해탈하셨네.
세존을 통해 과거 결발외도들도
이미 극복했고 해탈하였네.
금(金)고리같이 아름다우신 세존께서는
그들과 함께 라자가하로 들어가시네.

열 가지에 거주하고 열 가지 힘이 있고
열 가지 법을 알고 열 가지를 갖추신 세존께서는
천 명의 사람들에 둘러싸여
라자가하로 들어가시네."34)

붓다와 대중들을 맞이한 빔비사라 왕은 손수 시중들고 봉사하였다. 공양이 끝나자, 왕은 붓다를 머리로 삼는 승단에 벨루바 동산(Veluvana, 竹林)을 헌납하였다.35)

---

33) Jāt, Nidana-Katha 3 ; 『부처님의 과거세 이야기』(민족사, 1991), pp.177~178.
34) Mv 1.22.12 ; Ibid, p.50.
35) Mv 1.22.15-18. Ibid, pp.51~52.

이 일이 있은 지 얼마 뒤, 라자가하에서 큰 존경을 받고 있던 행각 사마나(行脚沙門) 산자야(Sanjaya)의 두 뛰어난 제자인 브라민 출신의 사리뿟타(Sariputta, 舍利弗)와 캇티아 출신의 목갈라나(Moggal-lana, 目犍連)가 2백 50명의 추종자들과 함께 붓다에게 전향함으로써, 붓다의 승단은 '천 이백 성중(聖衆)', 또는 '천 이백 오십 아라한'이 되었다.36)

3) 청년 붓다의 도전과 승리, 그리고 일대 전기(轉機)

종교사상 최초의 대행진

기원전 528년은 불교운동의 역사상, 인류정신운동의 역사상 기념비적인 해로 생각된다. 먼저, 베사카(vesaka) 달(春分節) 보름날, 수행자 고따마(Gotama Siddhatta)가 완전한 깨달음을 성취하여 붓다가 되었다. 또 바라나시의 첫 설법에서 승리한 것을 계기로, 불교의 3대 기초[三寶]가 확립되었다.

'바라나시의 초전법륜'을 통하여 붓다가 거둔 보다 의미 깊은 승리는 붓다의 담마가 그 진리적 유용성(有用性), 치유성(治癒性)을 사회적으로 검증받았다는 사실일 것이다. '연기(緣起) — 중도(中道)[4제 8정도] — 무아(無我)'로 처방된 담마가 한 시기에 육십 명이 넘는 남녀 시민들을 치유하여 고통으로부터 해탈시키는 데 성공함으로써, 붓다의 담마는 많은 사람들의 이익과 행복을 실현해 내는 구원의 길로서 사회적 승인을 확보하게 된 것이다

---

36) Mv 1.23.1-7. Ibid, pp.53~57.

그런 의미에서 바라나시의 초전법륜은 불교의 사회적 생존 가능성과 그 현실적 효용성과 적합성을 스스로 시험하는 도전이며 모험으로 생각된다. 그리고 이 도전은 평범한 일상적 사람들에 의하여 매우 구체적으로, 감동적으로 응답됨으로써 최초의 승리를 확보하게 되고, 불교가 하나의 사회적 실체로서 탄생하게 된 것이다.

'마가다 대행진'이 전개된 것은 기원전 589년 마지막 달과 588년 첫 몇 달 동안의 일로 추정된다.37) 기원전 589년에 붓다는 불교운동을 거대한 역사의 새물결운동으로 폭발적으로 확산시키는 데 성공한 것이다.

*Mahāvagga*에 의하면, 우루벨라에서 시작된 붓다와 대중들의 대행진은 라자가하에서 일단락되고 있다. 이 일련의 전법륜 과정을 '마가다 대행진'이라고 굳이 명칭하는 것은, 그것이 실제로 붓다를 중심으로 천 명의 대중들이 참가한 미증유의 큰 규모이고, 빔비사라 왕을 비롯한 12만 명의 브라민·장자·거사·관리들과 '숲속의 나뭇잎같이' 헤아릴 수 없는 시민들, 민중들이 이 행렬에 동참하였으며, 이 행진이 불교의 전 인도적 확산에 폭발적 계기로 작용하였기 때문이다. 이 행진을 향도한 어린 소년은 이렇게 노래하고 있다.

"금(金)고리같이 아름다우신 세존께서는
그들과 함께 라자가하로 들어가시네.

열 가지 법을 알고 열 가지를 갖추신 세존께서는
천 명의 사람들에 둘러싸여 라자가하로 들어가시네."[Mv 1.22.12]

---

37) H. W. Schumann, Ibid, p.92.

이 노래를 통하여, 경전 편찬자들도 라자가하로 들어가는 이 행렬이 세계 종교사상 최초, 최대의 대행진이라는 것을 충분히 의식하고 있었다는 것을 감지할 수 있을 것이다. 신(神)들의 주(主) 사카(Sakka, Lord of Devas) 천왕의 화신으로 믿어지고 있는 이 소년은 어쩌면 새 시대의 도래를 선포하는 역사의 전령(傳令)일지 모른다. 그들이 그렇게 갈망하던 아름다운 천상의 세계가 이 새로운 붓다에 의하여 이제 막 시작되고 있다는 사실에 대한 인도 민중들의 가슴 설레는 희망의 찬가(讚歌)일지 모른다. 그래서 그들은 '금(金)고리같이 아름다운 세존'이라고 노래하고 있는 것이다.

마가다의 대행진,

어린 소년이 노래하며 향도하는 붓다의 대행진,

12만 명의 브라민 · 장자들과 숲속 나뭇잎같이 많은 민중들이 환호하는 붓다와 1천 명 성중(聖衆)들의 마가다 대행진―.

이것은 분명 인류 종교사상 최초의 대행진이다. 이것은 분명 이 세상에 신천지(新天地)가 열리고 있음을 알리는 희망과 전조(前兆)의 대행진으로 보인다. 초기 불교운동이 이러한 대행진으로부터 시작된다는 것은 많은 함의를 시사하고 있다. 붓다의 길이 홀로 가는 고립 독선의 길이 아니라, 수많은 민중들과 함께 가는 '만인의 길', '만인의 행진'이라는 의미에서 더욱 그러하다.

새 물결, 새 역사의 일대 전기(一大轉機)

먼저, 많은 사람들은 이 행진을 통하여 붓다의 도전적 승자의식―평정의식이 하나의 분명한 역사적 현실로 실현되고 있다는 사실을 발견하게 될 것이다. 전통적 브라만교의 완고한 근거지인 우루벨라를 최초의 본격적인 전도의 목적지로 선택한 데서부터 붓다의 도전적이며 공세적인 승자, 평정의식은 드러나고 있다. 까샤빠 삼형제는, 그들의 이름이 보여 주듯, 각각 한 지역을 대표하는 마가다 최대의 종교집단이었다. 그들의 세력은 마가다뿐만 아니라 이웃 잉가국(Inga國)에까지 뻗치고 있었다. 붓다 스스로 '까샤빠여, 그대는 5백 명의 수행자를 이끌고 있는 최고의 지도자'라고 인정하고 있는 것으로 보아, 붓다는 다분히 의도적으로 이 강력한 까샤빠 집단을 평정의 목표로 삼은 것이 확실하다.

패기와 자신감에 넘치는 35세의 청년 붓다가 단신으로 외도들의 본거지로 찾아 들어가 목숨을 건 대결을 벌이고 있다는 사실은 붓다의 개성과 초기불교의 성격을 규명하는 데 시사하는 바가 크다. 신변(神變)이라는 신화적 서술을 통하여, 사람들은 신·구(新舊) 두 세력 간의 치열한 생존경쟁을 목격하게 된다. 이 대결에서 승리함으로써 붓다는 거대한 구세력·구체제를 타파하고 새로운 구원의 주역으로서 당당히 역사의 전면에 나서고 있다. 1천 명의 대중들에 둘러싸여 북동인도 최대의 중심지 가운데 하나인 라자가하로 행진함으로써, 붓다는 스스로 새 역사의 중심에 서 있음을 사천하에 선포하고 있는 것이다.

"세존이시여, 세존께서는 저의 스승이십니다.
저는 세존의 제자이옵니다."〔Mv 1.22.6〕

붓다의 발아래 무릎꿇는 노(老)까샤빠,
두 번씩이나 붓다의 발아래 절하고 고백하는 마가다 제일의 사상가

노(老)까샤빠―.

이것은 수천년 뿌리깊은 신(神) 중심의 낡은 사상이 여지없이 무너져 내리는 '신(神) 붕락(崩落)의 절규'라고 할까? 희생과 감각적 쾌락주의의 두터운 지층을 뚫고 솟아오르는 '인간 탄생의 고고성(呱呱聲)'이라 할까? 이 노(老)까샤빠의 모습을 통하여, 많은 사람들은 붓다의 평정의식이 얼마나 강렬한 것이며, 붓다의 승리가 얼마나 결정적이었던가를 깨닫게 될 것이다. 그리고 이 치열한 평정의식이 '전법의 종교'·'전도의 종교'로서의 불교를 구동시켜 간 심리적 동기라는 기왕의 진단이 역사적 사실과 일치하고 있다는 것을 발견하게 될 것이다.

"그대는 화구(火具)를 포기하였는가?

그대는 그 어디서 즐거움을 찾는가?"

이렇게 다그치는 붓다의 질문과 노(老)까샤빠의 고백이 다소 가혹하게 느껴질지 모르지만, 이것은 붓다의 항마―승리의식이 그만큼 준열하고, 멸망해 가는 마가다, 이 세상을 변혁 구원하려는 붓다의 평정의지가 그만큼 치열하다는 것을 의도적으로 드러내 보이는 하나의 구도(構圖)로 해석된다.

이와 같은 철저한 항마―승리를 계기로, 붓다는 마가다국의 수도 라자가하, 곧이어 꼬살라국의 수도 사밧티를 우선 평정할 수 있었고,38) 결과적으로 초기 전법운동의 주역들은 새물결운동을 인도 전역으로 보다 신속하게, 압도적으로 전파시킬 수 있는 결정적인 이니시티브를 확보하게 된 것이다.

빔비사라 왕과 빠세나디 왕이 교단의 헌신적인 후원자로 전향하게

---

38) SN 3.1.1(text. i. 69). *The Book of the Kindred Sayings 1*(P.T.S.), pp.93~96.

된 점은 특히 중요한 의미가 있는 것으로 보인다. 라자가하의 경우, 머지않아 벨루바원(Veluvana, 竹林精舍)과 기사굴원(Gṛdhrakūṭaparvata, 靈鷲山-靈山園)을 비롯한 18개의 수행원을 기증받음으로써 붓다는 조기에 강력한 포교의 전진기지를 확립하고 물적 기초를 확보하는 데 성공한 것으로 분석된다.39) 다소 후기에 입성한 것이지만, 꼬살라국의 사밧티(Sāvatthi, Skt. Sravastu, 舍衛城)는 보다 큰 중요성을 지닌 것으로 평가되고 있다.

초기 포교운동이 사실상 라자가하와 사밧티, 이 두 거점을 축으로 전개되고 있거니와, 이것은 교단이 이 두 왕을 비롯한 사회 주도세력들, 그리고 무엇보다 다수 민중들과의 연대에 성공함으로써 가능했던 것으로 판단된다. '왕과 12만 명의 브라민과 장자들, 라티 숲의 나뭇잎 같이 많은 시민들'이 이러한 상황을 잘 입증하고 있는 것이다. 따라서 '마가다의 대행진'은 이 모든 것을 가능하게 만든 결정적 계기가 되었고, 이 행진을 통하여 붓다는 전법-변혁운동의 과정에서 일대 전기(一大轉機)를 맞게 되는 것이다.

4) 인류사상 두 차례의 대전향(大轉向) 사건

(1) 기원전 589년, '라자가하의 대전향 사건'

'마가다 대행진'에서 드러나는 또 하나의 중요한 사실은, 붓다의 가르침-담마가 놀랄 만큼 빠른 속도로 전 계층의 민중들에 의하여 새로운 삶의 빛으로서 받아들여지고 있다는 점이다. *Mahāvagga*에서는 '왕과 관리들, 12만 명의 브라민과 장자들'이 붓다를 맞이한 것으로 기

---

39) E. Lamotte, Ibid, p.18.

록하고 있다. 더욱 놀라운 것은, 수많은 백성들이 붓다를 친견하기 위하여 몰려 나와 환호하였던 사실이다. *Jātaka*에 의하면, 이미 관찰한 바와 같이, 3가우티 폭의 도로가 좁을 지경으로, 라티 숲(Latthivana)은 발 디딜 틈도 없이 민중들로 가득 채워졌다. 그래서 '나뭇잎이 숲에 가득 찬 곳과도 같았다.'라고 묘사하고 있다. 경전 서술의 수사(修辭)를 감안하더라도, 붓다의 행진이 전 민중들의 폭발적 환호와 지지, 귀의를 이끌어냈다는 사실은 의문의 여지가 없는 것으로 보인다. 아바고사(Asvaghosa)는 *Buddha-Carita*에서 이렇게 송(頌)하고 있다.

> "세존께서 이렇게 진실하고 평등한
> 위없는 묘한 이치 말씀하시자
> 빔비사라 왕은 못내 기뻐해
> 때〔垢〕를 여의고 법눈을 떴네.
>
> 왕의 권속과 많은 백성들과
> 백천의 모든 신(神)들까지
> 단이슬 법의 맛을 보고
> 또한 따라서 모두 티끌 여의었느니라."40)

'왕의 권속과 백성들과
백천의 신들까지—.'
이것은 기원전 589년 말과 588년 초 몇달 사이, 북동 인도의 중심부 갠지스 강 유역 마가다국에서, 인류사상 최초의 종교적 대전향(大轉

---

40) 馬鳴(Asvagosha)·김달진, 『붓다차리타』(고려원, 1988), p.234.

向) 사건이 일어났다는 사실을 시사하는 것으로 해석된다. 이것은 붓다의 목소리가 왕과 백성들, 신들……, 그 모든 민중들의 마음속에 무엇인가 새로운, 그들의 현실적 갈망과 이익에 응답하는 놀라운 감동의 물결을 불러일으켰다는 사실을 의미하는 것이기도 하다. 이와 관련하여 슈만은 이렇게 논하고 있다.

많은 사람들은 빔비사라 왕의 환심을 사기 위하여 전향하였을 것이다. 그러나 대부분의 사람들은 확신에 의하여 전향하였다. 실제로 이 새로운 가르침은 모든 사람, 모든 계층(caste)의 사람들에게 무엇인가 의미 있는 것을 주었다. 붓다의 가르침은 전사·귀족들에게 그들의 국가에 대한 봉사에 상응하는 당당한 목소리로 호소하였다. 브라민들에게는 합리성과 철학적 정확성으로 호소하였다. 그것(Dhamma)은 값비싼 희생의식을 거부함으로써, 또 상업적 성공의 보증을 믿음으로써, 그리고 중상적(重商的) 사고를 이해함으로써 상인들에게 인상을 남겼다. 기능공들과 카스트 밖의 하층민들에게는 세습적인 특권 체제를 비판함으로써 그들의 마음을 끌었다

세속적인 것에 대한 부정적 판단에도 불구하고, 모든 사람들이 사회적 체제 안에서 그들의 지위를 향상시키는 데 업(業, Kamma)의 법칙을 어떻게 활용할 것인가를 보여 줌으로써, 그리고 궁극적으로 해탈을 얻는 방법을 보여 줌으로써, 붓다의 가르침은 모든 사람들에게 희망의 종교로서 느껴지게 되었다. 빔비사라 왕의 전향과 더불어 붓다의 가르침은 사회적으로 받아들여지게(socially acceptable) 되었고, 그리고 모든 사람들의 입에서 논의의 주제가 되었다. 붓다의 가르침이 인도 세계로 확산되는 길이 열린 것이다.41)

왕·전사·귀족·브라민·상인·기능공·농민·노동자·하층민
들…….

이들 민중들의 전향은 빔비사라 왕의 고백으로 그 절정을 보이고
있다. 왕은 붓다 앞에 무릎꿇고 합장하고, 이렇게 맹세하고 있다.

> "거룩하셔라, 세존이시여. 거룩하셔라, 세존이시여.
> 마치 넘어진 것을 일으켜 세우듯이
> 덮인 것을 열어 보이듯이
> 눈 어둔 자에게 길을 가리켜 주듯이
> 어둠 속에 등불을 밝히고, 눈 있는 자에게는 형상을 보여 주듯이
> 이렇게 세존께서는 갖가지 방법으로 담마를 드러내 보이셨습니다.
> 저는 이제 붓다께 귀의합니다.
> 저는 이제 담마에 귀의합니다.
> 저는 이제 상가에 귀의합니다.
> 세존이시여, 저를 우바이로 받아들여 주소서.
> 오늘부터 목숨이 다하는 날까지 귀의하겠습니다."[42] 〔Mv 1.22.8.11〕

(2) 1956년 나가푸르의 대전향

기원전 589년의 '라자가하의 대전향(大轉向) 사건,'
숲속의 나뭇잎같이 수많은 민중들의 불교전향 사건-.

그러나 이러한 대전향 사건은 결코 경전상의 허구이거나 과장이 아
닌 것으로 보인다. 이러한 민중들의 대전향 사건은 20세기 중반에도

---

41) H. W. Schumann, Ibid, p.93.
42) 이것이 삼귀의(三歸依)의 원형이다.

일어나고 있었기 때문이다.

　「1956년 10월 14일, 일요일의 찬란한 아침.

　수많은 남녀 민중들이 마하라쉬트라(Maharashtra)의 모든 지방으로부터 기차나 버스를 타고, 또는 수백 마일을 발로 걸어서 나가푸르(Nagapur)로 쏟아져 들어왔다. 그리고 그들은 흰옷을 입고, 그들 스스로 의식을 준비하였다. 손에 손에 불교기를 든 흰옷의 남성과 여성들의 행렬 행렬이 딕샤 블룸(Deeksha Bloom, Initiation Ground)으로 나아갔다. 그들은 9시까지 광장에 도착하여 광장은 거대한 인간의 바다로 바뀌었다.

　B. 암베드카(Babasaheb Ambedkar)가 자기 부인과 비서 라투(N. C. Rattu)와 함께 언덕에 도착하자, 거대한 군중들이 그들의 무관(無冠)의 제왕을 열렬히 환호하였다. 흰 실크 도티〔허리천〕와 흰 코트를 입고, 그는 인도 불교계의 최고 연장자이자 원로인 U. 찬드라만(Ven. U. Chandfaman) 장로스님 다음 자리에 앉았다. 둘째 줄에는 인도 대각회(Maha-Bodhi Society, 大覺會)의 총장 발리시나(D. Valisinha)와 암베드카에 의하여 설립된 인도불교협회의 몇몇 지도자 스님들이 앉았다.

　오전 9시 40분, 대개 40만 명의 수많은 민중들이 경건한 의식을 목격하였다. 구시나가라에서 온 80세의 찬드라만 스님이 암베드카 박사와 그 부인에게 빠알리어로 삼귀의를 주었다. 찬란하게 빛나는 붓다의 상(像) 앞에서, 그들은 경건히 서서 3번 외웠다.

　　“Buddham saranam gacchami
　　Dhammam saranam gacchami

Sangham saranam, gacchami……."

삼귀의에 이어 5계(五戒, pañca-sīla)가 수여되었다. 그들은 마라티(Marathi)어로 똑같이 반복하였다. 그리고 그들은 손을 합장하고 붓다 앞에 세 번 절하고 흰 연꽃을 그 앞에 올렸다. 이로써 전향의식은 끝났다. 암베드카 박사의 불교 입문이 선포되었을 때, 그곳에 모인 거대한 군중들이 환호하고 목청껏 만세를 외쳤다.

"부처님 만세!"

"암베드카 만세!"

암베드카 박사는 40만 명의 백의 민중들에게 이렇게 연설하였다.

"나는 1935년에 힌두교를 버리는 운동을 시작했습니다. 그리고 그때부터 나는 투쟁을 계속해 왔습니다. 이 전향은 나에게 크나큰 만족과 상상할 수 없는 기쁨을 가져다 주었습니다. 나는 마치 내가 지옥으로부터 해방된 느낌을 느끼고 있습니다."

그는 그때 불교를 받아들일 준비를 하고 스탠드 위에 서 있는 사람들에게 요청하였다. 그러자, 모든 대중들이 마치 한 사람인 양 일어섰다. 그리고 바바사헤브를 뒤이어, 크고 기쁨에 넘치는 목소리로, 그들은 삼귀의와 오계를 반복하였다. 거기에 더하여, 암베드카 박사는 그의 동료들이 그들의 낡은 종교(Hinduism)를 완전히 버리고 선량한 불교도가 되는 것을 보증하기 위하여 그가 특별히 준비한 22가지 맹세를 그들에게 부여하였다.43)」

---

43) D. C. Ahir, *The Pioneers of Buddhist Revival in India*(Sri Satguru Publications, 1989), pp.145~146.

이것은 나가푸르 벌판에서 벌어진 암베드카 박사와 인도 민중 수십 만 명의 불교전향의식에 관한 기록이다. 암베드카 박사는 불가촉천민 출신으로서, 인도인들에게는 간디 못지 않게 존경받는 인도 건국의 아 버지이고, 인도에서 불교를 부흥시킨 인물이다.44) 여기에서, 1956년 10월 14일, 나가푸르에서 인도불교 부흥의 역사가 바야흐로 개막되고 있는 것이다.

햇빛 찬란한 나가푸르 광장에 모인 40만 명의 민중들,

야단법석(野壇法席) 위에 올라 붓다 앞에 합장하고 삼귀의를 외치 는 인도 건국의 아버지 암베드카 박사,

'부처님 만세, 암베드카 만세'를 불교기를 흔들며 환호하는 백의(白 衣)의 민중들-.

많은 사람들은 이 '나가푸르의 대전향 사건'이 '라자가하의 대전향 사건'과 여러 가지 면에서 너무나 많이 닮아 있음을 보고 놀라게 될 것이다.

숲과 들판을 가득 메운 각계 각층의 수십만 사람들, 붓다 앞에 나아 가 합장하고 삼귀의를 외치는 지도자, 환희 찬탄하며 그 붓다를 받아 들이는 수많은 남녀노소의 민중들, 동서남북 사천하로 파동쳐 가는 감 동의 물결, 전향의 물결, 붓다-담마의 물결-.

이러한 광경들은 2천 6백년 전 '마가다의 대행진, 대전향'이 실재했 던 역사적 사건이었음을 입증하는 것이고, 동시에 20세기 중반 망각의 땅 인도 대륙에 붓다-담마가 그때 그 물결로 부활하고 있다는 소식인

---

44) W. N. Kuber, *B. R. Ambedkar*(The Director PublicationsDivision, Ministry Of Information And Broadcasting, 1990).

것이다.

5) 대중견성 · 민중견성운동의 장쾌한 승리

'마가다 대행진', '라자가하 대전향 사건'에서 거둔 붓다의 가장 본질적인 승리는 이 과정에서 수많은 대중들, 민중들이 깨달음의 길로, 성자(聖者, ariya) · 성중(聖衆)의 흐름 속으로 들어간 사실이다. *Mahāvagga*에 의하면, 라티 숲에서 붓다─담마, 4제 8정도를 듣고, 빔비사라 왕을 비롯한 12만 명의 민중들이 이렇게 법의 눈[法眼]을 뜨고 있다.

그러자 때 없는 흰 천이 쉽게 염색되듯이, 12만 명의 마가다의 브라민과 장자들이 빔비사라 왕과 더불어 바로 그 자리에서, 번뇌의 때를 여읜, 얼룩이 없는 법의 눈이 그들에게 열렸다. 곧 '생겨나는 것은 모두 소멸되는 법이다.'고 깨달았다. 그리고 1만 명이 그들 스스로 재가대중이 되었노라고 선언하였다.[45)]

'생겨나는 것은 모두 소멸되는 법이다.'

이러한 표현은 깨달음, 견성을 실현할 때 쓰이는 경전상의 정형적인 서술이다. 바라나시에서 다섯 수행자와 야사, 그의 친구 54명이 아라한이 되었을 때도 이런 표현을 쓰고 있다. 이것은 라자가하의 12만 명의 대중들이 적어도 깨달음의 길로, 곧 예류(預流)의 길로 들어섰다는 것을 의미하는 것이다.

---

45) Mv 1.22.8 ; Ibid, p.49.

사슴동산의 다섯 수행자,

야사와 54명의 친구들,

까빠시야(Kapasiya) 숲속의 30명의 청년들,

까샤빠 3형제의 무리 1천 명,

이제 다시 라자가하의 빔비사라 왕과 대중들, 시민들 12만 명—.

이 수많은 사람들이 붓다—담마를 듣고 즉시 견성하여 아라한의 경지로 나아가거나 예류의 흐름으로 들어서고 있다. 이것은 불교가 첫 출발에서부터 대중견성의 길로, 민중견성의 길로 관철되고 있음을 명백한 사실로 입증하는 것으로 생각된다.

청년 붓다의 마음속에서 내연하는 항마—승자의식이 신명을 건 모험적인 도전으로 분출되고, 이 에너지는 궁극적으로 무지(無知)·무명(無明)이라는 가장 완강한 악마를 싸워 이기려는 깨달음의 정신, 견성의지(見性意志)로 승화되고 있다. 초기 불교운동의 이러한 대중견성, 민중견성의 의지는 불교 발전사의 전 과정을 통하여 그 존재 가치와 승패의 향방을 좌우하는 가장 결정적인 심리적·정신적 상수(常數)로 작용할 것으로 예측된다. 이것은 대중견성을 추구하는 강렬한 견성의지가 결여된 불교운동은 이미 그 자체로서 생명력을 상실하고 있다는 것을 의미하는 것이다.

바라나시에서 라자가하까지—.

이 대행진의 과정에서 가장 주목되는 것은, 붓다의 대중견성, 민중견성운동이 분명한 역사적 현실로 실현되었다는 것이다. '마가다 대행진'의 과정을 통하여, 붓다—담마는 전문적 소수 엘리트 집단의 초월적 사유체계라는 일부의 통념을 여지없이 뛰어넘어, 라티 숲의 나뭇잎같이 많은 모든 계층의 민중들의 일상적인 삶의 지혜로서 폭발적으로 수용되어 간 것이다. 이것은 '누구든지 담마를 곧 깨달을 수 있다.'는 불교 일반의 대명제가 당위성(當爲性)·가능성(可能性)으로서가 아니라 소시민들의 일상사(日常事)로서 그 효용성이 실증되었다는 것을 의미하는 것이다.

'마가다의 대행진'과 '라자가하의 대전향 사건'ㅡ.
서울로 가는 대로를 당당히 행진하는 성중(聖衆)들
숲속과 들판을 가득 메운 나뭇잎같이 많은 민중들
붓다 앞에 합장하고 삼귀의를 외치며 전향을 맹세하는 사람들
깃발을 흔들며 '붓다 만세', '부처님 만세'를 환호하는 군중들
붓다-담마를 경청하고 즉시에 눈을 뜨고 견성열반의 길로 들어서는
4부대중들ㅡ.

이것이 붓다가 확립한 불교운동의 본래 양상이다. 이것에 의하여, 붓다-담마는 '전 민중의 종교', '인류의 길'로서의 정체성(正體性, Identity)과 보편성(普遍性, Universality)을 승인 받고, 초기 전법운동은 급속한 민중적 확산의 일대 전기를 확보하게 된 것이다. 청년 붓다에 의하여 실증된 치열한 승자, 평정의식과 모험적 도전과 대결, 그리고 신천지의 도래를 갈망하는 민중들의 염원이 이 모든 것을 가능하게 하는 동력의 원천인 것이다.

3. 전법 고행 45년

1) 강가 강(Ganga 江, 恒河)의 대하(大河)같이

사밧티, 전법 변혁의 대성(舍衛大城)

45년 간에 걸친 붓다와 전법 주역들의 전법포교운동의 과정을 편년 사적으로 정리하는 것은 거의 불가능한 작업으로 보인다. *Mahāvagga* 에서 기원전 589~588년 우루벨라에서 라자가하까지 '마가다 대행진' 을 기술한 것과, *Mahāparinibbāna-Sutta*에서 기원 전 544년 라자가 하에서 구시나가라까지 '대입멸 행진'을 기술한 것 이외에는, 붓다 행 적의 편년적 서술은 거의 찾아볼 수 없기 때문이다. 따라서 45년 간의 전법 행적에 관한 방대하고 다양한 기록들을 일목요연하게 정리하려 는 노력은 한계가 있는 것으로 보인다.[46]

여러 가지 자료를 종합해 볼 때, 초기 전법포교운동이 강가 강, 곧 갠지스 강 중하류 유역을 중심무대로, 특히 꼬살라의 수도 사밧티와 마가다의 수도 라자가하를 2축(軸)으로 하여 전개되고 있었던 것은 분명한 사실로 보인다. 초기 불법운동의 지리적 확대에 관해서는 곧 별도로 고찰할 것이지만, 여기에 등장하는 도시들, 사밧티·라자가 하·베살리·바라나시·꼬삼비·구시나가라·가빌라밧투·웃제니 등이 기원전 7~5세기경 북동 인도의 정치적·경제적 발전의 본거지

---

46) 대강의 편년사 참조 ; E. J. Thomas, *The Life of Buddha*, pp.97~123. H. W. Schumann, *The Historical Buddha*, pp.88~129.

〔표 5〕 붓다의 우안거 목록47)

기원전	전법년	우안거 장소	참고사항
589	1	이시파타나	바라나시〔사라나트〕
588-586	2-4	벨루바나(죽림정사)	라자가하
585	5	베살리(8일 간)	나머지 기간 라자가하
584	6	만쿨라 산	위치 불명
583	7	33천(三十三天)	전승
582	8	숨수마라가리(악어산)	박가시(밤싸 왕국의 종족)
581	9	꼬삼비	밤싸 왕국의 수도
580	10	바릴레야	꼬삼비 근처의 마을
579	11	날라	마가다국의 가야 근처 마을
578	12	베란자	사밧티 남쪽
577	13	칼리카 산	위치 불명
576	14	사밧티(기원정사)	
575	15	가빌라밧투	가빌라국 수도
574	16	알라비	바라나시 85km 북쪽(미확인)
573	17	라자가하	
572-571	18-9	칼리카 산	위치 불명
570	20	라자가하	
569-546	21-44	사밧티	24년 간 안거
545	45	베살리	베살리 발루바 마을

였다는 사실은 초기불교의 사회적 특성과 포교전략을 규정하는 중요한 요소로서 고려되어야 할 것이다.

---

47) H. W. Schumann, Ibid, p.172. 불멸연대를 기원전 544년을 기준하여 수정함.

특히 사밧티(현재 Maheth)의 중요성은 붓다가 우안거 45년 중 25년을 여기서 보냈다는 사실로도 입증되고 남음이 있는 것으로 보인다. 사밧티는 당시 북동 인도의 최대 강국인 꼬살라의 수도로서, 샤키야(Sakiya) · 꼴리야(Koliya) · 모리야(Moriya) · 말라(Mall) 등 많은 종족들의 공화국들이 그 지배하에 있었다. 사밧티는 강가 강 요충부에 위치하여, 탁카실라에서 라자가하로 가는 길목이었다. 상선들과 대상들이 모여들고, 많은 재화가 집적되고, 거사 · 장자들이 경제를 주도하고 있었다.48) 이러한 사밧티의 번영이 불교의 번영을 가져오는 기초가 된 것으로, 이 경제력에 의하여 사밧티에는 3개 이상의 대규모 전법 센터가 건립되었다. E. 라모떼는 이렇게 기술하고 있다.

그러나, 붓다가 그 인생의 대부분을 보낸 것은 사밧티였다. 이 도시에는 최소한 세 개의 수행원이 있었는데, 부유한 은행가 아나타삔디까(Anāthapiṇḍika, Skt. Anathapindada)의 호의로 건립된 제따바나(Jetavana, 祇園), 미그라(Mrgara)의 양딸인 독실한 비사카(Visākhā)에 의하여 뿌바라마(Puvarama)에 세워진 동원 녹자모 강당(Pubbā-rāma, 東園鹿子母講堂), 마지막으로 빠세나디 왕의 선의에 의하여 세워진 라자까원(Rajakarama)들이 그것이다.49)

붓다가 사밧티로 진출한 것은 사밧티의 은행가이자 무역상인 수닷타(Sudatta) 장자의 헌신적인 노력의 결정으로서, '수닷타 장자의 제따바나 봉헌 사건'은 이미 불교사의 고전적 사건으로 회자되어 왔다.

---

48) Ibid, p.111.
49) E. Lamotte, Ibid, pp.19~20.

궁핍한 사람들을 널리 구제하기로 인정받아 'Anāthapiṇḍika', 즉 '급고
독장자(給孤獨長者)'로 더 잘 알려진 수닷타 장자는 라자가하로 교역
차 갔다가 붓다를 만나 귀의하고(전법 3년, 기원전 587년), 왕의 아들
제따(Jeta) 태자와 법정소송까지 벌여 제따 숲(Jetavana)을 사서 사
방상가(四方僧伽)에 헌납하였고, 여기에 정사(精舍, vihara)가 건립
되었다.(전법 4년, 기원전 586년경)50) 이것을 계기로 사밧티는 전법
변혁운동의 본거지로서 옛부터 '사위대성(舍衛大城)'으로 알려지고,
'기원정사(祇園精舍)'는 붓다 설법주처(說法住處)의 상징처럼 널리
회자되어 왔다.

　여기에는 빠세나디 왕의 전향과 헌신적 후원이 결정적 역할을 한
것으로 평가되고 있다. 왕은 당시 인도 최고의 학문의 전당인 탁카실
라(Takksasīla, Gandhara국의 수도) 대학교에서 유학하고 돌아온 지
성파로서, 붓다와 단 한번의 대화 끝에 전향을 결심하였다.51) 스스로
가람(Rajakarama)을 기증하고, 승단을 위하여 국고를 지출하는 문제
때문에 장관 깔라(Kala)를 해임할 정도로 전법활동에 열성적이었
다.52)

　빠세나디 왕과 말리까(Mallikā) 왕비는 문제가 있을 때마다 붓다를
찾아가 상담하고, 붓다는 그들을 친구같이 맞았다. 어느 때, 붓다는 평
소 과식으로 비만하여 헐떡이고 있는 왕에게 설하였다

　　"항상 마음집중 하여 살고

---

50) Cv 6.4.1-10 ; *The Book of the Discipline* 5(P.T.S.), pp.216~223.
51) SN 3.1.1(text. i. 68-70) ; *The Book of the Kindred Sayings* 1(P.T.S.),
　　pp.93~96.
52) H. W. Schumann, Ibid, p.110.

식사할 때 헤아리는 사람은

그의 감각기관은 모두 제어되고

쉽게 늙으며, 힘을 보전한다오."53)

이때부터 왕은 식사 때마다 시종을 옆에 두고 이 게송을 외우게 하였다고 *Sangyutta-Nikāya*에서 기록하고 있다. 이와 같이 사밧티와 빠세나디 왕의 지지를 확보함으로써, 붓다의 가르침은 꼬살라국과 그 영향하의 여러 공화국들로 신속하게 확산되어 나갔다.

그리운 가빌라, 베살리로

붓다는 전도 2~3년 후, 아버지 슛도다나(Suddhodana) 왕의 초청을 받고 모국(母國) 가빌라를 방문하였다. 〔지도 5〕에서 보는 바와 같이, 라자가하로부터 가빌라밧투까지는 서북향로 약 6백km의 거리, 붓다는 사리뿟타 등 제자들과 함께 6개월에 걸쳐 이 길을 행진해 갔다. 붓다와 대중들은 가빌라밧투 근교 니그로다 숲(Nigrodhavana)에 머물며, 거리로 나가 탁발하면서 석가족들에게 담마를 전파하였다. 그 결과 하층민 신분의 궁중 이발사 우빨리(UPāli)를 비롯하여 수많은 백성들이 전향하고, 외아들 라훌라(Rahula)가 사리뿟타 장로의 제자, 사미가 되었으며, 난다(Nanda)·아누룻다(Anuruddha)·아난다(Ānanda)·바구(Bhagu)·낌빌라(Kimbila)·데바닷타(Devadatta) 등 석가족의 일곱 왕자가 출가하였다.54) 이때 우빨리의 출가를 먼저 허락함으로써 붓다는 강력한 평등의 메시지를 선포한 것으로 해석된다.

---

53) SN 3.2.3(text. i. 81) ; *The Book of the Kindred Sayings*(P.T.S.), p.108.
54) Cv 7.1.1-6 ; *The Book of the Discipline 5*(P.T.S.), pp.253~259.

전법 5년(기원전 585년), 붓다와 아난다(Ānanda) 비구 등 대중들
이 밧지족(Vajji)의 릿차비(Licchavī) 공화국의 수도 베살리(Vesāli)
로 진출한 것은 초기 전법운동 과정에서 매우 중요한 의미를 갖는 것
으로 평가된다. 붓다는 기근과 전염병(콜레라)으로 위기에 빠진 밧지
족의 구조요청을 받고 베살리를 방문하여, 이레 동안 거리를 돌며 발
우에 물을 담아 뿌리고 경을 외워서 그들을 구원하였다. 이 경이 바로
Ratana-Sutta, 곧 '보배의 경〔寶經〕'으로 *Sutta-nipāta*에 수록되어 있
다.55) 붓다는 이렇게 외우고 있다.

> "이 세상의 보배거나 저 세상의 보배거나
> 그 어떤 보배라 할지라도,
> 또는 천상의 가장 진귀한 보배라 할지라도
> 스승에게 견줄 수 없으니
> 이 세상에서 가장 값진 보배가 스승에게 있음이여
> 이 진리의 보배로 인하여 행복하여라."56)

이 사건은 초기 포교과정에서 매우 이례적인 경우로, 붓다와 대중들
은 7~8일 간의 짧은 기간 마하바나 숲(Mahāvana)에서 머물고 라자
가하로 복귀하였지만, 이 사건을 계기로 자이나 교도가 우세했던 밧지
족들은 열렬한 존경심을 가지고 붓다에게 전향하였고, 베살리는 붓다
가 사랑하고 그리워했던 포교의 중심지가 되었다. *Mahāvagga*에는 유
력한 자이나 교도, 니간타스(Niganthas)인 시이하(Sīha) 장군의 전향

---

55) H. W. Schumann, Ibid, pp.113~114.
56) Sn 224(2.1, Ratana-Sutta) ; Microsoft Word 6(tr. Bhikkhu Thanissaro).
   cf. 『숫타니파타』(민족사), p.66.

사건이 기술되어 있는데, 전향을 열망하는 시이하 장군에 대하여, 붓다는 전향의 조건으로 다음 사항을 요구하였다.

"시이하여, 긴 세월 동안 니간타의 무리들은 그대의 집에서 음식 얻기를 우물에서 물을 얻듯이 하였느니라. 앞으로도 그들이 그대의 집에 와서 걸식을 요청하면, 그대는 그들에게 음식을 베풀어야 하느니라."[57]

전법 6년, 기원전 584년의 두 번째 방문 때, 붓다는 석가족과 꼴리족의 물 분쟁을 해결하여 평화를 회복한 사건은 이미 '로히니 사건'에서 관찰한 바 있다.[58] 또 이때 양모 마하빠자빠띠(Mahāpajāpatī) 부인과 야소다라(Yasodharā) 부인 등 샤카족 여성들이 집단으로 전향함으로써 얼마 뒤 비구니 승단이 탄생하는 계기가 마련되었다.[59] 여성 출가의 변혁성은 이미 검토한 바 있다.

*Mahāvagga*에 의하면, 붓다는 1,250명의 많은 대중들과 함께 유행을 계속하여, 잉가국의 밧디야 시(市)에서 거사 멘다까(Mendaka)와 시민들을 전향시키고, 앙굿타라 지방의 아파나로 가서 결발(結髮) 외도 께니야(Keniya)를 제도하고, 구시나가라(Kuśinagara, Pāli Kusi-nārā)로 갔다. 그때, 이 소식을 들은 말라(Malla)족 백성들은 너무 기뻐한 나머지, "세존을 영접하지 않는 자에게는 5백 냥의 벌금을 부과하도록 하자."라고 결정하자, 로자말라(Rojamalla)라는 사람이 붓다

---

57) Mv 6.31.11 ; *The Book of the Discipline* 4(P.T.S.), p.323.
58) Jāt 536 ; Dhp-Com. 15.2(text. N. iii. 254-257. 197~199) ; *Dhammapada-Commentry 3*, pp.70~72.
59) Cv 10.1-8 ; *The Book of the Discipline* 5(P.T.S.), pp.352~363.

를 찾아와 항의할 정도였다.60)

붓다와 1,250명의 대중들은 구시나가라를 출발하여 다시 아투마로 유행을 떠나고, 다시 사밧티로 돌아왔다.61)

전법 20년(기원전 570년)에는 사밧티에서 무서운 살인범 앙굴리마라(Aṇgulimāla)를 구원하였다.62) 앙굴리마라는 꼬살라국의 관리 브라민 가가(Gaga)의 아들로 탁카실라에서 대학교육을 받은 인물로, 그 당시 노상강도의 우두머리였던 것으로 추정된다.63) 이 '앙굴리마라 사건'을 계기로 붓다의 위신력은 더욱 고양되었다.

이와 같이 붓다와 대중들의 전법 포교행진은 끝없이, 끊임없이 계속되었다. 그렇게 해서 붓다-담마는 마치 강가 강의 대하(大河)같이, 동서남북으로 퍼져 나갔다. 모든 하천과 강물이 바다로 들어오면 한 강물이 되듯, 온갖 계층의 민중들이 이 붓다의 바다〔佛法大海〕로 들어와서 '붓다의 제자(佛子)' 한 이름으로, '석가의 제자(釋子, Sakyaputta)' 한 이름으로 함께 어울려 도도한 물결로 흘러갔다. 이것은 실로 인류사상 최초의 장대한 흐름이고 행진이었던 것이다.

그리고 이 행진에는 수많은 출가·재가의 대중들, 민중들이 붓다를 둘러싸고 동행하고 있었다는 사실이 빠알리-니까야 도처에 기록되어 있다. 중요한 역할을 맡은 대중들을 몇몇 꼽아보면 이러하다.

---

60) Mv 6.34.1-36.8 ; *The Book of the Discipline* 4(P.T.S.), pp.269~344.
61) Mv 6.37.1-40.3 ; Ibid, p.344~349.
62) MN 2.98-105(86. Aṇgulimāla-Sutta) ; *The Collection of the Middle Length Sayings* 2(P.T.S.), pp.284~292.
63) H. W. Schumann, Ibid, p.126 ; E. J. Thomas, Ibid, p.121.

마하까샤빠(Mahā-Kassapa)·목갈라나(Moggāllana)·사리뿟타(Sa-riputta)·아난다(Ānanda)·마하까따야나(Mahā-Kātyāna) 등 수많은 비구 대중들,

마하빠자빠띠(Mahāpajāpatī)·빠따짜라(Patācārā)·웁팔라반나(Upalavana)·케마(Khemā)·암바빨리(Ambapalī) 등 수많은 비구니 대중들,

빔비사라(Seni-Bimbisāra) 왕·빠세나디(Pasenadi) 왕·수닷타(Su-datta) 장자·고시따(Ghosita) 장자·의사 지바까(Jīvaka) 등 수많은 우바새 대중들,

말리까(Mallikā) 왕비·사마와띠(Sāmāvatī) 왕비·비사카(Visākhā) 부인·수밧다(Subhadda) 부인·쿠주따라(Khujjuttarā) 여인·쭐라-수밧다(Cullā Subhaddā) 부인 등 수많은 우바이들,

상인들·대상들·농부들·어부들·공장 노동자들·주부들·장애자들·시민들…….

강가 강 유역을 대하(大河)처럼 굽이쳐 나가는 초기 전법운동의 행렬은 붓다와 이들 대중들, 민중들이 공동의 주역으로 분출시키는 새로운 역사의 물결이라고 할 것이다.

2) 박해와 분열, 궁핍을 뛰어넘어

동시대 경쟁자들의 도전과 박해

붓다는 황색 가사를 착용하고 맨발로 걸었다. 대중 가운데서 혼자

묵묵히 걷거나 제자들과 대화를 나누며 걸었다. 옆에서는 아난다 비구가 발우를 들고 함께 걸었다. 장로 아난다는 전법 21년(기원전 508년)부터[64] 25년 간 붓다의 공식적인 시봉(侍奉, upatthaka)으로서 붓다 곁에서 헌신적으로 봉사하였다.

붓다의 전도행진이 항상 환영받고 성공한 것은 아니었다는 사실이 빠알리-니까야 도처에서 발견되고 있다. 붓다는 밤싸국의 수도 꼬삼비에 자주 가서 은행가이자 재정관인 고시따(Ghosita) 장자가 헌납한 고시따 가람(Ghositārāma)을 비롯한 네 개 이상의 포교 센터를 개척하였으나, 국왕 우데나(Udena)를 전향시키는 데는 실패하였다. 전법 9년(기원전 581년), 붓다는 꼬삼비로 가서 다시 한번 시도했으나 또 실패하고, 왕비 사마와티와 하녀 쿠주따라 전법사, 500명의 우바이들이 불에 타 순법하는 사건마저 발생하였다.[65]

붓다와 초기교단은 먼저 전통 브라만교로부터 끊임없이 비판받고 이단으로 매도되었다. 빠알리-니까야에는 붓다와 브라만교 이론가 사이의 논쟁이 반복적으로 보고되고 있다. *Dīgha-Nikāya*의 'Tevijja-Sutta'에 의하면, 바셋타(Vāsettha)와 바라드바쟈(Bhāradvāja)라는 두 브라민이 찾아와서 붓다와 더불어 신(神)의 문제, Brahmā의 문제에 관하여 격렬한 논쟁을 전개하고 있다.

바셋타 : 이것이 유일한 길입니다. 이것이 유일한 구원의 길로서, 브

---

64) H. W. Schumann, Ibid, p.128. E. J. Thomas는 전법 20년(기원전 509년)으로 주장하고 있다. cf. E. J. Thomas, Ibid, p.122.

65) Dhp-Com. 2.1(text N. i.161-231, 21-23) ; *Dhammapada-Commentry 1*, pp.247~293.

라민 뽀카라사띠(Pokkharasāti)가 가르친 바와 같이, 그것
을 따르는 자들이 브라마와 합일하게 하는 직접적인 길입니
다.

붓 다 : 그러나 바셋타여, 3베다를 공부한 브라민 가운데서, 브라마
를 직접 대면한 사람이 있는가?

바셋타 : 없습니다, 고따마여.

붓 다 : 그렇다면, 스승의 스승 가운데서, 브라마를 직접 대면한 브
라민이 있는가?

바셋타 : 없습니다, 고따마여.66)

경쟁관계에 있던 다른 신흥 사마나 세력들의 저항과 박해는 더욱
완강하였다. 특히 마하비라(Mahāvīra)가 창시한 자이나교의 교도들,
니간타스(Nigaṇṭhas, 泥乾子, 裸形外道)들의 방해와 도전은 큰 장애
요소가 되었다. 비폭력을 주장하고 상인층의 지지를 받는 등 불교와
자이나교는 여러 가지 면에서 공통점이 많았고, 붓다와 마하비라가 모
두 민중층의 광범한 지지를 받았기 때문에, 양자간의 경쟁관계는 더욱
악화된 것으로 보인다. 그들은 엄격한 고행주의를 내세워 붓다의 온건
한 자유주의적 담마를 공격함으로써 불교도를 곤경에 빠뜨리곤 하였
다. 베살리 '시이하 장군 개종사건'의 경우, 니간타스들은 거리로 나가
이렇게 선전하였다.

"오늘 시이하 장군은 살찐 가축을 죽여 사마나 고따마의 음식을 만

---

66) DN 13.1-13(text. i. 237-238, Tevijja-Sutta) ; *The Long Discourses of
The Buddha*, pp.187~188. brief.

들었다. 사마나 고따마는 자신을 위해 가축을 죽여서 만든 음식인 줄 알면서도, 그것이 자신에 관련된 업(業)인 줄 알면서도 그 고기를 먹었다."67)

여기에 자극 받아, 붓다는 대중들이 자기와 관련된 세 가지 업(業)의 고기는 먹지 말 것을 결정하였다. 경쟁자들과의 갈등이 폭력사태까지 몰고 오는 경우도 발생하였다. '순다리(Sundari) 여인의 붓다 음해와 피살사건'은 불교의 등장과 대중적 지지의 확보로 인하여 생존의 위협에 직면한 경쟁적 사마나 집단에 의하여 계획된 사례 가운데 하나이다. *Dhammapada-Commentry*에서는 당시의 상황을 이렇게 서술하고 있다.

「붓다와 승단이 마치 다섯 개의 큰 강이 합류하여 형성된 거대한 홍수와 같은 이익과 명예를 획득하자, 붓다 때문에 이전에 그들이 받아왔던 이익과 명예를 잃고, 이제 아침해가 떠오를 때의 부나비같이 빛을 상실해 버린 이교도, 외도들은 함께 모여서 이렇게 상의하였다.

"사마나 고따마가 이 세상에 일어나면서부터, 우리는 우리가 전에 받았던 이익과 명예를 잃고, 이제 우리가 생존할 수 있을 것인지도 알 수 없게 되었소. 제발 바라건대, 누구 똑똑한 사람이 나타나서, 이제 고따마 사마나가 누리고 있는 이익과 명예를 파괴할 수 있도록 그에게 흠을 잡을 수 없을까?"68)

---

67) Mv 6.31.12 ; *The Book of the Discipline 4*(P.T.S.), p.324.
68) Udāna 4.8 ; Jāt. ii. 415 ; Dhp-Com. 22.1(text. N. iii. 474-478. 306) ; *Dhammapada-Commentry 3*, pp.189～191.

그 결과 수행녀 순다리가 희생양이 되어 무참히 살해되고, 이교도들은 순다리의 시신을 메고 대로를 행진하며 호소하였다. 이에 격분한 사밧티 시민들의 대부분이, "보라, 석가족 왕자의 제자들이 한 짓을!"라고 외치면서, "그 도시 안에서, 도시 밖에서, 공원에서, 숲속에서, 그들은 비구·비구니들에게 욕설을 퍼부면서 돌아다녔다."[69]」

'찐짜 마나비까(Cinca Manavika) 여인의 거짓 임신사건'도 사밧티에서 발생한 비슷한 상황의 음해사건이었다.[70] 초기 불교운동의 심장부에서, 참으로 생존을 건 살벌하고 잔인한 투쟁과 박해가 벌어지고 있었던 것이다.

내부 분열의 고통

승단 내부의 분열과 분파주의는 전법운동을 저해하는 더 큰 요인으로 작용하였다. 전법 10년(기원전 580년), 꼬삼비 비구승들의 분쟁사건은 이미 관찰한 바와 같이, 붓다를 큰 충격과 실망으로 몰아넣었고, 시민들의 공양거부 운동이 전개되는 사태로 발전하였다. *Mahāvagga*에서는 이 사건을 하나의 품(品, vagga)으로 다룰 정도였고,[71] 많은 빠알리-니까야에도 기록되어 있다.[72] 그만큼 이 사건의 상처와 고통은 치명적이었던 것으로 보인다. *Mahāvagga*에서는 비구들의 분쟁광경을 이렇게 묘사하고 있다.

---

69) Ibid, pp.190~191.
70) Dhp-Com. 13.9(text. N. iii. 178-183. 176) ; Ibid, 3. pp.19~23.
71) Mv 10 ; *The Book of the Discipline 4*(P.T.S.), pp.483~513.
72) Jāt.iii.486 ; Dhp-Com. i.53 ; Udāna Ⅳ.5 ; MN. i.320, iii.152.

그때 비구들은 싸움을 일으키고, 적대행위를 일으키고, 집들 가운데 있는 식당에서 싸움을 벌이고, 상대방에게 적절하지 못한 몸짓과 말로 행동하고, 그들은 주먹을 휘둘렀다.73)

'꼬삼비 비구들의 분쟁사건'은 18개월 간의 격렬한 투쟁 끝에 시민들의 강력한 항의와 공양거부운동으로 가까스로 진정되었다. 그러나 분쟁은 끊임없이 재연되었고, 붓다는 이후 35년 간 다시는 꼬삼비에서 우안거를 보내지 않았다.

전법 37년경(기원전 552년경, 72세) 이후, 붓다가 늙고 상가에 대한 영향력도 상당히 감소되고 있는 상황에서 벌어진 '데바닷타의 교권도전과 붓다 시해 기도사건'은 초기불교사 최대의 분쟁사건이고, 붓다 전법운동의 최대 위기였던 것으로 분석된다. '데바닷타 사건'은 비나야-니까야 *Caullavagga*에 상세히 기록되어 있고, *Dhammapada*에도 기록되어 있다.

*Cullavagga (7)*에 의하면, 데바닷타는 마가다의 왕자 아자따삿투(Ajātasattu)와 연대하여, 왕권과 교권의 장악을 도모하고 있다.74) 어느 때, 붓다가 대중들에게 설법하고 있을 때, 데바닷타는 공개적으로 붓다의 은퇴를 요구하였다.

"세존이시여, 세존께서는 이제 늙으셨고, 기력이 쇠하셨고, 연세가 많으십니다. 세존께서는 살 만큼 사셨고 죽음이 가까웠습니다.

---

73) Mv 10.2.1 ; *The Book of the Discipline 4*(P.T.S.), p.488.
74) Cv 7.2.1 ; *The Book of the Discipline 5*(P.T.S.), p.259.

세존이시여, 이제 여기서 편안하게 머물면서 만족하십시오. 승단을 저에게 넘겨주십시오. 앞으로 제가 승단을 이끌 것입니다."

붓다는 거절하였으나, 그가 세 번 계속 주장하자 이렇게 대답하였다.

"데바닷타여, 나는 이 승단을 사리뿟타나 목갈라나에게도 넘기지 않을 것인데, 어떻게 내가 독한 말을 거품 물 듯이 토해내는 너에게 이 승단을 넘길 수 있겠는가?"[75]

붓다는 데바닷타를 축출하였고,[76] 데바닷타는 아자따삿투의 지원을 받아, 세 차례에 걸쳐 붓다 시해를 기도하였다. 자객을 보내서, 산 위에서 큰 바위를 굴려서, 술 취한 코끼리를 돌진시켜서―.[77]

마치 픽션을 보는 것 같은 이 사건들은 역사적인 사실로 분석되고 있다. 독수리봉으로 통하는 통로인 남쪽 산기슭인 차타(Chatha) 산에는 낙석 사건이 많이 일어나고 있고,[78] 데바닷타가 굴린 것으로 전해오는 바위가 지금도 그 산기슭에 남아 있다.

실패한 데바닷타는 4의지(四依止)를 표방하며 보다 엄격한 다섯 가지 생활규칙을 붓다에게 제시하고,[79] 붓다가 이를 거부하자,[80] 그는 베살리에서 온 젊은 밧지족 비구들 500명을 이끌고 이탈하여 가야(Gaya) 산에 독자작인 승단을 창설하였다.[81] 이렇게 해서 붓다의 승

---

75) Cv 7.3.1 ; Ibid, p.264.
76) Cv 7.3.2-3 ; Ibid, pp.264~267.
77) Cv 7.3.6-7. Ibid, pp.265~270.
78) H. W. Schumann, Ibid, pp.235~237.
79) ① 비구들은 숲속에서 살아야 한다. ② 비구들은 탁발로만 먹어야 한다.(초대 받으면 안 된다) ③ 비구들은 그들 스스로 모은 누더기로 만든 가사만 입어야 한다. ④ 비구들은 지붕 밑에서 자서는 안 된다. 나무 밑에서 자야 한다. ⑤ 비구들은 채소만 먹어야 한다. ; Cv 7.3.15. Ibid, pp.276~277.
80) Cv 7.3.14-15 ; Ibid, pp.275~277.

단은 분열되고, 대중들은 큰 혼란에 빠졌으며, 시민들은 크게 실망하였다.

거친 말먹이 밥을 먹으며

붓다와 출가대중들의 전도 전법은, 이미 관찰한 바와 같이, 탁발 유행에 의하여 실천되었다. 이것은 탁발 걸식이 거의 유일한 생존수단이었다는 것을 의미한다. 그러나 기원전 7~5세기, 북동 인도의 자연적 조건과 사회적 상황을 고려할 때, 이 탁발 유행 자체가 목숨을 건 모험으로 보인다. 심한 더위와 추위, 가뭄과 홍수, 독사와 독충들이 그들을 괴롭혔고, 강도들이 그들의 목숨을 위협하였다.[82]

더욱 그들을 곤란하게 만든 것은 공양문제였다는 사실이 초기경전 여러 곳에 기록되어 있다. 붓다와 대중들은 종종 주민들의 악의 푸대접을 경험하지 않으면 안 되었다. 어느 때, 말라 공화국의 투나(Thūṇa) 시민들은 사마나 고따마와 머리를 빡빡 깎은 사마나의 무리들이 그들의 갈증을 풀고 자기들 마을에 머무는 것을 막기 위하여 짚으로 우물을 막아 버렸다.[83] 목마른 자에게는 결코 물을 거절하지 않는다는 고상한 아시아적 행동 강령에 비춰볼 때, 이것은 매우 충격적인 조치로 보인다. *Udāna*에는 이때 붓다와 아난다의 대화를 이렇게 기록하고 있다.

---

81) Cv 7.4.1 ; Ibid, p.279.
82) H. W. Schumann, Ibid, pp.229~230.
83) Udāna 7.9(The well) ; Microsoft Word 6(tr. Bhikkhu Thanissaro). cf. 『기쁨의 언어 진리의 언어』(민족사), pp.139~141.

붓 다 : 아난다야, 저 우물에 가서 마실 물을 좀 길러 오너라.

아난다 : 바로 전에 투나 마을의 브라민과 거사들이 풀과 왕겨를 가
지고 저 우물을 가장자리까지 막아 버렸습니다. 이렇게 생
각하고 있습니다. ‘저 머리깎은 수행승들이 이 우물을 마시
지 못하게 해야지.’[84]

*Therīgātā*에 의하면, 베살리에서 온 열성적인 불자 로히니(Rohini)
여인의 아버지인 한 브라민은, 상가에 대한 자기 딸의 열정을 이해하
지 못하고, 사마나들에 대한 자신의 의견을 이렇게 말하였다.

"노동하여라, 게으른 무리들이여. 부끄럽구나.
사람들의 은혜를 먹고 살면서
단 것을 즐기는 그들은 기생충.
너는 어떻게 이런 사마나들을 좋아할 수 있단 말이냐?"[85]

그 당시의 많은 사람들은 그의 의견에 동의하였다. 그래서 비구들은
주민들의 대문 밖에서 공양을 기다리며 헛되이 서 있어야 하였다. 전
법 11년(기원전 579년), 붓다가 마가다의 에까날라(Ekanala) 마을에
가서 공양을 구할 때, 농장주인 브라민 까시-바라드바자(Kāsī-Bha-
radvaja)가 붓다에게 한 말도 같은 맥락에서 이해된다.

"사마나여, 나는 갈고 뿌린다. 갈고 뿌린 다음에 먹는다오. 그대도 갈
고 뿌리시오. 갈고 뿌린 다음에 먹으시오."[86]

---

84) Ibid. cf. 『기쁨의 언어 진리의 언어』(민족사), p.141.
85) Thīg. gath. 273.

전법 12년(기원전 578년, 47세), 붓다와 대중들은 한 농장주인 브라민 아그니닷타(Agnidatta)의 초청을 받고, 멀리 서쪽에 위치해 있는 베란자(Verañjā)로 유행하였다. 그러나 그때 흉년이 크게 들자 아그니닷타는 약속을 어기고 공양을 거부하였다. 곤경에 빠진 대중들이 마침 지나가는 상인들로부터 말먹이용 보리를 얻어, 이 험한 보리로 밥을 지어 공양 올렸다. 붓다는 이 말먹이용 거친 보리밥을 맛있게 먹었다고 경전에서 기술하고 있다.87)

이 붓다의 '말먹이 공양사건'은 매우 충격적인 것이어서 여러 불전에 기록되어 있다.88) 그러나 붓다와 초기 대중들은 이러한 궁핍에도 결코 흔들림이 없었다. 궁핍 때문에 욕망에 빠지는 일이 결코 없었다. *Dhammapada-Commentry*에서는 이때의 상황을 이렇게 기록하고 있다.

목갈라나 장로는 대중들이 궁핍한 것을 보고 수액(樹液)으로 대중들을 먹이기를 원했다. 그리고 웃타라꾸루에 들어가 탁발하기를 청하였다. 그러나 붓다는 이 요구를 거절하였다. 단 하루라도 수행자들은 음식 때문에 불안하지 않은 날이 없었다. 그러나 대중들은 욕망으로부터 온전히 벗어나 살아가기를 계속하였다.89)

---

86) SN 7.2.1(text. i. 172. Kāsī-Bharadvaja-Sutta) ; *The Book of the Kindred Sayings 1*(P.T.S, tr. Mrs. Rhys Davids, M. A.), p.217. cf. SN. 12.
87) 『佛說中本起經』 15, 「佛食馬麥品」 ; 『한글대장경』 11책.
88) Vin iii.1.11 ; 『佛說中本起經』 15 ; Dhp-Com. ii. 153. cf. E. J. Thomas. Ibid, pp.117.
89) Dhp-Com. 6.8(text N. ii. 153-157, 83) ; *Dhammapada-Commentry 2*, p.193.

3) 싸움터의 코끼리같이

'코끼리같이 화살에 맞서는 것이 나의 임무'

경쟁세력들과 반대자들의 박해와 내부 분열은 때로는 붓다와 초기 주역들에게 큰 희생을 요구하는 것이기도 하였다. 사람들은 '쿠주따라 사건'을 기억하고 있을 것이다. 그때 후궁 마간디야는 왕비를 음해하다가 실패하자, 사마와띠 왕비를 지지하고 있던 붓다를 쫓아낼 계획을 세우고, 불량한 외도 무리들을 매수하였다.

「붓다가 꼬삼비 성으로 들어오자 외도들이 그를 뒤따르며 욕설을 퍼부었다.

"너는 도둑이로구나. 얼간이·바보·낙타·소·당나귀·지옥의 거주자·짐승이로구나. 너는 구원될 가망이 없는 자로다. 앞으로 벌만 받을 것이야."

이렇게 시민들은 열 가지 모욕의 용어를 동원하여 그를 욕하였다. 아난다 장로가 이것을 보고 말하였다.

"세존이시여, 이들 시민들이 우리를 욕하고 모욕하고 있습니다. 다른 곳으로 가시지요."

"아난다야, 어디로 갈까?"

"세존이시여, 어디 다른 도시가 있지 않겠습니까?"

"아난다야, 거기서도 시민들이 우리를 욕하면 어찌하겠느냐?"

"세존이시여, 그때는 또 다른 도시로 가야지요."

"거기서도 우리를 욕하면 또 어찌하겠느냐?"

"세존이시여, 또 다른 곳으로……."

"아난다야, 그렇게 말해서는 안 되느니라. 곤란이 발생하면, 바로 그 현장에서 해결해야 되느니라. 그런 다음에 다른 곳으로 갈 수 있을 것이다.

아난다야, 누가 우리를 욕하고 있느냐?"

"세존이시여, 모든 사람들이 욕하고 있습니다. 노비들도 모두……."

"아난다야, 나는 싸움터로 나가는 코끼리와 같느니라. 마치 사방에서 날아오는 화살들에 맞서며 싸움터로 나가는 것이 코끼리의 임무처럼, 바로 그와 같이, 사악한 자들의 모욕을 참고 견디는 것이 나의 임무이니라."

붓다는 이렇게 게송을 설하셨다.

"마치 코끼리가 싸움터로 나가 활에서 날아오는 화살에 맞서듯이,
나 또한 사악한 군중들로부터 날아오는 모욕을 견뎌야 하느니.

싸움터로 나가는 것은 길들여진 코끼리이다.
왕이 타는 것은 길들여진 코끼리이다.
모욕을 참고 견디는 자는 길들여진 자,
그는 사람들 가운데 최상이니라.

길들여진 노새와 잘 길러진 신드(Sindh)의 말들,
정글의 큰 코끼리들이 가장 빼어나다.
그러나 스스로를 길들이는 사람이 더욱 빼어나니라."

이 설법에 많은 대중들이 은혜를 입었다. 이렇게 담마를 설하고, 붓다는 아난다 장로에게 말하였다.

　"아난다야, 혼란스러워 하지 말라. 이 사람들은 오로지 이레 동안만 욕설할 것이다. 여드레째 되는 날이면 그들은 조용해질 것이다. 여래가 당한 곤경은 이레를 넘지 못하느니라."90)」

코끼리같이,

싸움터에 나가 사방에서 날아오는 화살에 맞서는 코끼리같이 —.

　붓다와 초기 주역들은, 이 싸움터의 코끼리같이 사방에서 날아오는 모욕과 욕설, 박해와 궁핍을 당당히 맞서며 나아갔다. 조금도 두려워하거나 피하지 않으며, 전법 변혁의 길을 열어간 것이다.

　붓다 스스로 고백하고 있는 것처럼, 초기 불교운동의 주역들은 싸움터에 나가, 사방에서 날아오는 화살에 맞서는 것을 그들의 자랑스런 '나의 임무(my duty)'로 인식하고 있었던 것이 분명한 것으로 보인다. 붓다와 대중들이 경쟁자와 반대자들의 음모와 박해를 당하여 포기하고 물러서거나 적절히 타협한 기록은 빠알리-니까야 전편을 통하여 발견하기 어렵다. 논쟁에 있어서도 기피하거나 애매한 화해를 도모한 사실을 발견하기 어렵다. 이것은 붓다와 초기 대중들이 어떤 상황에서도 용기 있게 대결하고, 말하고, 사악한 자들을 질책했다는 사실을 의미하는 것이다.

　브라민 까시-바라드바자가, "사마나여, 갈고 뿌리시오. 갈고 뿌린 다음에 먹으시오." 면박했을 때, 붓다는 즉시 응답하였다.

　"브라민이여, 나 또한 갈고 뿌린다오. 나도 갈고 뿌린 다음에 먹는다오."91)

---

90) Dhp-Com. 2.1(text. N. i. 161-231) ; *Dhammapada-Commentry 1*, pp.283~284.

'순다리 여인의 사건'의 경우, 외도들이 순다리의 시신을 메고 행진하며, 시민들이 일제히 승단을 비난하며 욕설을 퍼붓고 공양거부 운동을 전개하자, 붓다는 비구들에게 이렇게 분부하였다.

> "그러면 비구들이여, 그대들은 이렇게 말하며 그들을 질책하여라.
> '일어나지 않은 일을 일어났다고
> 주장하는 사람은
> 지옥으로 가리라.
> 일을 저질러놓고, 나는 하지 않았다고
> 주장하는 사람도 지옥으로 가리라.
> 이들은 모두 죽은 다음에
> 그들의 악행으로 지옥으로 가리라."[92]

내부 분열자에 대한 붓다의 질책과 조치는 더욱 엄격하고 단호하였다. '데바닷타 사건'의 경우, 그가 승단의 인도를 거듭 세 번이나 요구하자, 붓다는 대중들 앞에서 이렇게 그의 요구를 거부하고, 데바닷타를 승단에서 축출하였다.

"사리뿟타나 목갈라나에게도 승단을 넘기지 않을 것인데, 내가 어떻게 입에 거품을 물고 욕설을 토해내는 너 같은 자에게 승단을 넘길 수 있겠는가?"

데바닷타에 대한 붓다의 이러한 태도를 단순히 교권의 문제, 승단의

---

91) SN 7.2.1(text. i. 172. Kāsī-Bharadvaja-Sutta) ; *The Book of the Kindred Sayings 1*(P.T.S.), p.217. cf. SN. 12.
92) Dhp-Com. 22.1(text. N.iii. 474-478, 306) ; *Dhammapada-Commentry 3*, p.191.

계승권 문제로 보려는 것은 곤란한 시각으로 생각된다. 다음 장에서 논의가 되겠지만, 교단·승단의 리더십에 관해서, 붓다는 확고한 입장을 지니고 있는 것으로 보인다. 요컨대, 한 개인이 승단의 권위를 장악하려는 의도 자체를 붓다는 거부하고 있다. 또, 데바닷타가 보다 보수적인 다섯 가지 수행 규칙을 주장하는 것은, 초기불교 속에 강인하게 온존해 있는 은둔 독선의 빠쩨까 의식의 문제와 관련하여, 보다 다양한 입장에서 검토되어야 할 것이다.

피를 흘리는 붓다, 뼈가 부서지는 목갈라나

싸움터의 코끼리같이 화살을 피하지 않고 마주서는 붓다와 초기 대중들의 결연한 태도는 때로는 목숨을 건 희생과 상처를 초래하기도 하였다. 이러한 위험은 붓다 자신도 예외가 될 수 없었다. '데바닷타 사건'에서 이미 관찰한 바와 같이, 붓다는 세 번씩이나 죽음과 마주서야 했다. 데바닷타가 독수리봉(Gijjhakuta Hill)에 올라가 큰 바위를 굴렸을 때, 붓다는 그 파편에 맞아 발에 피를 흘렸다. 붓다는 말하였다.

"그대 어리석은 자여, 사악한 마음으로 크나큰 과오를 범하였구나. 죽이려는 그대의 마음이 여래의 피를 흘리게 하였도다."

제자들이 붓다를 지키기 위하여 분주히 날뛸 때, 붓다는 그들 비구 대중들을 모아놓고 선언하였다.

"수행자들이여, 어느 누구도 여래의 목숨을 공격해서 빼앗을 수는 없느니라.

수행승들이여, 여래는 공격에 의하여 입멸하지 않느니라."93)

많은 사람들은 여기서 승자(勝者)의 모습을 새삼 발견할 것이다. 승자(勝者) ─ 일체승자(一切勝者)인 붓다의 본래면목을 다시 한번 확인할 수 있을 것이다. 이것은 30대 청년 붓다의 항마(降魔) ─ 승자의식(勝者意識)이 70대의 노(老)붓다를 통해서 더욱 치열하게 연소되고 있다는 사실을 의미하는 것이다.

피를 흘린 것은 붓다만이 아니었다. 빠알리─니까야에서는 박해를 당하여 피를 흘리고 있는 많은 대중들, 4부대중의 불교도들에 관한 사건들을 보고하고 있다. 불길 속에서 붓다─담마를 명상하고 불사(不死)를 실증하며 고요히 순사(殉死)한 쿠주따라와 500명의 여인들·뿐나(Puṇṇa) 비구·웁빨라반나 비구니·목갈라나 비구들이 그들이다.

목갈라나(Moggallāna) 장로의 죽음은 초기 불교운동사의 가장 큰 아픔이며 장엄한 정진으로 보인다.[94] 목갈라나 장로는 사리뿟타 장로와 더불어 승단의 두 기둥으로서, 붓다의 신뢰와 기대는 각별한 것이었다. 그는 '신통(神通) 제일'로 널리 알려져 있었다. 바로 이점이 그의 운명을 재촉하게 된 것이다. 그가 받는 공양과 존경을 시기한 니간타스들이 폭력배를 고용하여 그를 공격한 것이다. 그들은 모여서 계획을 세우고, 이렇게 외쳤다.

"우리는 그를 갈고리나 익혀서 죽일 것이다."

---

93) Cv. 7.3.10 ; *The Book of the Discipline* 5(P.T.S.), pp.271~272.
94) Jāt. v . 125. Dhp-Com. 10.7.

폭력배들이 라자가하 근교의 검은 바위에서 수행하고 있던 목갈라
나 장로를 포위하고 쳐들어왔다. 목갈라나 장로는 이것을 미리 알고
피했으나, 두번 세번에 이르자 자기 업보를 명상하고 그대로 받아들였
다. *Dhammapada-Commentry*에서는 그 광경을 이렇게 서술하고 있
다.

「드디어 도적들이 장로를 붙잡는 데 성공하였다. 그를 붙잡자 그들
은 그를 갈기갈기 찢었다. 그리고 그의 뼈를 두들겨서 작은 쌀알처럼
만들었다.95) 그들은 생각했다.

'그는 죽었다.'

그리고는 뼛조각들을 숲속 덤불에 던져 버리고 가버렸다. 장로는 생
각하였다.

'입멸하기 전에, 나는 부처님께 나의 경배를 올리리라.'96)

목갈라나 장로의 마지막 인사를 받고, 그가 고향에 돌아가 고요히 입
적하였다는 소식을 듣고, 붓다는 수행자들에게 선언하였다.

"벌하지 말아야 할 사람들을 벌하는 자들은

해치지 말아야 할 사람들을 해치는 자들은 누구든지

다음 열 가지 벌 중의 하나를 곧 받게 될 것이다.

심한 고통을 당하거나

---

95) "At last the thieves succeeded in catching the Elder. When they had so
done, they tore him limb from limb, and pounded his bones until they
were as small as grains of rice." ; Dhp-Com. 10.7(text. N. iii. 65-71, 37~
140) ; *Dhammapada-Commentry 2*, p.305.

96) Dhp-Com. 10.7 ; Ibid, p.305.

몸에 결함, 상처가 생기거나
무서운 병에 걸리고, 정신을 잃거나
나라로부터 불운을 당하고, 무거운 징벌을 받거나
가족이 죽고, 재물을 잃거나
번갯불로 집을 태우거나
육신이 무너지면서 얼간이같이 지옥으로 가리라."[97]」

4) 죽음을 넘어서는 고요함으로

싸움터의 코끼리같이 화살에 맞서는 붓다,
자객과 술 취한 코끼리 앞에 맞서는 붓다,
바위에 맞아 피를 흘리는 붓다,
싸움터의 코끼리같이 화살에 맞서는 것을 '나의 임무'로 삼는 4부대중들,
불길 속에서 붓다를 생각하며 불사(不死)를 증득하는 쿠주따라와 500명의 궁녀들,
폭력배들에게 맞아 뼈가 가루처럼 부서져 덤불 속에 던져지는 목갈라나 장로…….
많은 사람들은 여기서 붓다와 초기 대중들의 전법 변혁운동이 목숨을 건 고행의 행로라는 사실을 발견하게 될 것이다. 45년 간의 붓다와 대중들의 전법 행로가 피땀으로 얼룩진 고통과 희생의 길이었다는 사실을 새삼 발견하게 될 것이다. 항마—승자의식, 평정의식이 이 전법

---

97) Dhp-Com. 10.7 ; Ibid, p.308.

변혁의 과정에서 마지막 순간까지 치열하게 관철되고 있다는 역사적 현장을 목격하게 될 것이다.

어떤 박해나 저항, 내부 분열, 궁핍 등 장애 앞에서 결코 굴하지 않으며, 맞서며, 정정당당히 주장하며, 사악한 세력들을 질책하며, 악행을 단죄하며, 죽음 속에서도 물러서지 아니하며…….

지금까지의 관찰을 통하여, 붓다와 4부대중의 주역들이 초기 불교운동의 과정에서 보여준 사고(思考)와 행동양식이 상당 부분 드러난 것으로 보인다. 이것은 '승자(勝者)의 불퇴전(不退轉)', '승자가 걸어가는 불퇴전의 용맹정진(勇猛精進)'으로 규정될 수 있을 것이다.

그럼에도 불구하고 이 과정에서, 붓다와 4부대중의 주역들이 어떤 폭력적 대항이나 전투적 행위를 보이지 않고 있다는 것은 매우 기이한 현상으로 주목된다. 그들은 어떤 원한도 드러내지 않고, 어떤 보복도 도모하지 않고 있다. 단호하게 대결하고 당당히 맞서되, 어떤 상황에서도 폭력적 수단에 의지하지 않고 있다. 그들 스스로 피를 흘리고 죽음을 당하되, 그들은 고요하다. 결코 남을 해치거나 남의 피를 흘리게 하지 않는 것이다. 이것이야말로 진정한 승리이며 평정이라고 그들은 생각하고 있는 것 같다. '꼬삼비 비구들의 분쟁사건' 때, 붓다는 대중들에게 '디가부(Dighāvu) 왕의 고사'를 들어서, 다음과 같이 설하고 있다.

"그가 나를 비난한다, 나를 해친다,
나를 이기려 한다, 나를 빼앗으려 한다,
이렇게 생각하면 분노는 평정되지 않는다.

그가 나를 비난한다, 나를 해친다,
나를 이기려 한다, 나를 빼앗으려 한다,
이렇게 생각하지 않으면 분노는 평정된다.

언제 어디서나
분노는 분노에 의하여 평정되지 않는 법
분노하지 않음으로 인하여 분노는 평정되나니
이것이 영원한 담마라네."[98]

Ahiṃsa(아힝사),
불해(不害), 비폭력(非暴力),
어떤 상황에서도 분노하지 않고 해치지 않는 비폭력-.

붓다와 4부대중의 주역들이 추구하는 담마가 바로 이 Ahiṃsa, 불해·비폭력이라는 사실이 여기서 명료하게 드러나고 있다. 붓다와 대중들이 추구하는 전법과 변혁, 대중견성운동이 이 세상에서 실현하려는 담마가 궁극적으로 이 비폭력이라는 진실이 그들의 행적을 통하여 여실히 입증되고 있다.

그래서 붓다는 몸에 피를 흘리면서도 다만 질책할 뿐 증오하지 않는 것이다. 쿠주따라와 500명의 궁녀들이 불길 속에서 다만 붓다를 염할 뿐, 어떤 분노의 마음도 품지 않고, 목갈라나 장로는 뼈가 부서지면서도 자신의 업을 명상할 뿐, 어떤 증오심도 일으키지 않고 있는 것이다.

---

98) Mv 10.3.1 ; *The Book of the Discipline* 4(P.T.S>), pp.499~500.

분노의 평정, 폭력의 평정,

자기 자신에 대한 평정, 자기 자신에 대한 승리-.

이것이야말로 '마가다의 대행진' 이후, 붓다와 초기 주역들의 내면 속에서 분출해온 승자-평정의식의 실체이며, 이 승자-평정의식으로 인하여 그들은 도처에서 크나큰 승리를 거두고, 누구도 거꾸로 돌이킬 수 없는 담마의 바퀴를 굴릴 수 있었던 것이다. 그래서 그들은 죽음을 넘어서 고요히 정진할 수 있었던 것이다.

'죽음을 넘어서는 고요함으로-.'

이것이 전법 고행 45년을 향도해 온 담마의 등불이다. 그리고 불교도의 힘과 용기의 원천인 것이다.

4. 대중 전법사들의 Buddha-Route 개척과 불교세계의 확대

1) 불교중국의 확보

붓다와 대중 전법사, 민중 전법사 등 초기 전법운동의 주역들이 시련과 박해를 뛰어넘어 평정한 지리적 영역은 일차적으로 불교와 자이나교의 초기 문헌에 언급되고 있는 북동 인도의 '16대국(Ṣoḍaśamahā-janapada)'과 관련 깊다. 불교 문헌에서는 기원전 6세기경의 이들 국가들을 다음과 같이 2개 영역으로 구분하고 있다.

이 모든 나라들 가운데서 불교도들은 두 종류의 영역으로 구분하였다. 불교교리가 왕성하게 실천되고 있는 '중국(中國, Madhyadeśa)'과 방종한 무리들로부터 영향을 받고 있는 몇몇 '변경(邊境, Prantyantaja-napada)'이 그것이다. 고대 아리안 국가들과 거의 일치하는 중국의 경계는, 동쪽으로는 뿐드라바르다나(Puṇḍravardhana, 북 Bengal)와 까찬갈라(Kacaṅgalā, 도시), 남쪽으로는 사라바띠(Śarāvatī) 강, 서쪽으로는 스투노빠스투나까(Sthūṇopasthūnaka)의 브라민 마을들, 그리고 북쪽으로는 우시라기리(Uśīragiri)이다.

16국 가운데 14대국이 포함되는 중국은, 고대 측량에 의하면, 길이 3백 리그, 폭 2백 50리그, 주위 9백 리그이다. 그 주민들은 선량하였고, 붓다를 포함하여 고귀한 사람들이 자발적으로 그곳을 그들의 요람으로 선택하였다. 중국은 사밧티·사께따·깜빠·바라나시·베살리·라자가하·꼬삼비 등 주요 도시들이 포함되어 있다.[99]

'불교중국(佛敎中國, Buddhist-madhyadeśa)'이란 '불교의 중심국'이란 뜻인데, 법제적으로는 '수계(授戒)할 때 필요한 18명의 스승을 얻을 수 있는 중앙 지역'으로 규정된다.[100] 불교중국은, 〔지도 5〕에서 보는 바와 같이, 마가다·꼬살라·밤싸·밧지족 나라 등이 포괄되는 강가 강 중류지역에 해당된다. 붓다와 4부대중의 전법사들에 의한 초기 전법운동은 주로 이 강가 강 유역의 불교중국을 중심으로 전개되었다. 초기 전법포교운동의 주역들은 일차적으로 이 강가 강 유역의 도시들을 중심으로 '불교중국'을 확보함으로써 전 인도적 확산의 기초

---

99) E. Lamotte, Ibid, p.8~9.
100) *Manu* 2.21.

를 확고히 하는 데 성공하고 있다. '불교중국'의 영역에 관하여 슈만은
이렇게 기술하고 있다.

고따마의 전도활동의 성공은 '중국(Middle country)'에서 일어났는
데, 중국은 장소들로 막연하게 한정될 뿐, 그 장소들의 정체가 모두 밝
혀질 수 없다.〔Mv 5.13.12〕 중국은 붓다 당시에도 지리적으로 정확하
게 밝혀지지 않은 것으로 추정된다. 아마 그러한 표현은 지적으로 앞선
문화적인 지방을 나타내는 것일 것이다. 대개 현재 지명으로 서쪽의 깐
뿌르(Kānpur)와 동쪽의 사히방즈(Sāhibañj) 사이에서 강가(Gaṅgā,
Ganges)가 중심축을 형성하였다. 붓다에 대한 개인적인 관찰에 의하
여 알려진 '큰 강들(Great Rivers)'은 야무나(Yamunā) · 아키라바띠
(Aciravatī, Rāpti) · 사라부(Sarabhū, Ghāara)와 간다크(Gandak)의
지류인 마히(Mahī) 강 등이다.〔Cv 9.1.3〕 이상하게도 거대한 소나
(Soṇa) 강은 언급되어 있지 않다. 이 강은 남쪽으로부터 흘러와서, 그
당시에는 빠딸리가마(Pātaligāma, Patna)에서 갠지스 강과 합류되는
데, 그 다음에는 서쪽으로 머리를 돌린다.101)

불교중국 지역은 강가 강 유역으로 농업이 발달하였고, 또 동서 교
통로의 중심지대로 육상과 수상을 통한 교역과 상공업이 활발히 전개
되었다. 교통로의 주요 지점에는 많은 도시들이 축적된 부(富)를 바탕
으로 정치 · 경제의 중심지를 형성하고 있었다. 또 이 유역은 전통적
인 브라만교와 카스트 체제에 반발적인 브레타 지역으로, 자유롭고 역
동적인 사회풍토가 조성되어 있었다.

---

101) H. W. Schumann, Ibid, pp.230~231.

붓다와 대중 전법사들이 전도 초기에, 이 도시들의 정치가·자산가 그룹과 연대하고 광범한 민중적 지지를 확보함으로써 물적 기초를 확보하고 경쟁력의 우위를 선점한 것이 초기 전법운동의 폭발적 성공을 가져온 큰 원인이 된 것이다. 붓다와 전법사들은 인접한 브라만교의 거점, '브라만교 중국'에 대하여 과감한 도전적 공세를 가하고 이를 평정함으로써, '인도의 정신적 정복(spiritual conquest of India)'[102]의 거대한 흐름을 터놓은 것이다.

라자가하와 사밧티를 남북의 두 축으로 삼는 불교중국의 많은 도시들은 신비한 전승들을 간직한 채, 8대 영지(靈地)로서 오랜 세월 불교도들의 정신적 중심이 되어왔고, 지금까지도 불교도들과 세계인들의 구법순례(求法巡禮, Dhammayata)가 끊이지 않고 있다. 8대 영지는 다음과 같다.

* *Mahāparinibbāna-Sutta*에서 붓다가 유촉한 4대 영지
① 룸비니(Lumbinī) : 강생지(降生地
② 붓다가야(Buddhagaya) : 성도지(成道地)
③ 바라나시(Vāraṇasī) : 초전법륜지(初轉法輪地)
④ 구시나가라(Kuśinagara) : 입멸지(入滅地)

* 후대에 추가된 영지
⑤ 라자가하(Rājagaha) : 마가다국의 수도. 포교 중심지.
⑥ 사밧티(Sāvatthi) : 꼬살라국의 수도. 포교 중심지
⑦ 베살리(Vesālī) : 밧지족 공화국의 수도. 포교 중심지.

---

102) E. Lamotte, Ibid, p.98.

⑧ 상까샤(Sankasya) : 붓다가 도리천에서 내려왔다는 전승이 있는 곳.103)

2) 상인(商人) 전법사들의 Buddha-Route 개척

당시의 주요 교역 루트

'붓다의 담마는 교역로를 따라 전파되어 갔다.'104)라고 흔히 알려져 왔다. 〔지도 5〕를 통하여 당시의 주요 교역로를 점검해 보면 다음과 같다.

〔루트 1〕 북에서 남서쪽으로 : 사밧티에서 파티타나까지의 왕복로. 남쪽으로부터 주요 경유지를 살펴보면, 마히쌋띠(Māhissati) · 웃제니(Ujjeni) · 고낫다(Gonaddha) · 베디사(Vedisa) · 꼬삼비(Kosambi), 그리고 사께따(Sāketa)로 이어진다.

〔루트 2〕 북에서 남동쪽으로 : 사밧티에서 라자가하까지의 왕복로. 경유지는, 사밧티에서 세따비야(Setavyā) · 가빌라밧투(Kapilavattu) · 구시나가라(Kuśinagara) · 빠바(Pāvā) · 핫티가마(Hatthi-gāma) · 반다가마(Bhaṇḍagāma) · 베살리(Vesālī) · 빠딸리뿟타(Pātaliputta), 그리고 나란다(Nāḷandā)에 이른다.

〔루트 3〕 동에서 서쪽으로 : 주요 루트는 큰 강을 따라 가는 코스. 거기에는 고용선들이 이용되었다. 고속 고용선도 있었다. 상류쪽으

---

103) *2500 Years of Indian Buddhism*, p.271.
104) H. Nakamura, Ibid, p.15.

로는 갠지스 강을 따라 사하자띠(Sahajati)까지 서쪽으로 가서, 줌마
(Jumma) 강을 따라 꼬삼비까지 서쪽으로 간다. 하류쪽으로는, 적어도
후기에는 고용선들이 강가 강 하류까지 내려가서, 거기서 해안을 가로
지르거나, 해안을 따라서 미얀마까지 간다. 초기 문헌에 의하면, 하류
쪽으로는 마가다까지만 교통로가 언급되고 있는데, 참빠(Champa)가
마지막 지점이 되어 있다. 상류쪽으로는 꼬삼비까지 가서 〔루트 1〕과
연결되고, 마차를 이용하여 남서·북서쪽으로 이어진다.105)

---

105) R. Davids, Ibid, pp.103~104 ; E. Lamotte, Ibid, pp.9~10.

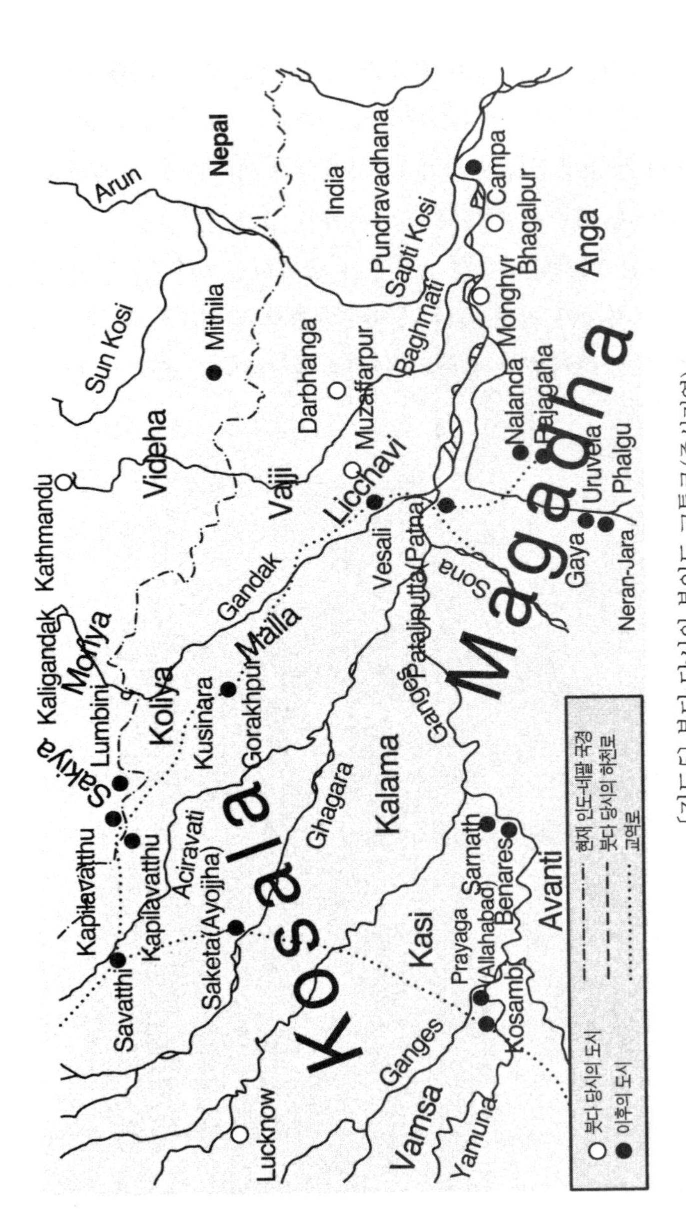

[지도5] 붓다 당시의 북인도 교통로(중심지역)

〔지도 5〕를 통하여, 보다 거시적인 안목으로 당시 상인들이 주로 사용했던 루트를 찾아보면, 인더스 강 넘어 인도 서북쪽의 탁카실라(Takkasīla)로부터 사밧티에 이르러, 북-남-서 방향과 북-남-동 방향의 양대 루트로 갈라진다. 북-남-서 대로는 사밧티에서 갈라져서, 남쪽으로는 사께따와 꼬삼비로 이어진다. 거기서 대로는 남서쪽으로 방향을 잡아, 베디사(지금의 Bhopal 북동 30㎞ 지점)와 나다를 거쳐 웃제니(지금 Ujjain)에 도착한다. 거기서 나르마다(Narmada) 강으로 연결되고, 다시 아라비아해의 캄바이(Cambai) 만에 있는 바루카차(Bharukaccha) 항구(지금 Broach)에 도착한다.

북-남-동 대로는 사밧티에서 갈라져서 동쪽으로 세따비야(Setavyā)와 가빌라밧투(Kapilvatthu)로 나간다. 거기서 남동향하여 구시나가라(Kuśinagara, Kusināra)·빠바(Pāvā)·반다가마(Bhandagāma)를 지나 베살리(Vesāli)에 이른다. 빠딸리가마(Pātaligāma)에서 갠지스 강을 건너, 대로는 나란다(Nālanda)·라자가하(Rājagha)에 도달한다.106)

대상 루트(隊商-Route), 붓다 루트(Buddha-Route)

대상(隊商)·상인(商人)들은 소들이 끄는 수레를 몰고, 또는 배를 끌고 거대한 자연재해와 흉폭한 도적들의 위협을 무릅쓰고 이 루트를 개척해 갔다. 데이비스는 이렇게 묘사하고 있다.

농부들과 수공업자들 이외에, 자기들의 상품을 배에 싣고 큰 강을 오르내리며, 또는 해안을 따라 수송하거나 대상을 조직하여 수레에 싣고 바로 나라를 가로지르는 상인들이 있었다. 각기 두 마리의 소가 모는

---

106) H. W. Schumann, Ibid, p.232.

두 바퀴의 작은 수레들의 긴 행렬을 이룬 대상이 그 당시의 분명한 모습이었다. 만들어진 길도 없고, 교량도 없었다. 수레들은 숲을 통하여, 농부들에 의하여 열린 작은 길들을 따라서, 마을에서 마을로 고투(苦鬪)를 벌이며 나아갔다. 속도는 한 시간에 2마일을 넘지 못하였다. 작은 개울은 얕은 여울 따라 좁은 곳으로 건너고, 큰 강은 수레 나룻배를 이용하여 건넜다. 나라를 통과할 때마다 세금과 시장세를 지불하였다.107)

초기 문헌들에 의하면, 대상들이 사막을 횡단할 때는 야간을 이용하였는데, 별을 보고 길을 안내하는 선도사(先導士, Land-piolot)의 도움을 받았다고 한다.

라쥐뿟따나(Rājputāna)의 서쪽 사막을 통과할 때 대상들은 오로지 밤에만 여행하였고, 바다에서 별을 관찰함으로써 바른 길을 유지하는 사람들과 같은 선도사에 의하여 안내 받은 것으로 전해지고 있다. 이 여로(旅路)에 관한 전체적인 서술은 너무도 선명하고 정확하기 때문에 그것을 하나의 창작품으로 볼 수 없다. 따라서 우리는 그것을 사막을 가로지르는 교역로가 있었을 뿐만 아니라 오로지 별들에 의하여 배와 대상들을 인도하는 선도사들이 잘 알려져 있었다는 증거로서 받아들이는 것이다.108)

이 루트는 대상·상인들의 길인 동시에 전법사들의 길이기도 하다. 이 길은 대상·상인들에 의하여 개척되었을 뿐만 아니라, 4부대중의

---

107) R. Davids, Ibid, p.98.
108) Ibid, p.104.

전법사, 민중 전법사들에 의하여 개척된 것이기도 하다. 데이비스는
이렇게 논하고 있다.

　　불교 이전의 문헌에는 이런 루트에 관한 기록이 아무것도 없다. 가장
오래된 빠알리-니까야에서, 우리는 유행(遊行)하는 전법사들의 여로에
관하여, 그리고 특히 보다 긴 여로에 관하여 많은 설명들을 확보하고
있다. 그들 전법사들은 일반적으로 이미 만들어진 루트를 따랐을 것이
다. 이것은 그 당시 상인들에 의하여 이용된 것과 같은 증거이다. 후기
에 와서, 우리는 상인들이 배나 소들이 끄는 마차들을 실제로 이용한
루트에 관한 설명들을 갖고 있다.109)

　　대중 전법사들은 같은 길을 오가며, 함께 개척하며, 이들 상인・대
상들과 특히 밀접한 관계를 유지할 수 있었고, 또 상인들을 통한 전도
활동도 매우 활발하게 전개할 수 있었던 것으로 보인다. 이것은 상인
전법사들이 불교의 변방개척(邊方開拓)에 큰 역할을 담당하였다는
것을 의미한다.110) '불교가 상인 계급에 속하는 신자가 많았다는 것은
『아함경(阿含經)』에 자주 전해지고 있다. 각지에서 장사하러 중인도
에 왔던 사람들이 불교에 귀의하고 귀국하여 고향에 불교를 전파했다.
뿐나와 깟차나도 그러한 사람들 중 하나이다.'111) 『잡아함경(雜阿含
經)』의 「상인경(商人經)」에서는 상인 전법사의 개척 상황을 이렇게
기술하고 있다.

---

109) Ibid, p.102.
110) H. W. Schumann, p.232.
111) 平川 彰・이호근, 앞의 책, P.100.

「먼 옛날 꼬살라국에 여러 상인들이 있었다. 그들은 500대의 수레를 타고 장사하러 함께 가다가 넓은 벌판에 이르렀다. 그 벌판에는 500명의 도둑들이 있어 그의 뒤를 따르면서 틈을 보아 물건을 빼앗으려 하였다.

때에 그 벌판에는 어떤 천신(天神)이 길옆에 서 있다가 이렇게 생각하였다.

'나는 저 꼬살라국 상인들에게 가서 이치를 물어보리라. 만일 그들이 내 물음을 반가워하고 잘 대답하면 그들이 도둑들에게서 벗어나 안온하게 할 것이고, 그렇지 못하면 버려 두리라.'

천신은 곧 광명을 비추며 상인들 있는 곳으로 갔다.

"누가 자는 이를 깨게 하는가?
누가 깬 이를 가게 하는가?
누가 이 이치를 잘 알아서
나를 위해 설해 주겠는가?"

그때 그 상인들 가운데 한 우바새가 있었다. 그는 붓다·담마·상가를 믿고 일심으로 귀의하였다. 그는 새벽에 일어나 단정히 앉아 깊이 생각하면서 12인연을 바로, 거꾸로 관찰하였다.

그 우바새는 천신의 질문을 듣고 그 앞에 나아가 조용히 읊었다.

"탐욕과 성냄과 어리석음의 욕심을 떠나
번뇌가 다한 저 아라한은
바른 지혜로 마음 해탈하였나니
그는 곧 깨닫고 있는 사람

나는 그에게 잠자고 있다네.

고통으로 말미암아 생기는 곳과
고통이 인연하여 모이는 것과
이 일체 고통을 남김없이
다 소멸시킬 수 있음을 알지 못하고
또 바른 길로써 고통 없는 곳으로
평등하게 나아감을 알지 못하면
그는 언제나 잠자는 사람
나는 그에게서 깨어 있노라.

이와 같이 깬 이에게 잠자고 있고
이와 같이 자는 이에게 깨어 있나니
이와 같이 그 이치 나는 잘 알아
이와 같이 그것을 설하노라.”

이렇게 해서 꼬살라국의 여러 상인들은 다 안락하게 넓은 벌판을 벗어나게 되었다.112)」

이 「상인경(商人經)」은 「상인전법경(商人傳法經)」으로 불러도 좋을 만큼 상인 전법사들의 포교활동을 잘 기록하고 있다. 그들은 도둑들이 들끓는 험한 벌판을 목숨을 걸고 수레를 몰고 달려가고, ‘천신’으로 상징되는 현지의 유력자들에게 담마를 전파함으로써 교역과 전법을 함께 살려내고 있는 것이다. 고대 인도의 루트는 상인들과 더불어

---

112) 『雜阿含經』 590, 「商人經」 ; 『한글대장경 雜阿含經』 2, pp.122~124.

대중 전법사들이 공동으로 개척했다는 주장이 이러한 역사적 사실들에 의하여 입증되고 있다. 대상들의 길이 곧 전법사들의 길이다. 대상-루트, 그것은 곧 '붓다-루트(Buddha-Route)'이다.

붓다-루트,
상인 전법사들이 수레를 몰고 달려가며 목숨을 걸고 개척했던 붓다-루트.
『아함경(阿含經)』이나 *Jātaka*, 『아바다나』 등 문헌에는, '상인들의 무인 광야 전법사건들'이 많이 기록되어 있다. 이미 관찰한 바와 같이, 멀리 서북쪽 변방 탁카실라로 가서 담마를 전파한 것도 바로 베살리 대상들이었다.113)

3) 대중들의 순교적 변방 개척

서(西)인도의 변방 개척

초기 전법사들의 변방 개척에서 특히 주목되는 곳이 서(西)인도 지역이다. 〔지도 5〕에서 보는 바와 같이 이 지역은 16국 가운데 하나인 아반띠(Avanti)국의 영토로서, 수도 웃제니(Ujjeni)는 교통의 요로에 위치하고 있어, 북동쪽으로는 비디샤를 거쳐 라자가하와 사밧티로 이어지고, 남서쪽으로는 스팔라카·바르가차 등 항구와 통하며, 남쪽으로는 파이탄을 통하여 남인도로 연결된다.

이 지역은 아리안문화-힌두문화가 남인도로 연결되는 중계 지점

---

113) 『雜阿含經』 980, 「念三寶經」 ; 『한글대장경 雜阿含經』 3, pp.16~19.

이고, 서해안의 항구들을 통하여 서방문화가 북인도로 들어오는 관문
이 되기도 하였다. 웃제니는 물산의 집산지로서 번창하였고, 도시의
풍토는 화려하고 자유로웠다.114) 7세기경 이 도시를 방문한 현장 법사
는, "주민은 많고 집집은 부유하였다. 가람은 수십 군데 있으나 도괴된
것이 많으며, 남아 있는 것은 서넛이다."라고 기록하고 있다.115)

이 지역을 개척하고 담마를 전파하는 데는, 이 지역 출신의 마하까
차나(Mahā-Kaccāna, Skt. Mahā-Katyayana, 摩訶迦旃延) 장로와 수
로나-꼬띠까르나(Srona-Kotikarna) 비구, 그리고 뿐나(Punna, Skt.
Pūrna, 富樓那) 장로 등 3전법사들이 선구적 역할을 담당하였다.116)
서인도 변방 개척의 주역으로서 활동한 마하까차나 장로는, 붓다의
10대 제자 가운데 '분별제일(分別第一)'로서 유명한 인물인데, 후일
'분별부(分別部, Vibhajjavada)'의 성립과 관련 깊은 것으로 분석되고
있다. 그는 어학에도 조예가 깊어, 이 지방의 속어에서 파생된 빠알리
어(Pāli語)를 최초로 문법적으로 정리한 것으로 인정되고 있다.117) 사
리뿟타와 목갈라나, 마하까샤빠 장로 등 동인도 출신의 위대한 제자들
이 많았지만, '초기불교의 포교사에서 가장 위대한 역할을 한 것은 마
하까차나 장로'로 인정되어 왔다.118)
초기에는 포교활동이 부진하여 새로운 사마나들을 득도시키는 데
필요한 10인의 비구를 확보하지 못하자, 그는 제자 꼬띠까르나 비구를

---

114) 中村 元 · 김지견, 앞의 책, p.268.
115) 玄奘 · 권덕주, 앞의 책, p.37.
116) E. Lamotte, Ibid, p.21.
117) R. Davids, Ibid, p.36.
118) H. Nakamura, Ibid, p.20.

사밧티의 붓다에게 보내서, 예외적으로 5명 비구의 입회로도 구족계를 줄 수 있도록 인가를 받았을 정도였다. 그후 마하까차나 장로의 개척 포교운동은 큰 성과를 거두게 되어, 웃제니를 중심으로 한 아반띠의 서인도가 초기 이후 불교포교의 중요한 거점이 되었다. 남(南)인도와 스리랑카에 담마를 전파한 것도 서인도 불교이고, 불교의 정통(正統)으로 인정되는 '분별부'도 서인도를 중심으로 발전하였다. 불멸 후 백년경 제2차 결집에서 이완된 동인도 승려들을 신랄하게 비판함으로써 부파(部派) 분열의 단초를 연 것도 이들 서인도 불교도들이다.119)

'부루나 장로의 고백과 전법순교 사건'

부루나(Pūrṇa, pāli-Puṇṇa, 富樓那)120) 장로는121) 본디 서해안에 있는 수나빠란따(Sunaparanta)의 수빠라까 항(Suparaka港, 현재 봄베이 북쪽의 소팔라)의 상인으로서, 대상의 일원으로 사밧티로 장사하러 갔다가 붓다 앞에서 전향하고 출가하였다. *Sangyutta-Nikāya*에는, 후일 부루나 장로가 멀리 자기 고향 부근의 변방으로 가서 전법하기를 자원하였을 때 붓다와 나눈 유명한 대화가 기록되어 있다. 붓다로부터 설법에 관하여 가르침을 받고, 부루나 장로는 이렇게 청하였다.

「"세존이시여, 저기 수나빠란따라는 곳이 있습니다. 저는 그곳에 가

---

119) 中村 元·김지견, 앞의 책, 268~269.
120) S.N. 35. ii. 4.88(text. iv .60, Puṇṇa) ; *The Book of the Kindred Sayings* 4(P.T.S.), pp.35~36.
121) 빠알리어로는 '뿐나(Puṇṇa)'이지만, 널리 알려진 대로 '부루나(富樓那)'로 부른다.

서 살고 싶습니다."

"부루나여, 수나빠란따 사람들은 성미가 급하다. 수나빠란따 사람들은 난폭하다. 부루나여, 만일 수나빠란따 사람들이 그대에게 화를 내고 욕설을 하면, 그때는 어떻게 하겠느냐?"

"세존이시여, 만일 수나빠란따 사람들이 저를 모욕하고 욕설을 하면, 저는 진정으로 그들을 이렇게 생각하겠습니다. '수나빠란따 사람들은 참으로 친절하다. 수나빠란따 사람들은 매우 친절해서 나를 주먹으로 때리지는 않을 것이다.' 세존이시여, 저는 이렇게 생각하겠습니다. 오 행복하신 이여, 저는 이렇게 생각하겠습니다."

"부루나여, 그러나 만일 수나빠란따 사람들이 그대를 주먹으로 때리면, 그때는 어떻게 하겠느냐?"

"세존이시여, 그런 경우에 저는 이렇게 생각하겠습니다. '수나빠란따 사람들은 참으로 친절하고 매우 친절해서, 나에게 흙덩이를 던지지는 않을 것이다.'"

"그러나 부루나여, 수나빠란따 사람들이 흙덩이를 던진다고 하자. 그러면 그때는 어떻게 하겠느냐?"

"세존이시여, 만일 그들이 그렇게 한다면, 저는 이렇게 생각할 것입니다. '수나빠란따 사람들은 참으로 친절하고 매우 친절하여, 나를 막대기로 치지는 않을 것이다.'"

"그러나 부루나여, 그들이 막대기로 치면, 그때는 어떻게 하겠느냐?"

"세존이시여, 그때는 이렇게 생각하겠습니다. '그들은 착해서, 칼로 치지는 않을 것이다.'"

"부루나여, 만일 그들이 칼로 친다면, 어찌 하겠느냐?"

"세존이시여, 그때 저는 '그들은 친절해서 날카로운 칼로 찌르지는 않을 것이다.'"

"부루나여, 그러나 그들이 칼로 찌른다면, 어찌 하겠느냐?"

"세존이시여, 그때 저는 이렇게 생각하겠습니다. '세존의 제자로서 고통을 당할 때, 육신과 생존을 부끄러워하고 혐오해서, 스스로 칼로 찌르는 사람들이 있다. 이제 나는 내가 찾지도 않았건만, 스스로 찌를 기회를 만났구나.' 세존이시여, 저는 이렇게 생각하겠습니다. 행복하신 이여, 저는 이렇게 생각하겠습니다."

"부루나여, 잘 갈했구나. 잘 말했구나. 이러한 자기 통제력을 가졌으니, 그대는 멀리 수나빠란따 민중 속에 살 수 있겠구나. 부루나여, 그대 생각대로 하라."」

부루나 장로는 수나빠란따로 가서 헌신적으로 전법하여 남녀 각 5백명의 사람들을 전향시키고, 외도들의 공격을 받고, 고요히 죽음을 맞았다.〔지도 1 참조〕 그는 붓다로부터 '설법 제일'로 찬탄되었다.[122]

이 '부루나 장로의 전법순교 사건'을 통하여, 목숨을 던지며 정신적으로 미개한 '변방(邊方, Prantyantajanapada)'을 찾아 포교하는 초기 전법사들의 치열한 전법 개척정신을 새삼 확인할 수 있다. 또, '죽음을 넘어서는 고요함으로'라는 초기 주역들의 전법정신이 얼마나 투철하게 실현되고 있는가를 분명히 확인할 수 있을 것이다.

서북(西北), 동(東)인도 변방 개척

간다라 지방으로 향하는 교통의 요충 서북지역에 대한 전법 개척에 앞장 선 것은 붓다 자신이었다. *Aṅguttara-Nikāya*에 의하면, 붓다는

---

122) AN 1.14.1(text. i. 23) ; *The Book of the gradual Sayings 1*(P.T.S.), p.17. 'He went to Sunaparanta and was killed.' ; note-3.

이 지역의 중심지이자 수라세나(Sūrasenas)국의 수도인 마두라
(Madurā, Mathurā)를 방문하여 담마를 설하였다.

어느 때, 세존께서는 마두라와 베란자 사이의 대로를 따라 여행하
였다. 그리고 많은 수의 남정네들과 여인들이 또한 그 길을 따라 여행
하고 있었다.

그때 세존께서는 대로를 벗어나 어떤 나무 밑의 미리 준비된 자리에
앉았다. 그들 남성과 여성들이 세존께서 앉아 계시는 것을 보고, 그에
게로 가까이 와서 절하고 한쪽에 앉았다. 그들이 앉자, 세존께서 그들
에게 설하셨다.

"남정네들이여, (여인들과) 함께 살아가는 네 가지 길이 있느니, 무
엇이 넷인가? 고약한 남자는 고약한 여자와 같이 산다.……123)"

또 마하까차나 장로도 이 도시에 거주하면서 담마를 전파하였다.124)
이렇게 대로를 따라 유행하며 담마를 전파한 결과, 마두라는 간다라
방면으로 불교를 전파하는 주요 거점으로 자리잡았다.125) 붓다와 대
중들은 더욱 서쪽으로 나아가, 마두라와 탁카실라를 연결하는 대교역
로에 위치한 베란자(Verañjā, Vairanti) 마을까지 방문하였다. 이 지
방에 기근이 들어, 붓다와 대중들이 공양을 거부당하고, 말먹이용 거

---

123) AN 4.6.53(tetx. ii. 57) ; *The Book of the Gradual Sayings* 2(P.T.S.),
    p.66.
124) MN 2.84~90(84. Madhura-Sutta) ; *The Collection of the Middle Length
    Sayings* 2(P.T.S.), pp.273~278.
125) R. Davids, Ibid, p.36.

친 보리를 먹지 않으면 안 되던 것이 바로 이때였다.126)

동쪽 변경 앙가국(Anga國, 현재의 벵갈 지방)까지 나아가 담마를
전파한 것은 여성 전법사 쭐라-수밧다(Cullā-Subhaddā)이다. 수닷타
장자의 딸인 수밧다는 멀리 앙가국으로 시집가서, 완강한 나형(裸形)
외도 니간타스인 시아버지와 시민들의 강요와 위협에도 굴하지 않고
목숨을 걸고 그들과 대결하였다.

욱가 시(Ugga市)의 유력한 자산가인 시아버지 욱가 장자가 니간타스
들을 초청하여 공양을 베풀면서 며느리 수밧다를 불러 예를 올리도록
요구하였으나, 수밧다는 이를 거절하였다. *Dhammapada-Commentry*
에서는 그 광경을 이렇게 기술하고 있다.

「수밧다의 시아버지는 신성한 날이나 축제일이 되면 나형 고행자들
에게 연회를 베풀고, 그때마다 수밧다에게 이렇게 전하였다.

"와서 우리 수행승들에게 예를 올려라."

그러나 수밧다는 그의 정숙함 때문에 나형 고행자들에게 예를 올릴
수 없었고, 그래서 부름을 거절하였다. 다시, 또다시 시아버지는 사람을
보내 불렀고, 수밧다는 다시, 또다시 거절하였다. 마지막에는 시아버지
가 노해서 명령하였다.

"저 여인을 집밖으로 쫓아내라."

그러나 수밧다는 대답하였다.

"정당한 이유 없이, 누구도 나에게 죄를 뒤집어씌울 수는 없다."127)」

---

126) E. J. Thomas, Ibid, pp.117~118.
127) Dhp-Com. 21.8(text. N. iii. 465~471, 304) ; *Dhammapada-Commentry 3*,
    p.185.

그는 멀리 붓다에게 구원을 청하고, 붓다는 500명의 대중들과 함께 멀리 여행한 끝에, 마침내 그곳에 이르러 욱가 장자와 시민들을 전향시키는 데 성공하였다. '자산가 욱가를 비롯하여 8만 4천명의 시민들이 예류(豫流)의 길로 들어섰다.'[128] 이곳이 붓다가 나아간 동쪽 끝으로 기록되고 있다.[129]

4) 데칸 남로(南路, Dakkhinapatha)의 발견

'16 구도자들의 순례사건'

초기 전법운동의 지리적 영역의 확장에서 가장 큰 문제로 제기되어 온 것 가운데 하나가 남방 진출선에 관한 논의이다. 지금까지의 연구 결과에 의하면, 붓다와 직제자들의 남방 포교의 최전선(最前線)은 북위 23도인 아반띠 지역이고, 그 이남의 데칸(Dekkan) 지방은 전혀 언급하지 않고 있다.[130] 슈만은 붓다와 대중들의 유행 영역을, 서쪽은 야무나 강의 꼬삼비, 동쪽은 참빠, 북쪽은 가빌라밧투, 남쪽은 우루벨라로 한정시키고 있다.[131] 그러나 우리는 붓다 자신이 서북쪽의 마두라와 베란자, 동쪽으로는 현재의 벵갈 지방인 앙가까지 유행 전도한 사실을 이미 확인한 바 있다.

남방 전선(前線)과 관련해서도, 우리는 빠알리-니까야의 최고(最古) 경전으로 인정되는 *Sutta-nipāta*에서 매우 주목할 만한 기록을 발

---

128) Ibid, p.187.
129) E. Lamotte, Ibid, p.21.
130) R. Davids, Ibid, p.29.
131) H. W. Schumann, Ibid, p.231.

견하게 된다. 경의 마지막 품(品)인 고시구풍(古詩句風)의 'Pārāyaṇa-vagga(彼岸道品)'는 그 구성과 언어의 용례에서 오랜 전통과 밀접하게 연결되어 있는 것으로 분석하고 있다.132) 우리가 주목하는 것은, 바로 이 Pārāyaṇavagga에 먼 남방의 브라민 바바린(Bavarin)의 16 제자들이 스승의 부탁을 받고, 멀리 북방의 사밧티에 있는 붓다를 찾아서 북행하는 과정이 묘사되어 있다는 사실이다. 그 기록은 다음과 같다.

〔976〕 베다에 통달한 브라민 바바린은
       무소유의 경지를 얻기 위하여
       꼬살라국의 수도 사밧티를 떠나
       남로(南路)로 내려왔다.
〔977〕 그는 고다바리 강의 언덕에 살고 있었다.
       이삭을 주워 먹고 나무 열매를 따먹으면서…….

〔997〕 바바린은 그의 제자들에게 말했다.
       "자, 여기로 오너라. 나는 그대들에게 할 말이 있다.
       지금부터 내 말을 귀담아 들어라.
〔998〕 눈뜨신 분이 지금 이 세상에 오셨다.
       그대들은 지금 곧 사밧티로 가라.
       가서 그분을 만나라."

---

132) '(*Sutta-nipāta*의) Atthaka와 Parayana가 전통과 밀접하게 연결되고 있는 것은 이미 언급한 바 있다. 이 연결에서, Atthaka가 16개의 suttas로 구성된 것과 꼭같이, Paravana도 16개의 Pucchas로 구성되어 있다.' ; G. C. Pande, Ibid, p.58.

〔1006〕　바바린의 이 말을 듣고

　　　　　그의 제자 열여섯 명은 서둘러 길 떠날 채비를 했다.……

〔1011〕　그들은 알라까의 수도 빠티타나로 갔다.

　　　　　거기서 다시 옛 도시 마하사티로,

　　　　　웃제니로, 고나다로, 베데사로, 바나사바야로 갔다.

〔1012〕　또 거기서 다시 꼬삼비로, 사께따로,

　　　　　그리고 최고의 도시 사밧티로 갔다.

　　　　　여기에서 세타비야로, 가빌라밧투로,

　　　　　구시나가라 궁전으로 갔다

〔1013〕　거기서 다시 향락의 도시 빠바로, 베살리로,

　　　　　마가다국의 수도 라자가하로 갔다.

　　　　　라자가하로 가서 그들은

　　　　　큰 바위와 나무가 우거진 곳에 이르렀다.

〔1014〕　목마른 자가 냉수를 찾듯

　　　　　장사치들이 큰 이익을 구하듯

　　　　　더위에 지친 사람이 나무 그늘을 찾듯

　　　　　그들은 급히 스승이 머무는 산으로 올라갔다.133)

북위 20도의 고다바리 강 언덕까지

　여기서 주목되는 것이 '남로(南路, Dakkhiṇāpatha)'란 용어이다. 데이비스는 이렇게 논하고 있다.

---

133) Sn 976-1014 ; Sutta-nipāta(tr. Bhikkhu Thanissaro, Microsoft Word 6),
　　cf. 『숫타니파타』(민족사), pp.253~259.

Dakkhiṇāpatha란 표현은 그 형태에 있어 기이하다. 그것은 '남쪽 길(南路, Southern Road)'을 의미하는데, 어떤 특정 지역에 상응시키는 것은 이상한 명칭이다. 비록 가장 후기의 것이긴 하지만, 베다의 한 찬송 속에서, 이미 우리는 한 추방된 사람이 '남쪽 길'을 가고 있는 것을 듣고 있다. 서로 다른 시대에 서로 다른 관점에서 그 길로 도착했음이 분명하다. 붓다시대에는, 가장 남쪽의 마을은 빠티타나(Patiṭṭhāna)이다.〔SN 1011〕 그 장소는 이후 '파이타나(Paithana)'로 불리고, 또 그리스 사람들에 의해서는 '바이타나(Baithana)'로 불렸다.〔73° 2′ E. 21° 42′ N〕 그리고 붓다 당시 도달한 최남단 지점은 대개 북위 20°인 고다바리(Godhāvari) 강 위의 은둔처이다.134)

〔지도 5〕에 의하면, 바바린의 제자 16명이 출발한 알라카의 수도 '빠티타나'는 데칸 서부의 고다바리(Godhāvari) 강 언덕에 있는 '프라티스타나(Pratisthana)', 또는 '프라쉬타나'에 비정(比定)된다. 그리고 옛 도시 '마하사티'는 〔지도 5〕에서 웃제니 밑에 있는 '마히스마티(Mahismati)'에 비정된다. 데칸 지방의 고다바리 강 유역에서 출발하여 웃제니를 거쳐 사밧티에 이르는 이 길은 고대 인도에서 '남로(南路, Dakkhiṇāpatha, the southern road)'로 일컬어진 교역로이다. 그리고 이 일행이 사밧티에서 붓다를 만나지 못하고, 세타비야·가빌라밧투·구시나가라를 거쳐 라자가하로 내려오는 길이 '북로(北路, Uttarapatha, the northern road)'로 일컬어진 교역로이다.135)

일부 학자들은 'Dakkhiṇāpatha(南路)'란 표현이 4니까야에는 전혀

---

134) R. Davids, p.30.
135) Ibid, p.30.

언급되어 있지 않고 유일하게 *Sutta-nipāta*에서만 등장하고 있고, '도 피안품(Pārāyaṇa-vagga)'의 도입부가 대부분 운문으로 되어 있는 점 등을 들어, 이 순례사건이 'Pārāyaṇa'의 형성시기보다 후대일 것으로 추정하고 있지만,[136) '16 구도자의 순례사건'을 부정할 수 있는 확실한 증거는 어디에서도 발견되지 않고 있다. 따라서 데이비스가 지적하고 있는 것같이,[137) *Sutta-nipāta*에 나오는 '남로'가 정확한 통로는 불분 명하지만, 고다바리 강 북부의 데칸 지방을 통하는 것은 분명한 사실 로 보인다.

Sutta-nipāta 'Pārāyaṇavagga'에서 '남로(南路)', 곧 데칸 남로를 발견한 곳은 초기 전법포교운동의 지리적 영역의 확장에서 매우 중요 한 의미를 가지는 것으로 생각된다. 북위 23° 선인 아반띠로 확정되어 있던 초기불교의 남방전선(南方前線)이 북위 20° 선인 고다바리 강 상류까지 확장된다는 것은 초기 불교사 연구에 여러 가지 새로운 변 화를 야기시킬 의미 있는 정보가 될 것이다.

우선 중서(中西) 인도의 불교전파와 관련된 종래의 학설들이 재검 토되지 않으면 안 될 것이다. 기원전 3세기경 아쇼카(Asoka) 왕이 전 법사를 이 지역으로 파견하기 훨씬 전인 기원전 6~5세기, 붓다 재세 시에 데칸 일부 지방에 열성적인 불교도 집단이 존재했던 것이 엄연 한 사실로 드러나고 있는 것이다.

---

136) E. J. Thomas, Ibid, p.14.
137) R. Davids, Ibid, p.30.

5) 민중 개척자들, 수많은 순교자들

민중 스스로 개척하는 Buddha-Route

이 남로(南路)가 그 열성적인 비(非)불교도인 세속의 대중들, 민중들에 의하여 '불교의 남로', '붓다의 남로'로 개척되었다는 사실은 불교세계의 지리적 영역의 확대를 넘어서서, 초기 전법운동의 대중적·민중적 주도성의 확대라는 점에서 보다 본질적인 중요성을 담지하는 것으로 보인다. 불교세계는 붓다와 전법사들의 헌신적 변방 개척에 의하여 확대될 뿐만 아니라, 대중 자신들, 민중 자신들의 요구와 헌신적 구도의 힘에 의하여 확대되고 있는 사실이 '16 구도자들의 순례사건'에 의하여 입증되고 있다.

아지타·띳사 메티야·푼나카·메타구·도타카·우파시바·난다·헤마카·토데야·캅파·가투칸니·바드라붓다·우다야·포살라·모가라자·삥기야. — 138)

스스로 상당한 지적 수준에 있었고 사회적 명성도 가지고 있던 이들 16명의 구도 순례단(巡禮團)은 스승의 말 한마디를 듣고, 붓다를 찾아서 남로-북로에 걸쳐 2,000km가 넘는 대장정(大長征)에 나서고 있다. 황량한 고원, 험준한 산맥, 두려운 벌판, 폭류하는 강물……. 그들에게 이 길은 생애와 생명을 건 모험이고, 귀로(歸路)를 기약할 수 없는 고행의 여정이었을 것이다. 그들은 이 험한 길을 헤치고 나아가, 마침내 라자가하에 도착하였다. '목마른 자가 냉수를 찾듯, 상인들이 큰 이익을 구하듯, 더위에 지친 사람이 나무 그늘을 찾듯' 그들은 스승

---

138) Sn, 1006-1008.

에게 달려갔다. 그들은 차례차례 질문하고, 붓다의 대답을 들었다. 그리고 그들은 붓다 곁에서 진지하게 저 언덕에 이르는 길(彼岸道, Pārāyaṇavagga)로 나아갔다.139)

이 가운데 요가 수행자 삥기야(Pingiya)는 스승 바바린에게 이 소식을 전하기 위하여, 다시 남로를 따라 고다바리 강 언덕으로 돌아왔다. 아마 이 '요가 전법사' 삥기야가 데칸 지방에 담마를 전파한 최초의 개척 전법사일 것이다. 스승 바바린 브라민 앞에서 삥기야는 이렇게 고백하고 있다.

〔1131〕 저 영원한 땅에 이르는 길을 나는 찾았습니다.
깨달은 이는 자신이 본 대로 모든 걸 말해 주었습니다.
생각이 순수하고 헛된 야망이 없으신 분이
무엇 때문에 거짓말을 하겠습니까?
〔1132〕 오만과 위선을 버리신 분,
어리석지도 않고, 결점도 없으신 분,
음성도 온화하신 그 분을 나는 찬양합니다.140)

"저 영원한 땅에 이르는 길을 나는 찾았습니다.
그 분을 나는 찬양합니다-."

이러한 요가 수행자 삥기야의 고백을 통하여, 붓다를 고대하는 인도 민중들의 갈망을 들었을 것으로 생각된다. 그리고 이러한 민중적 갈망과 1만리를 걸어서 오가는 변방 대중들의 자발적인 구도와 전도의 의

---

139) Sn 1124-1130
140) Sn. 1131-1132.

지가 초기 전법포교운동의 궁극적 성공을 담보하는 결정적 요인으로 판단된다.

수많은 순교자들의 행로

서북쪽으로, 서쪽으로, 동쪽으로,

머나먼 남쪽 고다바리 강 언덕으로…….

이렇게 붓다-루트는 동서남북 사천하로 끊임없이 개척되고 확대되어 갔다. 이것은 실로 사상 최초의 일대 장관이라고 할 것이다. 인류문명사의 본격적인 개막이라고 할까? 그러나 많은 사람들이 이 붓다-루트가 수많은 순교자(殉教者), 순법대중(殉法大衆)들의 피땀의 산물이라는 사실에 관해서는 많이 알고 있는 것 같지 않다. '순교자'라는 용어에 대해서 생소함마저 느끼는 이들도 있을 것이다. 이것은 정보의 부족에서 오는 결과로 생각된다.

붓다-루트의 개척을 위해서, 붓다-담마의 실증을 위하여 실로 수많은 대중들이 몸을 던졌다. 몸을 버린 순교자는 목갈라나 장로·웁빨라반나 장로니·부루나 장로, 그리고 쿠주따라와 500명의 궁녀들뿐만 아니다. 빠알리-니까야에는 대중 전법사들의 순교적 변방 개척에 관하여 많은 기록들이 실려 있다. 대중 전법사, 민중 전법사들의 이러한 순교적 전법행에 의하여, 담마는 점차 지리적으로 멀리 미지·미개의 변방으로, 서북쪽으로, 서남쪽으로, 또 남쪽으로 확대되어 나갔다. E. 토마스는 이렇게 기술하고 있다.

경전 속 도처에서 예(例)의 장소들이 언급되어 있다. 그리고 그 장소들의 변화와 지도적 범위의 확대를 통하여, 우리는 그것이 어떻게 점

차적으로 확대되어 나갔는가를 볼 수 있다. 가장 짤막한 지역 명단조차
도 아마 담마가 설해진 지역들의 저장된 리스트 속에서 보여지는 것보
다 광범한 후대의 지리적 지식을 나타내는 것으로 생각된다. 그러한 일
은 붓다가 여러 나라에서 죽은 제자들의 운명을 설한 전승인 *Janava-
sabha-Sutta*[141]에서 일어나고 있다. 그리고 위에서 언급한 그러한 지
역에 더하여, 프레야가(Prayāga)의 서쪽인 체티스(Cetis)와 밤싸
(vaṃsās)와 꼬살라의 서북쪽인 빤찰라(Pañcālas), 그리고 더 서쪽으
로 마차스(Macchas)와 수라세나(Sūrasenas)도 거기에 나타나고 있
다.[142]

얼마나 많은 대중들이 몸을 던졌는가?

Dīgha-Nikāya의 *Janavasabha-Sutta*는 이 문제에 관해서 매우 시
사적인 정보를 제공하고 있다. 이 Sutta의 첫머리에서는 이렇게 보고
하고 있다.

「나는 이렇게 들었다.

어느 때, 붓다께서 나디까(Nādika)의 벽돌집에 계셨다. 그리고 그때
붓다께서는, 까시인(Kāsis)・꼬살라인(kosalans)・밧지인(Vajjians)과
말라인(Mallas)・체티인(Cetis)과 밤싸인(Vaṃsā)・꾸루인(Kurus)과
빤찰라인(Pāncālas)・맛차인(Macchas)과 수라세나인(Sūrasenas) 등,
죽고 사라져간 나라 위아래의 다양한 헌신자(獻身者)들의 재생(再生)에
관하여 설하고 있었다. 붓다는 이렇게 설하였다.

---

141) DN 18.1-4(text. ii. 200, Janavasabha-sutta) ; *The Long Discourses of
the Buddha*, p.291.
142) E. J. Thomas, Ibid, p.13.

"이 사람은 저기에 태어났고, 저 사람은 또 저기에 태어났다. 50명 이상의 나디까인(Nādikāns) 헌신자들은 다섯 가지 번뇌(五分結)를 버리고 자동적으로 재생하여, 이 세상에 다시 돌아오지 않고 닙바나를 얻었고, 90명이 넘은 나디까인 헌신자들은 세 가지 번뇌를 버리고 탐·진·치를 약화시켜, 이 세상에 한번만 돌아온 뒤 고통을 소멸시키는 사까다가마(sakadāgāma, 斯多含, 一來)를 얻었으며, 500명 이상의 나디까인 헌신자들이 세 가지 번뇌를 버리고, 다시 고통의 상태로 떨어질 수 없는 소따빳띠(sotāpatti, 須陀洹, 豫流), 일종의 닙바나를 얻었느니라."

이 소식이 나디까에 있는 헌신자들의 귀에 들리자, 그들은 기뻐하며 세존의 답을 듣고 즐거움으로 충만하였다.

그리고 아난다 비구도 붓다의 소식과 나디까인들의 기쁨에 관해서도 들었다.

그리고 그는 생각하였다.

'오랜 기간에 죽고 사라진 마가다인 제자들도 또한 많다. 사람들은 앙가나 마가다에는 (삼보를 위하여) 죽어간 사람들이 없다고 생각할지 모른다.

그러나 그들 또한 붓다·담마·상가에 헌신하였다. 그리고 그들은 계율을 준수하였다. 세존께서는 아직 그들의 운명을 말씀하시지 않았다. 여기에 대해서 말씀하시는 것이 유익할 것이다. 그리고 그것은 대중들로 하여금 신념을 갖고 좋은 재생을 얻게 할 것이다.'143)」

나디까인들(Nādikāns), 나디까인의 헌신자들,

---

143) DN 18.1-4(text. ii. 200) ; *The Long Discourses of The Buddha*, p.291.

붓다·담마·상가를 위하여 헌신하다 죽어간(died and passed away) 수십, 수백 명의 나디까인 헌신자들,

붓다·담마·상가를 위하여 헌신하다 죽어간 수십, 수백 명의 까시인(Kāsis)·꼬살라인(kosalans)·밧지인(Vajjians)과 말라인(Mallas), 체티인(Cetis)과 밤싸인(Vaṃsā)·꾸루인(Kurus)과 빤찰라인(Pāncālas), 맛차인(Macchas)과 수라세나인(Sūrasenas)의 헌신자들,

그리고 붓다·담마·상가를 위하여 죽어간 수십, 수백 명의 마가다인(Magadhan) 헌신자들……[지도 1 참조]

50명이 넘고, 90명이 넘고, 500명이 넘어서는 수많은 이들 종족들·백성들·민중들…….

이 이름 없는 민중들의 죽음에 의하여 붓다-루트는 열려갔다. 붓다·담마·상가에 대한 헌신과 고요한 죽음에 의하여 붓다-루트는 개척되어 갔다. 그들 헌신자들은 죽어서 멈추지 아니하고, 다시 태어나서도 붓다-담마를 위하여 헌신하고 또 죽어가고 있는 것이다.

이것은 실로 놀라운 정보로 보인다. 큰 충격으로 들린다. 이 '나디까의 순교자 소식'은, 지금까지 초기불교의 전파, 나아가 전체 불교사의 전개에 관하여 가져왔던 일반의 생각들이 얼마나 안이하고 비(非)역사적인 허구였던가를 경각시키는 '한 소식'임이 분명하다.

초기 대중, 초기 민중들은 '한 소식'을 막연히 기다리며 앉아 있었던 것이 아니다. 탁발하며, 유행하며, 수레를 몰며, 배를 몰며, 이교도들과 맞서며, 몽둥이로 맞아 뼈가 가루가 되며, 불길 속에서 몸을 불태우며, 야만의 변방으로 가서 죽임을 당하며, 1만 리 머나먼 험로를 걸으며……. 이렇게 그들은 수행한 것이다. 이 과정을 수행으로 삼은 것이다. 그 결과 수많은 대중들, 민중들이 깨달음을 실현하고 있는 것이다.

　그러면서도 그들은 '순교(殉敎)'를 말하지 않았다. '순법(殉法)의 역사'를 내세우지 않았다. '죽음을 넘어서는 고요함'으로 일관한 것이다. 자기를 아는 자가 참된 전지자(全知者), 일체지자(一切知者)이며, 자기를 이기는 것이 진정한 항마 ― 승리이고 평정이라는 붓다 담마를 듣고 이해하고 있었기 때문으로 생각된다. '쿠주따라 사건'에서, '싸움터의 코끼리같이 사방의 화살에 맞서는 것이 나의 임무'라고 말하고, 붓다는 이렇게 담마의 궁극을 들어 설하고 있다.

　　"길들여진 노새와 잘 길러진 신드(Sindh)의 말들,
　　정글의 큰 코끼리들이 가장 빼어나다.
　　그러나 스스로를 길들이는 사람이 더욱 빼어나니라."〔Dhp-Com. N. i. 213〕

　장엄한 'Buddhist India'의 실현
　붓다 석가모니,
　장로 · 장로니들, 비구 · 비구니들, 우바새 · 우바이들,
　장자 · 거사 전법사들, 브라민 전법사들, 여성 전법사들, 상인 전법사들, 요가 전법사들,
　이름 모르는 대중들, 백성들, 민중 전법사들,
　죽음을 넘어 고요함으로 나아가는 사람, 사람들…….
　이들 초기 전법운동의 주역들은 조건이 좋은 강가 강 유역의 불교 중국에 안주하지 않고, 교역로를 좇아 두렵고 황량한 벌판을 뚫고, 그들 스스로 '붓다-루트'를 개척하고 '담마의 길'을 열며, 정신적 미개의 변방을 향하여, 끊임없이 전법의 영역을 확대시켜 나갔다.

이러한 순교적 전법개척의 결과, 붓다 재세시 불교 세계의 영역은 대개 다음과 같은 경계로 확장되었다.

　　동쪽으로 : 현재의 벵갈 지방인 앙가(Anga)까지.
　　서쪽으로 : 아반띠의 서해안 수빠라까(Suparaka, 현재 봄베이 북쪽 소팔라)까지.
　　남쪽으로 : 현재의 데칸 지방인 고다바리(Godhāvari) 강 상류까지.
　　북쪽으로 : 현재 네팔 타라이 지방인 가빌라밧투(Kapilavatthu)까지.
　　서북쪽으로 : 야무나 강가의 바아란띠(Vairanti, 현재 베란자)까지.

R. 데이비스는 기원전 7세기경 북인도 전체 인구를 대개 5백만~2천만으로 추정하고 있다.[144] H. W. 슈만은 불교중국의 주민 가운데 대개 15~20%가 불교로 전향하고, 2~3%가 출가한 것으로 보고 있다.[145] 이를 근거로 어림잡아 보면, 붓다 당시 강가 강 유역의 불교 중심지역에는 최소 2~3백만 명 이상의 불교도와 2~3만 명 이상의 출가대중들이 활동하고 있었던 것으로 추정된다.

이것은 실로 광활한 개벽의 지평을 연 것으로, 지금까지 흔히 상정되어 온 것보다 훨씬 넓은 영역을 포괄하는 것이다. 이것은 불교가 전법포교운동 백년 이내의 초기에 벌써 전 인도의 종교로, 전 세계의 종교로 확산될 수 있는 전진기지를 확보하는 데 성공했다는 사실을 의미하는 것이다. 이렇게 해서 'Buddhist India'가 현실로 나타난 것이다.

---

144) R. Davids, Ibid, p.34.
145) H. W. Schumann, Ibid, p.191.

Buddhist India,

이 광활한 붓다세계, 불교세계―.

이 세계의 개척이 수많은 순교·순법사건에도 불구하고, 단 한번의 종교전쟁 없이 이루어졌다는 사실은 어떻게 해석되어야 할 것인가?

그것은 자기 승리, 자기 평정을 본질로 삼는 '정법평정(正法平定)'이라는 '전법륜(轉法輪)의 원리'가 그 경쟁적 우월성과 현실적 적합성을 역사적으로 검증받고 확인된 것으로 이해될 수 있을 것이다. 전륜성왕의 이상국가(理想國家)가 붓다의 전법륜을 통하여, 이 세상에 하나의 역사적 현실로 실현되고 있는 것으로 평가될 수 있을 것이다.

'Buddhist India.'

그러나 이 성공이 지니는 진정한 가치는 '만인의 견성', '많은 사람들의 깨달음'이라는 불교 본연의 대중견성 이념이 역사적·민중적으로 실증되었다는 데서 탐구되어야 할 것이다. 붓다와 대중들의 전법포교운동은 그 자체가 대중견성운동이고, 붓다세계―불교세계의 확대는 곧 대중견성의 확산이라고 할 것이다.

'Buddhist India'의 성공은 불교가 정치적으로, 물리적 힘으로 인도를 장악하였다는 것을 뜻하는 것이 결코 아닐 것이다. 그것은 불교가 정신적으로 인도 대륙과 인도 민중들을 변혁시키고 새로운 평화의 길을 제시하였다는 사실을 뜻하는 것이 될 것이다. 그리고 그 정신의 원동력은 바로 대중견성(大衆見性), 민중견성(民衆見性)에서 분출하는 것이라고 할 것이다. 불교운동은 본질적으로 견성운동, 곧 깨달음 운동이기 때문이다. 'Buddhist India'의 성공을 'Spiritual Conquest of India'로 규정하는 것도 바로 이 때문일 것이다.146)

Buddhist India,

이것은 실로 피땀 흘리는 순교적 개척의 산물로 보인다. 〔지도 1〕의 '붓다와 초기 민중들의 개척·순교도'에서 보는 바와 같이, 동서남북의 변경은 물론 강가 강 유역의 중심지대까지도 수많은 민중들의 순교·순법의 피땀으로 물들어 있다. 죽음을 넘어서는 수많은 민중들의 피땀으로 개척되고 있다. '순교한다'는 생각까지 놓아버린 무아행(無我行)의 민중들에 의하여 개척되고 있는 것이다.

이 광경을 목격하는 오늘의 불교도들은 무엇을 생각하고 있을까?

---

146) E. Lamotte, Ibid, p.78.

제4장 마하빠리닙바나(Mahāparinibbāna)의 견성학(見性學)

1. 독수리봉에서 사라쌍수 언덕까지
-붓다 최후의 전법 행진1) -

*Dīgha-Nikāya*의 16번째 경에 해당되는 *Mahāparinibbāna-Sutta* (『대반열반경』)에는 붓다의 마지막 전법행진과 입멸과정이 비교적 상세하게, 발생 순서에 따라 기술되어 있다. 같은 제목의 산스크리트 사본 단편과 티베트어 역본, 한역본(漢譯本) 네 종이 거의 같은 내용으로 보아, 이 경전은 역사적 사실을 담고 있는 것으로 인정되고 있다. 이 장은 이 경에 의거하여 전개해 갈 것이다.

---

1) 붓다 입멸에 관련되는 경들은 다음 세 경이다. ① *Mahāparinibbāna-Sutta* (DN 16 ; *The Long Discourses of the Buddha*, tr. Maurice Walshe, p.231f f) ; 입멸의 전 과정이 시간 순으로 기술되어 있다. ② *Mahāsudassana-Sutta*(DN 17 ; Ibid, p.279ff) ; 사라쌍수 언덕 입멸 직전 붓다의 최후 설법. ③ *Janavasabha-Sutta*(DN 18 ; Ibid, p.291ff) ; 빔비사라 왕의 사후 이 세상 방문에 관한 이야기. cf. E. J. Thomas Ibid, p.143, note-1.

1) 상심하는 노(老)붓다

가빌라 백성들의 최후

전법 고행 45년,

연세 80세의 노(老)붓다ㅡ.

이제 붓다는 늙고 지쳤다. 가끔 병이 나서 의사 지바까의 치료를 받기도 하였다. 한번은 붓다가 체액의 균형을 잃자, 지바까가 윤활유 맛사지와 웃팔라 연꽃, 온천욕으로 치료하였다.[2] 심한 등 디스크로 고생한 것도 이미 관찰한 바 있다. 붓다는 자신을 대신해서 사리뿟타·목갈라나·마하까샤빠 등 장로들이 공적 행사에 참석하고, 또 대중들에게 담마를 가르치도록 의뢰하기도 하였다.

이 시기를 전후해서 붓다 주변에 불행한 사건들이 많이 발생하였다. 전도 38년경(기원전 552년경), 붓다의 연세 73세 때, 데바닷타의 교권 도전사건이 발행하여 붓다 자신이 세 차례나 생명의 위기를 겪고, 독수리봉(靈鷲山, 靈山, 耆闍崛山, Gijjhakūṭa)에 오를 때 그가 굴린 돌에 맞아 발에 피를 흘렸다. 또 같은 해, 그의 충실한 지원자 빔비사라 왕이 아들 아자따삿투(Ajātasattu)에 의하여 시해되는 사건이 발생하였다.[3] 곧 이어 전법 39년(기원전 551년), 꼬살라국의 빠세나디 왕과 아자따삿투 왕이 전쟁을 벌이고, 전법 42년(기원전 548년) 연세 77세 때, 빠세나디 왕도 아들 비두다바(Viḍūḍabha)에게 왕위를 찬탈당하고 라자가하로 구원을 청하러 달려갔다가 성밖에서 기진하여 죽었

---

2) Mv 8.1.30-33 ; *The Book of the Discipline 4*(P.T.S.), p.395.
3) Cv 7.3.4-5 ; *The Book of the discipline 5*(P.T.S.), pp.266~268.

다.4)

전법 39년(기원전 551년) 연세 74세 때, 비두다바가 묵은 원한을 갚기 위하여 가빌라 정벌군을 일으키고 동쪽으로 진격해 가자, 칠순의 노(老)붓다는 동족을 구하기 위하여 뜨거운 뙤약볕 아래서 비두다바를 기다렸다. 두번 세번…… 끝내 그를 저지할 수는 없었다. 가빌라밧투는 처참하게 파괴되고, 대량 학살이 벌어졌다.5) *Dhammapada-Commentry*에서는 그 참상의 일부를 이렇게 기록하고 있다.

「비두다바는 등을 돌리며 그의 병사들에게 명하였다.

"나는 그대들에게 명하노라. '우리는 석가족이다.'라고 말하는 자들은 다 죽여라. 그러나 석가족 마하나마(Mahānamā)를 따르는 자들의 생명은 남겨두라."

석가족들은 그들의 광장에 모였다. 다른 자료가 없었기 때문에, 어떤 사람들은 풀잎을 입에 물고, 어떤 사람들은 갈대를 입에 물었다. 석가족들은 사실 아닌 것을 말하느니, 차라리 죽기를 원하기 때문이다.

병사들이 그들에게 물었다.

"당신은 석가족인가? 아닌가?"

입에 풀잎을 문 사람들은 대답했다.

"석가족이 아닙니다. 풀입니다."(입에 문 것을 묻는 것으로 생각한다는 의미. 저자 註)

갈대를 문 사람들은 대답했다.

"석가족이 아닙니다. 갈대입니다."

마하나마를 따르는 자들의 목숨은 남겨졌다. 입에 풀잎을 문 사람들

---

4) Jāt. 465 ; IV, p.151f.
5) Jāt. iv. 144. Dhp-Com. i. 337-361.

은 '풀잎 석가족'으로 알려졌고, 갈대를 문 사람들은 '갈대 석가족'으로
알려졌다. 비두다바는 나머지 사람들을 모두 살육하였다. 어머니들의
품에 안긴 갓난아이들도 남겨두지 않았다. 피의 강물을 흘러보내면서,
그는 석가족들의 목의 피로 그의 자리를 씻었다.6) 이렇게 해서 석가족
이라는 나무는 비두다바에 의하여 뿌리조차 뽑혔다.7)」

이 '비두다바 왕의 석가족 학살사건'은 전법 44년(기원전 546년경)
연세 79세 때, 붓다 입멸 직전의 일로, 역사적 사실이라는 것이 전문가
들의 공통된 분석이다. 살아남은 석가족들은 현재 Piprāvā 지방으로
이주하여 새로운 나라를 건설하고, 'Mahā-Kapilavatthu'라고 불렀
다.8)

석가족들은 활을 잘 쏘는 용맹한 종족이었지만, '붓다의 백성들'로
서 Ahiṃsa, 불해(不害)·불살생(不殺生)의 담마를 지켜 스스로 의
로운 죽음의 길을 선택한 것이다. 이 사건을 통하여 붓다 담마가 막연
한 관념이거나 사상이 아니라, 생동하는 '삶의 윤리'로서 민중들이 목
숨을 걸고 지켰다는 사실이 입증되고 있다. *Dhammapada-Commen-
try*에 의하면, 비두다바 군대는 철수 도중 한밤중에 급격한 홍수에 휩
쓸려 모두 사망하였다. 이 광경을 지켜보며, 붓다는 이렇게 설하고 있
다.

---

6) 비두다바가 어릴 때, 그 자리에서 석가족들로부터 '종의 아들'이라고 모욕을 받
   았던 것을 그 입의 피로 보복하는 것이다.
7) Dhp-Com. 4.3(text. N. 337-361, 47) ; *Dhammapada-Commentry 2*, pp.44~
   45. cf. Jāt 465 ; iv. 144-153. Hardy, *Manual of Buddhism*, pp.200~294. R.
   Davids, Ibid, p.11.
8) H. W. Schumann, Ibid, pp.242~243.

"꽃을 꺾어 모으고 그 즐거움에 빠져 있는 동안

죽음은 다가와 그를 데려가나니

마치 거대한 홍수가 잠든 마을을 휩쓰는 것과 같이."9)

상수 제자 사리뿟타와 목갈라나 장로의 죽음

이 시기를 전후하여, 붓다에게는 또 슬픈 사건이 발생하였다. 사랑하는 두 제자, 사리뿟타와 목갈라나 장로의 죽음이다. 전법 45년(기원전 545년), 팔순의 노(老)붓다는 라자가하 기사굴산 독수리봉에서 담마를 펴고 있었다. 이보다 조금 앞선 기원전 547년 연세 78세 때, 사밧티의 기원정사에서, 붓다는 제일의 상수(上首) 제자 사리뿟타의 입적 소식과 그의 발우·가사·화장한 재를 받고 큰 상심(傷心)에 잠겼다.10) *Sangyutta-Nikāya*는 사리뿟타의 시봉 춘다(Cunda) 사미로부터 그의 유품을 전해받은 아난다와 붓다가 나눈 대화를 이렇게 기록하고 있다.

아난다 : 세존이시여, 춘다 사미가 저에게 말했습니다.

"장로시여, 사리뿟타 장로께서 입적하셨습니다. 여기에 그의 발우와 가사, 재·물병이 있습니다."

참으로 세존이시여, 마치 약에 취한 듯, 제 몸이 두려워 떨고 있습니다. 제 모든 감관이 떨리고 있습니다. '사리뿟타 장로가 입적하셨다.'는 말을 듣고, 저에게는 스승의 가르침이 불분명해졌습니다.

---

9) Dhp-Com. 4.3(47) ; Ibid, p.46.

10) SN 47.3.2.3-4(text v.161, Cunda) ; *The Book of the Kindred Sayings 5*(P.T.S.), pp.140~143.

붓　다 : 그러나 아난다야, 말해보라. 사리뿟타 장로가 입적했을 때,
그의 덕성까지도 가져갔다는 것이냐? 사리뿟타가 입적했을
때, 그의 선정과 지혜까지도 가져갔단 말이냐? 사리뿟타가
입적했을 때, 그의 해탈, 앎과 봄에 의하여(by knowing
and seeing) 얻은 해탈까지도 가져갔단 말이냐?

아난다 : 아닙니다, 세존이시여!

붓　다 : 아난다야, 내가 전에 그대에게 이미 선언하지 않았더냐?
사랑스럽고 기쁜 모든 것 속에는 바뀌고, 떠나가고, 다른 것
으로 변해가는 속성이 있는 것이라고 말하지 않았더냐?
아난다야, 마치 견고하게 왕성한 힘으로 가득 차 서 있는
거대한 숲에서, 크나큰 가지가 썩어서 떨어지는 것과 꼭같
이, 아난다야, 견고하게 왕성한 힘으로 가득 찬 거대한 승단
에서, 사리뿟타가 입적하였구나.
아난다야, '태어난 것·만들어진 것·구성된 것·변화해 가
는 것은 무엇이든 오, 사라지지 않기를! 해도, 어찌 사람들
이 원하는 대로 이루어질 수 있는가?'라고, 나는 말해 왔다.
아니로다, 그럴 수는 없는 것이로다.
아난다야, 나의 승단은 무성하게 번창하기를 멈추겠구나.
배우기를 갈망하는 수행자들이 무성하게 번창하기를 멈추
겠구나.11)

'오, 사라지지 않기를!'

Oh, may it not perish－!

---

11) SN 47. 3.2.3(text. ⅴ. 161, Cunda) ; Ibid, pp.140～143. cf. Diolog. ⅲ. 112 n.
K. S. ⅳ. 30. Brethren. 119.

붓다의 통곡이 들리는 것 같다. 사랑하는 제자를 떠나 보내고 어쩌지 못하며 몸부림하는 한 평범한 인간 붓다의 눈물을 보는 것 같다.

*Mahāparinibbāna-Sutta*에서는 유행 도중, 나란다(Nālandā)에서 장로 사리뿟타가 붓다 앞에서 최대의 존경심을 갖고 신앙고백을 한 것으로 기술하고 있으나,[12] *Sangyutta-Nikāya*와 *Jātaka*의 자세한 기록에 의하면, 붓다의 두 상수 제자 사리뿟타 장로와 목갈라나 장로는 같은 해인 기원전 547년, 붓다보다 앞서 입적하였다. *Sangyutta-Nikāya*는, 이 '사리뿟타 장로의 붓다 찬탄'이 그의 입적에 앞서, 나란다 한 의류상인의 망고동산에서 있었던 것으로 기록하고 있다.[13] 목갈라나 장로가 이미 관찰한 바와 같이, 니간타스들에 의하여 뼈가 부서지는 최후를 맞은 것도 바로 이 시기의 일이다.

노(老)붓다의 긴 유행은, 마지막 유행이 된 것이지만, 이러한 사건들로 인한 상심과도 관련 있는 것으로 생각된다.[14]

2) '7불쇠법(七不衰法)'을 설하고

기사굴산 독수리봉에서 붓다는 아자따삿투 왕이 보낸 브라민 바사까

---

12) DN 16.1.16(text. ii. 82) ; *The Long Discourses of the Buddha*, pp.234~235.

13) SN 47.3.2.2(text. v . 159, Nālandā) ; *The Book of the Kindred Sayings* 5(P.T.S.), pp.138~140

14) SN 47.3.2.4 ; Ibid, p.143~145.

라(Vasakāra)의 방문을 받았다. 왕은 바사까라를 통하여 밧지족 침공에 관하여 붓다의 자문을 구하고 있었다. 이때 붓다는 장로 아난다를 상대로 '일곱 가지 쇠망하지 않는 법(七不衰法, Aparihanya-Dhamma, factors of non-decline)'에 관하여 차례대로 묻고, 이와 같이 결론 내렸다.

"브라민이여, 나는 이전에 베살리에 머문 적이 있었다. 그곳에서 나는 밧지족 사람들에게 '일곱 가지 쇠망하지 않는 법'을 설하였다. 밧지족이 이 법을 잘 지키고 있는 것이 알려지는 한, 밧지족에게는 번영이 기대될 뿐, 쇠망하는 일은 없을 것이다."15)

붓다의 말을 전해 들은 아자따삿투 왕은 침략을 포기하였다. 이 일이 있은 직후, 붓다는 라자가하 근처에 있는 출가 수행승을 모이게 하고, '상가가 멸하지 않는 일곱 가지 담마'를 거듭 설하였다. 그 법은 이러하다.

① 대중들은 자주 모임을 가져라.
② 대중들이 모일 때 조화를 이루고, 헤어질 때 조화를 이루고, 일할 때도 조화를 이루라.
③ 이전에 정해지지 않는 법을 새로 정하거나, 정해진 법을 깨트리지 말며, 이미 정해진 법에 따라 행동하라.
④ 득도한 지 오래된 교단의 어버이, 지도자인 오래된 장로들을 존중하고 숭배하며 경배하라.
⑤ 윤회를 초래하는 탐욕의 마음이 일어나더라도, 그것의 먹이가 되

---

15) DN 16.1-5(text. ii. 72-76) ; Ibid, pp.231~232.

지 말라.

⑥ 숲속에 살기를 희망하라.

⑦ 각자 마음집중을 보전하여, 미래에 동료들 가운데 훌륭한 사람들이 찾아오고, 이미 온 동료들이 편안함을 느끼도록 하라.16)

3) 강가 강을 건너 북으로 가는 길

거사들을 멀리 전송하고

이 담마 직후, 붓다는 북쪽으로 향하여 유행을 떠났다. 암바랏티까(Ambalaṭṭhikā) 동산에 도착하여 '왕의 집'에 머물렀다. 여기에서 수행자들에게 삼학(三學)을 설하였다. 암바랏티까 동산을 출발하여 라자가하 북쪽 5km 지점에 있는 나란다(Nāḷandā)의 파바리카 상인의 망고동산에 도착하였다. 여기서 삼학을 설하였다. 나란다를 출발하여 갠지스 강 남쪽 기슭 빠딸리가마(Pāṭaligāma, Pataliputta)에 도착하였다. 마을 주민들이 붓다와 비구들을 한 집으로 초대하였다.

「"세존이시여, 곡식·방석·물병·등불 등이 모두 준비되었습니다."

그러자 붓다는 하의(下衣)를 입고, 발우와 겉옷을 손에 잡고, 비구들과 함께 그 집으로 향하였다. 집에 도착하자, 발을 씻고 들어가 중앙의 기둥을 등지고 동쪽으로 향하여 앉았다. 이어서 비구들도 발을 씻고 들어가 서쪽 벽을 등지고 앉았다. 이어서 마을 사람들도 발을 씻고 들어가 동쪽 벽을 등지고 붓다를 마주 보며 앉았다. 붓다가 마을 주민들을

---

16) DN 16.1.6-11(text. ii. 76-81) ; Ibid, pp.232~234.

향하여 설하였다.

　"거사들이여, 세상 가운데서도 다섯 가지 계율을 지키지 않고 악습을 좇는 자에게는 다섯 가지 재난이 찾아오느니라. 그 다섯이란 무엇인가?"

　이렇게 하여 붓다는 빠딸리 불자들을 위하여 여러 가지 담마를 설하여 믿어 지니게 하고, 그들을 격려하고 기쁘게 하였다. 그 사이 시간이 많이 흘렀다. 붓다가 말하였다.

　"거사들이여, 이제 밤이 매우 깊었다. 때를 헤아려 집으로 돌아감이 좋으리라."
　"잘 알았습니다. 세존이시여."

　마을 주민들은 붓다에게 작별 인사를 드리고, 오른쪽으로 세 번 도는 예를 표하고 돌아갔다. 붓다는 멀리까지 그들을 배웅하였다.[17]」

기생 암바빨리의 공양을 받고

　붓다와 대중들은 성문을 나와 강가 강 기슭에 이르러 2.5㎞ 넓이의 강을 건넜다. 그 후 주민들은 이 문을 '고따마의 문', 도강지를 '고따마의 여울'이라고 불렀다. 갠지스 강을 건너서는 처음으로 꼬띠가마(Koṭigāma)에 도착하여 4성제를 설하고, 다시 나디까(Nādikā) 마을에 도착하여 '기와의 집'에 머물며, 사후의 향방에 대하여 알 수 있는

---

17) DN 16.1.20-25(text. ii. 80-86). Ibid, pp.236~237.

‘진리의 거울[法鏡]’을 설하였다.

노(老)붓다와 황색 가사의 대중들이 나디까를 떠나 밧지족의 수도 베살리에 도착한 것은 전법 45년, 기원전 545년의 일이다. 대중들은 베살리 근교, 이 도시의 이름난 창녀 암바빨리(Ambapāli)의 망고동산에 머물렀다. 암바빨리는 빔비사라 왕과의 사이에서 비말라꼰단나(Vimalakoṇḍanna)라는 아들을 두었는데, 이 아들은 이미 비구가 되어 있었다.

암바빨리는 소식을 듣고, 화려한 소 수레를 몰고 달려왔다. 붓다는 그를 위하여 담마를 설하여 격려하였다. 기쁨에 찬 암바빨리는 붓다와 대중들을 다음 날 공양에 초대하였다. 붓다는 침묵함으로써 응낙하였다. 이 소식을 듣고, 긍지 높은 릿차비족의 젊은 귀족 청년들이 마차를 몰고 망고동산으로 달려오다가, 암바빨리의 수레와 충돌하여 전복되는 사건이 발생하였다. 암바빨리로부터 사정 얘기를 들은 청년들이 말하였다.

　“암바빨리여, 십만 금을 줄 테니, 붓다 초대를 우리들에게 양보하시오”
　“귀하신 분들이여, 설령 이 풍요로운 베살리 땅 전체를 준다 하여도, 그것만은 양보할 수 없습니다.”[18]

청년들은 붓다에게 나아가 호소하였으나, 붓다는 이를 거절하였다. 다음 날, 암바빨리는 붓다와 대중을 공양하고, 그 자리에서 망고동산

---

18) DN 16.2.11-19(text. ii. 95-99) ; Ibid, pp.242~244.

을 헌납하였다.(암바빨리원, Ambapālīvana) 그 뒤 그는 출가하여 담마를 깨닫고 성자의 경지에 올랐다는 사실이 경에 기록되어 있다.[19]

4) 베살리의 대법문

'Attadīpā, 그대 자신을 등불 삼아라.'

붓다는 망고동산을 떠나 베살리 남쪽 근교 벨루바(Beluva) 마을에 이르러, 마지막 우안거를 보내게 되었다. 대중들은 각기 베살리성 주변으로 분산시켜 보내고, 붓다 홀로 이 벨루바 마을(현재 바사르(Basarh)의 한 오두막에서 안거에 들어갔다. 장로 아난다가 멀리 떨어져서 지켜보고 있었다

우기에 접어든 지 얼마 되지 않아, 붓다는 중병에 걸렸다. '심한 고통이 엄습하여 죽을 것만 같았지만, 붓다는 마음을 집중하여, 분명히 알고, 불평하지 않고, 이 모든 고통을 참았다.'[20] 얼마 후, 붓다는 정진으로 그 병을 극복하고, 유수행(留壽行, 목숨을 연장시키는 수행)을 확립하여 병에서 회복되었다. 다시 일어나 뒤뜰에 자리를 마련하고 앉아 있을 때, 장로 아난다가 찾아와 기뻐하였다. 이때, 붓다와 아난다 장로는 유명한 대화를 주고받는다. 먼저 아난다 장로가 말하였다.

"세존이시여, 편안하게 보이옵니다. 세존께서 병을 참으시는 것을 보고, 저는 감관이 혼미해졌습니다. 그리고 세존의 병 때문에 모든 일이

---

19) Thag 252-270 ; cf. 『비구의 고백 비구니의 고백』(민족사), pp.272~275.
20) DN 16.2.23(text. ii. 99) ; Ibid, p.244.

혼미해졌습니다. 저를 안심시키는 유일한 것은 이런 생각이었습니다.
 '세존께서는 승단의 비구들에게 어떤 지시를 주지 않고서는, 결코 마지막 열반에 드시는 일은 없을 것이다.' "21)

이때, 붓다는 '벨루바의 대법문(大法門)'으로 일컬어질 수 있는 매우 중요하고 특별한 담마를 설하게 된다.

 「"아난다야, 대중들은 나에게 무엇을 더 기대하고 있느냐?
 아난다야, 나는 안과 밖이 다르지 않은 담마를 설하였느니라.
 아난다야, 여래의 가르침에는 중요한 것은 비밀로 한다는 '스승의 주먹[師拳]'이란 것은 없느니라.
 아난다야, 또 어떤 사람이, '내가 대중의 모임을 맡을 것이다.'라든가, '대중의 모임은 나를 존중해야 한다.'라고 생각한다면, 그에게 승단에 관해서 말하도록 하라.
 그러나 아난다야, 여래는 그렇게 생각한 일은 결코 없느니라. 따라서 내(여래)가 대중의 모임에 어떤 지시를 한다는 일이 있을 수 있겠느냐?
 아난다야, 나는 이제 여든 살, 늙고 쇠하였구나. 생명의 길을 넘어선 것이, 나는 지금 막바지에 이르렀구나. 마치 낡은 수레가 가죽끈에 묶여 간신히 끌려가고 있는 것같이, 내 몸도 가죽끈에 묶여 간신히 끌려가고 있느니라.
 아난다야, 여래가 외부로 향한 모든 현상들로부터 마음을 거두어들이고, 어떤 느낌이 있다면 그것을 모두 멸할 때라야, 여래의 몸은 편안해지느니라.

---

21) DN 16.2.24(text. ii. 100) ; Ibid, pp.244~245.

아난다야, 그런 까닭에 그대들은 자신을 등불 삼고, 자신을 귀의처로 삼아라. 남을 귀의처로 삼지 말라. 담마를 등불 삼고 담마에 귀의하라. 다른 것을 귀의처로 삼지 말라.

아난다야, 수행자가 자신을 등불 삼고 담마를 등불 삼는 것이 어떻게 하는 것이겠느냐?.

아난다야, 수행자가 열심히 마음집중 하여 몸을 몸으로 분명하게 잘 관찰하고, 세상에 대하여 모든 갈애와 탐욕을 떠나 사는 것, 이것이 곧 자신을 등불 삼고 담마를 등불 삼는 것이니라. 나아가 느낌·마음·담마에 대하여, 열심히 마음집중 하여, 느낌·마음·담마를 느낌·마음·담마로 분명하게 잘 관찰하고, 세상에 대하여 모든 갈애와 탐욕을 떠나 사는 것, 이것이 수행자가 자신을 등불 삼고 담마를 등불 삼는 것이니라.

아난다야, 어떤 수행자가 자신을 귀의처로 삼고, 담마를 귀의처로 삼고, 다른 것에 귀의하지 않고 살아간다면, 내가 살아 있을 때나 입멸한 다음일지라도 이렇게 살아간다면, 만일 배우기를 염원한다면, 이런 사람들은 최고의 경지에 이를 것이니라."22)」

붓다의 입멸 예고

며칠 뒤, 붓다는 오전에 하의 입고 발우와 상의를 손에 쥐고 베살리 성으로 들어가 차례대로 탁발하여 공양을 마치고, 장로 아난다와 더불어 짜빨라(Cāpāla) 영묘(靈廟, 사당)로 가 앉았다. 붓다가 말하였다.

「"아난다야, 베살리는 좋은 곳이로다. 이 짜빨라 영지는 좋은 곳이로다.

---

22) DN 16.2.25-26(text. ii. 101) ; Ibid, p.245.

아난다야, 네 가지 신족(神足, 신비한 능력)을 갖춘 사람은, 원하기만
한다면 1겁이나 그 이상을 이 세상에 머무를 수 있느니라. 여래도 또한
그와 같아서 원하기만 하면 1겁이나 그 이상을 머무를 수 있느니라.”

그러나 장로 아난다는 악마에게 사로잡혀, 붓다가 세 번이나 말하였
으나 아무 응답을 하지 못하였다. 이때 마라가 나타나 붓다에게 청하였
다.

“세존이시여, 지금 바로 열반에 드시옵소서. 바야흐로 세존께서 열반
에 드실 때가 되었습니다.”
“마왕이여, 나는 나의 입멸에 대하여 더 이상 마음 괴롭히지 않느니
라. 여래는 머지않아 적멸에 들 것이니라. 지금으로부터 석달 뒤에 여
래는 적멸에 들 것이니라.”[23]」

이렇게 하여 붓다는 유수행을 포기하였다. 이때, 대지진이 일어났다.
그것은 너무 무서워서 온몸에 털이 곤두설 정도였다. 또 하늘의 북이
갈갈이 찢길 정도로 울려 퍼졌다. 아난다 장로가 놀라 그 연유를 묻자
붓다는 사연을 설명하고, “여래는 석달 뒤에 적멸에 들 것이니라.” 하
고 말하였다. 아난다 장로가 울며 “세존께서는 부디 입멸하지 마옵소
서.…”라고 간청하였으나, 붓다는 “이제 그만두라.” 하시며 받아들이
지 않고, 곧 베살리 근교의 모든 수행자들을 마하바나원(Mahāvana,
대림정사) 이층 강당(重閣講堂)으로 모이게 하였다. 붓다는 대중들에
게 말하였다.

---

23) DN 16.3.1-9(text. ii. 102-107) ; Ibid, pp.245~247.

"수행자들이여, 지금이야말로 나는 그대들에게 마음을 기울여 말해
야 하리라.

수행자들아, 만들어진 것은 마침내 멸해 가는 법, 그러므로 그대들은
게으르지 말고 정진하여 수행을 완성하라.

여래는 석달 뒤에 열반에 들 것이니라."24)

어느 날, 붓다는 베살리성에 들어가 탁발하고 나오면서 말하였다.

"아난다야, 여래가 베살리를 보는 것도 이것이 마지막이니라. 이제
우리는 반다 마을로 가자."25)

붓다와 대중들은 베살리를 떠나 북쪽으로 나아갔다. 이때 수많은 릿
차비인들이 몰려나와 붓다와의 작별을 아쉬워하며 돌아갈 줄 몰랐다.
전승에 의하면, 붓다는 이들을 돌려보내기 위하여, 릿차비인들과 자신
사이에 신통력으로 큰 강을 만들었다고 한다.

5) 마지막 공양, 마지막 행진 ─ 붓다의 마지막 낮과 밤

춘다의 공양과 발병

반다가마(Bhaṇḍagāma)에 이르러 삼학을 설하고, 핫티가마(Hatthi-
gāma) · 암바가마(Ambagāma) · 잠부가마(Jambugāma)를 지나, 보가
나가라(Bhoganagara)에 이르러, '네 가지 큰 교법(四大敎法)'을 설하였

---

24) DN 16.3.10-51(text. ii. 107-121) ; Ibid, pp.247~254.
25) DN 16.4(text. ii. 122) ; Ibid, p.254.

다. 다시 북쪽으로 나아가 구시나가라성 근교 빠바(Pāvā) 마을26)에
도착하여, 대장장이 춘다(Cunda)의 망고 숲에 머물렀다. 춘다가 급히
달려와 담마를 듣고 기뻐하며 청하였다.

"세존이시여, 내일 세존께 공양 올리고자 하오니, 대중들과 함께 오
소서."

붓다는 잠잠히 침묵함으로써 응낙하셨다.27)

날아 밝아 아침이 되었다. 정오가 되자, 대장장이 춘다는 사람을 보
내, "때가 되었습니다." 하고 알려 왔다. 붓다는 하의를 입고, 발우와
상의를 손에 지니고, 대중들과 함께 춘다의 집으로 갔다. 붓다는 음식
가운데 수까라-맛다바(sūkara-maddava)를 보고 말하였다.

"춘다여, 이 수까라-맛다바는 모두 내 앞으로 갖다 놓아라. 대중에
게는 다른 음식을 공양 올리는 것이 좋으리라."

붓다는 춘다의 정성을 생각해서 수까라-맛다바를28) 조금 먹었다.

---

26) 컨닝험(A. Cunningham)의 조사에 의하면, 현재 Kāsīa 남서쪽 20㎞ 지점의
Fazinagar로 추정.
27) DN 16.4.2-19(text. ii. 122-127) ; Ibid, pp.254~257.
28) sūkara-maddava는 돼지의 연한 음식(pig's soft food)을 말한다. sūkara는
pig, maddava는 soft · mild · gentle의 뜻이기 때문이다. 그러나 이것이 돼지
고기로 만든 음식인지, 돼지가 먹는 음식인지는 분명하지 않다. Buddhaghosa
는 돼지고기로 분명히 받아들였다. 그러나 일부에서는 그것을 돼지들이 밟은
식물의 새싹, 또는 돼지가 밟은 장소에서 자라는 버섯이라고 주장한다. 기호식

나머지는 땅 구덩이에 파묻게 하였다. 공양을 마치고, 붓다는 담마를 설하여 춘다를 격려하고 기쁘게 한 다음, 처소로 돌아갔다.[29]

얼마 뒤, 발병한 붓다는 피가 섞인 설사를 계속하였다. 심한 고통이 몰려와서 죽을 것 같다는 생각이 들었다. 그러나 붓다는 마음집중 하여, 바르게 생각하고 바르게 의식을 보전하면서 지그시 참았다. 고통이 차츰 회복되자 말하였다.

"아난다야, 이제 구시나가라로 가자."

구시나가라로 가는 도중, 붓다는 길 옆 한 나무 밑에 앉았다.

"아난다야, 상의를 네 겹으로 깔아라. 피곤하구나. 좀 쉬고 싶다."

자리에 앉자 붓다가 말하였다.

"아난다야, 물을 좀 길어다 주지 않겠느냐. 목이 몹시 마르구나."

아난다 장로가 "방금 500대의 수레가 지나가서 물이 흐려져서 먹을 수 없다."고 세 번이나 말하였으나, 붓다가 굳이 요구하자, 개울로 갔다. 물은 이미 맑은 상태였다.[30]

발우에 떠온 물을 마시고 쉬고 있을 때, 옛날 알라라-깔라마(Āḷāra-kālāma)의 제자이며 말라족의 아들인 상인 뿟쿠사(Pukkusa)가 다가왔다. 붓다는 그를 위하여 담마를 설하고, 뿟쿠사는 기뻐하며 귀의하였다. 뿟쿠사는 감사의 표시로 금색 옷 두 벌을 바치고 떠나갔다. 장로 아난다가 이 옷을 붓다에게 입히자, 붓다의 몸에서 발하는 희고

품이라는 설도 있다. cf. cit. Ibid, p.571. note-417. Udāna-Com. i. 399. E. J. Thomas, Ibid, p.140. note-3.

29) DN 16.4.13-19(text. ii. 127-8) ; Ibid, pp.256~257.
30) DN 16.4.20-5(text. ii. 129-130 ; Ibid, pp.257~258.

깨끗한 빛으로 인하여 금색 옷이 빛을 잃고 말았다.[31]

붓다가 말하였다.

"아난다야, 오늘 밤 최후의 야분(夜分)에, 구시나가라 근교 '역사(力士, 붓다)가 태어난 곳'인 사라나무 숲속의 한 쌍의 사라(Sāla)나무 사이에서, 여래는 빠리닙바나에 들 것이니라.

아난다야, 이제 까꿋타 강으로 가자."

춘다를 위한 축복

탈진과 설사, 갈증으로 인하여, 붓다는 도중에 쉬고 또 쉬었다. 가까스로 까꿋타(Kakuttha) 강에 도착하자, 붓다는 물에 들어가 몸을 씻고 물을 마셨다. 강 근처 망고나무 숲으로 들어가, 춘다까(Cundaka) 비구에게 말하였다.

"춘다까야(춘다와는 다른 인물), 상의를 네 겹으로 깔아주지 않겠느냐. 피곤하구나. 좀 쉬어야겠다."

그 위에 발을 포개고 사자처럼 누워, 붓다는 아난다 장로에게 말하였다.

"아난다야, 장차 저 대장장이 춘다가 이렇게 생각하면서 깊이 후회할지 모른다.

'그대 춘다여, 그것은 그대의 과오로다. 여래께서 그대의 공양을 받고 빠리닙바나에 들었으니, 이것은 그대의 악행이로다.'라고.

그러나 춘다의 후회는 이렇게 해소되어야 하느니라.

---

31) DN 16.4.26-35(text. ii. 131-133) ; Ibid, pp.259~260.

‘춘다여, 이것은 그대의 공덕이라오. 그대가 올린 공양을 들고 여래께서 빠리닙바나에 드신 것은, 그대의 선행이라오. 왜냐하면, 벗 춘다여, 나는 여래께서 이렇게 말씀하시는 것을 직접 들었소.

이 두 공양은 매우 위대하고, 매우 큰 과보를 가져올 것이며, 다른 어떤 공양보다 더 좋고 이익되는 과보를 가져올 것이니라.

무엇이 둘인가?

하나는 그 공양을 받고 여래가 큰 깨달음을 얻은 공양이고, 다른 하나는 그 공양을 받고 한점 남김없이 닙바나를 얻는 공양이니라. 이 두 공양은 다른 모든 공양보다 좋은 과보를 낳고 이익될 것이니라. 그 공덕으로 인하여 춘다는 장수할 것이고, 얼굴이 좋아질 것이며, 행복해지고, 명성을 얻을 것이며, 하늘나라에 가서 나고, 왕이 될 것이니라.’

아난다야, 이렇게 춘다의 후회는 소명되어야 하느니라.”[32]

붓다는 다시 나아가, 말라족의 두 번째 수도인 구시나가라성 남쪽 변두리, 히란나바띠(Hiraññvati) 강 맞은 편, 우빠바타나(Upavattana) 숲, ‘여래가 태어난 곳’인 사라나무 숲으로 향하였다.

6) 사라쌍수 언덕에서

꽃들의 공양, 신(神)들의 경배

두 그루 사라나무가 서 있는 곳, 사라쌍수(沙羅雙樹) 언덕에 도착하자 아난다 장로에게 말하였다.

---

32) DN 16.4.37-42(text. ii. 134-136) ; Ibid, pp.260~261.

"아난다야, 이 한 쌍의 사라나무 사이에 머리가 북쪽이 되도록 누울 곳을 준비하여라. 피곤하구나. 쉬고 싶다."

누울 곳이 마련되자, 붓다는 오른쪽 허리를 아래로 하고, 발을 포개고, 사자처럼 누워, 바르게 생각하고 바르게 의식을 보전하며 있었다. 그때, 계절도 아닌데 한 쌍의 사라나무는 온통 꽃을 피웠다. 그 꽃잎들이 붓다의 몸 위로 한 닢 두 닢 휘날리면서 떨어져 공양 올리는 것 같았다. 또 허공에서 천상의 꽃 만다라바와 전단분향 꽃잎들이 흩날리고, 천상의 악기가 울려 퍼지며 공양 올리는 것 같았다. 붓다가 말하였다.

"아난다야, 지금 이렇게 한 쌍의 사라나무와 만다라바와 전단분향의 꽃잎들이 여래를 공양하고, 천상의 악기가 또한 여래를 공양하고 있느니라.

아난다야, 그러나 이러한 일들만이 여래를 경애 · 존경 · 숭배하며 공양하는 일이 결코 아니니라.

아난다야, 비구 · 비구니 · 우바새 · 우바이 등이 담마와 담마에 따라 일어나는 것을 향하여 올바르게 행동하며, 담마에 따라 행동하는 것이야말로 보다 깊이 여래를 경애 · 존경 · 숭배하며 공양하는 것이니라.

아난다야, 그런 까닭에 너희들은 이렇게 배워야 하느니라.

'우리는 담마와 그것에 의해 일어나는 것을 향해, 올바르게 행동하며, 담마에 따라 행동하리.' "33)

---

33) DN 16.5.2-3(text. ii. 138-139) ; Ibid, p.262.

그때 모든 세계로부터 신(神)들이 붓다를 친견하기 위하여 몰려와서, 구시나가라의 사라 숲을 가득 메워, 발디딜 틈이 없을 정도였다.34)

붓다는 4대 영지(四大靈地)에 관하여 말하고, 이렇게 권하였다.

"아난다야, 마음이 청정하고 신심이 돈독하여 영지(靈地)를 순례하면서 걷는 이는, 죽어서 육체가 멸한 뒤에 좋은 곳(善趣), 하늘나라에 태어날 것이다."35)

붓다는 또 여래의 장례에 관하여 말하였다.

"아난다야, 그대 출가자들은 여래의 유해를 모시겠다는 등의 생각은 하지 말라. 그대들은 단지 출가 본래의 목적을 향하여 바른 마음으로 노력하며, 게으름 피우지 말고 정진하거라.

아난다야, 여래에 대하여 각별하게 깊은 존경의 생각을 품고 있는 현자가 왕족이나 브라민, 자산가들 가운데 있을 것이니라. 그러한 이들이 여래의 유해를 모실 것이니라.

아난다야, 여래의 유골은 전륜성왕의 장법에 따름이 좋으리라."36)

말라족 백성들과의 만남

붓다는 외진 곳에서 홀로 울고 있는 장로 아난다를 불러서 따뜻한 말로 위로하고, 또 구시나가라의 내력에 대하여 설한 뒤 명하였다.

---

34) DN 16.5.5-6(text. ii. 141) ; Ibid, p.263.
35) DN 16.5.7-8(text. ii. 143) ; Ibid, pp.264~265.
36) DN 16.5.10-12(text. ii. 142-143) ; Ibid, p.264.

"아난다야, 너는 지금 곧 구시나가라성으로 가서 말라족 사람들에게
이렇게 말하라.
　'여러분 바셋타여, 오늘밤이 깊어 여래께서 이 성 근교에서 열반에
드신다오.'"

마침 마을 공회당에 모여 있던 말라족 사람들은 아난다 장로의 전
갈을 받고, 남편·부인·아들딸들이 함께 가슴 메이는 깊은 슬픔에
젖었다. 슬픔으로 인하여 그들은 머리를 풀고 통곡하며, 팔을 뻗어 슬
피 울며, 땅에 뒹굴면서 탄식하였다.

"아, 세존께서는 무슨 까닭으로 이렇게 빨리 열반에 드시는고-.
세상의 눈〔世間眼〕, 무슨 까닭으로 이렇게도 빨리 모습을 감추시는
고-."

이렇게 가슴 메이는 깊은 슬픔으로 시름하면서 말라족 사람들은 남
편·부인·아들딸들이 함께 마을 외곽 '여래가 태어난 곳'인 사라나무
숲으로 갔다. 이렇게 모인 사람들이 너무 많았기 때문에, 아난다 장로
는 혼잡을 피하기 위하여, 여러 사람들을 붓다 앞에 한 줄로 세우고,
한 가족씩 소개하였다.

"세존이시여, 이번 말라족 사람이 부인·아들딸·일족·하인들과
함께 모두 세존의 발에 머리를 대고 경례하며 인사 올리옵니다."

이렇게 밤늦게까지 말라족 사람들의 작별 인사가 계속되었다.37)

마지막 제자, 수밧다

이 일이 끝나자, 붓다는 깊은 선정에 들어갔다. 그때 마을에 있던 늙은 편력행자(編曆行者) 수밧다(Subhadda)가 찾아와 붓다와의 면담을 청하였다. 아난다 장로가 만류하였다.

「"수밧다여, 지금 세존께서는 너무 지쳐 있소. 부디 여래를 괴롭히지 마시오."

그러나 수밧다는 물러서지 않고 계속 요구하였다. 때에 선정에서 나온 붓다가 말하였다.

"아난다야, 그만두거라. 수밧다를 막지 말라. 그는 나를 괴롭히러 온 것이 아니라, 깨달음을 얻으러 온 것이니라."

붓다는 수밧다를 위하여 8정도의 담마를 고구정녕(苦口叮嚀) 설하였다.

"수밧다여, 법(法, Dhamma)과 율(律, Vinaya)를 설한다 해도 그 가운데 팔정도의 실천덕목이 없으면, 수행자들은 그런 가르침을 추구해서는 안 되느니라.

수밧다여, 내용이 없는 공허한 논의는 수행자에게는 무관한 것이니라.

수밧다여, 수행자다운 수행자는 이 여덟 가지 성스러운 실천덕목을 얻어야만 하고, 이리하여 바른 생활을 보내면 그들에게는 공허하지 않은 진실한 세계가 나타나고, 그들 또한 세상에서 존경받을 만한 이가 될 수 있느니라."

---

37) DN 16.5.19~22(text. ii. 148) ; Ibid, pp.266~267.

수밧다는 곧 귀의하여 출가를 허락 받고, 정진하여 아라한이 되었다.
이 수밧다가 붓다의 마지막 직제자(直弟子)가 되었다.[38]」

7) 최후 유교(遺敎)

붓다는 또 설하였다.

"아난다야, 내가 입멸한 뒤 그대들은 다음과 같이 생각할지 모른다.
'이제 스승의 말씀만 남아 있지, 우리들의 큰 스승은 이미 이 세상에
계시지 않는다.'
아난다야, 그대들은 이렇게 생각해서는 안 된다. 내가 입멸한 뒤에는,
내가 지금까지 그대들에게 설해 왔던 법(法, Dhamma)과 율(律,
Vinaya), 이것이 너희들의 스승이니라."[39]

이윽고 붓다가 대중들에게 물었다.

"수행자들이여, 만약 그대들 가운데 붓다(Buddha)·담마(Dham-
ma)·상가(Sangha)에 대하여, 또는 수행의 길이나 방법 등에 대하여
의혹이나 의문이 있는 이가 있다면, 무엇이라도 물어라."

붓다가 두번 세번 물었으나, 대중들은 다만 고요히 침묵함으로써 의
문이 없음을 드러내었다.[40]

---

38) DN 16.5.23-30(text. ii. 149-153) ; Ibid, pp.267~269.
39) DN 16.6.1(text. ii. 154) ; Ibid, p.269.

이 사실을 확인한 붓다는 최후로 말하였다.

　　"그대 수행자들이여, 이제 그대들에게 선언하노라.
　　'조건지어진 것은 모두 멸해 가는 법,
　　부디 게을리 하지 말고, 힘써 정진하라.' "41)

붓다는 깊고 깊은 선정에 들어갔다.
전법 46년(기원전 544년), 비사카(Visakha) 달 보름 날의42) 일이다.

사바세계의 주(主)인 브라마 신[梵天]이 노래하였다.

　　"이 세상에 태어나
　　이제 그 몸 다하는 정(定)에 드시니
　　세상에 비할 자 없는 힘있고
　　정각 얻으신 큰 스승 여래께서는
　　스스로 증득한 담마 위하여
　　영원한 열반에 드시는구나."43)

---

40) DN 16.6.5(text. ii. 155) ; Ibid, p.270.
41) DN 16.6.7(text. ii. 157) ; Ibid, p.270.
42) 붓다 입멸연대와 날짜에 관해서 많은 논의가 있어 왔다. 전법 45년 우안거가
　　끝나고 '3개월 뒤 입멸'을 예고하고 사라나무가 때 아닌 때에 피었다는 경의 서
　　술로 보면, 12월이나 다음 해(기원전 544년) 1월이 상황에 맞다. 그러나 후대의
　　빠알리 전승에서는 붓다의 탄생·성도·입멸을 모두 'Visakha(4, 5월) 만월일
　　(보름)'로 일치하고 있다. cf. E. J. Thomas, Ibid, p.158 ; H. W. Schumann,
　　Ibid, p.25.
43) DN 16. 6.19(text. ii. 158) ; Ibid, p.271.

2. 담마의 길, 붓다의 길

1) 구시나가라의 빠리닙바나 현장

라자가하에서 구시나가라까지,

독수리봉에서 사라쌍수 언덕까지—.

붓다의 마하빠리닙바나 행진, 이것은 신화(神話)도 아니고 전설(傳說)도 아니다. 기원전 545~544년, 북동 인도 구시나가라에서 발생했던 하나의 역사적 사건이다. 80세의 노(老)붓다와 장로 아난다를 비롯한 황색 가사의 수행자들, 그리고 마을 사람들과 창녀·대장장이·상인·말라족의 남편과 부인들·아들과 딸들·하인들·편력의 노인……. 이들 평범한 보통 사람들이 함께 엮어낸 진솔한 인간들의 역사이다. 7세기경 이곳을 방문한 당(唐)의 현장(玄奘) 법사는 『대당서역기(大唐西域記)』에서 이렇게 기술하고 있다.

구시나가라국은 성곽이 붕괴되고 촌락은 퇴락해 있다. 벽돌로 된 옛 성의 기초는 주위가 십여 리 된다. 주민은 적고, 거리도 황폐해져 있다.

성안 동북쪽 귀퉁이에 스투파[塔]가 있다. 아쇼카 왕이 세운 것으로, 춘다의 옛집이다. 집안에 우물이 있는데, 세존에게 공양드리고자 하여 판 것이다. 세월이 이미 많이 흘렀으나, 물은 아직도 깨끗하다.

성의 서북쪽으로 3~4리 가서, 아지타바티 강(히란나빠띠 강)을 건너게 된다. 서쪽 기슭에서 조금 가면 사라 숲[娑羅林]에 이른다. 그 나무는 떡갈나무 비슷한데, 거죽이 푸르죽죽하고 잎은 윤기가 있으며, 이곳에 특별히 네 그루의 나무가 있는데, 여래가 적멸한 곳이다. 그곳의 벽돌로 만든 큰 정사 안에 여래의 열반상이 있다. 머리를 북쪽으로 하고 누워 있다. 옆에 아쇼카 왕이 세운 스투파가 있다. 기단은 허물어져 기울고 있으나, 높이는 아직도 2백여 척이 된다. 앞에 돌기둥이 세워져 있고, 여래가 적멸한 시적이 적혀 있는데, 글은 있으나 적멸한 날짜는 적혀 있지 않다.44)

구시나가라는 현재의 우타르-프라데쉬(Uttar-Pradesh)의 고라크푸르(Gorakhpur) 동쪽 55km 지점에 있는 까시야(Kāsia)로 밝혀지고 있다. 현장법사가 보았던 아쇼카 왕의 스투파는 발견되지 않고 있는데, 파손되어 매장된 것으로 추정된다. 열반당 뒤쪽의 스투파에서 이곳이 '열반당(parinibbāna-caitya)'이라는 동판이 발견됨으로써, 이곳이 열반의 땅임이 확정되고 있다.〔지도 6 참조〕 열반상은 조각난 채 발견되었으나, 칼레일(A. Carlleyle)에 의하여 정교하게 복원되었다.45) 정각 비구는 그 발굴과정을 이렇게 기술하고 있다.

근세에 이르러 이곳이 새롭게 각광받기 시작한 것은 1838년 영국 동인도 회사의 직원 부챠난(Buchanan)이 이곳을 발굴한 이후였다.

당시 그는 케시야(Kesiya)란 명칭으로 이곳을 이름짓고 유적들에 대한 조사를 행하였다. 그럼에도 그 역시 이곳 주민들과 마찬가지로 이곳 유적의 중요성을 인식하지는 못하였던 것 같다. 그러나 이후 1845년 윌손(Hwilson)이라는 사람이 또다시 이곳을 찾았고, 그는 이곳 까시아(Kāsia)야말로 고대 구시나가라와 동일 지점일지 모른다는 언급을 남

---

44) 玄奘·권덕주, 앞의 책, p.179.
45) *2500 Years of Buddhism*, p.276.

졌다.

그러나 이곳 구시나가라에 대한 본격적 탐사가 시작된 것은 1861년 알렉산더 컨닝험(Alexander Cunningham)의 발굴 이후였다. 이곳에서 약 2년 간의 발굴조사 결과, 그는 이곳이야말로 붓다의 입멸지임을 확인하였으며, 그 후 1876년 컨닝험의 조수였던 칼레일(A. C. L. Carlleyle)은 중앙 스투파를 포함한 그 주변 일대를 모조리 파헤쳐, 붓다의 열반상 및 기타 수많은 유적들을 발굴하게 되었다.

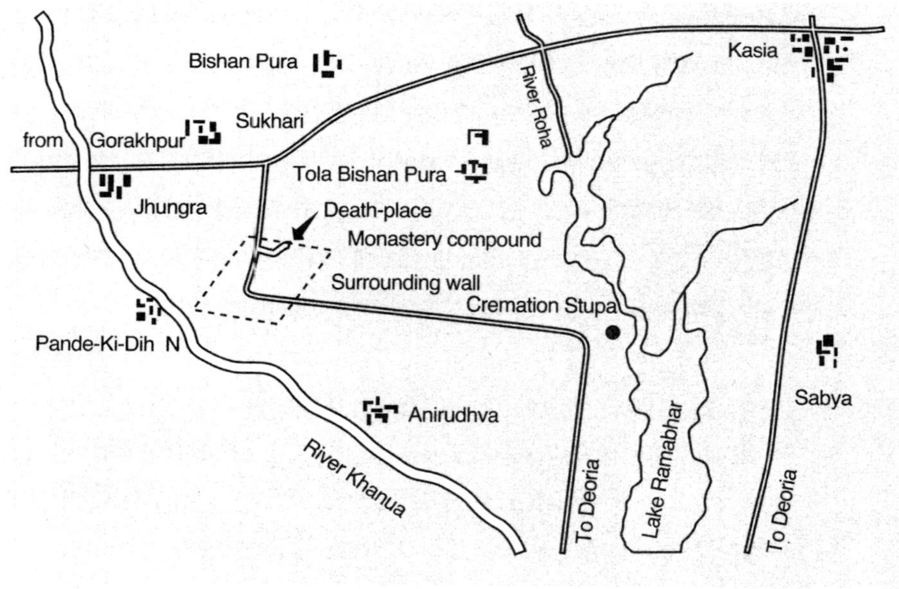

<cit. H.W. Schumann, Ibid, p.255>

[지도6] 구시나가라 유적도[46]

---

46) 정각, 『인도와 네팔의 성지』(불광출판부, 1992), p.119.

이후 1904~1907년과 1910~1912년에 걸쳐 보겔(J. Ph. Vogel) 및 샤스트리(H. Shastri)의 지휘하에, 인도 고고학국의 체계적인 발굴작업이 진행되어, 이곳이야말로 불교 중요 성지인 구시나가라임이 재삼 확인되었으며, 이어 이곳 일대에 대한 정리 및 보존에 의해 구시나가라는 현재의 모습을 갖추기에 이르렀다.47)

붓다의 육신이 다비되고 그 사리가 분배된 자리에는 '라마바르(Ramabhar)'라고 알려진 거대한 무덤〔塚〕이 자리잡고 있는데, 이 무덤의 일부가 발굴되었을 뿐이다. 열반당의 스투파를 둘러싸고 흐르는 작은 하천이 붓다가 최후로 목욕했던 히란나바띠 강으로 알려졌고, 그 동쪽 4㎞ 지점에 붓다가 목말라 할 때, 아난다 장로가 물을 길러주었던 까꿋타 강으로 추정되는 작은 시냇물이 흐르고 있다.48)

2) 담마의 길(1) – 불교도 공동체가 번영하는 길

붓다의 위기의식

'붓다의 마하빠리닙바나 행진'은 여느 전법포교 과정과는 다른 매우 독특한 양상과 의미를 지니고 있는 것으로 생각된다. 붓다가 자신의 죽음을 예감하고, 자신의 죽음 이후를 준비하는 결의와 장중함, 비장감(悲壯感)마저 느껴진다고 할까.

이러한 분위기는 당시 붓다가 처한 상황과도 관련되는 것이다.

---

47) 정각, 앞의 책, p.118.
48) 中村 元·김지견, 앞의 책, p.240.

80 고령의 노(老)붓다,

늙고 병들고 지친 몸,

승단, 특히 세류를 좇는 젊은 대중들에 대한 실망과 점차 줄어드는
영향력—

*Sangyutta-Nikāya*에서는 붓다와 상수 마하까싸빠 장로와의 대화
를 이렇게 기술하고 있다.

붓　다 : 까싸빠여, 수행승들을 가르쳐라.

　　　　까싸빠여, 수행승들에게 담마를 설하라. 나와 그대가 수행
　　　　승들을 가르쳐야 한다.

　　　　까싸빠여, 나와 그대가 수행승들에게 담마를 설해야 한다.

까싸빠 : 세존이시여, 요즈음 수행승들에게는 말하기가 어렵습니다.
　　　　그들에게는 말하기 어렵게 만드는 바탕이 있고, 참을성이
　　　　없으며, 가르침을 듣고 존경을 표하지도 않습니다.[49]

더욱이 '마하빠리닙바나 행진'을 전후하여 이미 관찰한 바와 같이,
붓다 주변에서 불행한 사건들이 일어나고 있었다. 비두다바 왕의 가빌
라 침공과 석가족의 대학살, 사랑하는 제자 목갈라나의 참혹한 순교와
사리뿟타의 죽음 등으로, 노(老)붓다는 자신의 죽음 이후의 교단의 장
래에 대하여, 더욱 깊이 45년을 헌신해 온 대중견성운동의 향방에 대
하여 심각한 위기의식을 느낀 것으로 보인다. 그때, 붓다는 이렇게 탄
식하고 있다.

---

49) SN 16.6(text. ii. 204, Exhortation) ; *The Book of the Kindred Sayings
　　2*(P.T.S.), p.137.

"아난다야, 나의 승단은 무성하게 번창하기를 멈추겠구나. 배우기를 갈망하는 수행자들이 무성하게 번창하기를 멈추겠구나."[50]

붓다가 라자가하 독수리봉에서 설한 '상가의 일곱 가지 쇠망하지 않는 법'을 통해서도 이러한 위기의식은 충분히 감지되고 있다.

붓다의 절박한 위기의식과 구원 의지는, 그가 '마하빠리닙바나 행진'의 전 과정에서 시종일관 담마(Dhamma, 法)를 설하고 담마를 강조하는 사실에서 여실히 드러나고 있다. 그리고 이러한 붓다의 의도는 '벨루바의 대법문'에서 절정을 이루고 있다. 붓다는 사랑하는 제자 아난다 비구에게 이렇게 토로하고 있다.

"아난다야, 대중들은 나에게 무엇을 더 기대하고 있느냐?

아난다야, 나는 안과 밖이 다르지 않은 담마를 설하였느니라.

아난다야, 여래의 가르침에는 중요한 것은 비밀로 한다는 '스승의 주먹[師拳]'이란 것은 없느니라.

아난다야, 또 어떤 사람이, '내가 대중의 모임을 맡을 것이다.'라든가, '대중의 모임은 나를 존중해야 한다.'라고 생각한다면, 그에게 승단에 관해서 말하도록 하라.

그러나 아난다야, 여래는 그렇게 생각한 일이 결코 없느니라. 따라서 내(여래)가 대중의 모임에 어떤 지시를 한다는 일이 있을 수 있겠느냐?"[51]

---

50) SN 47.3.2.3.
51) DN 16.2.25-26.

일체의 권위의식을 타파하고

여기서 붓다는 불교도 공동체가 영원히 번영하는 길을 분명히 밝히고 있다. 붓다는 사람 중심의 승단 운영 시스템을 명백히 배제하고 있으며, 붓다 자신의 권위마저도 미련없이 포기하고 있다. 상가는 평등한 성원들에 의하여 구성되고, 대중 합의의 법에 의하여 운영되는 공동체로서, 붓다 자신도 한 사람의 성원일 뿐이라는 큰 담마를 의심의 여지없이 드러내 보이고 있다. 붓다가 깨닫고 설한 담마만이 불교도 공동체의 영원한 번영을 담보하는 유일한 권위이며 준거(準據)라는 진실을 공공연히 확립하고 있는 것이다.

따라서 '전등(傳燈)'이니 '전법상승(傳法相承)'이니 하는 것도, 만일 그것이 어떤 우월적 권위의 창출, 인적(人的) 권위의 승계를 전제하는 것이라면, 그것은 분명 비법(非法, adhamma)이란 사실이 자명해진다. 권력 중심의 관료적 종단 시스템이나 특정인의 권위에 의지하는 교단 지배체제 또한 비법(非法)이다.[52] 콜러는 이렇게 논하고 있다.

붓다가 살아 있는 동안에는, 그의 가르침에 대한 이해나 해석과 관련된 의문들은 붓다에게 직접 호소할 수 있었다. 그러나 붓다의 입멸 이후에는, 해석문제로 분쟁이 야기되었을 때, 공동체가 호소할 수 있는 중심적인 권위에 위치한 어떤 사람이 없었다. 죽음이 가까이 오고 있다는 것을 느끼면서도, 그가 좋아하는 승려 가운데 한 사람으로 공동체를 리드할 수 있는 그의 후계자로 지명하는 것을 붓다는 거절하였다.

그 대신, 붓다는 그의 입멸 뒤에는 공동체가 그의 담마(Dhamma, 法)와 비나야(Vinaya, 律)에 의하여 인도되기를 권하고 있다. 이렇게

---

52) 平川 彰·이호근, 앞의 책, p.56.

자신의 후계자 지명을 거부하는 것은, 그의 가르침과 그 실천이 그것들의 장점에 의하여 잘 수용될 수 있으며, 그렇게 함으로써 관료적인 권위체제의 창출에 의하여 담보되는 부패를 보다 강력하게 막을 수 있다는 법의 능력에 대한 확신 때문이다.53)

담마 중심의 불교도 공동체,
반(反)권위적 반(反)관료적 대중 평등주의에 입각한 상가 운영-.
이 부동(不動)의 담마, 대원칙에 대한 붓다의 의지와 부촉은 입멸 직전 사라쌍수 언덕에서 다시 한번 확인되고 있다.

　　"아난다야, 내가 입멸한 뒤, 그대들은 다음과 같이 생각할지 모른다.
'이제 스승의 말씀만 남아 있지, 우리들의 큰 스승은 이미 이 세상에 계시지 않는다.'
　　아난다야, 그대들은 이렇게 생각해서는 안 된다. 내가 입멸한 뒤에는, 내가 지금까지 그대들에게 설해 왔던 Dhamma〔法〕와 Vinaya〔律〕, 이것이 그대들의 스승이니라."54)

Dhamma가 무엇인가?
Vinaya가 무엇인가?
그것은 일체의 권위의식을 타파하는 것으로부터 시작되는 것이다. 불교로부터, 불교 공동체로부터, 일체의 관료체제를 추방하는 것으로부터 실현되는 것이다. 이것은 '민주주의'란 이름으로도, '대중공사'란

---

53) J. M. Koller, Ibid, p.163.
54) DN 16.6.1.

이름으로도, 어떤 형태의 권위·권력도, 권력구조도 용납하지 않는다는 것을 의미하는 것이다. 이 Dhamma, 이 Vinaya를 일깨우기 위하여 붓다는 이렇게 설하고 있다.

> " '내가 대중의 모임을 맡을 것이다.' ' 대중의 모임은 나를 존중해야 한다.'
>
> 아난다야, 여래는 이렇게 생각한 일이 결코 없느니라. 따라서 내(여래)가 대중의 모임에 어떤 지시를 한다는 일이 있을 수 있겠느냐?"[55]

3) 담마의 길(2) — 대중견성의 영원한 등불

'Attadipā, Dhammadipā'

'벨루바의 대법문'은, 그 의미로 보아 크게 두 개의 문단으로 구분될 수 있을 것이다.

> '나는 승단이나 교단의 특별한 지도자가 아니다.
> 나는 후계자나 어떤 관료적 조직을 인정하지 아니한다.
> 나는 어떤 형태의 권위나 권위주의도 인정하지 아니한다. 이것은 비법(非法, adhamma)이다.……

이것이 첫번째 문단이다. '첫번째 담마의 길'이다. 목숨을 걸고, 붓다는 이 담마를 부촉하고 있다. 이것은 불교 — 불교교단의 영원한 번영

---

55) DN 16.2.25-26.

을 희구하는 노(老)붓다의 깊은 사항의 발로라고 할 것이다.

보다 깊이, 이것은 '불교가 인간의 길, 소박하고 순수한 인간의 가르침이다'라는 붓다-담마의 대전제, 정체성을 마지막 순간까지 명시해 보이고 있다는 의미에서 새삼 음미되어야 할 것으로 생각된다. '벨루바의 대법문'에서, 제1문단에 이어서 붓다가 절절한 '노(老)붓다의 낡은 수레바퀴 고백'을 말함으로써, 붓다의 이러한 의도는 분명해지고 있다.

> "아난다야, 나는 여든 살, 늙고 쇠하였구나.
> 마치 낡은 수레바퀴가 가죽끈에 묶여 간신히 끌려가듯, 내 몸 또한 가죽끈에 묶여 간신히 끌려가고 있느니라.……" 〔DN 16.2.25〕

언제 들어도 비장함을 느끼게 하는 노(老)붓다의 이 고백을 단순한 인생무상의 토로로 듣는다면, 이것은 곤란한 일이 될 것이다. 여기서는 '인간의 길'로서 불교가 열어가야 할 구원의 메시지가 들려오고 있는 것으로 생각된다. 무상한 인간의 몸으로서 불사(不死)·불멸(不滅)의 깨달음─대중견성을 실현할 수 있는 구원의 등불이 은은히 빛을 발하는 것으로 보인다. 붓다는 곧 이렇게 설하고 있다.

> "아난다야, 그런 까닭에 그대들은 자신을 등불 삼고, 자신을 귀의처로 삼아라. 남을 귀의처로 삼지 말라. 담마를 등불 삼고 담마에 귀의하라. 다른 것을 귀의처로 삼지 말라."56)

---

56) "Therefore, Ananada, you should live as islands unto yourselves, being your own refuge, with no on else as your refuge, with the Dhamma as an

'Attadīpā, Dhammadīpā,

자신을 등불 삼고, 담마를 등불 삼고……'

이것이 바로 '자등명(自燈明) 법등명(法燈明)의 담마'이다. 여기서 붓다는 끊임없이 낡아가는 무상하고 허약한 이 몸으로서 불사·불멸의 깨달음을 실현하는 구원의 등불을 밝혀 보이고 있다. 붓다가 설하고 입증한 담마, 붓다-담마에 의지하여 견성 열반을 실현할 수 있다는 구원의 등불을 여지없이 밝혀 보이고 있는 것이다. 그리고 이 *Dhammadīpā*의 법등(法燈)은 초기 대중들에 의하여 열렬히 추구되고 입증되었다.

"출가한 지 어언 스물다섯 해가 지났습니다.
하지만 그동안 마음의 평안을 얻은 적은 한번도 없었습니다.

마음의 평안 없이 그 마음을 다스리기란 불가능합니다.
그때, 저는 문득 '모든 것을 이긴 이〔붓다〕의 가르침'을 상기하고,
저도 모르게 전율하였습니다.

세상에는 괴로움을 불러일으키는 일이 적지 않아서
기꺼이 힘써 노력한 결과
마침내 헛된 집착을 다한 경지에 이르렀습니다.
붓다-담마는 모두 실현되었습니다.
헛된 집착이 사라진 지 오늘로 7일째입니다."57)

---

islands, with Dhamma as your refuge, with no other refuge."〔DN 16.2.2
6〕 ; *The Long Discourses of the Buddha*(tr. Maurice Walshe), p.245.
57) Thīg 39-41 ; cf. 『비구의 고백 비구니의 고백』(민족사), p.234.

이것은 *Therīgāthā*에 기록된 사마 장로니의 오도송이다. 그는 25년 동안의 방황 끝에 붓다-담마를 상기하고 힘써 수행한 결과 깨달음을 이루고 아라한의 경지에 이른 사실을 감동적으로 고백하고 있다.

"붓다-담마는 모두 실현되었다.……"

이러한 표현은 *Theragāthā*와 *Therīgāthā*를 비롯한 초기불전에서 정형적으로 나타나고 있는 깨달음의 고백이다. 이러한 고백들을 통하여, 초기불교의 대중견성에서 붓다-담마, 담마가 얼마나 결정적인 등불의 역할을 하고 있었는가를 명료하게 드러내 보이고 있다.

담마를 듣고, 상기하고,

그 담마대로 살아가려고 힘써 노력하고……

이러한 담마의 삶이 전율할 정도로, 수많은 대중들·민중들의 허약하고 방황하는 삶을 변화시키고 그들을 불사·불멸의 깨달음으로 이끌어가는 결정적인 등불이 되었던 것은 이제 의문의 여지없이 분명한 사실로 드러나고 있다.

Dhammadīpā의 실제

"Attadīpā, Dhammadīpā,

자신을 등불 삼고, 담마를 등불 삼고-."

여기서 '자신을 등불 삼고'로 번역된 원어 'Attadīpā'의 'dīpā'는 본래 '섬(island, 洲)'을 가리키고, 'sarana'·'귀의하다'·'의지하다'라는 말의 동의어로 쓰인다. Sanskrit 역에서는 'dvipa'로 번역되고 '등불(lamp)'이란 뜻으로 해석되고 있다.58) 따라서 '섬'을 '등불'로 보고 '자

---

58) *The Long Discourses of the Buddha*, p.569, note-395. cf. E. J. Thomas, Ibid, p.146. note-1.

등명(自燈明) 법등명(法燈明)'으로 번역해 온 선인들의 전통은 존중 계승돼야 할 것으로 생각된다. '섬'과 '등불'은 어느 것이나 구원의 의지처가 되는 것이 아니겠는가. 표류하는 뱃사람들에게 섬이란 바로 재생(再生)의 피난처이고 기사회생의 등불이 아니겠는가. 담마는 바로 그런 절박한 섬이고 등불인 것이다.

Dhammadipā,
담마를 등불 삼고ㅡ.
여기서 새삼 제기되는 문제는 Dhammadipā의 실제적인 내용이다. 담마대로 살아가는 것이 구체적으로 어떻게 살아가는 것인가 하는 삶의 문제, 실천의 문제인 것이다. 이와 관련하여, '벨루바의 대법문'에서, 붓다는 명료하게 Dhammadipā, 법등명의 실제를 밝혀 보이고 있다. 붓다는 이렇게 설하고 있다.

"아난다야, 수행자가 자신을 등불 삼고 담마를 등불 삼는 것이 어떻게 하는 것이겠느냐?

아난다야, 수행자가 열심히 마음집중 하여 몸을 몸으로 분명하게 잘 관찰하고, 세상에 대하여 모든 갈애와 탐욕을 떠나 사는 것, 이것이 곧 자신을 등불 삼고 담마를 등불 삼는 것이니라. 나아가 느낌·마음·담마에 대하여 열심히 마음집중 하여, 느낌·마음·담마를 느낌·마음·담마로 분명하게 잘 관찰하고, 세상에 대하여 모든 갈애와 탐욕을 떠나 사는 것, 이것이 수행자가 자신을 등불 삼고 담마를 등불 삼는 것이니라."〔DN 16.2.25〕

열심히 마음집중 하여,

　　몸을 몸으로 분명하게 잘 관찰하고, 갈애와 탐욕을 떠나 사는 것,

　　느낌·마음·담마를 느낌·마음·담마로 분명하게 잘 관찰하고,

갈애와 탐욕을 떠나 사는 것—.

　　이것은 곧 사념처(四念處)가 아닌가?

　　사념처 수행을 일컫는 것이 아닌가?

　　이것은 놀라운 발견이다. 자등명—법등명이 실제로 사념처 수행을 일컫는다는 것은 참으로 놀라운 발견이며 깨달음이다. 이로써 그동안 다소 애매하게 상정되어온 Attadipā-Dhammadipā의 실재가 분명해진 것으로 보인다.

　　등명(燈明)의 실재는 사념처이다. 몸[身]·느낌[受]·마음[心]·담마[法], 이 네 가지 대상에 대하여 마음을 집중하고 그것이 몸·느낌·마음·담마일 뿐이라는 사실을 분명하게 잘 관찰함으로써 세속적인 욕심과 집착을 극복하는 것이 등불이며 섬이다. 대중견성의 요체이다. 이 세상에서 깨달음을 실현하고 궁극의 경지로 나아가는 최선의 길인 것이다.(사념처의 구체적인 수행원리는 2집『붓다의 대중견성운동』3·4장에서 논의될 것이다.) 그래서 '벨루바의 대법문' 말미에서, 붓다는 이렇게 명쾌하게 수기하고 있다.

　　"아난다야, 어떤 수행자가 자신을 귀의처로 삼고 담마를 귀의처로 삼고, 다른 것에 귀의하지 않고 살아간다면, 내가 살아 있을 때나 입멸한 다음일지라도 이렇게 살아간다면, 만일 배우기를 원한다면, 이런 사람들은 최고의 경지에 이를 것이니라."〔DN 16.2.26〕

　지금까지 관찰해 온 과정에서 목격한 수백·수천·수만 대중들의 견성사건들은 붓다의 직접적인 성해(聲咳)와 훈도(訓導) 없이는 불가능하였을 것으로 생각된다. 그만큼 붓다의 법력(法力)은 절대적인 것이었다고 할 것이다. 붓다의 입멸 소식을 듣고, 구시나가라의 말라족 백성들 남녀노소가 땅에 쓰려져 몸부림치면서, "아, 세존께서는 무슨 까닭으로 이렇게 빨리 열반에 드시는고……. 세상의 눈〔世間眼〕은 무슨 까닭으로 이렇게 빨리 모습을 감추시는고."라고 탄식하고 있는 것도 붓다의 체온이 감도는 성해와 훈도를 영영 잃어버리는 대중적 상실감과 절망의 발로라고 생각된다.

　붓다 이후의 깨달음은 어떻게 되는가?

　붓다의 직접적인 법력, 따뜻한 성해와 훈도가 전제되지 아니하는 상황에서 대중견성운동의 미래는 어떻게 되는가?

　깨달음은 한갓 이상(理想)으로 남는 것인가? 견성은 이제 몇몇 최상승 근기들의 특별한 사건으로 퇴장되고 마는 것인가?

　이것은 실로 민중들의 위기이고 불교 자체의 위기 아니겠는가?

　무엇보다도 자신의 죽음을 목전에 두고 있는 늙고 병든 80고령 노(老)붓다의 위기 아니겠는가?

　이 심각하고 절박한 위기의 순간, 붓다는 혼신의 힘을 기울여 이렇게 설하고 있는 것이다.

　　"아난다야, 그대들은 자신을 등불 삼고 자신을 귀의처로 삼아라. 담마를 등불 삼고 담마를 귀의처로 삼아라. 다른 것을 귀의처로 삼지 말라."

그러나 돌이켜보면, '자등명(自燈明) 법등명(法燈明)의 담마'는 전혀 새로운 것이 아니다. 이미 관찰한 바와 같이, 수많은 대중들이 담마에 의지해서 전율 느끼는 삶의 변화를 체험하고 견성 열반을 실현해 온 것이다. 담마를 등불 삼아서 낡은 수레처럼 무너져 내리는 이 허약한 몸으로 불사 불멸(不死不滅)의 깨달음을 증득해 오고 있는 것이다.

Attadipā, Dhammadipā,

자신을 등불 삼고, 담마를 등불 삼고—.

불교는 본래 이런 것이다. 담마를 근본 삼는 길이다. 신이나 교조의 권위나 관료적 조직의 권위에 의지하는 것이 아니다. 스스로 정신차려서 붓다-담마를 등불 삼고 담마에 의지해서 깨달음의 길을 자력 개척(自力開拓)하는 것이다. 이것이 불교의 생명이며 정체성의 본질이라고 할 것이다. 죽음을 목전에 둔 노(老)붓다가 망망대해에서 표류하며 절규하는 위기상황의 대중들을 향하여 어둠을 뚫고 등대의 등불처럼 우뚝 들어 보였다는 데, 이 'Attadipā Dhammadipā'의 역사적 의의가 빛나는 것으로 보인다.

Attadipā, Dhammadipā.

이것이 '담마의 길'이다. 붓다에 의하여 확립된 '담마의 길'이다. 이 '담마의 길'에 의하여, 붓다의 죽음을 뛰어넘어, 대중견성-만인견성운동의 미래는 더욱 찬연하게 밝아지게 된 것이다. 이 '담마의 길'에 의지해서 많은 사람들이 깨달음을 실현할 수 있게 된 것이다. 담마를 듣고 상기하고 이해하고 실천함으로써, 수많은 보통 사람들이 어지러이 방황하는 중생의 삶을 벗어나 평온하고 자유롭고 홀가분한 견성 열반의 인생을 노래할 수 있게 된 것이다.

4) 붓다의 길(1) — 붓다 중심, 붓다신앙의 새로운 물결

붓다의 사리, 사리탑

"아난다야, 여래의 유해를 공경하기 위하여 그대 자신들을 방해하지
말라. 아난다야, 그대들은 그대 자신들의 선(善)을 위하여 열성을 다하
라. 주춤거리지 말고 열성적으로, 그리고 단호히 그대들은 그대들 자신
의 선을 위하여 몰두해야 하느니라.

아난다야, 여래에게 헌신적인 현명한 귀족들, 현명한 브라민들, 그리
고 현명한 자산가들이 있을 것이다. 여래의 유해를 공경할 사람들은 바
로 그들이니라.

아난다야, 여래의 장례는 전륜성왕의 예에 따라 행하라.

아난다야, 전륜성왕의 유해에게 했던 것같이, 여래의 유해에 대해서
도 행하여야 하느니라. 그리고 네거리에 여래를 위하여 또한 스투파를
세워야 하느니라. 그리고 누구든지 그곳에 꽃다발과 향, 말향을 공양하
거나 예배하게 하라. 그리하면 그들의 마음은 거기서 평화를 얻으리라.
그것이 그들에게 오래 오래 안락과 행복이 될 것이니라."59)

붓다의 이러한 유촉(遺囑)은 거의 대부분 그대로 실행되었다는 것
이 경전과 여러 고고학적 자료들에 의하여 입증되고 있다. 붓다의 유

---

59) DN 16.5.10-11(text. ii. 143) ; Ibid, p.264.

해는 말라족들에 의하여 다비(茶毘, Jhapeti)되고, 사리(salira, 舍利)가 수습되었으며, 꽃과 향으로 공양되었다. 사리 분배를 둘러싸고 한때 무력충돌의 위기까지 있었으나, 도나(Dona)라는 말라족 브라민의 제의로 대중들의 합의에 의하여 평화적으로 분배되고, 사리탑들이 건립되었다.[60]

경전의 전승에 의하면, 아쇼카(Asoka) 왕이 이 사리탑들을 발굴하여 전국에 84,000개의 사리탑을 건립한 것으로 되어 있으나, 전승 그대로 믿기는 어려운 것으로 분석되고 있다.[61] 빠알리-니까야의 기록에 의하면, 붓다의 유해, 사리와 재[灰]는 다음과 같이 열 몫으로 분배되었다.

① 마가다(Magadha)의 아자따삿투(Ajātasattu) 왕
② 베살리(Vesālī)의 릿차비인들(Licchavī)
③ 신(新) 가빌라밧투(Kapilavatthu)의 사캬족들(Sakiyas)
④ 알라까빠(Allakappa)의 불리인들(Bolī)
⑤ 라마가마(Rāmagāma)의 꼴리야인들(Koliys)
⑥ 베타디빠(Veṭhadīpa)의 한 브라민
⑦ 빠바(Pāvā)의 말라족들(Mallas)
⑧ 구시나가라(Kuśināgara)의 말라족들
⑨ 삐팔라바나(Pipphalavana)의 모리야인들(Moriyas) : 유해를 다비한 재
⑩ 구시나가라의 브라민 도나(Dona) : 사리들을 보관했던 진흙 단지[62]

---

60) DN 16.6.13-28(text. ii. 160-168) ; Ibid, pp.273~277.
61) E. J. Thomas, Ibid, p.160.
62) DN 16.6.27(text. ii. 167) ; Ibid, pp.276~278.

1888년, 펩페(W. C. Peppe)에 의해서 신(新) 가빌라밧투 근처인 피프라바(Piprava)의 고분에서 사리 단지가 발견되었는데, 그 뚜껑 위에 브라미(Brahmi) 문자로 이렇게 기록되어 있다.

"고귀한 석가족의 붓다의 사리를 봉안한 이 단지는 석가족 사람들의 그 형제들, 자매들, 그리고 자녀들과 아내들에 의하여 헌납되었다."63)

이것은 붓다의 진신사리(眞身舍利)로 인정되어, 태국 왕에게 전달되었다.64) 또 1957년 베살리의 옛 땅에서 아르테카르(A. Altekar) 박사에 의하여 발굴된 사리호(舍利壺, 遺灰)도, 발굴상황과 스투파의 구조로 보아, 붓다의 것으로 추정되고 있다.65) 이러한 발굴 등에 의하여 붓다의 입멸과 장례, 사리 분배와 팔대기탑(八大起塔) 등의 경전 기록은 역사적 사실로 인정된다.

붓다신앙의 대상들─사리·스투파·영지(靈地)

보다 중요하게 생각되는 것은 이러한 영지(靈地)와 사리, 사리탑─스투파 등이 단순한 역사적 유물이 아니라 신앙의 대상으로서, 영원한 붓다에 대한 신앙, 곧 붓다(佛) 중심의 불교와 관련되면서 지속적인 생명력을 유지해 오고 있다는 역사적 사실이다. 그리고 이러한 붓다

---

63) H. W. Schumann, Ibid, p.254. E. J. Thomas, Ibid, p.161. 'sukitibhatinam sabhaginikanam saputadalalanam ; iyam salilnidhane budhasa bhagavate sakiyanam'.
64) 그러나 전문가들 사이에 이 문장의 해석을 둘러싸고 많은 이설이 제기되고 있기 때문에 확정되지는 못하고 있다. cf. E. J. Thomas, Ibid, pp.161~164.
65) 平川 彰·이호근, 앞의 책, p.57 ; 中村元·김지견, 앞의 책, p.240.

중심의 신앙이 마하빠리닙바나를 맞이하는 붓다 자신의 심증으로부터 연원하고 있다는 점을 특히 상기할 필요가 있다고 생각된다. 붓다는 분명 이렇게 설하고 있다.

① 나의 입멸 뒤에는 4대 영지를 참배하라. 영지를 보면서 여래를 생각하고, 세상을 무상하게 여기면서, 깊은 종교심을 발로하라.

② 출가자들은 여래의 장례와 유해[사리] 처리 문제에 간여하지 말라. 여래의 장례와 유해의 처리는, 여래에 다하여 각별한 존경심을 지니고 있는 왕족·브라민·자산가들이 맡을 것이다.

③ 여래의 장례는 전륜성왕의 장법(葬法)에 따르라.

④ 여래의 유해[사리]는 스투파로 봉안하라. 이 스투파를 네거리에 세우고 꽃다발과 향, 말향으로 공양하라. 사람들은 감격하면서 청정한 마음을 낼 것이다. 이 청정한 마음의 공덕으로 하늘나라에 태어날 것이다.

영지(靈地), 영묘(靈廟, caitya) 순례,

사리, 스투파 공양,

꽃다발·향·노래·춤·악기ー.

이런 것은 '조건지어진 것은 모두 소멸되어 간다.'는 담마 중심의 수행으로서는 지금까지 상상하기 어려운 행위들이다. 그럼에도 불구하고 붓다의 입멸을 계기로, 붓다 자신의 가르침에 근거하여 수많은 재가대중들에 의하여 열렬히 실천되고 있다. 경에 의하면, 붓다가 입멸한 뒤, 구시나가라의 말라족 사람들(바셋타들)은 곧 사라쌍수 언덕으로 몰려가서, 붓다의 유해를 둘러싸고 꽃다발과 각종 향을 바치고, 노래하고 춤추며 악기를 연주함으로써, 붓다의 가르침 따라 붓다를 경배·존중·숭

배·공양하였다. *Mahāparinibbāna-Sutta*에서는 이렇게 기록하고 있다.66)

> 그때, 말라족 사람들은 그들 백성들에게 일렀다.
> "향과 꽃다발을 가져 오시오. 음악가들을 모두 모으시오."
> 그리고 향과 꽃다발, 모든 음악가들, 500세트의 의류들과 함께 그들은 붓다의 유해가 누워 있는 사라나무 언덕으로 갔다. 그리고 그들은 공경을 드리고, 예배를 올리고, 춤과 노래, 음악으로, 꽃다발과 향으로 붓다의 몸을 찬탄하였다. 그리고 거기서 지내기 위하여, 차양과 원형의 천막을 만들었다.67)」

말라족 백성들만 붓다를 찬탄한 것이 아니다. 그들만이 붓다 앞에서 노래하고 춤추고 음악을 연주하며 붓다를 경배한 것이 아니다. 수많은 신(神)들과 꽃과 나무들, 숲도 그렇게 하였다. 경에서는 이렇게 보고하고 있다.

> 그때, 구시나가라의 하수구와 쓰레기더미마저도 무릎 높이의 적황색 꽃들로 덮였다. 그리고 말라족 백성들뿐만 아니라 신(神)들까지도 신과 인간의 춤과 노래, 음악으로 붓다의 몸을 찬탄하였다.68)

붓다 앞에
향과 꽃다발로

---

66) DN 16.6.

67) DN 16.6.13(text. ii. 159) ; Ibid, p.273.

68) DN 16.6.16(text. ii. 161) ; Ibid, p.273.

춤과 노래, 온갖 음악으로

지상의 춤과 노래, 음악으로

천상의 춤과 노래, 음악으로

공양 올리며 경배하고 찬탄하는 사람들, 신(神)들

부정(不淨)한 모든 것을 아름다운 색과 향으로 덮어버리는 꽃과 나무와 숲들…….

이것은 새로운 불교가 시작되고 있다는 명백한 징조로 보인다. 붓다 중심의 불교, 새로운 붓다신앙의 물결이 이제 막 분출하고 있다는 분명한 메시지로 들리는 것이다.

5) 붓다의 길(2) – 대중견성의 새로운 지평

스투파 신앙, 불멸의 붓다신앙으로

붓다 중심의 불교,

새로운 붓다신앙의 물결, 새로운 붓다 신행의 물결 – .

스투파를 건립한 뒤에는, 스투파를 중심으로 이러한 신행이 계속 실천되고 있다. *Mahāparinibbāna-Sutta*의 마지막은 이러한 스투파 신앙, 불탑신앙에 대한 찬탄의 노래로 회향되고 있다.

붓다의 사리는 여덟 몫이 있었네.

모든 것을 보는 이, 이 가운데 일곱은 이 잠부 세상에 남기고

라마가마의 여덟 번째 것은 용왕들이 보전하네.

불치(佛齒) 하나는 삼십삼천이 수호하고

칼링가 왕이 하나를 보전하네.
용신들 또한 공덕의 대지 위에 영광을 내뿜는다네.
이렇게 모든 것을 보는 이는 찬탄 받는 이들에 의하여 찬탄되나니
신(神)들과 용신들, 왕과 귀족들
두 손 모으며 예배 올리나니
영겁에 걸쳐 붓다 같으신 분 보기 어렵기 때문이라네.69)

하늘과 땅 위에서 찬탄되는 붓다,
신들과 용왕, 왕과 귀족들, 백성들에 의하여 공경되는 붓다,
영겁에 걸쳐 다시 보기 어려운 붓다 석가모니—.
여기에 붓다 입멸의 은밀한 소식이 숨어 있는 것같이 느껴진다. 이 노래 속에는 영원한 붓다, 불멸(不滅)의 붓다에 대한 초(超)담마적인 비밀이 간직되어 있는지도 모른다. '제행무상(諸行無常)'의 담마를 넘어서는 붓다신앙의 물줄기가 신선한 충격으로 용출하고 있는지 모른다. 이것은 대열반의 땅 구시나가라에서 또 하나의 불교 역사, '붓다의 길'이 열리고 있다는 것을 의미하는 것이다.

이러한 붓다신앙은 흔히 '불탑신앙(佛塔信仰)'으로 일컬어지고, 불탑신앙을 중심으로 하는 이 새로운 흐름을 '붓다(佛) 중심의 불교'로 규정하여, '담마(法) 중심의 불교'와 구분하려는 경향이 있어왔다.70)
불탑은 시간이 흐를수록 더욱 왕성하게 건립되고, 그 지역과 규모도 점차 확대되어 갔다. 서력 기원 전후하여 특히 불탑 건립이 활성화되

---

69) DN 16.6.28(text. ii. 168) ; Ibid, p.277.
70) 平川 彰 · 정승석, 『大乘佛敎槪說』(김영사, 1986), p.36.

었고, 근세에 발굴된 고(古) 비문은 대부분 이 불탑과 관련된 것이다.[71] 산치(Sanci)의 대탑(大塔)은 스투파의 원형을 볼 수 있는 가장 오래된 탑으로서, 기원전 3세기 아쇼카(Asoka) 왕 때 벽돌로 축조된 것이다.[72] 일반적으로 탑에는 붓다와 그 제자들의 뼈·손톱·머리카락·재 등의 사리와 옷·지팡이·발우 등의 유물이 봉안되었다.

불탑은 출가 승단과는 엄격히 구분되어, 재가대중들에 의하여 독자적으로 관리되었다. 토지와 재물 관리에 있어서도, 승원을 중심으로 한 승지(僧地)와 스투파를 중심으로 한 불지(佛地), 승물(僧物)과 불물(佛物)·탑물(塔物)의 소유와 처분권의 귀속이 확실히 구분되어서 서로 간섭하지 않았다. 심지어 탑물을 승용(僧用)으로 전용한 비구는 바라이죄에 해당된다고 규정하고 있는 부파의 율장이 있을 정도이다.[73]

불탑 앞에는 등불이 밝혀지고, 향기로운 꽃과 꽃다발이 공양되었으며, 당(幢)·번(幡) 등 여러 가지 장식이나 금·은 등 보물들이 헌납되기도 하였다. 불탑 주변에는 꽃과 나무들을 심어 원림(園林)을 조성하고, 우물과 연못을 만들었다. 뒤에 가서는 관리자와 순례자들을 위한 방사·숙소나 건물이 건립되었다. 불교도들과 시민들이 수시로 와서 참배 공양하고, 재일에는 팔관재계의 포살이 행하여졌다. 특별한 축일에는 노래와 춤이 봉헌되고, 탑 주변에 시장이 벌어지기도 하였다. 순례자들에게 법을 송(誦)하고 해설하는 전문적인 재가의 설법사 ─ 법사(法師)들이 활동하고 있었던 것이다.[74]

---

71) 平川 彰·이호근, 앞의 책, p.292.
72) E. Lamotte, Ibid, p.311.
73) 平川 彰·이호근, 앞의 책, pp.291~293.
74) 앞의 책, p.295.

이렇게 해서 초기의 소박한 불탑신앙은 '불멸의 붓다'라는 구원불(久遠佛) 사상을 잉태, 성숙시키면서 보다 새로운 질적 전환의 계기를 모색하게 된 것이다.

붓다신앙, 대중견성의 무한한 지평으로

이러한 불탑신앙의 전개와 관련하여 특히 주목되는 것은, 이러한 불탑신앙—붓다 중심의 불교가 역사적으로 독자적인 하나의 흐름을 형성하면서 그 물결이 대승불교의 큰 줄기로 이어지고 있다는 사실이다. 불탑신앙, 불탑신앙의 재가대중운동이 대중부와 관련되면서 대승불교 형성의 한 연원이 되었다는 사실은 이미 여러 전문가들에 의하여 규명되고 있다.75)

불탑신앙으로 대표되는 붓다 중심의 불교는 사상적으로 구원불멸의 법신불(法身佛) 개념을 확장시키면서76) 보살도(菩薩道)의 이념을 전개하게 되고, 이것은 누구든지 보살도의 실천에 의하여 성불할 수 있다는 대승의 중심사상으로 확립되었다.

여기서, 붓다 석가모니에 대한 민중들의 헌신적인 예배와 찬불, 그리고 이 믿음을 바탕으로 하는 동일시(同一視)의 심리적 동기가 '석가모니 보살'의 고유한 보살 개념을 '수많은 보살'의 보편적 보살 개념으로 확장시킨 주요 요인의 하나로 작용했다는 사실이 특히 중요한 의미를 갖는 것으로 생각된다. 초기불전 속에 '보살'이 이미 존재하고

---

75) 앞의 책, p.290 註84).

76) H. Nakamura는 초기에 Amitabha-Buddha가 불탑신앙과 밀접하게 관련되어 있다고 분석하였다. ; cf. H. Nakamura, Ibid, p.202.

있었고, 이 '보살'이 부파들의 경론(經論)과77) 찬불 대중들의 정서 속
에서78) 점진적으로 질적 전환을 보이고 있었던 것이다.

이 전환의 결과, 성불은 이제 붓다 석가모니 한 분의 문제가 아니라
모든 인류의 문제로, 모든 사람들의 가능성으로 전환하게 된 것이다.
이러한 만인 성불의 이념을 추구하는 이상적 인간상(人間像)이 바로
대승보살이다. 대승보살의 이념에 관하여, 상가락시티 비구는 이렇게
논하고 있다.

문자적으로 '큰 바퀴', '큰 길'을 의미하는 대승(mahāyana)은 그것이
모든 존재의 구원을 가르치기 때문에 그렇게 불리는 것이다. 대승의 이
상(적 인간상)은 성격적으로 뛰어나게 헌신적이고 정신적인데, 이 영
웅적 존재는 일체 중생의 성불을 위하여 수천 생을 거치면서 6바라밀,
또는 10바라밀을 실천하고 있는 것이다.79)

일체 중생의 성불을 위하여 헌신하는 보살,
모든 존재들의 성불을 위하여 수천 생을 거듭하며 바라밀을 닦는
대승보살-.
이제 붓다신앙은 일체 중생을 위하여 헌신 수고하는 보살신앙으로
질적 비약을 경험하고 있다. 붓다 중심의 불교가 모든 사람 중심의 불
교가 되고, 붓다의 길이 만인의 길이 된 것이다. 보살은 더 이상 자신
만의 견성 성불을 위하여 살지 않고, 모든 존재들의 견성 성불을 위하

---

77) 이봉순, 앞의 책, pp.125~185.
78) 平川 彰·정승석, 앞의 책, pp.36~37.
79) Bhkkhu Sangharakshita, 'Buddhism', *A Cultural History of India*, p.93.

여 수천 생을 윤회하는 헌신의 삶을 추구하고 있다. 이것은 헌신적인 보살행 그 자체가 이미 깨달음의 길이며 견성 열반 그 자체라는 발상의 전환을 전제로 하고 있는 것이다. 그래서 '보살은 깨달음을 기다리지 않는다'라고 일컬어지는 것이다.

붓다에 대한 헌신 공경
붓다의 사리와 불탑에 대한 열성적인 예배와 찬탄
꽃과 향과 말향, 노래와 춤과 음악으로 바치는 예배와 찬탄─
이것이 붓다의 입멸을 계기로 수많은 민중들이 발전시켜 온 붓다 중심의 불교, 곧 '붓다의 길'이다. 대중들의 붓다신앙이 붓다의 구원에 대한 일방적인 소구(訴求)로 멈추지 아니하고, 일전(一轉)하여 대승 보살도를 산출하는 주요 요인으로 작용한 것은 불교사의 획기적인 사건으로 평가된다. 이것이 대중견성·만인견성운동의 지평을 새롭게 확장시켰다는 의미에서 특히 그러하다.

성불은 곧 깨달음이다. 일체 중생의 성불은 곧 일체 중생의 깨달음, 만인의 깨달음이다. 그런 까닭에 대승 보살도는 곧 대중견성의 길이다. 만인 깨달음의 길이다. 대승 보살도의 열림에 의하여 만인 앞에, 일체 생명 앞에 깨달음의 문이 활짝 열린 것이다. 수천 생을 다시 와서도 견성 열반을 실현할 수 있는 대중견성의 문이 활짝 열린 것이다. 지금 이대로, 헌신하는 보살의 삶 이대로 견성 열반이라는 만인견성의 무한한 지평이 크게 열린 것이다. 바로 이 지점에서, 붓다의 대중견성운동은 '대승의 대중견성운동'으로서 그 광활한 입각처(立脚處)를 당당히 확보하게 된 것이다. 역사적으로 관찰할 때, 출가대중들의 '담마의 길'이 부파시대에 이르러 아비담마화(Abhidhamm化)의 미로 속에서 깨달음의 실제성을 잃고 민중들로부터 소외되어 갈 때, 재가대중들을 중심으로 하는 불교도들이 '붓다의 길'로 매진하여 보살 성불·보살 견성의 새로운 영역을 열어갔다. 이러한 민중적 신앙운동의 열정은 '담마의 길'을 고무시켜 여러 부파의 경론 속에서도 대중견성, 일체 중생의 성불을 가능하게 하는 사상적 혁신이 확산되고 있었다. 반야(般若)-공(空)·불성(佛性)-여래장(如來藏)-유식(唯識) 등이 그 산물들이다. 이것은 대중견성·만인견성이 불교사의 전 과정을 통하여 끊임없이 추구되고 확장되어 온 '불멸의 이념'이라는 역사적 진실을 입증하는 것이다.

담마의 길과 붓다의 길
담마 중심의 불교와 붓다 중심의 불교
담마를 보고 사념처를 수행하는 길과 붓다 앞에 예배 헌신하는 길ㅡ.
그러나 이 둘은 본질을 공유하는 두 갈래 방법론의 차이일 뿐, 결코 대립적인 두 개의 길로 생각되지 않는다.
무엇 때문인가?
붓다를 떠나서 담마가 따로 없고 담마를 떠나서 붓다가 따로 존재하는 것이 결코 아니기 때문이다. 그래서 붓다-담마라고 하는 것이 아닌가. 붓다를 보고 붓다의 삶을 보려고 노력하면, 그 속에서 담마를 보게 되는 것이고, 붓다 앞에 공양 공경하고 만인을 위하여 헌신 봉사할 때, 거기서 문득 담마가 여실상(如實相)을 드러내기 때문이다. 담마를 깨닫기 위하여, 붓다의 삶-보살의 삶을 외면한 채 은둔 독선의 길을 고집하는 빠쩨까 의식을 '악마'로 규정하는 것도 바로 이런 이유 때문일 것이다.

붓다의 길과 담마의 길,

열정과 헌신 속에서 혼연히 하나의 깨달음으로 구현되는 붓다·담마의 길一.

이렇게 붓다와 담마가 둘 아닌 깨달음의 길인 도리를 일깨우기 위하여, 라자가하 근교 한 도공(陶工)의 집에서 죽어가는 바칼리(Vakkali) 비구를 향하여, 붓다는 이렇게 설하고 있는 것이다.

　　"오, 바칼리야, 이 보잘것없는 나의 몸을 봐서 무엇하겠느냐?

　　바칼리야, 담마를 보는 자는 나를 보고, 나를 보는 자는 담마를 보리라.

　　바칼리야, 참으로 담마를 보는 자는 나를 보는 것이고, 나를 보는 자는 담마를 보는 것이니라.80)

3. 다함없는 연민과 헌신으로

1) '아난다야, 나는 늙고 쇠하였구나'

붓다의 유일한 동기

라자가하에서 구시나가라까지.

---

80) "Hush, Vakkali! What is there in seeing this vile body of mine? He who seeth the Norm, Vakkali, he seeth me ; he who seeth me, Vakkali, he seeth the Norm. Verily, seeing the Norm, Vakkali, one sees me, ; seeing me, one sees the Norm…." ; SN 22.87(text. iii.120, Vakkali) ; *The Book of the Kindred Sayings 3*(P.T.S.), p.103. cf.『雜阿含經』1265,「跋迦梨經」;『한글대장경 雜阿含經』3, pp.389~393 ;『아함경전』2(한갑진 역), pp.215~216.

독수리봉에서 사라쌍수 언덕까지—

붓다의 마하빠리닙바나는 단순한 죽음이 아니다. 그것은 다름 아닌 마지막 전도·전법행진이다. 붓다 석가모니가 이 지상에서 걸어간 최후의 대중견성 행진으로 규정될 수 있을 것이다. 바로 이 사실이 '마하빠리닙바나의 견성학(見性學)'을 가능하게 하는 근거가 되는 것이다.

전도 행진으로서 대열반을 삼는 붓다의 마음은 무엇일까?

더 본질적으로, 45년 간 전법 고행의 길을 걸어온 붓다의 진심은 무엇일까? 숨이 넘어가는 순간까지, 한 늙은이의 견성을 위하여 피땀을 쏟는 붓다의 본심은 무엇일까? 그리고 이러한 붓다에 대한 민중들의 마음은 무엇일까? 이 문제와 관련하여 콜러는 이렇게 기술하고 있다.

(성도 이후) 45년 동안, 붓다의 동정심과 지혜는 그의 가르침과 모범, 그리고 불교도 공동체의 형성 속에 표현되었다.

이 깊은 연민(憐愍, this deep sense of compassion),

살아 있는 모든 것들의 깨달음과 고통의 제거를 향하여 도움을 주기를 염원하는 이 깊은 연민의 느낌이, 불교를 작은 한 무리의 석가모니의 신봉자들로부터 심대한 문화적·정신적·철학적 중요성을 지니는 세계의 종교로 발전시키고 확대시킨 유일한 요소이다.[81]

'이 깊은 연민(憐愍, this deep sense of compassion),

살아 있는 모든 것들의 깨달음과 고통의 제거를 향하여 도움을 주기를 염원하는 이 깊은 연민의 느낌.'

붓다의 45년 간의 행적과 마하빠리닙바나의 과정을 지켜본 사람이

---

81) J. M. Koller, Ibid, p.144.

라면, 모든 생명들에 대한 깊은 연민의 느낌이 붓다의 모든 삶을 통하여 관철되고 있는 유일한 요소, 동기라는 콜러의 주장에 공감하지 않을 수 없을 것이다. 그리고 이 연민의 마음〔憐愍心〕이 사람들을 향하여, 일상을 살아가는 평범한 보통 사람들을 향하여 일차적으로 부어지고 있다는 사실을 인정하지 않을 수 없을 것이다. 그리고 보다 더 깊이, 흔히 '자비심(慈悲心, Metta-karuna)'으로 일컬어지는 이 연민의 마음이 지극히 인간적인 감정의 발로라는 사실에 대하여 공감하지 않을 수 없게 될 것이다.

노(老)붓다의 고백

세상 사람들이 붓다를 끊임없이 '초월적인 존재(Spramundane Being)'·'신(神, Deva)'·'신(神) 가운데 신(Devatadeva, 天中天)'으로 생각하고 추앙하고 있지만,[82] 붓다 자신은 마지막 순간까지 한 인간이기를 굳게 지키고 있다. 그는 심한 신경통·혈류 장애·소화불량 등으로 의사 지바까의 치료를 받았다. 또 늙고 병들어 힘이 부치자, 제자들에게 이렇게 가르침을 부탁하기도 하지 않았던가.

"목갈라나야, 나는 등이 아프구나.
그대가 나를 대신하여 이 석가족 대중들에게 담마를 설해다오."

사람들은 마하빠리닙바나 도중 벨루바 마을에서의 붓다를 아직 기억하고 있을 것이다. 그때, 그는 오두막집에 홀로 남아 안거하다가 죽을 것 같은 중병에 걸려 신음하였다. 문병 온 사랑하는 제자 아난다

---

82) E. Lamotte, Ibid, p.645.

스님 등을 향하여, 그는 한 교단의 우월한 지배자, 영도자이기를 단호
히 거부하면서, 이렇게 고백하고 있다.

> "아난다야, 나는 이제 여든 살, 늙고 쇠하였구나.
> 마치 낡은 수레가 가죽끈에 묶여 간신히 끌려가는 것같이
> 내 몸도 가죽끈에 묶여 간신히 끌려가고 있느니라."
> (Now I am frail, Ānanda, old, aged, far gone in years.
> This is my eightieth year, and my life is spent. Even as an old
> cart, ananda, is held together with much difficulty, so the body of
> the Tathagata is kept going only with supports.)[DN 16. ii. 101][83]

"아난다야, 나는 이제 여든 살, 늙고 쇠하였구나."

노(老)붓다의 고백을 들으면서, 아마 많은 사람들은 눈물을 감추지
못할지도 모른다. 노(老)붓다의 고백을 통하여, 자신들의 모습을 생각
하며 밤잠을 설치며 괴로워할지도 모른다.

여기 '벨루바 마을의 낡은 수레 고백'에서, 사람들은 늙고 병들어 죽
음에 다가가는 한 인간의 깊은 자기 연민을 듣게 될 것이다. 그것은
어쩌면 죽음을 목전에 둔 지치고 무력한 한 늙은이의 신음일지도 모
른다는 생각을 갖게 될 것이다.

그리고 붓다의 정체성(正體性)에 관한 오랜 논쟁도 바로 이 고백의
원점으로부터 재조명되지 않으면 안 된다는 사실을 발견하게 될 것이
다. 생의 마지막 순간까지, 붓다는 고뇌하는 한 인간으로 남아 있기를

---

83) tr. Sister Vajira 7 Francis Story, *Mahāparinibbāna-Sutta* (Kandy Buddhi-
st Publication Society, 1998), p.27.

갈망하고 있는 것이다. 라훌라는 *What the Buddha Taught* 서두에서
이렇게 기술하고 있다.

   종교의 창시자들 가운데 붓다는—그를 일반적 의미의 종교 창시자로
부르는 것이 허용될지 모르지만—순수하게 인간으로 남아 있기를 원했
던 유일한 인물이었다. 다른 교조들은 자신이 신(神)이거나 신에게 영
감을 받았거나, 또는 다른 형태로 화현(化現)된 화신(化身, Avatar)이
었다.
   붓다는 인간일 뿐만 아니라, 신(神)이나 외적(外的) 힘으로부터 오
는 어떠한 영감도 요구하지 않았다. 깨달음의 성취는 인간적인 노력과
지성의 덕분이었다. 오로지 인간만이 붓다가 될 수 있다.84)

2) 작고 궁핍한 마을, 외로운 사람들 곁으로

피땀을 쏟으며, 비틀거리는 걸음으로

낡은 수레같이 가죽끈에 묶여 간신히 끌려가고 있는 노(老)붓다를
목격하면서, 사람들은 아마 '마가다 대행진'의 붓다를 상기하게 될 것
이다.

청년 붓다,
눈빛 찬란하게 빛나는 35세의 청년 붓다—.
그때 청년 붓다는 천지를 제압하고도 남을 자신감과 승자(勝者) 의

---

84) W. Rahila, Ibid, p.1.

식, 평정(平定) 의식에 넘쳐 있었다. 그는 늠름한 기상으로 마가다의 대로를 당당히 행진하였다. 1,000명의 성중(聖衆)들에게 둘러싸인 채, 그는 수많은 시민들 속으로 법바퀴·법수레를 굴리며 행진하고 있었다.

> "세존이시여,
> 세존께서는 저의 스승이십니다.
> 저는 세존의 제자입니다."
> (Lord,
> Lord is my teacher
> I am a disciple.)〔Mv 1.22.6〕

당대 최고의 사상가 우루벨라-까샤빠(Uruvelā-Kassapa)가 백발의 머리를 붓다의 발아래 대고, 이렇게 고백하였다. '라티 숲의 나뭇잎 같은' 수많은 민중들이 그를 환호하고, 빔비사라 왕과 12만 명의 시민들이 귀의하였다. 이 얼마나 장엄한 행진인가. 장쾌한 승리인가.

그러나 그 수레는 이미 다 낡아서 언제 무너져 내릴지 모르는 상황이 되었다. 그럼에도 불구하고, 붓다는 여전히 수레를 굴리며 행진하고 있다. 늙고 병들고 지친 몸을 무릅쓰고, 수레바퀴를 굴리며 행진하고 있다.

무엇 때문일까?

무엇 때문에 붓다는 이러고 있는가?

그것은 콜러가 이미 규명한 바 있듯이, 오직 하나의 기본적인 동기, 모든 생명들에 대한 연민 때문이리라. 평범한 일상의 사람들에 대한 붓다의 깊고 넓은 인간적인 연민, 그 다함없는 인간애(人間愛) 때문일 것이다. 숨이 끊어지는 마지막 순간까지 그들과 함께 살기 위하여, 그는 이 마하빠리닙바나의 고통스런 길로 가고 있는 것이다.

라자가하의 독수리봉에서 칠불쇠법(七不衰法)을 설하여, 붓다는 평소에 그가 특별한 애정을 보여 온 밧지 공화국 백성들을 참혹한 전쟁으로부터 구제하였다. 빠딸리 마을 사람들을 위하여 밤늦도록 오계(五戒)의 법을 설하여 주민들을 격려하고 기쁘게 하였으며, 그들을 멀리 배웅하였다. 나디까 마을에서 죽음을 두려워하는 마을 사람들을 위하여 '진리의 거울〔法鏡〕'을 설하여 안심시켰다. 베살리에서는 귀족들을 물리치고 한 창녀의 공양을 받았다. 정든 베살리성을 나서면서 그는, "아난다야, 이것이 내가 베살리를 보는 마지막이로구나."라고 아쉬운 작별을 고하였다. 빠바 마을에서는 대장장이의 공양을 응낙하였다.

피를 쏟는 중태의 몸으로 행진하는 노(老)붓다,
기진함과 갈증과 고통을 무릅쓰고 행진하는 고령의 노(老)붓다,
걸음걸음 피땀을 흘리며, 걷고 쉬고 걷고 쉬기를 수없이 되풀이하며 구시나가라 언덕을 향하여 행진하는 80 고령의 노(老)붓다,
숲속에 앉아 마차가 지나간 개울물을 마시며 목마름을 식히고, 다시 길을 떠나는 노(老)붓다…….
그는 드디어 구시나가라 사라(sāla) 나무 언덕에 이르렀다. 두 그루 사라나무(沙羅雙樹) 사이에 침상을 펴고, 오른쪽 옆구리를 바닥에 대고 머리를 북쪽으로 향하여 누웠다. 그리고 이것이 붓다의 마지막 밤이 된 것이다.

노(老)붓다의 축복과 위로

이렇게 비틀거리며, 붓다는 한발 한발 구시나가라 언덕으로 올라갔다. 그러면서도 그는 대장장이 춘다의 사정을 불쌍히 여겨, 까꿋타(Kakuttha) 강 언덕에서 이렇게 축복하며 위로하고 있다.

> "그대 춘다여, 그 공양의 공덕으로
> 그대는 장수하리라.
> 그대는 훌륭한 용모를 얻으리라.
> 그대는 행복하리라.
> 그대는 명성을 얻으리라.
> 그대는 하늘나라에 태어나리라.
> 그대는 왕이 되리라."〔DN 16.5(text. ii. 136)〕

비록 고의는 아니었다 할지라도, 자기를 죽음에 이르게 한 장본인에 대한 붓다의 이 다함없는 축복—.

이것은 아마 인류사를 통하여 다시 발견하기 어려운 사건이 아닌가 생각된다.

그는 또 스승과의 영원한 이별을 슬퍼하는 사랑하는 제자 아난다를 불러놓고 이렇게 위로하고 있다.

> "아난다야, 울지 마라. 슬퍼하지 마라.
> 아난다야, 나는 너에게 이미 말하지 않았느냐. 아무리 친하고 사랑하는 것일지라도, 그 모든 것은 변화해 가고, 떠나가고, 단절되고 마는 것이라고.

그것을 어찌 피할 수 있겠느냐.

아난다야, 그대는 참으로 오랫동안 행위와 말과 생각에서 사랑과 친절로써, 그리고 명예롭게, 즐겁게, 모든 정성을 기울여 타산하지 않고 나를 돌보아왔구나.

아난다야, 그대는 큰 공덕을 쌓았느니라.

아난다야, 이제부터 힘을 기울여 수행하여라. 그러면 곧 번뇌로부터 해탈할 것이니라."〔DN 16.6(text. ii. 145)〕

여기에는 제자에 대한 한 스승의 깊은 연민의 정이 절절히 와 닿는 것 같다. 꾸밈없는 인간의 사랑이 그대로 드러나고 있는 것으로 느껴진다. 그리고 이러한 제자 사랑은 임종의 순간에 찾아온 늙은 편력행자 수밧다(Subhadda)를 향해서도 평등하게 베풀어지고 있다.

"아난다야, 수밧다를 막지 말라.
나는 수밧다를 만날 것이다."〔Ibid, 16.5(text. ii. 150)〕

끊어지려는 호흡을 온몸으로 들이쉬면서, 노(老)붓다는 마지막 제자를 위하여 담마를 설하고 있다.

'작고 궁핍한 마을, 외로운 사람들' 곁으로

사람들을 향한 붓다의 다함없는 연민은 말라족(Mallas) 백성들과의 만남에서 절정에 이르고 있다. 사라쌍수 언덕에 이르자, 붓다는 구시나가라 말라족 백성들에게 소식을 전하라고 분부하였다. 아난다 스님과 붓다는 이렇게 대화하고 있다.

아난다 : 세존이시여, 부디 이렇게 작고 궁핍한 흙벽 집 마을, 숲속의
        외진 마을에서 열반에 들지 마옵소서. 이런 작은 마을이 아
        니더라도, 참빠나 라자가하, 사밧티·사께따·꼬삼비·바
        라나시와 같은 큰 도시들이 있지 않습니까?
붓 다 : 아난다야, 이 구시나가라를 '작고 궁핍한 흙벽 집 마을, 숲속
        의 외진 마을'이라고 말하지 말아라.〔DN 16.5(text. ii.147)〕

'이 작고 궁핍한 흙벽 집 마을, 숲속의 외진 마을.'

(a miserable little tow, of wattle-and-daub,

right in the jungle in the back of beyond)[85]

이 대화 속에는 노(老)붓다가 피땀을 쏟으며 비틀거리는 걸음으로,
화려한 도시들을 다 버리고, 굳이 작고 궁핍한 구시나가라의 한 언덕
길로 오르려는 그 내밀한 동기가 은은히 풍겨 나오고 있다. 그것은 '작
고 궁핍한 마을, 외로운 사람들' 곁으로 가려는 것이 아니었을까? 그
래서 그들과 함께 마음을 나누며, 그들의 깨달음과 고통의 소멸을 도
와주려고 한 것이 아니었을까?

왕과 귀족들, 장자·거사의 자산가들을 포함하여, 붓다는 모든 계층
의 사람들을 평등하게 만나왔고, 또 그들과 친구로 어울렸다. 그러한
속에서도 작고 외로운 사람들, 고뇌하고 방황하며 하루하루의 일상을
살아가는 평범한 민중들이 그의 연민의 마음 가장 깊은 곳에 항상 살
아 있었던 것이 아닐까? 이러한 질문들은 대입멸의 밤 구시나가라 땅
에서 실제상황으로 응답되고 있음을 목격하게 된다.

---

85) *The Long Discourses of the Buddha,* p.266.

「붓다의 소식을 전해 들은 말라족 사람들, 자녀들과 부인들, 아들들의 부인들이 모두 아파하며, 슬퍼하며, 진심으로 비탄하고 괴로워하며, 어떤 사람들은 머리를 풀어 산발하고, 양팔을 절망적으로 치켜들며, 마당 위에 넘어져 뒹굴며 이렇게 부르짖고 있다.

"아! 세존께서는 너무도 급히 열반에 드시는구나.

축복을 주시는 분께서는 너무도 빨리 열반에 드시는구나.

세상의 눈이 사라지는구나."

(Too soon has the Blessed One come to his Parinibbāna!

Too soon has the Happy One come to his Parinibbāna!

Too soon will the Eye of the World vanish from sight!)」〔DN 16.5(text. ii. 149〕[86]

그들은 밤이 늦도록 아들·부인·딸·일족·하인들이 모두 다 함께 세존의 발에 머리를 대고 경배 드리고 있다. 붓다는 바로 이들에게 자신의 장례를 부탁하고, 또 실제로 그들 말라족 민중들에 의하여 장례되고 있다. 그들은 밤새워 붓다의 유해를 돌며 통곡하며 꽃과 향을 공양하며, 노래와 춤과 악기로 찬탄하고 있다. 또 그 사리의 스투파는 그들 손으로 네거리에 세워졌다.

3) 대열반이란 무엇인가?

작고 외로운 것들 곁으로 가는 것

라자가하에서 구시나가라까지,

---

86) *Mahāparinibbāna-Sutta*(tr. Sister Vajira 7 Francis Story), p.61.

독수리봉에서 사라쌍수 언덕까지―.

이 행진, '붓다의 Mahāpari-nibbāna 행진'은 실로 인류사 최대의 사건으로 규정돼도 좋을 것이다. 특히 '붓다의 마지막 행진'과 '붓다의 마지막 낮과 밤의 사건들'은 시공을 초월하여 모든 인류(人類)·모든 생류(生類)를 위한 영원한 구원의 등불이 될 것이다.

붉은 피를 쏟으며 행진하는 붓다,

걸음걸음 피땀으로 적시며, 비틀거리며 구시나가라 언덕으로 오르는 붓다,

나무 사이에 모로 누워, 그리운 고향 가빌라로 향하여 머리를 북쪽으로 두는 노(老)붓다,

자기를 죽음에 이르게 한 대장장이 춘다를 향하여, "그대 이 공덕으로 하늘나라에 태어나리라. 왕이 되리라." 이렇게 축복하는 80세의 노(老)붓다,

사랑하는 제자 아난다 비구를 불러 위로하고 격려하는 노(老)스승 붓다,

"아난다야, 이 구시나가라를 '작고 궁핍한 흙벽 집의 마을'로 부르지 말라."고 당부하는 연민의 노(老)붓다,

말라족 백성들을 불러 자신의 장례를 부탁하고, 밤늦도록 그들을 위로하는 세상의 눈 노(老)붓다,

숨이 깔딱깔딱 넘어가면서도, '내 제자를 막지 말라'며 다시 담마를 설하는 헌신의 노(老)붓다…….

이것은 실로 인류사 미증유의 장관 아닌가?

천지개벽 이래 이런 일이 또 있었는가?

어찌 눈물 없이 이 광경을 바라볼 수 있으랴…….

그래서 말라족 백성들은 땅바닥에 뒹굴며 통곡했고, 사라나무 숲을 가득 메운 하늘과 땅의 수많은 신(神)들과 사람들이 몸부림치며 흘린 뜨거운 눈물로 사라나무 숲은 하얗게 변했던 것이다.〔DN 16.5(text. ii. 141)〕

이러한 상황을 통하여, '붓다가 얼마나 깊이 작고 외로운 사람들을 연민해 왔는가?' 하는 것이 명백한 현실로 드러난다. '붓다가 얼마나 깊이 그들 작고 외로운 흙벽 집 민중들의 가슴속에 뿌리내리고 있었는가?' 하는 것이 새삼 선명하게 목격된다.

붓다는 라자가하의 라티 숲을 가득 메웠던 백성들과 더불어 행진하기 시작하여, 지금 구시나가라 사라나무 숲을 가득 메운 백성들과 더불어 행진을 완성하고 있다. 이것은 곧 마하빠리닙바나의 완성을 의미하는 것으로 보인다.

열반이란 무엇인가?

대열반(大涅槃)이란 무엇인가?

Mahāpari-nibbāna, 대반열반(大槃涅槃)이란 무엇인가?

그것은 곧 작고 궁핍한 사람들 곁으로 가는 것이다.

작고 궁핍한 흙벽 집 사람들 곁에서, 작고 외로운 사람들 곁에서, 보잘것없는 외로운 것들 곁에서 그들과 함께 사는 것, 그것들과 함께 가는 것.

이것이 대열반이다. 이것이 Mahāpari-nibbāna이다.

이 세상의 짐을 짊어지고

붓다의 죽음을 두고, 사람들은 흔히 '열반에 드셨다, 대열반에 들어가셨다'고 한다. 또 큰스님들의 경우도 마찬가지다. 그래서 사람들은 '열반은 죽음과 무슨 관계가 있는가보다.' 이렇게들 생각한다.

그러나 이런 생각은 옳지 않다. '견성 열반'을 관찰하면서, '마음을 보는 것이 곧 열반이다. 깨닫는 것이 곧 열반이다.'라고 이미 명료하게 규정하였다. 또 교학적으로도 붓다의 죽음은 'parinibbāna', '반열반(槃涅槃)'으로 규정하고, 'nibbāna'인 '열반(涅槃)'과는 구분하고 있다.87)

그럼에도 불구하고, 세상 사람들이 여전히 붓다의 죽음을 '열반(涅槃)', '대열반(大涅槃)'이라고 부를 때는 뭔가 이유가 있을 것이다. 여기서 열반의 의미를 교학적으로 논의하는 것은 무의미한 일이 될 것이다. 콘즈가 이미 적절히 지적하고 있는 것과 같이, '열반에 대한 모든 개념은 착각'이기 때문이다.88)

열반은 견성이며 깨달음이다. 견성은 자신의 본성(本性), 마음을 있는 그대로 보는 것이고, 깨달음은 그대로 보고 그대로 사는 것이다. 이것은 열반-깨달음이 한갓 관념의 변화가 아니라 삶의 문제, 삶의 변화라는 크나큰 담마를 의미하는 것이다.

그리고 그 열반의 삶은 죽음의 과정에서 가장 절정으로 여실히 드러난다. 따라서 삶과 죽음의 실제상황을 떠나서, 이 열반-깨달음의 문제를 학문적으로, 형이상학적으로 접근하려는 작업은 별 의미가 없을 것이다.

---

87) 'parinibbāna'는 'fully passed away', 'fully blown out', 'fully extinct'를 의미한다. cf. W. Rahula, Ibid, p.41.
88) E. 콘즈, 『印度佛教思想史』, p.60.

룸비니에서 구시나가라까지—.

이 45년 간의 전법포교행진을 통하여, 사람들은 대열반의 실상을 보다 선명하게 보아왔다.

라자가하에서 구시나가라까지—.

이 몇달 간의 삶의 궤적을 통하여, 사람들은 대열반의 실상을 보다 절실하게 보아왔다.

대장장이 춘다의 집에서 구시나가라 사라쌍수 언덕까지—.

이 '붓다의 마지막 날의 낮과 밤의 사건들'을 통하여, 사람들은 대열반의 실상을 벅찬 감동과 눈물로 목격하고 있다. 그리고 그들은 열반이 다함없는 연민과 헌신의 행로라는 크나큰 담마를 여실히 깨닫고 있다.

작고 궁핍한 흙벽 집 마을로—.

보잘것없고 외로운 사람들, 생명들, 생류(生類)들 곁으로.

열반의 삶은 이렇게 본질적으로 다함없는 연민과 헌신, 인간애(人間愛) · 중생애(衆生愛) · 생명애(生命愛) 그 자체이다.

이 세상과 역사와 생명 지닌 모든 것에 대한 한없는 연민과 현신—.

바로 이것이 구시나가라 언덕에서 붓다가 사람들에게 보여 주는 열반의 메시지이다. 낡은 수레같이 무너져 내리는 이 육신을 던지며, 죽음까지 던지며, 죽은 시신까지 던지며 작고 외로운 사람들에게 담마를 전파하는 것, 그들의 깨달음과 고통의 소멸을 도와주려는 것. 이것이 '대열반 소식'이다. '완전한 열반 소식'이다. 죽음까지 뛰어넘어, 이 세상의 짐을 지고 걸어가는 것, 작고 외로운 사람들 · 생류들의 짐을 짊어지고 비틀거리며 걸어가는 것.

이것이 Mahāpari-nibbāna 소식이다. 이 놀라운 사실을 붓다와 말라족 민중들은 지금 사람들 앞에 증거해 보이고 있는 것이다. 이와 관련하여 졸고(拙稿)『룸비니에서 구시나가라까지』에서는 이렇게 기술하고 있다.

그는 단 한번도 이 땅의 가난한 백성들을 잊은 적이 없다. 길에서 나고, 길에서 살다, 또 길에서 갔다. 그는 죽음의 고통을 참고 견디며, 발자국마다 땀방울로 적시며, 가고 쉬고 가고 쉬고 하기를 스물다섯 번이나 거듭하면서, 구시나가라 사라쌍수 언덕을 향하여 비틀거리며 행진하였다.

마가다같이 화려한 나라와 베살리같이 풍성한 거리를 버리고, 붓다는 어찌하여 외롭고 가난한 구시나가라 사라쌍수 언덕을 향하여 죽어가는 육신을 이끌며 나아가고 있는가?

구시나가라 사라쌍수 언덕.

이곳은 버림받은 땅, 고단하고 외로운 민중들의 고향, 바로 이곳에서 그들은 임 오시기를 기다리고 있기 때문이 아닐까?

마지막 한 중생의 짐을 지고, 이 세상 끝까지 비틀거리며 행진해 가는 것이 바로 대열반(大涅槃, Mahāpari-nibbāna)의 길이기 때문이 아닐까?[89]

4) 우리도 부처님같이

존경의 감정, 우주적 사랑으로
낡은 수레처럼 무너져 내리면서 흙벽 집의 작은 사람들 곁으로 나아가는 붓다,

---

89) 김재영, 『룸비니에서 구시나가라까지』(불광출판부, 1999), pp.313~314.

숨이 끊어지는 순간까지 가르치고 위로하고 격려하기를 멈추지 않는 노(老)붓다 석가모니—.

이 붓다를 바라보는 민중들의 심정은 어떤 것이었을까?

말라족 사람들은 그를 어떤 느낌, 어떤 마음으로 보고 있었을까?

붓다—담마, 곧 불교는 한 분의 절대자에 의지하는 일방 통행의 수직적 종교가 아니라는 것은 자명한 이치이다. 따라서 붓다와 대중 사이의 교감과 상호관계를 이해하는 것은 불교운동의 심리적 기제(機制, system)와 민중적 영향을 파악하는 데 중요한 필수적인 과제로 생각된다. 이와 관련하여 라모떼는 이렇게 논하고 있다.

핵심적인 포인트는 붓다에 대한 존경의 감정(the feeling of veneration for the Master)으로서, 이 감정은 모든 조건의 사람들을 하나의 형제애(兄弟愛)로 일치시켰다. 이 감정은 때때로 순간적으로 경험되었고, 사람들의 마음을 우주적인 사랑(universal charity)으로 열어 놓았는데, 그것은 참으로 새로운 인생의 문제로서, 연구와 수련 없이도 새로운 전향자들은 '석가의 자녀'가 되었다. 그것은 석가모니의 정신적인 형제가 되었다는 것이다. 그것은 승려나 사원 없는 하나의 종교였다.[90]

존경의 감정(the feeling of veneration)과 우주적인 사랑(universal charity)—.

붓다에 대한 민중들의 정서가 본질적으로 존경이며, 이 감정이 석가모니를 매체로 해서 그들의 마음을 우주적인 사랑, 자비로 열어 놓는

---

90) E. Lamotte, Ibid, p.639.

다는 분석은 매우 주목할 만하다. 이것은 '연구와 수련 없이도' 인격적 · 인간적인 만남과 신뢰에 의하여 깨달음의 본질인 대비심에 이를 수 있다는 의미에서도 그렇고, '우주적 사랑'으로 표현되는 보살정신이 초기불교의 대중들에게서 이미 온전히 움트고 있었다는 의미에서 특히 그러하다.

생각해 보면, 낡은 수레같이 무너져 내리면서도 작고 외로운 사람들을 찾아가는 인간 붓다의 지극한 인격, 그 예리한 통찰력〔지혜〕과 연민 · 헌신〔자비〕에 대한 공감과 존경이 없었더라면, 불탑신앙이나 구원불신앙이 가능했겠는가? 대승불교의 보살도가 가능했겠는가? 콜러는 이렇게 논하고 있다.

> 연민(憐愍)의 이상은 보살(菩薩, Bodhisatta, Skt. Bodhisattva)의 이상 속에 구현되었다. 문자로 '보디삿트바'란 빛나는 깨달음을 핵심으로 삼는 존재이다. 보디삿트바의 이상은 붓다의 연민을 구현하고 있고, 모든 존재들이 열반으로 가는 것을 도우려는 노력을 비록 한순간일지라도 멈추지 않는 결의로 둘러싸여 있다.
> 개인 구제의 이상이 상좌부 불교를 주도한 것같이, 이 보살의 이상은 대승불교를 주도하게 되었다. 개인 구제의 이상은 붓다의 가르침 속에서 발견되고 있고, 대승불교와 상좌부 양쪽 모두에 의하여 수용되고 있다. 한편 보디삿트바의 이상을 향한 기초는 붓다의 모범 속에서 발견되고 있는데, 대승불교는 이 붓다의 모범을 크게 강조하고 있다.[91]

아라한(阿羅漢, Arahan, Arhat)의 이상을 추구하는 Theravāda(上

---

91) J. M. Koller, Ibid, p.144.

座部)를 '개인 구제'로 한정하려는 콜러의 주장은 재론의 여지가 있는 것으로 보인다. 그러나 보살불교—대승불교 이념의 역사적 기초를 인간 붓다의 모범, 붓다의 연민과 헌신의 실제적인 삶의 모범에서 구하고 있는 그의 시각은 매우 주목할 만한 것으로 생각된다. 보살사상의 경전사적 성립과정에 대하여 체계적으로 고찰한 이봉순(李鳳順) 씨는 학위논문, 「보살사상(菩薩思想) 성립사연구(成立史硏究)」에서 이렇게 논하고 있다.

그런데 불타께서 깨달음을 이루고 나서 부파로 분열하기 전까지의 2~3백년 간을 초기불교라고 할 때, 초기불교에는 보살사상이 없으며, 문헌상(文獻上)으로 '보살'이라는 말이 현존하는 초기불교 자료에 있더라도 후대의 전승과정에서 혼입된 것이라는 주장도 있다.
그러나 보살사상(菩薩思想)의 기원이 석가보살의 고귀한 체험을 찬탄하고, 자기도 불(佛)과 같은 깨달음을 얻으려고 노력하는 것에 있다고 한다면, 그 말에는(초기에는 보살사상이 없었다) 보편성이 결여되어 있다고 본다.……그리고 『아함경』의 '보살'이라는 말은 과거불의 전생을 제외하고는 오직 석가보살의 전생에 대한 호칭으로 쓰이고 있으나, 부처님 재세시부터 있었다고 하는 불교 최고의 경진인 『숫타니파타』나 『장로게경(長老偈經)』에도 '보살'이란 용어를 볼 수 있기 때문이다.92)

붓다같이, 부처님같이
'불(佛)과 같이,

---

92) 이봉순, 앞의 책, p.455.

붓다같이,

우리도 부처님같이−.'

보살사상의 원류는 이렇게 붓다 석가모니의 헌신적인 삶으로부터 비롯된다. 붓다에 대한 존경과 헌신이 우주적 사랑, 연민과 헌신의 마음을 불러일으키고, 붓다같이, 부처님같이 살려고 하는 동일시(同一視)의 심리적 동기로 작동하게 된 것이다. 학생들이 교사를 동일시의 대상으로 삼고, 제자들이 스승같이 되려는 것은 너무도 자연스런 심리적 현상일 것이다.

*Jātaka*에서 보는 바와 같이, 붓다 석가모니는 살아 있는 모든 것들을 위하여 수없이 몸을 던지는 보살행을 실천함으로써 붓다가[93] 이 *Jātaka*적 보살행(菩薩行)도 '구시나가라의 대열반 사건'에서 실증된 인간 붓다의 피땀 흘리는 삶을 근거하여 고안된 것이라는 사실을 상기할 필요가 있다.

'불(佛)과 같이, 붓다같이, 우리도 부처님같이−.'

이제 민중들도 붓다의 모범에 의지하여, 붓다의 끊임없는 격려에 힘입어 붓다같이 삶으로써, 붓다같이 되기를 서원하기에 이르렀다.

인간 붓다같이 살고, 인간 붓다같이 되고−.

이것이 곧 성불(成佛)이다. 그리고 이 성불이 모든 불교도들의 시공을 초월한 영속적인 삶의 지표가 된 것이다. 그런 의미에서 불교는 운명적으로 '인간의 길', '사람들의 종교'라 할 것이다. 후일 붓다가 점차 신격화되고, 불교 속에 다양한 신들의 세계가 전개된다고 해서, '불

---

93) 앞의 책, p.40.

교가 유신교적으로 변질되었다'라고 규정하는 일부 분석가들의 주장은 마땅히 비판되고 재점검되어야 한다고 생각한다.

붓다의 신적(神的)인 변모는 구세주 붓다에 대한 민중들의 신앙적 갈망과 체험의 외연이며 확대라고 할지라도 인간 붓다의 다함없는 연민과 헌신에 대한 다함없는 존경과 찬탄이 그 심리적 모티브(motive)가 되고 있다는 것은 결코 간과될 수 없는 본질적 문제로 생각된다.

'나도 붓다같이 우리도 부처님같이 — .'

아라한도 보살도, 상좌부도 대중부도, 부파불교도 대승불교도, 밀교도 선(禪)불교도…….

불교사의 모든 불교도들, 모든 흐름들이 한결같이 인간 붓다의 삶을 본받고 추구하려는 이러한 심리적 기제와 이념적 지향(指向)을 공유하고 있다.

역겁성불(歷劫成佛)·견성성불(見性成佛)·즉신성불(卽身成佛)…….

이 모든 성불사상이 궁극적으로 일체 중생들이 다함께 '붓다같이, 부처님같이 깨닫겠다'는 본원을 추구하고 있다. 이것은 '우리도 부처님같이'라는 생각이 3천여 년 간 모든 불교도와 불교사상의 공통된 지표로서 열렬히 추구되어 왔다는 사실을 의미한다. 이것은 참으로 놀라운 일치이며 공감이 아니겠는가.

그리고 이러한 놀라운 일치와 공감을 가능하게 하는 데, '구시나가라의 Mahāpari-nibbāna'가 불러일으킨 감동과 존경이 결정적 계기가 된 것은 의문의 여지가 없는 것으로 보인다. 이런 점에서, 붓다의 죽음, Mahāpari-nibbāna는 대중견성학의 총체적 방향을 규정하는 결정적 기초를 제공하고 있는 것이다.

깨달음이란 무엇인가?

견성이란 무엇인가?

대중견성이란 무엇인가?

그것은 곧 우리도 붓다같이, 부처님같이 살아가는 것이 아니겠는가? 피땀 흘리며 비틀거리며 구시나가라 사라쌍수 언덕으로 나아가는 붓다 석가모니의 삶의 현장을 한발 한발 좇아 나아가는 것이 아니겠는가?

라자가하에서 구시나가라까지,

라자가하 독수리봉에서 구시나가라 사라상수 언덕까지,

〔지도 5〕에서 보는 바와 같이 이 길, '대열반의 길'은 '인간의 길'이다. 장사꾼·노동자·농민·지식인·수행자·천민……,

수많은 사람들이 왕래하는 '사람들의 길'이다. 이 '사람들의 길'이 곧 '붓다 루트'·'붓다의 길'이고 '대열반의 길'이다.

붓다는 '사람들의 짐'을 지고, '역사의 짐'·'인류의 짐'을 짊어지고 비틀거리며 마지막 순간까지 이 길을 간 것이다. 그리고 이 길에서 죽음을 맞이하고 있는 것이다.

구시나가라 사라쌍수 언덕,

그 언덕 위에서의 붓다의 죽음―.

이것이야말로 실로 언어사려(言語思慮)가 본래 끊긴 '격외의 도리(格外道理)'라 할까? '겁밖의 노래(劫外歌)'라 할까?

결론

대중적·민중적 연대에 의한 인류견성운동의
대장정을 위하여

1. 힌두적 한계상황을 타파하는 혁신적 재가운동

불교운동은 기원전 7~5세기 북동 인도사회의 급변하는 정치·경제적 발전과 사회적 변화의 갈등구조 속에서, 그리고 brahmin들의 정통적 도그마와 신진 samana들의 비(非)정통적 진보주의가 상충하는 사상적 혼란과 도덕 부정의 정신적 위기상황 속에서 전개되었다.

군주국가들의 팽창주의와 침략전쟁이 확대되고, 도시화와 화폐경제의 발달로 인하여 새로운 전문적 직업인들이 성장하는 가운데, 캇티야·베사—상인·자산가, 그리고 신흥 하층민 출신들이 새로운 사회발전의 중심세력을 형성하며 역동적 활동을 추구하는 한편, 빈부의 양극화와 계층분화 현상이 심화되는 현상에서 다수의 민중들이 전쟁의 위협과 경제적 궁핍으로 내몰리고 있었다.

이 시기에는 또 종교적·사상적 변화와 갈등의 물결이 격동하고 있었다. 전통 brahmin들의 독선적 권위와 주술적 제식주의(祭式主義)가 심각하게 도전 받고 민중들의 지지를 상실해 가는 가운데, 업(業,

kamma, action)-윤회(輪廻, samsara, rebirth) 관념에 입각한 우파니샤드(upanishad)적 사유체계가 발전하면서 자신(atta, ātman, self)에 대한 앎(knowledge, understanding)을 통하여 해탈(解脫, moksa)을 실현하려는 지적 운동(知的運動, intellectual-movement)이 점차 확산되고 있었다.

samana 운동은 이러한 지적 운동의 큰 줄기로서 이 시대의 사상적 흐름에 일대 변혁을 몰고 왔다. 그들은 일체의 전통적 권위와 형식을 거부하고, 방방곡곡을 탁발하고 돌아다니면서 그들의 다양한 교의를 전파하는 자유사상의 유행자(遊行者, paribbajakas, wanderes) 그룹들이었다.

그들은 유물론(唯物論, carvaka-vada, materialism)·요소설(要素說, asasvatavada, atomism) 등을 내세워 신(神)-Brahman·영혼(靈魂)-ātman 등 지적 관찰의 한계를 넘어서는 초월적 관념론을 배척하면서 보다 객관적이고 합리적인 사유체계를 진전시켜 갔다. 그럼에도 불구하고 이들 자유사상가 그룹은 무인무과론(無因無果論, akiriya-vada, a doctrine of inaction)·도덕부정론(道德否定論, natthika-vada, a moral nihilism)·불가지론(不可知論, ajnana-vada, skepticism) 등 극단론으로 치우쳐 시민 대중의 정신적·윤리적 혼란과 위기를 조성하고 있었다. 이러한 역사적 상황의 격변과 위기 속에서 초기 불교운동은 전개된 것이다. 붓다의 사상운동은 당시 팽배하고 있던 혁신적 samana 운동의 한 주류로서 brahmin들의 정통적 도그마들을 단호히 거부하고, 동시에 samana 학파들의 극단론들을 '사견(邪見)'으로 규정하고 신랄하게 비판하면서 새로운 중도적(中道的) 정견(正見, Samma-Ditthi,Right-Knowledge, Understanding)의 길, 대중적 깨달음의 길을 추구하고 전파해 갔다. 이것은 초기 불교운동이 samana 운동의 그 대중성과 혁신성을 공유하면서도 그 극단주의를 지양하고 다이나믹한 중도적 대안을 제시함으로써 사회적으로 보다 성장하고 의식적으로 고양된 시민그룹의 '대중적 각성'이라는 시대적 요구에 대하여 새로운 출구를 열어가고 있었다는 것을 의미하는 것이다.

붓다를 비롯한 초기 불교운동의 주역들은 도시경제의 발달을 배경으로 삼는 신흥 캇티야들·상인·자산가들, 그리고 진보적 하층 민중 출신들이 주류를 형성함으로써 전통적 승려, 사제주의(司祭主義, priesthood)를 넘어서서, 다수 민중의 현실적 고통을 문제 삼고 지금 여기서 눈에 보이는 일상적 이익을 도모하는 재가운동(在家運動, a lay-movement)을 추구하고 있었다. 초기 불교운동이 당시 성행하던 숲속 은둔자(隱遁者, hermits)의 길을 포기하고 탁발하면서 담마를 전파하는 유행자(遊行者, paribbajakas, wanderes)의 길을 추구한 것은 바로 이러한 재가성(在家性)의 발로로 판단된다.

초기 불교운동이 그 출발의 배경과 동기에서부터 재가적 대중성(大衆性)과 중도적 혁신성(革新性)을 기본적으로 담지하고 있다는 것은 앞으로 전개될 불교운동의 전체적 성격과 방향을 결정짓는 주요 상수(常數)로서 특히 주목된다고 할 것이다,
이렇게 해서, 초기 불교운동은 brahmin과 samana의 사상적 토양을 섭취하고 지양하면서 대중적 앎(Knowledge, Understanding), 곧 깨달음(Enlightenment)을 추구하는 제3의 조류로서 '마지막 구원'(final deliverance)의 등불로 타올랐다. 힌두적 토양을 뚫고, 힌두적 한계상

황을 타파하면서, 인류사상 최초의 종교혁명·사상혁명의 거대한 불길로 타올랐던 것이다.

2. 붓다와 초기 대중들의 순교적 붓다-루트 개척

대중견성·민중견성·만인견성―

곧 평범한 보통 사람들의 깨달음을 통하여 모든 사람들의 실제적인 선(善)과 이익, 행복을 실현하려는 초기 불교운동의 이념은 그 출발점에서부터 명백하고 확고한 것이었다.

'우루벨라의 연꽃보관(蓮花普觀) 사건'과 '바라나시 사슴동산의 전법부촉 사건'이래, 붓다와 4부대중들의 주역들은 전법포교와 사회적 변혁운동을 통하여 만인견성의 민중적 확산을 열렬히 추구해 갔다. '붓다와 1천 대중들의 마가다 대행진과 민중 대전향 사건'은 대중견성운동의 장엄한 최초의 성공으로서, 이 운동의 민중적 전파와 전 인도적 확산과정에서 일대 기폭제로 작동한 것이다. 이것은 참다운 삶의 가치에 대한 민중들의 주체적인 앎의 욕구가 얼마나 강렬하고 광범했던 것인가를 하나의 장대한 역사적 사건으로 극명하게 보여주고 있는 것이라 할 것이다.

초기불교의 대중견성운동은 붓다와 4부대중, 시민 그룹 등 다양한 계층의 동참세력들에 의하여 전 민중적·전 시민적 연대운동으로 전개되었다. 상인·자산가·관료·지식인·여성·하층민 등 재가법사·민중법사들은 출가대중들과 더불어 이 연대운동의 중심을 형성하였고, 가람은 시민적 자유와 공동체적 봉사의 열린 공간으로 확장되어 갔다. 승단과 시민들의 유대는 공양–전법의 쌍무적 연대관계로 확립되고, 거듭되는 시민들의 공양거부운동에 의하여 담보되고 있다. 이러한 현상은 화폐경제와 도시의 발달로 인한 민중의식의 성장과 부(富)의 축적이 초기불교의 대륙적 확산과 시민적 연대성을 가능하게 한 인적·물적 기초를 제공하고 있다는 역사적 사실을 반영한 것으로 해석된다.

비폭력·전쟁 부정·brahmin의 권위 비판·카스트적 차별체제에 대한 본질적인 부정과 상가(sangha)의 문호 개방·여성 출가의 허용—.
초기불교의 사회적 변혁운동은 그 자체가 깨달음의 본질적 외연(外延)이며 환원(還元)으로서, 힌두적 모순체제를 타파하고 대평등과 평화의 대중사회(大衆社會)를 실현하려는 불교적 정법 혁신이념의 발로로 인정된다. 기원전 7~5세기의 치열한 경쟁상황에서, 초기불교가 광범한 민중적 지지 위에서 비교 우위의 경쟁력을 확보할 수 있었던 것은 바로 이러한 대중적 혁신성의 추구 때문으로 판단된다.

이러한 상황에서, 붓다와 4부대중의 주역들은 정통 brahmin·신흥사상가 그룹·전제군주·분파주의자 등 안팎의 완강한 장애세력들로부터 끊임없이 도전 받고 위기에 직면하게 된다. 그럼에도 불구하고 초기 주역들은 강렬한 항마(降魔)·평정의식(平定意識)으로 고취되어, 싸움터의 코끼리같이 사방에서 날아오는 화살에 맞서며 박해와 분열, 궁핍을 뛰어넘고 승리를 확대시켜 갔다. '쿠주따라 여인과 500 궁녀들의 견성 및 순교사건'에서 보는 바와 같이(p.4 주제화 참조) 초기 견성운동의 성공과 평정이 재가 전법사와 민중들의 이니시티브와 순교적 헌신에 의하여 주도되고 있다는 것은 특히 주목되는 사건으로 생각된다.

대상(隊商)·해상(海商) 등 상인 전법사들이 작은 수레를 몰아 험한 벌판과 산맥을 달리고, 배를 몰아 강하를 항해하며 그들 스스로 붓다-루트(Buddha-Route)를 열고 변방으로 변방으로 개척해 갔다. 그 결과, 붓다 당시 초기 주역들은 이미 강가 강 유역의 불교중국을 뛰어넘어, 데칸 남로의 고다바리(Godavari) 강변으로부터 서북쪽 간다라에 이르는 광활한 'Buddhist India'를 개척하는 데 성공할 수 있었다. 실로 인류사 미증유의 일대사(一大事)를 실현한 것이다.

이 과정에서, 붓다 스스로 피를 흘리고, 성중(聖衆)들이 뼈가 부서져 버려지며, 수십·수백·수천이 넘는 수많은 대중들, 민중들이 삼보에 대한 헌신으로 순교(殉敎)·순법(殉法)의 길을 갔다. 그러면서도 그들은 죽음을 넘어서는 고요함으로 '순교'·'순법'이라는 생각마저 뛰어넘고 있었다.

마하빠리닙바나(Mahāparinibbāana), 대열반(大涅槃) ─.

여든 살의 노(老)붓다가, 다 무너져내린 수레같이 병들고 지친 몸을 이끌고 걸어간 마지막 죽음의 행로는 열반의 실상을 들어 보이는 절절한 법문으로 보인다. 이 세상의 짐을 짊어지고, 목숨 끊어지는 순간을 넘어서까지 짐을 지고 나아가는 것이 불사(不死)의 대열반이며 대중견성의 완성이라는 한 소식을 노(老)붓다는 설하고 있는 것이다.

부처님같이,
우리도 부처님같이 ─.

피를 쏟으며, 비틀거리며, 발자국 자국마다 피땀으로 적시며, 구시나가라 언덕으로 올라가는 노(老)붓다,

작고 외로운 벽돌집의 비천(卑賤)한 민중들 곁으로 다가가는 노(老)붓다 석가모니,

이렇게 부처님같이 살아가는 것이, 살아가려고 무한히 애쓰는 것이 곧 직지견성이며 대열반이라는 담마의 등불을 지금 여든 살의 노(老)붓다는 밝혀 보이고 있는 것이다.

'Attadīpa, Dhammadīpa,

그대 자신을 등불 삼고, 담마를 등불 삼아라—.'

이렇게 해서 붓다는 붓다 입멸 이후의 깨달음을 위하여, 붓다 입멸 이후의 인류를 위하여 영원한 대중견성·만인견성의 등불을 밝히고 있다. 담마를 실천함으로써 붓다를 생각[念]하고, 붓다의 삶을 추구함으로써 누구든지 언제나 견성 열반을 실현할 수 있는 담마의 길, 붓다의 길을 열어 보이고 있는 것이다

3. 우리 시대 인류견성의 대장정을 위하여

붓다-담마는 본질적으로 '역사의 현장' 그 자체이다. 지금 여기서, 민중들의 치열한 삶과 역사의식에 의하여, 항상 새로운 대중견성·만인견성의 길로 개척되고 있는 역사 현장(歷史現場) 그 자체인 것이다. 그런 의미에서 대중견성·만인견성운동은 끊임없는 현재 진행의 작업이다. 불교가 민중들로부터 끊임없이 '지금 여기서 눈에 보이는 이

익(a reward visible, now and here)'을 요구받고 있는 것도 이 때문일 것이다.

컴퓨터와 인터넷, 정보화와 세계화로 회자되는 우리 시대의 인류 역사가 반드시 장밋빛 꿈으로만 그려지지 않는다는 위기의 징후와 경고는 도처에서 발견되고 있다. G-8 선진국 그룹의 세계화 모임에 대한 세계 시민들의 점증하는 반(反)세계화 시위운동과 점차 낮아져 가는 남극대륙의 높이가 이러한 위기의 심각성을 잘 대변하고 있는 것으로 보인다. 언제 다시 느닷없이 들이닥칠 모를 보다 정교하고 거대한 집단광기(集團狂氣)와 지구 종말의 위험을 예감하면서, 지금 인류는 우울해하고 있는 것이 아닌가? 그때의 인도 민중들같이, 우리 시대 서두의 인류는 감당하기 어려운 가치관의 혼돈 속에서 '마지막 구원의 빛'을 갈망하고 있는 것은 아닌가?

'마지막 구원의 빛'은 무엇일까?

이 위기를 극복해낼 수 있는 '구원의 빛'은 무엇일까?

2000년 1월 18일 우리 시대가 밝아오는 아침, 델리(Delhi)의 간디(Gandhi) 박물관 3층 한 구석에서, 많은 여행객들이 한 장의 그림 앞에 모여들고 있었다. 그 그림에는 놀랍게도 붓다와 예수, 간디가 한 길을 가고 있었다. 붓다가 앞장서 가고, 예수가 가고, 그 뒤를 간디가 가고 있었다.(p.6 그림 참조) 그 길은 저기 저쪽의 한 광명으로 향하여 길게 뻗어 있었다. 그리고 자세히 들여다보면, 그 길 주변에 수많은 사람들이 몰려들어 함께 가고 있는 것을 볼 수 있다. 붓다-예수-간디를 좇아 수많은 민중들이 함께 가고 있는 것이다.

그들은 어디로 향하여 가고 있는 것일까?

붓다-예수-간디가 함께 향하고 있는 저 광명은 무엇일까?

붓다-예수-간디와 수많은 인류들이 함께 향하고 있는 저 찬란한 태양 빛은 무엇일까?

그것은 아마 깨달음일 것이다.

깨달음의 광명일 것이다.

인류가 함께 열어갔던 깨달음의 빛이고, 인류가 함께 열어가려는 인류견성의 빛일 것이다.

왜?

무엇 때문일까?

세 분의 길 가운데 공통점은 깨달음밖에 없기 때문이다.

집단 광기(集團狂氣)로부터 벗어날 수 있는 길은 인류의 오랜 경험으로 볼 때, 그것은 깨달음-비폭력(非暴力, Ahiṃsa)의 길밖에 없기 때문이다. 그리고 무엇보다 가장 중요한 것은, 붓다가 바로 이 깨달음-비폭력의 길을 앞장서 가고 있기 때문일 것이다. 붓다의 길은 오로지 이 길밖에는 없기 때문일 것이다. 깨달음-비폭력의 길밖에 다른 길은 전혀 없기 때문일 것이다. 그 길을 예수도 가고, 간디도 가고, 평화를 추구하는 만인이 가고 있기 때문일 것이다. 델리의 간디 박물관 2층 복도에서 간디는 이렇게 말하고 있다.

"그리고 만약 내가 비폭력적 저항을 일으킨다면, 나는 단순히, 그리고 겸허하게 크나큰 스승들의 발자국을 따르고 있는 것이다.

(And if I raise resistance of a non-violent character, I simply and humbly follow the foot-steps of the great teachers.)"

깨달음—비폭력,

인류견성·비폭력 운동,

이제 우리 시대 인류가 지향해 가야 할 '마지막 구원의 빛'은 자명한 것으로 보인다. 그리고 이 시대 세계 불교도들이, 저 대(大) 인도불교의 선각자들같이 목숨을 걸고 피땀 흘리며 개척해 가야 할 고행의 길이 자명한 것으로 보인다. 꼬삼비의 쿠주따라 여인과 500 궁녀들같이, 타오르는 불길 속에서도 동요함이 없이 추구하고 실증해가야 할 구도의 길 또한 자명한 것으로 보인다.

깨달음— 비폭력,

인류견성 — 비폭력 — 영구평화,

우리 시대 인류견성운동—.

이 길이 희망이다. 이 길이 '마지막 구원의 빛'이다.

그리고 이 길을 단순하게, 겸허하게 선행해 가야 할 책무는 오로지 오늘의 세계 불교도들에게 있는 것으로 보인다. 그때 비로소 예수의 후예들도 이 길을 함께 갈 것이고, 간디의 후계자들도 이 길을 함께 갈 것이다. 그리고 무엇보다 세계 인류들이 이 길로 모여들 것이다. 이 연구의 1집은 『초기불교 개척사』를 통하여 단순하고 명료한 이 길의 원형을 실체적으로 열어 보임으로써 대중적·민중적 연대에 기초한 새로운 인류견성운동의 대장정(大長征)을 촉구하고 있는 것이다.

참고 문헌

1 경 론(經論)

1) 기본 Text : Pāli-Nikāyas(英譯本)

▪ Sutta-Piṭaka

① Dīgha-Nikāya

· *The Long Discourses of the Buddha* (tr. Maurice Walshe, Wisdom Pub. Somerville, Massachusetts, 1995)

② Majjhima-Nikāya

· *The Collection of The Middle Length Sayings 3 Vols* (P.T.S, tr. L. B. Horner, M. A., oxford, 1996)

· *The Middle Length Discourses of the Buddha* (tr. Bhikkhu Nanamoli and Bhikkhu Bodhi, Wisdom Pub., Boston, 1995)

③ Sanyutta-Nikāya

· *The Book of The Kindred Sayings 5 Vols* (P.T.S, tr. F. L. Woodward, M. A., Oxford, 1997)

④ Aṅguttara-Nikāya

· *The Book of The Gradual Sayings 5 Vols* (P.T.S, tr. E. M. Hare, Oxford, 1995)

■ Khudakka-Nikāya

⑤ *Dhammapada* (tr. Thanissaro Bhikku, Microsoft Word 6)
⑥ *Itivuttaka* (″)
⑦ *Suttanipāta* (″)
⑧ *Theragāthā*(″)
⑨ *Therīgātā* (″)
⑩ *Udāna* (″)

■ Vinaya-Piṭaka
⑪ Mahāvagga
· *The Book of The Discipline IV* (P.T.S, I. Horner, Oxford, 2000)
⑫ Cullavagga
· *The Book of the Discipline V* (P.T.S, Oxford, I. B. Horner, Oxford, 1996)

■ Pāli-Aṭṭhakathā(註釋書)
⑬ Dhammapada-Aṭṭhakathā
· *Dhammapada-Commentry 3* Vols (*Buddhist Legends*)(tr. Eugene Watson Burlingame, Munshiram Manoharlal Pub. Pvt. Ltd., New Delhi, 1999)

538

2) 참고자료 : 한글 번역본
- 한글대장경(동국역경원, 서울)
① 『雜阿含經』 3권
② 『中阿含經』 3권
③ 『長阿含經』 1권
④ 『增一阿含經』 2권
- 『아함경전(阿含經典)』 3권(한갑진 역, 서울, 한진출판사, 1998)
- 마음으로 읽는 불전(서울, 민족사, 1991)
① 『우다나』(기쁨의 언어 진리의 언어)
② 『테라가타·테리가타』(비구의 고백 비구니의 고백)
③ 『마하빠리닙바나』(붓다의 마지막 여로)
- 『법구경』 1·2(거해 역, 서울, 고려원, 1992)
- 『빠알리대장경 쌍윳따니까야』 3권(전재성 역주, 서울, 한국빠알리어성전협회, 1999)
- 『숫타니파타』(불교경전 16, 석지현 역, 서울, 민족사, 1993)

2. 저 술(단행본)

- 국내학자 저술-편집

김동화, 『佛敎學槪論』(서울, 보련각, 1980)
김동화, 『原始佛敎思想』(서울, 보련각, 1973)
김재영, 『룸비니에서 구시나가라까지』(서울, 불광출판부, 1999)
김재영, 『민족정토론』(서울, 불광출판부, 1990)

송영배, 『中國社會思想史』(서울, 한길사, 1988)

심재관, 『탈식민시대 우리의 불교학』(서울, 책사랑, 2001)

양병우 외, 『비쥬얼 大世界』(서울, 삼성출판사, 1986)

원의범, 『印度哲學史』(서울, 집문당, 1990)

이봉순, 『菩薩思想成立史硏究』(서울, 불광출판부, 1998)

정병조, 『印度史』(서울, 대한교과서, 1992)

정태혁, 『印度宗敎哲學史』(서울, 김영사, 1986)

東國大 편, 『佛敎의 國家政治思想 硏究』(東國大佛敎文化硏究院, 1973)

여익구 편, 『佛敎의 社會思想』(서울, 민족사, 1987)

한길사 편, 『現代社會와 佛敎』(서울, 한길사, 1983)

• 번역서

馬鳴(Asvagosha) · 김달진 역, 『붓다차리타』(서울, 고려원, 1988)

에드워드 콘즈(Edward Conz) · 안성두 외 역, 『印度佛敎思想史』(서울, 민족사, 1999)

H. 사다티사(H. Saddhatissa) · 조용길, 『根本佛敎倫理』(서울, 불광출판부, 1997)

J. B. 노스 · 윤이흠, 『世界宗敎史』 下(서울, 현암사, 1988)

K. 야스퍼스, 『위대한 철인들』(서울, 동국대출판부)

P. 딧사나야케 · 정승석, 『불교의 정치철학』(서울, 대원정사, 1988)

S. 토카레프 · 한국종교학회, 『세계의 종교』(서울, 사상사, 1991)

S. 프라바바난타(Swani Prahbavananta) · 박석일, 『우파니샤드』(서울, 정음사, 1980)

高崎直道 외·정승석,『大乘佛敎槪說』(서울, 김영사, 1986)

金剛秀友·김희오,『佛敎의 國家觀』(서울, 총화각, 1978)

나라야스아끼(奈良康明)·정호영,『인도불교』(서울, 민족사, 1992)

佐佐木敎悟 외·권오민,『印度佛敎史』(서울, 경서원, 1992)

中村 元·김지견,『佛陀의 世界』(서울, 김영사, 1984)

平川 彰·이호근,『印度佛敎의 歷史』(서울, 민족사, 1989)

玄奘法師·권덕주,『大唐西域記』(서울, 우리출판사, 1990)

후지타고타츠(藤田宏達) 외·권오민,『초기·부파불교의 歷史』(서
울, 민족사, 1989)

■ 외국학자 저술-편집

A. F. Rudolf and Herbert, *A History of India* (SR Satguru Pub.,
Delhi, 1986)

D. C. Ahir, *The Pioneers of Buddhist Revival In India* (SR
Satguru pub., Delhi, 1989)

E. A. Bart, *The Teaching of The Compassionate Buddha* (Mentor,
1961).

Edward Conz, *Buddhism : Its Essence and Development* (Bruno
Cassirer Ltd., Oxford, 1959)

Edward J. Thomas, *The History of Buddhist Thought* (Kegan
Paul, 1933)

Edward J. Thomas, *The Life of Buddha* (Motilal banarsidass Pub.,
Delhi, 1997)

Etienne Lamotte, *History of Indian Buddhism* (De L'Institut Orientaiste De Louvin, La Neuve, 1988)

G. C. Pande, *Studies in The Origins of Buddhism* (Motilal banarsidass Pub., Delhi, 1995)

H. W. Schumann, *The Historical Buddha* (Arkana, London, 1989)

John M. Koller, *The Indian Way* (Macmillan Pub. Co., New York, 1982)

Nakamura Hajime, *Indian Buddhism* (Motilal Banarsidass, Delhi, 1987)

Romain Rolland and Gandhi, *Romain Rolland and Gandhi Correspondence* (Pub. Div. Ministry of Information And Broadcasting of India, New Delhi, 1912)

S. Radhakrishnan, *The Bhagavadgitā* (Harper Collins Pub., New Delhi, 1999)

Trevor Ling, *Buddha, Marx and God* (St. Martin's Press, Inc., New York, 1979)

T. W. Rhys Davids, *Buddhist India* (Motilal Banarsidass, Delhi, 1981)

U. N. Goshal, *A History of Indian Political Idea* (Oxford University Press, london, 1959)

W. N. Kuber, *B. R. Ambedkar* (Pub. Div. Ministry of Information And Broadcasting of India, New Delhi, 1912)

Walpola Rahula, *What The Buddha Taught* (The Gorden Fraser Gallery Ltd., London, 1978)

ed by A. L. Basham, *A Cultural History of India* (Oxford Uni-

542

versity Press, Delhi, 1987)

ed by D. C. Ahir, *A Panorama of Indian Buddhism* (Sri Satguru
 Pub., Delhi, 1995)

ed by P. V. Bapat, *2500 Years of Buddhism* (Pub. Div. Ministry of
 Information And Broadcasting of India, New Delhi, 1909)

ed by R. E. Hume, *The Thirteen Principal Upanishads* (Oxford
 University Press, London, 1934)

3. 논 문

金鎭轍, 「佛敎와 民主主義」, 『佛敎와 諸科學』(서울, 東國大, 1987)

朴京俊, 「原始佛敎의 社會・經濟思想 研究」(서울, 東國大大學院,
 1992, 박사학위논문)

李載昌, 「불교의 社會經濟觀」, 『現代社會와 佛敎』(서울, 한길사,
 1983)

洪庭植, 「佛敎의 政治觀」, 『佛敎의 政治思想 研究』(서울, 東國大佛
 敎文化研究院, 1973)

Ambedkar, B. R, Buddha and the Future of His Religion, *Maha
 Bodhi Journal*(Maha Bodhi Society), April--May, 1950.

Ambedkar, B. R, The Rise and Fall of the Hindu Woman, *M. B.
 J.*, May--June, 1952.

Anagarika Dharmapala, Message of the Buddha, *M. B. J.*,
 1891-1991, Centenary Volume.

Anagarika Dharmapala, The World's Debt to Buddha, *M. B. J.*,

April, 1898.

L. M. Joshi, The Way to Nirvana to the Dhammapada, *M. B. J.*, ctober--December, 1979.

Nalimaksha Dutt, Greatness of Buddha and Buddhism, *M. B. J.*, June 1951.

久保全正文, 「막서 베버의 宗敎社會學에 대한 一般的 考察」, 『佛敎社會學』(日新社, 1063).

增谷文雄, 「佛陀時代와 現代」, 『佛敎思想과 現代』(東洋哲學研究所, 1976).

孝橋正一, 「佛敎思想과 現代社會」, 『佛敎와 社會의 諸問題』(佛敎學會, 1970).

후 기

‘단기 4328년(서기 1994년) 12월 29일 밤 11시 -.’

이 책 원고 첫 장에 이렇게 기록되어 있다.

‘2000년 8월 16일 -’, 이 책 파일 첫 머리에 이렇게 타자되어 있다.

이것은 원고 정리 6년 9개월, 전산 파일 작업 1년 1개월만에 이 책의 작업이 매듭지어진 것임을 의미한다.

그러나 이 연구작업의 역사는 보다 더 거슬러 올라가야 한다. 1984년 3월, 동방불교대학에서 ‘포교론(布教論)’ 강의를 맡으면서 이 연구는 시작되어 지금까지 18년간 강의를 진행하면서 연구작업 또한 끊임없이 계속되어 온 것이다. 정확하게 말하면, 실로는 1970년 7월 18일, 동덕불교학생회를 창립하는 그 날부터 작업이 시작된 것이라고 해야 할 것이다. 30여 년만의 작은 결실이라고 해야 할까 -.

생각나는 얼굴들이 많다. 먼저 간 아내 상생화(上生華) 보살 -.

‘돈도 못 벌면서 엉뚱한 일만 한다’고 항상 구박이 심하더니, 그러면서도 온갖 세속일 도맡아 나를 편하게 불교일 하게 만들어 주더니, 지금 이 책을 보고는 뭐라고 할까? “이제 속이 시원하우? -” 이러고 한바탕 웃고 있을까?

이 연구작업에는 몇 차례 전환점이 있었다. 2000년 1월, 송암 스님의 배려로 20일 간의 인도순례를 다녀온 것이 하나의 큰 계기가 되었다. 처음 뭄바이(봄베이) 역 앞뜰에 너부러진 노숙자들을 보고 큰 충격을 받았고, 라자가하 독수리봉에 올라 생동하는 영감을 느꼈다.

'2천 6백년 전, 저 고단한 민중들 앞에서 붓다는 무엇을 생각했을까? 무엇을 설했을까? 화두참선을 유일한 구원이라고 설했을까? 삼법인을 논했을까?-'

나는 역사의 현장에 선 붓다를 보고 그 목소리를 들었다. 그리고 인도불교 부활의 선구자 암베드카(Ambedkar) 박사를 발견했고, 보드가야 서점에서 귀중한 자료(서적)를 몇 권 구할 수 있었다. 이 연구에 생명이 불어넣어졌다.

2001년 1월, 뜻밖에 L.A. 초청을 받았다. 남가주의 동덕동창회에서 모교 은사라고 불러준 것이다. 도착하자마자 나는 회장 이승자 선생님을 졸라서 불교서점을 찾았고, 불교전문의 'Bodhi Tree'에 가서 그렇게 갈망하던 빠알리-니까야의 영역본 일부를 찾아냈다. 동덕동창회에서 곧 선물로 구입해 주었다. 그후 몇 차례 책방을 샅샅이 뒤져서 P.T.S. 영역본을 거의 다 찾아내고, 옛 제자 김순정·노필윤·김숙자·김진숙 등 여러분들이 정성을 모아 20여 권을 선물해 주었다. 이 연구가 일약 업-그레이드 되는 환희의 순간이었다.

정작 결정적 전환은 2000년 3월에 일어났다. 불광법회의 위촉으로 『광덕 스님의 생애와 사상』의 보완작업을 하고 있었는데, 광덕 스님의 선(禪)사상 부분에서 막혀 있었다. '선사(禪師) 광덕 스님의 사상적 특징을 뭐라고 규정해야 할 것인가?' 명상하고 있다가, 한순간 '대중견성'이 머리를 쳤다. 30여 년의 길고 고단한 작업이 단도직입하고 확철

대오하는 경이의 순간이었다.

 '옳거니—, 바로 이것이로다.

 대중견성—만인견성,

 이 한마디가 부처님의 삶이고 사상이거니—

 광덕 스님의 삶이고 사상이거니—.'

 '대중견성론' 1·2집, 이것은 실로 은혜와 헌신의 결정이다. 수많은
스승과 친구들의 사랑의 선물이다.

 김동화 박사님·홍정식 박사님을 비롯한 스승들, 보현도량의 공양
주 보살님·혜공·법해·법진·혜관·혜각 거사님, 신도 대중 보살
님·거사님들, 올 여름을 땀으로 안거한 편집자 이상옥 보살님, 주제
화를 그린 이규경 화백님, 실크로드 여행사의 이상일 부장, 유정애·
구영욱·이송미·김춘권 등 청보리들, 동덕의 오랜 친구들·제자들,
동방대 가족들, 궂은 일을 다 맡아 한 용근이와 성근·보현 등 아이들
과 며느리들, 무엇보다 항상 기쁨을 준 문수·희수·윤수·지원 등
손주놈들, 그리고 順伊(티베트 소녀)·蘭이(작운 盆)·봉숭아·도라
지·나팔꽃·잠자리·청살모 등 우리 山房 가족들—.

 이 책은 실로 사랑하는 이 모든 친구들이 함께 엮어낸 것이다.

 마하반야바라밀, 우리도 부처님 같이 용맹정진하리.

단기 4334년(2001)년 8월 3일 밤 12시

도솔산 玉川山房에서 無圓　　　

찾아보기

〔나〕

나가푸르(Nagapur)　382
'나가푸르의 대전향 사건'　384
나디까(Nādikā)　459
나디까인(Nādikāns, 殉敎者)　444
나란다(Nāḷandā)　420, 458
나형외도(裸形外道, acelakas)　175
난다(Nanda)　392
남로(南路, Dakkhiṇāpatha)　436
남방전선(南方前線)　439
네 가지 큰 교법(四大敎法)　465
네 단계의 생애(asurama)　151
네란자라(Neranjarā)　202, 228
노(老)붓다　411, 451, 513
'노(老)붓다의 고백'　507, 485
노동자들 조합(seniya, puga)　108
녹자모 강당(Pubbārāma, 東園 鹿子母
　講堂)　390
눈뜬 이　197
니간타-나따뿟타(Nigaṇṭha-Nātaputta)
　53, 178
니간타스(Nigaṇṭhas, 泥乾子, 裸形外
道)　178, 398

〔다〕

다귀령주의(多鬼靈主義, polydemoni-
　sm)　162
'다난자니(Dhanañjāni) 사건'　48
다비자(davija, 再生族)　122
다섯 가지 실재체(實在體)　179
다시우(dasyu)　67
다아사(dasa)　67, 81
단멸론(斷滅論, uccheda-vada)　176
단식(斷食)　154
담마(dhamma, dharma)　84, 164
담마(法) 중심의 불교　498
담마-로드(Dhamma-Road)　252
담마딘나(Dhammadinnā)　283, 297
담마의 길　491
담마의 눈(dhamma-loka, 法眼)　211
담마의 특성　259
담마팔라 비구　51
대각회(大覺會, Mahā-Bodhi Society)
　382
대당서역기(大唐西域記)　251, 476
대도시(nagara)　112
대상(隊商)　109
대상(隊商)의 주인　327

2. Pāli어

〔A〕